本书系国家社会科学基金教育学一般课题"新移民情境……理与调控策略研究"（课题批准号：BFA160036）之最……

# 新移民情境下师生冲突研究

▍赵敏　黄明亮◎著

**SPM** 南方传媒

全国优秀出版社

全国百佳图书出版单位　广东教育出版社

·广州·

图书在版编目（CIP）数据

新移民情境下师生冲突研究 / 赵敏，黄明亮著.
广州：广东教育出版社，2025. 4. -- ISBN 978-7
-5548-6587-3

Ⅰ. G456

中国国家版本馆CIP数据核字第2025UX1355号

**新移民情境下师生冲突研究**

XINYIMING QINGJINGXIA SHISHENG CHONGTU YANJIU

出 版 人：朱文清

责任编辑：靳淑敏　尚　宇

责任技编：许伟斌

装帧设计：友间文化

出版发行：广东教育出版社

　　　　　（广州市环市东路472号12—15楼　邮政编码：510075）

销售热线：020-87772438

网　　　址：http://www.gjs.cn

E-mail：gjs-quality@nfcb.com.cn

经　　销：广东新华发行集团股份有限公司

印　　刷：佛山市迎高彩印有限公司

　　　　　（佛山市顺德区陈村镇广隆工业区兴业7路9号）

规　　格：787 mm × 1092 mm　1/16

印　　张：28

字　　数：560千

版　　次：2025年4月第1版

　　　　　2025年4月第1次印刷

定　　价：89.00元

# 前 言

Preface

　　我国新移民浪潮的序幕可以追溯到1982年，那一年，深圳最早一批港商独资企业之一——凯达玩具厂入驻蛇口工业区，几百名来自韶关、汕头的年轻人来到蛇口，成为新中国第一代打工者。他们中的一些人也成为了我国改革开放后的首批新移民。此后，随着城市经济的发展和城镇化进程的不断深入，我国经历了人类历史上最大规模的"新移民"浪潮，人口向城镇的迁移率平均每年增加一个百分点，从改革开放初期的18%增加到2019年底的60.60%，城镇人口从1978年的1.72亿人增加到2019年的8.48亿人，城镇人口净增加了6.76亿人。事实上，早在2011年，我国城镇人口总数就首次超过了农村人口总数，达到51.27%，从而实现了从"乡村中国"到"城市中国"的蜕变。这一蜕变以大量居民离开原居地，特别是乡村，到城镇或异地生活、工作和定居为背景和特征。本书把这种强流动性的社会情境称为"新移民情境"。

　　新移民情境的最大特点是：人们因经济效益的驱动而离开原居地，并且不在乎离开原居地去其他地方生活和就业，由此，对家乡的牵挂和情感的羁绊越来越少，人地情感减弱，人与地方间的长久联系被割断，人与人之间的关系也滑向"暂时性"关系，"快餐式"交友逐渐流行，人际情感渐趋淡漠化，人际关系也随之疏离化。新移民情境的特点极大地挑战了我国原有的师生关系形态，传统社会中的师生"类血缘"和地缘关系被冲淡，曾经处于传统差序格局伦理关系中最外圈的业缘关系成为师生关系的主导。而这种以业缘关系为主导的师生关系是一种疏离的关系，在师生双方都未有足够的思想和心理准备，且新的伦理秩序还未形成或成熟时，容易导致师生情感淡漠，师生"类血缘"关系淡化，"路人偶遇"型师生关系凸显，师生冲突也可能表现出一些新的特征。因此，探寻新移民情境下师生冲突调控的中国方案成了极具价值却鲜有人涉足的课题。

## 一、本书的逻辑思路

为了探寻新移民情境下师生冲突调控的中国方案，本书依照一条线索、两大冲突主体、三类理论视角、三个研究切入点和三种师生冲突调控维度的逻辑思路展开。首先，一条线索是指以师生冲突发生的前因、过程和后果为主线，根据狄恩·普鲁特、金盛熙的冲突螺旋升级理论和科塞的冲突功能理论，选用冲突强度、冲突的应对方式和冲突功能三个核心维度来测度师生冲突强度、应对方式和功能的现实样态。其次，对两大冲突主体的研究是指分别对教师与学生两类行为主体进行不同视角的研究。教师与学生为师生冲突中的行为主体，师生冲突虽然一直是国内外学术研究的热点问题之一，但鲜有研究者从教师和学生各自的角度剖析师生冲突问题。教师和学生的身份、地位、年龄、阅历和角色等均不相同，故冲突中的教师与学生具有不同的心理和行为特点，因此，有必要从教师与学生各自的角度出发，探讨新移民情境下师生冲突的发生机理和成因。再次，三类理论视角是指以冲突理论、社会认同理论和交往理论为分析和研究视角。以冲突理论（包括社会冲突理论、人际冲突理论）为理论基础，挖掘师生冲突的升级规律、发生机理、发生根源和调控策略；以社会认同理论的分析视角，运用问卷调查法，借助师生地方感、教师职业态度、学生学校适应三个突破点，探讨新移民情境下教师和学生的身份认同问题；运用交往理论中的辩证观、认识论、解释学、生存论和社会批判理论等构建新移民情境下和谐的师生关系。又次，三个研究切入点是指从新移民情境下师生地方感、教师职业态度、学生学校适应三个切入点进行大范围问卷调查。师生地方感、教师职业态度、学生学校适应的现实图景，及其与师生冲突发生的关联机理，是学界对中国新移民情境的首次较为系统、深入的关注和研究，是师生冲突调控的中国方案的具体体现。最后，三种师生冲突调控维度是指从预防、应对和修复三个维度，关注和调控师生冲突的发生和发展，并构建新移民情境下师生关系的和谐之道。

## 二、本书创新之处

**第一，首次同时从教师、学生两大冲突主体的视角，相向揭示师生冲突的现实样态，以及发生发展的机理和根源。**任何师生冲突都具有相互性，或称之为互动性，这是教师与学生双方各种作用的结果。为此，本书首次在同一项研究中，分别从教师和学生两大冲突主体出发，相向全面探析师生冲突的现实样态，从而明确了新移民情境下师生冲突的强度，是弱对抗性的隐性心理冲突还是强对抗性的一般性冲突或对抗性冲突；教师和学生如何应对冲突，双方是协商方式还是武力方式，或者是不卷入；冲突对教师和学生有何影响，是积极影响还是消极影响等。从师生两大冲突主体的视角相向深入挖掘师生冲突的发生机理，研究发现：对教师来说，新移民情境下的师生冲突是教师的地方感、职业态度、权威和观念等方面综合影响的结果；对学生来说，新移民情境下师生冲突是学生的地方感、学校适应、伦理观念以及规则意识和自我意识等方面综合影响的结果。研究进一步寻得了新移民情境下师生冲突的发生根源，即师生认知错位、消极情绪和行为失范。

**第二，首次关注新移民情境下师生地方感与师生冲突的深刻关系。**新移民情境、师生地方感和师生冲突三个貌似分离的概念，有无必然联系？如何理解新移民情境下社会和空间的深刻变迁对师生带来的冲突影响？海德格尔的现象学认为，地方与自我之间的亲密关系使地方成为自我的一个隐喻，发现地方即发现自我的过程。人通过日常的栖居、观察、体验与习性，不断重复着对于地方的体验，在互动的过程中，地方被内化为自我的一部分，人被特定的地方所标记，成为地方所定义的客体，地方也成为定义"自我"与"他者"的空间中介。这种建构与互动实际上体现的是人在情感上与地方之间的一种深切的联结，是一种经过文化与社会特征改造的特殊的人地关系——地方感。"敬地情结（geopiety）"一词表达了人对地理空间所产生的深切敬重之情。虽然地方感代表着地方栖居者的内部世界，但作为一种社会与文化的建构，地方感并非完全稳定或一成不变的，在地方与政治力量的互动过程中，随着政治、经济、文化等社会关系的改变，地方感被不断重构，并被赋予新的含义。那么，新移民情境下外来人员是如何在心中"重构"他们的新城市的呢？他们对来到的城市的情感如何？这种情感是怎样形成的？

生活在其中的人幸福吗？当身边流动着不认识的陌生人，对外来移民来说，即使身处"地方之中（in place）"，是否也会体会到一种"不在地方（out of place）"的感觉呢？此外，"无地方性（placelessness）"时代是否也逐渐改变了本地人的地方认同感，他们是否也会产生一种"在地方之中却不在地方的感觉"？他们又是怎样来调和这些矛盾呢？地方感往往能重塑人的生活方式和生活态度，并深深地影响人们感知现实的方式及相关行为。因此，研究师生地方感的现实图景，及其对师生冲突发生、发展、调控的影响，对探索新移民情境下师生冲突调控的中国方案具有重要意义，也是本书最具创新之处。

**第三，首次验明新移民情境下教师职业态度是影响师生冲突的关键因素。**态度研究一直是社会心理学的重点研究范畴，特别是其中关于态度与行为关系的研究，使态度对行为的预测成为可能。教育心理学的研究也表明教师的职业态度会显著影响师生的冲突行为。那么，教师地方感与教师职业态度的关系如何？教师职业态度的现状又如何？具有积极职业态度的教师将采用何种方式应对师生冲突？教师职业态度直接还是间接作用于冲突强度？师生冲突对不同职业态度的教师的影响有差异吗？态度决定行为，职业态度直接影响着职业行为。教师的职业态度是指教师对其职业的价值评价、情感反应和行为倾向，是教师对其职业的内在的、稳定的心理预期和准备，对教师职业行为具有指导性和动力性影响。态度是师德师风建设的基本前提，也是规范教师职业行为的关键因素和教学质量的重要保障。因此，选择新移民情境下教师职业态度的现状，及其与师生冲突的关系这一新的研究视角，对提高学校教育教学质量、构建和谐的师生关系具有重要的现实意义，也是本书的创新之一。

**第四，首次证实新移民情境下学生学校适应对师生冲突的正向作用。**适应是生命有机体调试顺应环境的程度或者能力。半个多世纪以来，学生学校适应是心理学界和教育学界研究较多的问题之一，近年来也有一些研究关注了师生关系对学生学校适应的影响，如验证了师生关系与学生环境适应、学校适应等指标的显著相关性等。但是新移民情境下的学生是否能够认识到其所属的学校群体？是否认识到作为学校的一分子带给他的情感和价值意义？新移民情境下学生的学校适应程度是否会影响师生关系、师生冲突呢？对这一系列全新问题的探讨也构成了本书的学术开拓之一。

## 三、本书价值和贡献

**第一，提升了师生冲突研究的理论层次。**师生冲突的研究成果丰硕，在中国知网，以"师生冲突"为关键词能够检索到一千余篇学术成果。通过文献综述发现：师生冲突概念众说纷纭；师生冲突指代不明，类型划分不清，如大多关于师生冲突的研究并未说明研究的对象是隐性心理冲突、一般性冲突或对抗性冲突，还是认知冲突、情感冲突或行为冲突，这造成了多项研究中所提出的师生冲突破解策略针对性不强的窘境；缺乏从更贴切和深入的理论视角对师生冲突问题进行的系统分析，目前，学者们多从交往行为理论、权力理论、符号互动理论和博弈论等视角来研究师生冲突，缺乏对深层机理的揭示。鉴于此，本书从师生冲突的上位概念"冲突"出发，运用"属+种差"的逻辑学概念界定规则，从过程、行为与结果三个方面对师生冲突的概念进行了界定。本书的主要研究主题范畴清晰，如地方感包括地方性知识、地方依赖和地方依恋，职业态度包括职业认知、职业情感和职业意向，学校适应包括个体适应、活动适应和环境适应，等等。本书基于冲突理论、社会认同理论和交往理论，对新移民情境下师生冲突的现实状况、发生机理、发生根源与调控策略进行了挖掘，具备一定的理论深度。为此，本书在一定程度上有助于推动师生冲突研究的理论提升和实践指导的深入，有助于丰富师生冲突的相关研究视角和理论，提升师生冲突研究的理论层次。

**第二，开辟了新移民情境下师生冲突研究的新视角。**当今的世界是全球化流动的世界，当今的社会也是以流动为特性的"新移民社会"。新移民情境的影响，以及大量的新移民教师和学生进入学校、进入课堂的趋势，势必重构教育中最基础的一对关系——师生关系，也势必使师生冲突凸显出新的特征。为此，本书探讨的新移民情境下师生冲突的现实状况、发生机理以及发生根源，可以为研究新移民情境下的师生冲突提供有效的参考与借鉴。本书选用师生地方感、教师职业态度、学生学校适应等新视角，通过调查1669名中小学教师和2980名中小学生发现，新移民情境下师生冲突中教师与学生的现实样态表现为：在冲突强度上，主要为隐性心理冲突，其次为一般性冲突，最后为对抗性冲突；在应对方式上，教师主要采用协商方式，其次为不卷入方式，最后为武力方式；在功能上，冲突对师生的影响更多是正向的，而非负向的。

第三，为解决新移民情境下的师生冲突提供了中国方案。以传统观点来看，师生冲突多是消极和负面的，教师、学生与家长对此也是避而远之的。然而，本研究发现，师生冲突对教师和学生都有积极影响。师生冲突的积极影响在于：它能够促进个体的认识发展，丰富个体的情感，澄清师生所坚持的价值，调整学生的行为；它是维护师生关系的安全阀，是协调师生关系的润滑剂，是重构师生关系的发动机；它甚至能推动教学管理更新，激励教室文化重建。为此，新移民情境下师生冲突的各方主体要坚持从师生冲突的发生过程着手，在冲突前、冲突中和冲突后各个环节用力，并且以教师为主导，学生为主体，学校、家庭与社会齐心协力共建和谐师生关系。采用这一中国方案，新移民情境下的师生必将实现和谐共处，师生关系必将重回正轨，师生之间便不再有紧张、较量、对抗、争斗，不再有监视、训斥与惩罚，只会被尊重与感恩充盈，被爱与温暖环绕。

## 四、本书结构

本书分为六章。第一章为导论，阐述了问题提出的缘由、研究的意义和价值，选择了适切的理论基础并进行了理论反思，选定了研究方法，构建了研究框架并拟定了研究思路。

第二章，师生冲突的基本问题。本章提出了研究师生冲突所需要探讨的基本问题，这是研究师生冲突的认识论基础，包括师生冲突的概念、性质、类型、演变阶段、应对方式以及功能等六大基本问题。

第三章，新移民浪潮与新移民情境下的师生关系。本章在界定新移民的概念及辨析相关概念的基础上，回答了新移民浪潮如何形成，新移民情境下师生关系有什么样的特征，师生关系现状如何等基本问题。

第四章，新移民情境下师生冲突中的教师。本章通过对以教师为样本的调查数据的分析，获取了新移民情境下师生冲突中的教师样态，并从教师的视角，研究了教师眼中的师生冲突的现实状况、发生过程、发生根源等问题。

第五章，新移民情境下师生冲突中的学生。本章基于以学生为样本的调查数据分析，揭示了新移民情境下师生冲突中的学生样态，并从学生的视角研究了学生眼中的师生冲突的现实状况、发生机理、发生根源等问题。

第六章，新移民情境下师生冲突的调控策略。旨在解决师生冲突的各方主体，尤其是师生冲突的当事人——教师与学生如何预防与应对师生冲突，且在师生冲突发生后如何修复师生裂痕以重建和谐师生关系等问题。

本书的基本结构如图0-1所示。

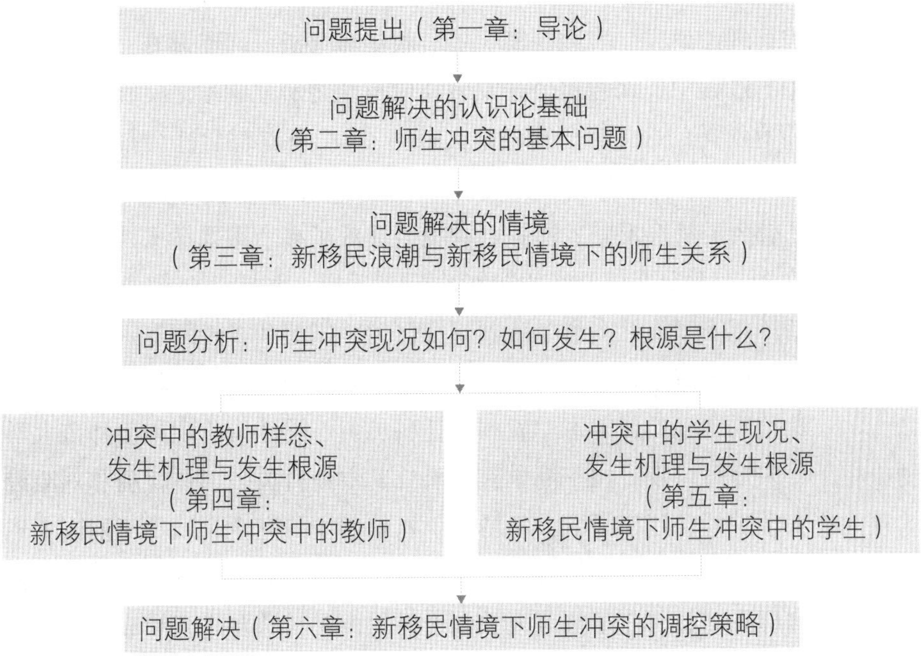

问题提出（第一章：导论）

问题解决的认识论基础
（第二章：师生冲突的基本问题）

问题解决的情境
（第三章：新移民浪潮与新移民情境下的师生关系）

问题分析：师生冲突现况如何？ 如何发生？ 根源是什么？

| 冲突中的教师样态、发生机理与发生根源（第四章：新移民情境下师生冲突中的教师） | 冲突中的学生现况、发生机理与发生根源（第五章：新移民情境下师生冲突中的学生） |

问题解决（第六章：新移民情境下师生冲突的调控策略）

图0-1 本书基本结构

## 五、其他相关说明

本书是国家社会科学基金教育学一般课题"新移民情境下师生冲突的发生机理与调控策略研究"（BFA160036）的最终研究成果，系我与我的博士研究生——广东省委党校副教授黄明亮合著。

本书付梓之际，感谢我的博士研究生，现湖南师范大学教育科学学院副教授蔺海沣在课题申报团队中发挥了骨干作用！

本著作初稿完成后，2019年国庆假期，我在长沙召开了书稿的研讨修改会议，我们逐章讨论，逐字逐句修改，一天连续工作15个小时。广东省委党校副教授黄明亮，湖南师范大学硕士生导师、副教授蔺海沣，贵州师范大学硕士生导师、副教授刘慧琴参加了会议，并提出了许多宝贵的修改意见。当时，我发微信朋友圈感慨道："国家基金成果是这样炼成的！"书稿清样出来后,我的博士生任帅参与了全书的初校,硕士生姚文灏、骆欢欢、马婧、钟缘辉、黄琪参与了部分书稿核校。

"新移民情境下师生冲突的发生机理与调控策略研究"这一课题获批后,我按照课题研究的总体设计程序和步骤,组织课题组成员开始了研究和写作。在进行理论研究、实践观察、资料收集与分析、问卷调查、案例研究和成果运用的过程中,课题组公开发表高质量课题研究学术论文29篇,其中在《教育研究》等CSSCI期刊发表论文9篇;获广东省哲学社会科学优秀成果二等奖;课题研究成果多次在全国性学术会议上宣介,并得到良好的评价,引起了较大的社会反响;支撑、获批与完成了多个重要学术课题;部分研究成果在中小学校得到很好的实践验证与运用。黄明亮、蔺海沣、刘慧琴、付春新(现安徽省社会科学院副研究员)、刘旭和李清刚等六位博士研究生,肖敏(现上海市未来学习研究与发展中心专职研究员、华东师范大学博士)、蔡秋瑶(现广州美术学院副主任科员)、梁泳诗(现华南师范大学博士生)、宋丹丹(现广州华商学院人事处副主任科员)、林晓琦和刘昭晨(现大连大学讲师、辽宁师范大学博士)六位硕士研究生,以及辜刘建(现清华大学博士)、朱芷滢和何晋铭(现均为广州市天河区教育发展研究院教育评价监测部研训员、北京师范大学硕士)积极参与课题研究和成果推广运用,积极参与课题研究和成果推广运用,积极参与论文撰写,大家发挥师门的和谐、进取、创新精神,以丰富和优秀的科研成果按时完成了国家社科基金教育学一般项目的课题研究任务。

感谢广东教育出版社对本书的厚爱!感谢广东教育出版社靳淑敏编审在本书出版全过程中给予的支持和辛勤劳动!本书编辑对全书进行了认真细致、精益求精的审校,表现出国家一级出版社对所出版书籍的高度负责态度,在此,深表感谢!

由于时间和水平的限制,书稿中的错漏在所难免,欢迎各位读者朋友和方家教正。内在的热爱和激情一直鼓励我在学术研究的道路上前行,本人将思而不止、学而不止、进取不止。

赵敏
2024年12月谨识于华南师范大学教师村

# 目 录

CONTENTS

## 01 第一章 导 论

## 第二章　师生冲突的基本问题

## 第三章　新移民浪潮与新移民情境下的师生关系

**第五章　新移民情境下师生冲突中的学生**

**第六章　新移民情境下师生冲突的调控策略**

# 导　论

　　我们生活的世界里，每天都发生着各种各样的冲突，大如战争、地区冲突、种族矛盾，小至邻里纠纷、夫妻争吵、同学拌嘴，等等，形形色色，一言概之，有人的地方就有冲突。教师和学生虽是命运共同体，却是两个异质体，毫无疑问会存在冲突。正如日本教育学家佐藤学所言"冲突与妥协、冲突与妥协、冲突与妥协……如此循环往复，是课堂生活的重要特征"[①]。师生冲突将直接影响教育教学的效果，影响教师的心理状态与工作态度以及学生的学习状态、人格发展。现实中某些师生关系个案或触目惊心，或感动人心，这也引发人们种种深思：新移民情境下，师生关系如何？师生冲突有何新特征？师生冲突的强度、应对方式、功能和发生机是否产生了变化？新的和谐之道如何铸成？回答这一系列问题之前，需要展开一项旷日持久的学术研究。

---

① 佐藤学.课程与教师[M].钟启泉，译.北京:教育科学出版社，
　2003:139.

## ◎ 第一节　研究缘起

### 一、现实需要

有研究统计，仅2015年1月至2016年10月间，国内主流媒体就报道了17起中小学生欺师事件，包括悖师、辱师、伤师、弑师等四种形式，其中造成一般伤害的13起，造成轻微伤或轻伤的2起，造成死亡的2起。[①]2019年也有一起引发全社会关注的师生冲突极端事件。2019年10月，因教师批评学生在校园内骑自行车，学生在教室内公然用砖头暴打教师头部9下，直至教师倒地不起。学生在师生冲突中成为直接的伤害者的事件也屡有发生，如2016年11月12日《广州日报》报道：12岁的小学男生赵某因为在学校顶撞教师而遭掌掴，羞愤不已，彻夜不归，并欲退学[②]；2019年12月，四川达州初三班主任在办公室殴打学生，掐学生脖子、扇学生耳光、拿起椅子砸向学生[③]，等等。

梳理师生极端冲突事件，可以得出四点结论：第一，近年来师生冲突有年轻化、暴力化和极端化的趋势，一向被认为听话乖顺的好学生也开始与教师进行对抗或争斗，本应相互尊重与友爱的师生之间开始出现了拳脚相向的问题，敬业的优秀教师、成长中的学生变成了无辜的牺牲者；第二，师生冲突并非一开始都是高强度的暴力冲突，而是逐渐变强的，一般规律是由心理不满升级为行为对抗，在行为失控的情况下发展为暴力对抗；第三，在这一升级过程中，情绪的管理是一个重要因素。由于新移民情境下动荡和变化的

---

① 程斯辉，李汉学.师生关系的异化及其治理：基于"学生欺师"现象的检视[J].教育研究与实验，2016（6）：34-39.

② 申卉.顶撞老师遭掌掴小学男生欲退学？［N］广州日报，2016-11-12.

③ 时事一点通.师生冲突从教室打到办公室，官方：双方已和解，学生已回学校上课[EB/OL].https://www.360kuai.com/pc/951aa035579a464ec? cota=3&sign=360_57c3bbd1&refer_scene=so_1.

因素较多，加上媒体对暴力事件的渲染性报道，导致学生对暴力行为进行效仿，以至造成学生心理扭曲，从而不能正确地应对师生冲突，容易升级为暴力冲突或产生极端行为。师生冲突发生时，若教师简单粗暴地应对，势必遭到学生的反感与抵制；如果教师缺乏对冲突后果严重性的考量，也将造成冲突的升级。第四，师生冲突对师生有极大的影响，严重的其至会让教师和学生付出生命的代价。

实际上，频频发生的师生极端冲突或一般冲突事件与我国的新移民社会背景有着莫大关系。改革开放以来，我国一直在进行着一场人类历史上范围最广、速度最快、规模最大的，以人口流动为特征的城镇化运动。在这种城镇化背景下，我国形成了一场以农村人口迁移为主的世界上规模最大的移民浪潮，大量的新移民及其子女迁入城镇生活与学习。据笔者整理国家教育统计年鉴数据，发现如下惊人结果：1997年农村基础教育学校在校生为1.2亿人，占全国在校生总人数的63.06%，而2017年农村基础教育学校在校生仅为0.35亿人，占全国在校生总人数的20.67%。可见，1997—2017这20年间，大量农村中小学生进入城镇中小学就读，而农村中小学校日均消失61所。在这股新移民浪潮里，人口频频流动，对"家"的概念也已发生嬗变，人们往往不会在出生地居住或生活一辈子，而是早已习惯了四海为家，甚至把地球也变为了一个"村"。居住地的不断更换与人口流动性的不断增强，造成人与人之间的长久关系被"暂时性"关系所取代，长期性的朋友越来越少，朋友之间情感交流的频率也越来越低。这种人际亲缘关系疏离化、人际情感淡漠化的现实使人们由基于地缘和血缘的熟人社会转向了基于业缘的生人社会。同时，新移民移居到一个新的地理空间，就需要冲突建立起人地联结与人地情感，否则就会成为一个"失根式"的新移民，如无根之萍、无源之水，既没有归属感，也没有安全感，这势必引发他们的消极情绪，致命他们生活态度消极。换言之，人地关系在重塑着新移民的生活态度与方式。

在中国传统社会中，学校教师多是本地的乡贤，或者大多是出生在本地的知识分子，学生也基本都是出生于本地的，这种师生关系主要是基于地缘的类血缘关系，我们常说的"一日为师，终身为父"就是类血缘关系的真实写照。然而，在新移民情境下，学校的教师和学生来自五湖四海，这时候师生关系就演变成了基于知识的传授与学习的业缘关系。业缘关系主导下的师生关系实质上是师生关系的一种疏离，因为师生之间的那种亲友情感被抽离了出来，致使师生情感羁绊越来越少，情感越来越淡薄，师生冲突便自然有所增加。同时，以"类血缘关系"为基础的宗法伦理规范也不再适用，而新的师生伦理似乎更趋工具化、利益化，因而在新旧师生伦理关系的交锋中，师生冲突便会更加突出。

从大量的师生冲突案例中还可以发现，师生冲突总是与教师的教育惩戒纠缠在一起。为此，为了让教师敢用、会用、善用教育惩戒，学生对教师教育惩戒心悦诚服，家长与社会更加理解与支持教师和学校的教育惩戒，最终减少不必要的冲突，2021年3月1日，教育部令第49号——《中小学教育惩戒规则（试行）》（以下简称《惩戒规则》）开始施行。《惩戒规则》明确了教育惩戒的概念，划定了教育惩戒的范围，提出了家长参与教育惩戒的责任，这是从国家法律层面对教育惩戒进行了规定，承认了教师教育惩戒的合法性和重申了教师教育惩戒的重要性，这为减少新移民情境下的师生冲突提供了强有力的政策支持。但要使《惩戒规则》发挥政策效力，也必须弄清楚新移民情境下师生冲突的发生根源与升级规律。

综上，新移民情境下，由师生冲突引发的师生暴力事件已成为一个令国家和全社会关注的焦点问题，它们让教师心惊胆战，甚至不敢再从教，也让学生不再信任或依赖教师，这对家庭，乃至社会都是一个劫难。为此，我们不得不去思考新移民情境下教师与学生为何会走向对立面，师生之间的冲突有着怎样的现实图景、升级规律、发生机理以及发生根源，教师或学生又应如何预防、应对与解决师生冲突，家庭与社会在消解师生冲突中又能做出什么适切行为，如何解决这些现实问题已是当务之急。

## 二、研究空白

目前，关于新移民情境下的师生冲突研究几近空白。第一，从新移民研究方面来看，学界主要研究了新移民的社会融合问题、权益保障问题和满意度调查三方面的内容。即使有学者在探讨新移民的权益保障问题时，也仅谈到其子女的教育问题，并没有涉及师生冲突问题。第二，从师生冲突研究方面来看，鉴于师生冲突，尤其是具有破坏性的师生冲突，对教师、学生和家庭造成了一系列消极影响，使得师生冲突不仅引起了教师、学校、家庭和社会的广泛关注，更引发了学者们的探讨。这方面研究成果很丰富，涉及教育学、社会学、心理学、管理学、哲学、文化学等诸多学科，包括著作、期刊论文、硕博士论文、会议、报纸等形式；研究内容也日趋完善，主要涵括了概念界定、形成原因、特征分析、类型划分、功能探析、发展阶段和处理与预防等。其中在形成原因方面，学者们认为教师控制性的人格特质、低效的沟通技巧、呆板的教学方法、失败的情绪管理[①]、失当的冲突应对方式、消解的合法性权威和错误的思想观念可以引发师生冲突[②]；学生的问题行为与淡薄的规则意识易引发师生冲突，如顶撞教师、不按时完成作业和逃课等等[③]。师生冲突不是一个简单的教育现象，而是一个错综复杂的社会现象，引发师生冲突的并不只是那些涉及教师和学生的表面原因，而是一系列的深层原因。因此，探析师生冲突的发生原因，需要把师生冲突这一教育现象放入大的社会背景之下进行深层次的挖掘。当前学者们只是认为教师权利或权威的滥用、师生身份地位的不对等、教育共识的断裂、新旧思想观念与文化的对撞等社会文化方面的原因可能造成师生冲突[④⑤]。但没有学者从新移民的视角来挖掘师生冲突的发生机理，而这正是本研究所极力触及的。

实际上，消除新移民情境下负向的师生冲突、构建和谐的师生关系是我们的不懈追求与终极目的。每一个人都渴望师生永远关系和谐：师生之间永远天朗气清，没有烟霾雾尘；永远惠风和畅，没有狂风大作；永远细雨绵绵，没有暴雨滂沱。我们身边就有着数不清的师生关系和谐、师生感情深厚的鲜活事例。如在偏远乡村里，有靠妻子背着上讲台，燃烧自己生命而照亮学生前程的赵世术老师；有在"5·12"汶川大地震中，用自己的血肉之躯为学生挡住垮塌的钢筋水泥的张米亚老师。

① 汪昌华.中小学师生冲突关系的形成机制与消解策略[J].教育研究，2016，37（2）：127-133.
② 王琴.从教师权威的消解与重构看师生冲突的化解[J].中国教育学刊，2018（7）：88-93.
③ 赵冬冬.中小学师生冲突的发生及其原因：以52起师生冲突事件分析为例[J].上海教育科研，2017（4）：20-23.
④ 李长伟.共识断裂与师生冲突：基于功能论的视角[J].北京社会科学，2017（3）：22-30.
⑤ 李森，兰珍莉.全球化背景下师生冲突及其调适[J].教育研究与实验，2017（2）：62-66.

可见，我们不懈追求的和谐的师生关系是广泛存在于我们的教学生活之中，它是美的，充满着情，洋溢着善，也是可以建构的。感人心者，莫乎于情。师生用心交往，用情互动，用爱交流，师生心灵便会敞开，情感便会交融，生命的意义便会自然流淌，和谐的师生关系也得以自然生成。赵世术和张米亚老师与学生之间的故事很好地印证了这一点，他们为学生倾尽毕生心血，不惜用生命保护学生，而学生也用其所有和所能，用一个鸡蛋、一斗米或深情的眼泪，向老师表达浓浓的感激之情，并努力学习，成人成才，回报老师，造福社会。

## 第二节 研究意义

本书以社会冲突、人际冲突、人性论、社会认同理论和交往理论为理论基础，对新移民情境下师生冲突的强度、应对方式、功能、发生根源以及调控策略展开研究，是对上述理论内容的丰富与发展；同时，本书引入了人文地理学地方感的概念，论证了教师地方感、职业态度，学生地方感、学校适应与师生冲突的关系，开拓了教育学研究的新领域；此外，本书从社会心理的研究视角揭示了新移民情境下师生冲突的发生机理，寻得了师生冲突的调控策略，拓宽了师生冲突研究的新视角。由此，本书为各方消解新移民情境下的师生冲突，乃至社会冲突提供新路向，为广大教师开展"冲突化"教学提供依据，为广大学者研究新移民情境下的师生冲突提供学术参照。

### 一、理论意义

#### （一）发展了师生冲突的相关理论

师生冲突是一种社会冲突，也是一种人际关系冲突，还是一种交往行为冲突，以社会冲突理论、人际冲突理论、交往行为冲突理论为理论基础来解释与透析师生冲突，本身就是对这些理论的一种运用，更是一种发展。具体来说：第一，在社会冲突与人际关系冲突的理论基础上，论证了师生冲突具有普遍性、对抗性与功能二重性。其中，师生冲突的普遍性是最为基础的性质，是研究师生冲突的逻辑起点，每一位教师或每一位学生都发生过师生冲突；对抗性是冲突的自然属性，有冲突就有对抗；功能二重性是师生冲突的普遍性质，即师生冲突不仅具有负向的消极作用，同时具有正向的积极作用。此外，师生冲突还有其特殊的性质——易调和性。因为教师与学生之间本身为一个相互依存的共同体，没有了教师便没有了学生，没有了学生教师也将不复存在，而且教师与学生之间不存在根本利益的争夺，也就不存在不可调和的矛盾，故师生冲突在本质上是可调和的、易调和的，这一点和一般的社会冲突、人际关系冲突是不一样的。第二，冲突有强度之分，把师生冲突强度分为以心理抵触为主要特征的隐性心理冲突（弱）、以轻微语言对抗与轻微肢体摩擦为主要特征的一般性冲突（中）、以激烈语言和肢体对抗为主要特征的对抗性冲突（强）三种类型，这是对人际冲突理论的一种理论发展。第三，一般来说，人际冲突的应对方式为竞争、逃避、妥协、合作与忍让五种，论证了师生冲突中教师或学生主要采用武力、不卷入与协商这三种应对方式，这对研究人际冲突、社会冲突和交往行为冲突都是一种很好的参考。第四，论证了师生冲突的发生根源是师生认知分歧、情绪消极与行为干涉综合作用的结果，这是人际冲突理论在师生冲突上的运用与拓展。第五，提出了充分预防、合理应对与修复裂痕的师生冲突调控策略，这是对人际冲突理论的一种发展。

综上，通过对师生冲突性质、强度、应对方式、发生根源与调控策略的研究，丰富与发展了社会冲突理论、人际冲突理论与交往行为冲突理论的内容。

### （二）开辟了师生冲突研究的新领域

本书把师生冲突纳入新移民情境下进行研究，运用量化研究手段论证了教师地方感、职业态度，学生地方感、学校适应性与师生冲突的关系，该研究工作开辟了师生冲突研究的新领域。具体来说：第一，地方感是人地关系亲密程度的反映，是衡量人在所居地是否有归属感、幸福感的重要指标，把地方感概念引入教育学的研究中来，并确立了教师地方感与学生地方感的结构，编制了量表，这本身就是一个重大理论贡献，它为研究新移民教师或新移民学生地方感提供了理论支撑。第二，本书不仅论证了新移民情境下教师与学生地方感对师生冲突的影响，也论证了教师职业态度、学生学校适应与师生冲突的关系，这为后续用教师地方感、职业态度，学生地方感、学校适应来解释师生冲突提供了理论参考。

### （三）拓宽了师生冲突研究的新视角

师生冲突是一个多维多面的事物，视角不同，看到的便会不同，得到的答案也不尽相同。学者们多从教育学、心理学、社会学和文化学等学科视角进行研究，而本书则从社会心理学的视角对新移民情境下的师生冲突进行剖析，并寻求其调控策略。具体来说，运用社会学的视角透视师生冲突的发生机理，发现在教师方面，教师的职业态度、地域观念与权威是引发师生冲突的社会因素；在学生方面，学生的学校适应、地域观念、伦理观念、规则意识和自我意识是引发师生冲突的社会因素；运用心理学视角探寻师生冲突的发生根源，发现教师与学生若有认知分歧、情绪消极与行为干涉，师生冲突便会随之发生。简言之，本书突破了研究师生冲突的教育学、心理学或社会学的单维研究视角，从社会心理学的研究视角揭示出新移民情境下师生冲突发生的机理与根源，寻得了师生冲突的调控策略。

## 二、现实意义

### （一）为消解破坏性师生冲突提供了路向

破坏性师生冲突不单单是教育问题，更是社会问题，需要教师、学生、学校、家庭和社会全部参与、内外互动、共同努力，以实现协同共治。本书为消解破坏性师生冲突提供了路向：在师生冲突发生前教师、学生、学校、家庭与社会要充分预防；在师生冲突发生过程中要合理应对；在师生冲突发生后要修复裂痕。第一，在充分预防方面有三条路向：其一，教师是预防师生冲突的第一主角，要求教师更新观念、端正态度；转变角色，控制情绪；依法教学，重塑权威；修炼教学机智，保持有效对话；对学生的消极心理进行有效干预，指导学生自我诊断与心理调节；加强自身与地方的联系。其二，学生作为预防师生冲突的第二主角，要尊教师长，好学多问；正确认识教师的角色，知错能改；树立良好的规则意识，学会掌控与排解消极情绪；主动适应学校生活，加强自身与地方的联系。其三，学校、家庭与社会作为预防师生冲突的配角，要积极疏导师生消极情绪，建立协调冲突的平衡机制；家长要优化家庭环境，合理处理师生冲突；社会要为师生交往营造一个风清气正的环境。第二，在合理应对方面，师生要主动选用应对师生冲突的最优方式——协商，包括妥协、退让和第三方调解；把不卷入作为师生冲突的备用方式，包括回避、等待和转移话题；把武力作为应对师生冲突的禁用方式，包括威胁、讽刺和身体攻击。第三，在修复裂痕方面，破坏性师生冲突发生后，师生要主动宽恕对方、关爱对方，并相互致歉。

### （二）为教师冲突化教学提供了依据

多数教师认为师生冲突具有阻碍教学进程、降低教学成效，破坏师生关系、斩断师生联系，影响心理健康、激发学生问题行为等负面功能，而未能认识到师生冲突有利于个人认识发展，有利于丰富个体的情感，有利于澄清师生所坚持的价值，有利于调节学生的行为等积极正面功能。师生冲突还是维护师生关系的安全阀，是协调师生关系的润滑剂，是重构师生关系的发动机，甚至能推动教学管理更新，激励教学文化重建等。由于未能充分认识到师生冲突的正面功能，有些教师会表现出去冲突化教学倾向，即忽略与排斥隐性教学冲突；回避与排除显性教学冲突。然而，去冲突化教学存在禁锢思维、压抑个性、打击兴趣等弊端，是一种教师通过伤害自己的方式来伤害学生的教学。所以，教师在教学实践中不仅要正确认识师生冲突，还要学会掌控与利用师生冲突，实现由去冲突化教学转为冲突化教学。

### （三）为人们正确认识新移民情境下的师生冲突提供了参考

本书通过对师生冲突概念、性质、类型、强度、应对方式、升级阶段与模式、功能、发生机理、发生根源与调控策略，新移民概念、类型、分布、新移民子女的概况等内容进行研究，以及对新移民与新移民子女的研究现状进行研究，基本囊括了新移民情境下师生冲突的全部研究内容，勾勒出了新移民情境下师生冲突的全貌，为研究或认识新移民情境下的师生冲突提供了认识论基础。

# 第三节　研究基础：理论及反思

师生冲突是社会冲突与人际冲突的一种表现形式，表现着人的利己性与攻击性，意味着师生交往行为失范，并受社会认同的深刻影响。由此，社会冲突理论、人际冲突理论、人性论，社会认同理论，交往理论为研究新移民情境下的师生冲突提供了适切的研究基础。

## 一、理论基础

### （一）冲突理论

20世纪60年代末，伴随着美国青年反权威和女权主义运动的开展，社会学领域中一个新的理论流派——冲突理论迅速崛起，并取代了结构功能主义长期以来在社会学界的主导地位。冲突理论的渊源是工业革命时期的社会学说，早期的先驱有英国生物学家达尔文（Darwin）、奥地利社会学家龚普洛维奇（Gumplowicz）等人。西方社会学者往往将马克思的阶级斗争学说也归并为冲突理论。当代冲突理论主要有以美国社会学家刘易斯·科塞（Lewis A.Coser）和兰德尔·柯林斯（Randall Collins）为代表的社会冲突功能论，以德国裔英国社会学家拉尔夫·达伦多夫（Ralf Dahrendorf）为代表的辩证冲突论，而人际冲突理论则是紧随着社会冲突理论发展起来的。

#### 1. 社会冲突理论

社会冲突理论主要包括社会冲突的发生论、功能论、性质论和类型论，它为解释师生冲突的功能、性质和分类提供了一定的理论指导。

（1）社会冲突的发生。

社会冲突的发生论主要包括两个方面：第一，社会冲突发生的根源是什么？第二，社会冲突发生的条件是什么？

第一，关于社会冲突发生的根源，社会冲突论认为"冲突"意味着感知到的利益分歧（divergence of interest），换句话说，冲突是这样一种信念，如果教师或学生一方得偿所愿,那么另一方就会承受损失。也就是说,社会冲突论把"感知到的利益分歧"看作冲突发生的根源。将冲突归结为教师和学生感知到的利益分歧有以下两个原因:其一,相对于真实的利益分歧来说,感知的利益分歧更能预测人们将来的实际行为。这是因为知觉通常会对人们的行为产生即时的直接影响,相比之下,现实的影响力不但来得缓慢,而且还不太确定。其二,这里的"利益"一词指的是人们对那些根本上值得拥有的事物的感受,利益对于人们的思想和行为至关重要,是人们的态度、目标和意愿的核心部分。有些利益是有形的,比如水、金钱和领土;有些利益是无形的,比如权力、荣誉与认可。有些利益具有普遍性,比如人类的基本需要——生理健康、安全、认同、自由、公正、尊重等;有些利益是具体的,依具体的个体而定。

那么,冲突双方如何为了感知到的利益分歧而发生冲突呢?在一方的利益与另一方的利益发生冲突之前,这些利益必须转化为愿望,即一方努力争取或认为其须获得某一事物的心理表征。当可用的备选方案似乎无法满足冲突双方的愿望,或一方发现自己的愿望与另一方的愿望无法调和时,冲突就发生了。具体如图1-1所示。

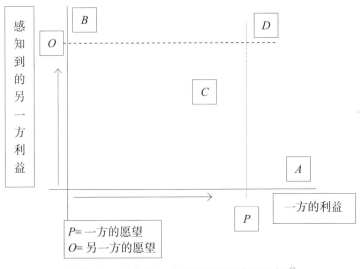

图1-1 一方与另一方共同结果的空间设想①

① 普鲁特,金盛熙.社会冲突:升级、僵局及解决[M].王凡妹,译.3版.北京:人民邮电出版社,2013:22.

图中横轴表示一方价值的某一维度或多个维度的组合，而纵轴表示另一方类似的价值维度。虚线表示感知到的愿望，P虚线代表一方自己的愿望，O虚线代表一方对另一方愿望的看法。空间中的各点表示各种已知的选择方案，这些选择方案可以是一方的行为，或者双方的共同行动。A和B可被视为双方各自的选择，分别代表一方和另一方的价值。C选择虽对双方都有一定的益处，但是一种妥协，而D选择对双方都极为有利，是一种整合式解决方案。D点的选择性方案称为整合式解决方案，因为这种方案兼顾或协调了双方的利益。无论任何事物，只要能为某种整合方案带来一丝希望，就能减少感知到的冲突。①

第二，关于社会冲突发生的条件，很多条件能激发冲突和使冲突升级，或者说会导致感知到的利益分歧的扩大。如果这些条件不存在，那么冲突发生或者升级的可能性就会小得多。

但是在冲突失控而升级之前有两大基本前提。首先，冲突规模的扩大。即当双方的愿望既激烈又坚决，而且可供选择的方案对双方而言都没有什么利益时，冲突规模就会变大。一般来说，在以下三种情况下冲突的规模会扩大：一是激起冲突双方的主要原因是重要的利益，比如安全、认同和尊重等人类基本需要；二是激起冲突双方的主要原因是冲突双方能强烈感受到的原则；三是存在于冲突双方之间的可用的选择方案是非此即彼型的，也就是说，一方或另一方要么成功要么失败。当出现这样的难题时，彼此的愿望就会变得坚决，因为让步就意味着屈从。其次，交往双方出现不稳定性。不稳定性指的是在冲突一方认识到某种利益分歧或者面对另一方容易引起争议的行为时，推动己方采取严厉行动的情况。不稳定性有三种类型：一是对烦扰或威胁产生过度反应的倾向；二是对攻击行为抑制的减少；三是冲突管理能力的降低。这三种基本类型都能促使冲突双方对挑衅产生激烈反应。

狄恩·普鲁特和金盛熙把激发社会冲突和引致社会冲突的条件归结为：情境特征、冲突双方的特征、冲突双方关系的特征和社区的特征。具体如

---

① 普鲁特，金盛熙.社会冲突：升级、僵局及解决[M].王凡妹，译.3版.北京：人民邮电出版社，2013：23.

下：在激发社会冲突的条件方面，其情境特征包括资源的稀缺性、迅速扩大的成果；冲突双方关系的特征主要表现为零和思维；冲突双方关系的特征包括相对权力的模糊性、不公平的比较和猜疑；社区的特征包括安全困境、缺乏规范性的共识。

在致使社会冲突升级的方面，致使冲突升级的情境包括两种特征：一是面对另一方的挑衅行为，冲突一方产生的愤怒情绪到底会发展到何种程度；二是此种愤怒表达行为的程度。而如何面对挑衅行为和是否引起愤怒，最后表现为过度反应，主要受冲突双方的自律神经系统被唤醒、最近在某种情境下愤怒过、时间压力和攻击榜样的示范作用等影响。冲突双方的特征包括："人格差异和童年经历、年龄和性别差异、冲突双方采用的升级模型、文化差异等"；冲突双方关系的特征主要表现为"社会约束"；社区的特征包括："外部支持、限制冲突的规范、限制冲突的制度以及社区的结构"。[①]

综上所述，社会冲突的发生有其先决条件——激发冲突的条件和基本前提。当社会冲突发生时，若未能及时解决，社会冲突就会升级，其升级的条件则表现为社会冲突的升级条件。

**（2）社会冲突的性质。**

首先，冲突作为矛盾的一种表现形式，因矛盾具有普遍性，故冲突也具有普遍性。在社会学界，德国哲学家康德（Kant）把矛盾和冲突看作具有同一含义的概念。他在《未来形而上学导论》中说，"二律背反""这种互相冲突不是任意捏造的，它是建筑在人类理性的本性上的，因而是不可避免的，是永远不能终止的"[②]。马克思和恩格斯则把阶级社会中的社会历史领域的矛盾斗争称为冲突。他们在《德意志意识形态》中说："一切历史冲突都根源于生产力和交往形式之间的矛盾""生产力和交往形式之间的这种矛盾，每一次都不免要爆发为革命，同时也采取各种附带形式——表现为冲突

---

① 普鲁特，金盛熙.社会冲突：升级、僵局及解决[M].王凡妹，译.3版.北京：人民邮电出版社，2013：26-169.

② 康德.任何一种能够作为科学出现的未来形而上学导论[M].庞景仁，译.北京：商务印书馆，1978：120.

的总和"。①在自然界，冲突也普遍存在，学者们普遍认为：平衡居于我们关于世界运行方式诸多模型的中心，存在的正常状态是和谐的。这一假设引发了许多学科领域内部的争论。更多的学者认为这个假设是不牢靠的，不和谐或冲突更可能接近于常态而不是非常态，而且可能居于这二者的中心。由此指出一个多样化的系统不仅是趋于和谐与平衡，而且同样趋于冲突。如个人内在冲突、人际冲突、种族冲突、性别冲突、国际冲突乃至宇宙冲突。②而在艺术创作中冲突指对立的人物、感情、愿望、利益之间矛盾的激化，它是客观现实中矛盾斗争的集中表现，又是反映生活矛盾的一种手段。③可见，从存在论的角度说，冲突是普遍存在于自然世界，也同样普遍存在于社会世界的，即冲突具有普遍性。

其次，冲突具有对抗性。冲突一旦发生必定产生对抗行为，这种对抗包括公开的对抗和争斗，也包括潜在的和内隐的抗拒行为。凯特·艾迪在《观察冲突》中提出了"冲突的剧场"这一概念，并指出冲突的剧场的一个必然的特点是台前冲突和幕后冲突、显性冲突和隐性冲突的区分。由此，艾迪区分了两种对抗形式，一种对抗实际及操作的原因是不可见的；另一种对抗适合于展示。④同时，毛泽东在《关于正确处理人民内部矛盾的问题》中，把冲突看作对抗的一种表现形式。他说："资本主义社会的矛盾表现为剧烈的对抗和冲突，表现为剧烈的阶级斗争，那种矛盾不可能由资本主义制度本身来解决，而只有社会主义革命才能加以解决。"⑤

最后，冲突具有互动性，互动性强调的是冲突从来都不是单方的，而是双方的，正所谓"一个巴掌拍不响"。科塞指出冲突是人类互动的一种基本形式。科塞认为冲突是人类和引起冲突的根源之间的不断互动。他将冲突的根源分为物质性冲突原因和非物质性冲突原因。物质性冲突原因是指权力、地位和资源分配方面的不均；非物质性冲突原因是指价值观和信仰的不一

① 马克思，恩格斯.马克思恩格斯全集第三卷[M].中共中央马克思、恩格斯、列宁、斯大林著作编译局，译.北京：人民出版社，1965：83.
② 琼斯，费边.冲突[M].冯丽，译.北京：华夏出版社，2009：1-2.
③ 金炳华.马克思主义哲学大辞典[Z].上海：上海辞书出版社，2003：248.
④ 琼斯，费边.冲突[M].冯丽，译.北京：华夏出版社，2009：96-110.
⑤ 中共中央文献编辑委员会.毛泽东著作选读[M].北京：人民出版社，1986：767.

致、制度性的歧视。冲突一旦发生后，冲突双方总是会通过不断的互动而产生对抗。他提出了"安全阀"理论以消解对抗，即它是一种社会运行的安全机制，他认为敌对的情绪或对抗不等于冲突，如果敌对的情绪或对抗通过适当的途径得以发泄，就不会导致冲突，像锅炉里的蒸汽通过安全阀适时排出而不会发生爆炸一样，不仅有利于社会结构的维持，而且有利于促进社会良性运行、协调发展。[①]

**（3）社会冲突的类型。**

客观世界中的冲突形形色色、多种多样，按照冲突的性质和特点，可以把它们区分成不同的类型，如物质冲突和精神冲突、社会冲突和自然冲突、有形冲突和无形冲突、内部冲突和外部冲突、对抗性冲突和非对抗性冲突，等等。在生命界，事物间的冲突要复杂和丰富得多，特别是社会领域中，人的意识活动的参与和社会运动本身的复杂性、多样性和特殊性，更使冲突本质上具有不同的特点。目前，关于冲突比较典型的分类是科塞依据冲突是否有对抗行为，把冲突分为现实性冲突和非现实性冲突。现实性冲突指那些为达到特定目标而指向冲突对象的对抗行为，非现实性冲突指一方不指向冲突对象的发泄敌对情绪的行为，往往表现为找"替罪羊"。周伟忠根据冲突的不同性质和解决要求，把冲突分为协调型冲突、兼顾型冲突、排除型冲突与和解型冲突。协调型冲突指事物之间发展变化不协调、不平衡的冲突，这种冲突表现为发展滞后的一方制约、阻碍另一方的发展。这种冲突要求克服不平衡，达到协调一致的发展。兼顾型冲突是指冲突双方互相起相反作用，双方存在着一定的此消彼长关系，但两者又要求兼顾和结合起来。这种冲突双方不是对立的，或者说它们在根本上是一致的，两者能够辩证统一起来，这就要求双方相互妥协、相互兼顾，处理好两者间的关系。排除型冲突是指双方根本对立或不相容的冲突，冲突的解决就是要求一方克服、战胜、排除另一方。和解型冲突主要指人类自身存在的非根本对立的利益冲突。解决这类冲突就要通过协商、谈判、说理等方法来消除双方纠葛，明辨是非，排除障碍，达到和解，使双方得以顺利发展。[②]此外，艾迪将冲突分为台前冲突和幕

---

① 科塞.社会冲突的功能[M].孙立平，等，译.北京：华夏出版社，1989：264.

② 周伟忠.冲突论[M].上海：学林出版社，2002：18-23.

后冲突，或显性冲突与隐性冲突，并强调了大量巨大痛苦是与后一种冲突相关，虽然它隐藏在视线之外。①

**（4）社会冲突的升级。**

要知道在冲突一方和另一方各自内部以及冲突双方之间发生了怎样的过程，就必须借助冲突的升级模型。广义的冲突升级模型有三种：争斗者-防御者模型、冲突螺旋模型和结构变化模型。②此处着重介绍冲突螺旋的结构变化模型，它是冲突螺旋模型和结构变化模型的结合，有助于我们进一步洞察冲突升级的发展过程。该模型描述了升级发生及促动的变化过程，这些变化过程也使升级得以持续下去和再次发生。这些变化指那些影响冲突双方行为选择的各种情境特点的变化，所以称作结构性变化。

冲突螺旋模型认为冲突升级是源于行为和回应的一种恶性循环。冲突一方容易引起争议的行为推动了另一方做出类似的报复或者防御性行为，这种回应进一步唤起了冲突一方容易引起争议的行为，完成一个循环，并且进行下一轮重复。在冲突螺旋模型发展中，双方动机有一部分是出于报复——因为另一方所制造的痛楚而惩罚另一方，也有一部分是出于防御或威慑的目的——使自己免受另一方所做各项准备活动的影响，并给另一方以教训，让其感受到痛苦，以停止其令人生怒的行为。

冲突螺旋模型的发展一旦开始往往难以停止，因为双方都认为，不报复对方就会被人看成是软弱的表现，这会招来对方变本加厉的烦扰行为。双方都认为坚定地维护己方自我防护的声誉迫在眉睫。此外，双方都愿意采取那种可能打破这种循环的和解性措施。这是因为：第一，冲突一方并不相信另一方会对自己报以善意；另一方也并不认为，只要自己表达善意，冲突一方就会以示好作为答谢。第二，冲突一方担心己方采取和解性措施将意味着奖励另一方，并因此促使更加烦扰的行为的发生。第三，另一方通常会被对方视为"攻击者"，因而会因冲突螺旋上升而遭到谴责。这表示另一方（而非冲突一方）有责任首先采取和解性措施。冲突螺旋的结构变化模型如图1-2所示。

---

① 琼斯，费边.冲突[M].冯丽，译.北京：华夏出版社，2009：4-5.
② PRUIT D G，GAHAGAN J P.Campus crisis: the search for power[M].Chicago：Aldine，1974：349-392.

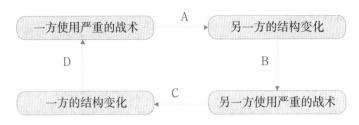

图1-2　冲突螺旋的结构变化模型图①

在图1-2中我们能看到冲突的螺旋上升：冲突一方使用严重的战术引起了另一方的结构性变化（A部分），这促使另一方给予了激烈的回应（B部分），于是带来了一方的结构性变化（C部分），进而促使一方使用更为严重的战术（D部分）。以此类推，循环往复。结构变化模型的价值在于，它有助于我们推断何种条件下冲突会升级及升级能持续下去和再次发生。这是因为我们非常了解能使该模型中所描述的变化得以发生并得到推动的条件，或者说，那些能用来强化图1-2中A部分和C部分所展示出的因果关系条件，也就是激发和致使冲突升级的条件。

**（5）社会冲突的功能。**

冲突的功能是从社会学的视角进行研究的。传统的西方社会学观点视冲突为消极的分裂的现象，倾向于认为冲突具有破坏性和分裂性，然而"结构功能冲突论"反对这一观点。科塞认为社会学对冲突的积极功能分析不足，并强调冲突的建设性功能、有益功能，即科塞不仅承认非暴力冲突存在正面功能，还肯定暴力冲突的正面功能。同时，"辩证冲突论"认为冲突既是一种破坏力，也是一种生产力，冲突会导致结构的重组，重组的结构又会酿成新的冲突。达伦多夫认为"冲突是社会变迁的动力，冲突及其引起的变迁是正常现象，没有冲突与变迁则是异常现象，社会组织彼此连接在一起，并不是由于共识，而是源自于压抑力量，不是基于一致的同意，而是基于彼此之间的压抑。"②可见，社会冲突的功能可以是积极正向的，也可以是消极负向的。

---

① 普鲁特，金盛熙.社会冲突：升级、僵局及解决[M].王凡妹，译.3版.北京：人民邮电出版社，2013：124.

② 宋林飞.西方社会学理论[M].南京：南京大学出版社，1997：374-375.

## 2. 人际冲突理论

20世纪50年代中期，一些社会学家，如米尔斯、达伦多夫等，开始重新注意社会冲突现象，同时对结构功能主义进行了激烈的批判。由此逐渐引发了学者们对"冲突"的关注和兴趣，大量有关人际冲突的研究也由此开始。人际冲突指的是发生在相互依赖的个体和群体间互相知觉到的各自既定目标的不一致，并出现了干涉行为以及同时伴有消极情绪体验的动态过程。[①]

**（1）人际冲突的概念。**

什么是组织中的人际冲突？目前学术界对组织中的人际冲突内涵的解读主要分为两大类型：认知论与过程论。认知论把冲突视作认知差异的结果，将组织中的人际冲突定义为"组织成员为达到各自的目的而采取一系列反对其他共事者的行为，从而导致的一种形势或处境"[②]，或者是发生在各自相异的背景、情境或个人条件下的一种行为现象，组织成员将自己的意愿强加到其他共事者身上，并通过这些反常的行为给对方造成一定程度上的伤害。[③]认知论明确了环境、背景等差异的前提性作用，着眼于个体看待问题的不同视角与立场，强调组织中人际冲突的状态性与不兼容性。在组织内部，个体所处位置不同，不同的利益选择势必使组织成员之间产生人际冲突，影响组织成员的理性判断，造成组织内耗，从而导致组织绩效下降。[④]当然，一定程度上的认知分歧也有利于促进组织成员之间的交流互动，不同意见的交流借鉴有利于提高决策质量、推动决策实施。[⑤]认知论聚焦于认知差异，将组织中的人际冲突视作一种既定结果；与其不同的是，过程论则强调组织中的人际冲突变化发展的动态性，认为人际冲突涉及关系双方在分歧、负面情绪与干扰

① BARKI H, HARTWICK J.Conceptualizing the construct of interpersonal conflict[J] .The international journal of conflict management, 2004（15）: 216 –244.

② WEINGART L R, BEHFAR K, BENDERSKY C, et al. The directness and oppositional intensity of conflict expression[J]. Academy of management review, 2015, 40（2）: 235–262.

③ BODDY C R. Corporate psychopaths, conflict, employee affective well–being and counterproductive work behaviour[J]. Journal of business ethics, 2014, 121（1）: 107–121.

④ DE WIT F, GREER L L, JEHN K A. The paradox of intragroup conflict: a meta–analysis.[J]. J appl psychol, 2012, 97（2）: 360–390.

⑤ 宝贡敏, 汪洁.人际冲突理论研究评述[J].技术经济, 2007（11）: 12–16.

行为上的相互影响与作用，同时伴随着双方在认知、情感与行为上的系列反应①。过程论突出了组织成员之间负面情绪的体验与作用过程，强调了形成过程中互动双方的情绪变化及其对人际冲突的负面影响。②

心理学家贝奇（Barki）和哈威尔（Hartwick）通过对信息系统开发（information system development，ISD）工程用户进行调查问卷的测量，证实了人际冲突的三维性，并进一步从组织任务和人际关系出发，通过规范性研究提出了组织中人际冲突的三种基本特征：分歧、负面情绪和干涉行为。第一，分歧是指组织中人际冲突的互动双方感知到的彼此间在价值观、需求、利益、意见或目标上的差异。组织中以分歧为特征的人际冲突主要表现在认知、任务和过程三方面，通常是对于如何完成指定工作而产生的认识差异。对于组织中的人际冲突概念的定义和测量，实质上都集中于组织成员间已感知到的分歧，并以之为描述特征或者测量程度的标准。第二，负面情绪被认为是组织中人际冲突的一个关键要素。③以负面情绪为主要特征的人际冲突，强调工作场所中组织成员之间的不和或敌对状态，④影响个人在人际冲突中的行为表现，且一定程度上阻碍了组织中成员合作能力和任务的有效完成。⑤第三，干扰行为强调组织中人际互动的一方感知到自己的利益被其他参与方反对或者受到了消极的影响。具体如图1-3所示。

---

① BARKI H，HARTWICK J.Conceptualizing the construct of interpersonal conflict[J]. The international journal of conflict management，2004（15）：216-244.

② 诸彦含，周意勇，刘丽颖，等.组织中的人际冲突：类型、模型与表达[J].心理科学进展，2016，24（5）：824-835.

③ CHEN M J，AYOKO O B. Conflict and trust：the mediating effects of emotional arousal and self-conscious emotions[J]. International journal of conflict management，2012，23（1）：19-56.

④ 黄丽，陈维政.滥权监管对个体工作行为的影响分析：人际冲突与自我效能感的不同作用[J].经济经纬，2014，31（6）：96-100.

⑤ MONTES C，RODRÍGUEZ D，SERRANO G. Affective choice of conflict management styles[J]. International journal of conflict management，2012，23（1）：6-18.

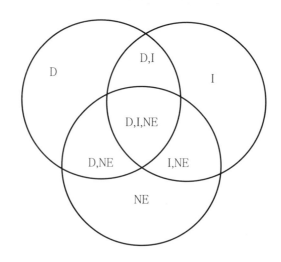

图1-3　人际冲突成分韦恩图（Venn Diagram）

注：D 表示意见分歧（disagreement）；NE 表示负面情绪（negative emotion）；I 表示干涉行为（interference）。

**（2）人际冲突的类型。**

人际冲突的发生类型主要是依据冲突发生的原因而划分的。贝奇和哈威尔将分歧、负面情绪以及干扰作为组织中人际冲突概念化的纵轴，将人际冲突所涉及的对象——工作任务与人际关系作为横轴，据此将组织中的人际冲突概念化为一个二维系统。当这三种特征单个或者组合出现时，组织中的人际冲突被认为存在，并且作用于工作任务（任务内容和任务过程）与人际关系这两个对象上，使其呈现出单特征或多特征的类型特质。单特征型冲突包括：分歧型人际冲突、情绪型人际冲突和干扰型人际冲突。多特征型冲突包括："情绪-分歧混合型人际冲突、分歧-干扰混合型人际冲突、情绪-干扰混合型人际冲突、情绪-分歧-干扰混合型人际冲突。"[1]也就是我们从图1-3中看到的七种组合方式。但是，贝奇等人认为当某种特定事件完全包含了这三种成分时，人际冲突才会发生（特指图1-3中最中间的组合：D，I，NE）；

---

[1] 诸彦含，周意勇，刘丽颖，等.组织中的人际冲突：类型、模型与表达[J].心理科学进展，2016，24（5）：824-835.

仅包含一种成分或包含任意两种成分的组合，人际冲突都只是有可能发生。<sup>①</sup>

第一，单特征型人际冲突。组织中的单特征型人际冲突主要包括分歧型、情绪型以及干扰型三种。<sup>②</sup>

分歧型人际冲突将认知分歧作为组织中人际冲突的产生源。当组织成员对工作任务等内容的解读产生分歧，包括对现有资源的分配以及必须进行的工作流程上意见不一致时，分歧型人际冲突就此产生。依据关注点的不同，分歧型人际冲突可细分为不同的子类型。以关系本身为关注点的分歧型人际冲突表现为个人导向型冲突，它直接产生于组织成员之间，表现为个体间对彼此能力的质疑、人身攻击等一系列负面行为。以任务为关注点的分歧型人际冲突则强调组织成员在任务内容或任务过程方面存在异议，包括认知冲突、过程冲突与任务冲突。认知冲突是组织成员在任务判断上的分歧<sup>③</sup>，基于成员在组织中所处地位或个人思维方式的差异，对于执行任务过程中存在的问题，成员间就其解决方案存在意见上的不一致。过程冲突是组织成员在任务如何开展的过程中产生的意见分歧，它以工作本身为作用对象，通常是组织成员在任务进行过程中产生的异议。任务冲突是组织成员在试图完成的任务内容上产生的分歧<sup>④</sup>，多表现为对事实状况的理解性分歧和对任务涉及数据的解释性分歧<sup>⑤</sup>。

情绪型人际冲突。情绪型人际冲突将负面情绪作为组织中人际冲突产生的根源，是组织成员之间因产生了私人间的厌恶、憎恨、恼怒等负面情绪而

① BARKI H, HARTWICK J.Conceptualizing the construct of interpersonal conflict[J]. The international journal of conflict management， 2004（15）：216－244.
② 诸彦含，周意勇，刘丽颖，等.组织中的人际冲突：类型、模型与表达[J].心理科学进展，2016，24（5）：824-835.
③ KIESLICH P J, HILBIG B E. Cognitive conflict in social dilemmas：an analysis of response dynamics[J]. Judgment & decision making，2014，9（6）：510-522.
④ JEHN K A, DE WIT F, BARRETO M, et al. Task conflict asymmetries：effects on expectations and performance[J]. International journal of conflict management，2015，26（2）：172-191.
⑤ LOUGHRY M L, AMASON A. Why won't task conflict cooperate? Deciphering stubborn results[J]. Social science electronic publishing，2014，25（4）：333-358.

导致的人际摩擦。①这种类型的人际冲突强调组织中的人际关系，而并非关注工作本身。

干扰型人际冲突。干扰型人际冲突将干扰作为冲突的产生源，将组织中的人际冲突定义为"关系一方通过扰乱、妨碍或者其他形式对另一方（在成果的获得上）产生不利影响的一系列活动"②。以任务（任务内容或任务过程）为作用对象，组织中的干扰型人际冲突是指一方作用于另一方的工作阻碍性行为；以关系为作用对象，则主要是指工作场所中人际互动方面的阻碍性行为，如散播同事的谣言、妨碍同事的人际交往等。

第二，多特征型人际冲突。根据分歧、情绪以及干扰的不同组合方式，组织中的多特征型人际冲突主要表现为以下四种形式。③

①情绪-分歧混合型人际冲突。在执行任务的过程中，当组织成员自身持有紧张等负面情绪，同时对任务内容或目标存在不同意见，并感知到与他人产生摩擦或不协调时，情绪-分歧型人际冲突产生。④这种类型的人际冲突往往是任务冲突、过程冲突和情绪冲突的组合，它贯穿任务执行的始终，并随着关系双方在任务分歧上的不断扩大而导致负面情绪外显，造成组织成员对团队或工作的不满加剧，人际关系紧张甚至破裂。

②分歧-干扰混合型人际冲突。当组织成员感知到自己与他人在目标达成等方面存在矛盾，并且在执行任务过程中被对方有意或无意地进行妨碍时，分歧-干扰型人际冲突产生。这种类型的人际冲突将组织成员间的不和谐状态视为一种理性表现，它源于认知分歧和相互间的干扰性行为，尚未有负面情绪的介入。

③情绪-干扰混合型人际冲突。情绪-干扰混合型人际冲突是组织成员将

---

① PEARSON A N, ENSLEY M D, AMASON A C. An assessment and refinement of jehn's intragroup conflict scale[J]. International journal of conflict management, 2002, 13（2）: 110-126.

② ALPER S, TJOSVOLD D, LAW K S. Conflict management, efficacy, and performance in organizational teams[J]. Personnel psychology, 2010, 53（3）: 625-642.

③ 诸彦含, 周意勇, 刘丽颖, 等.组织中的人际冲突: 类型、模型与表达[J].心理科学进展, 2016, 24（5）: 824-835.

④ JEHN K A, MANNIX E A . The dynamic nature of conflict: a longitudinal study of intragroup conflict and group performance[J]. The academy of management journal, 2001, 44（2）: 238-251.

愤怒等一系列负面情绪作用于他人，并相互间有工作妨碍时所产生的人际冲突，往往"以高度的情绪性与个性为特点"①。通常情况下它的产生并非源于工作问题， 而主要因为私人情感、个体间性格差异或以往的矛盾累积，在这种人际冲突中，双方形成了一种负面情绪的状态氛围，通过干扰性行为将内心的负面情绪表达出来。

④情绪–分歧–干扰混合型人际冲突。这种类型的人际冲突是个体间认知、确切的情绪状态、明显的表现形式和以往矛盾等因素共同作用的结果。贝奇和哈威尔在人际冲突三维概念的研究中发现，组织中的人际冲突产生于相互依赖的参与方之间感知到彼此之间存在分歧，相互进行妨碍，同时经历一系列负面情绪，此类人际冲突包含三个组成部分，即态度（包括认知与情绪）、行为（包括显性或隐性敌对或攻击性行为）和矛盾（关系双方在价值观、利益等方面的差异）。

**（3）人际冲突的发生模型。**

人际冲突的理论模型实际上就是对冲突模式的研究。有学者把这些有影响力的模式分为三大类：法国现象学家庞蒂（Pondy）的主导范式模型、描述性模型与规范性模型②。

第一，庞蒂的主导范式模型。庞蒂对冲突的研究具有里程碑式的意义，并且影响深远，许多后续研究都是基于他的理论框架进行的，研究的内容也都没有超出他对冲突前条件和冲突类型的界定范围。

在组织层面上，1967年庞蒂提出了一个经典的冲突范式，他试图把冲突的影响因素 （如组织结构、人格特质等）、冲突进程和冲突结果等各个方面归入冲突发生的过程中，提出了冲突发生的五个步骤：A.前条件；B.潜在的冲突可能性；C.意识到了冲突的势在必行；D.发生冲突；E.产生冲突结果。③

① FRIEDMAN R A, TIDD S T, CURRALL S C, et al. What goes around comes around: the impact of personal conflict style on work conflict and stress[J]. International journal of conflict management, 2000, 11（1）: 32-55.
② 戴健林、王乐伟.人际冲突：理论模型与化解方式的研究[J].华南师范大学学报（社会科学版），2008（6）：110-116，160.
③ PONDY L R.Organizational conflict: concepts and models[J]. Administrative science quarterly, 1967, 12（2）: 296-320.

庞蒂的最大发现在于他对冲突前条件的分析，这些前条件包括对稀有资源的竞争、个体自由与组织权力控制的斗争、个体差异和目标差异。这其中的每一个前条件都成为相关组织冲突模式中讨论的核心内容。

第二，描述性模型。有一些冲突模式，它们旨在描述冲突是什么，关注冲突的基本状态，目的是了解或解释冲突发生的原因、过程或结果等相关内容，而没有为我们处理这些相关事件提供建议，我们称之为描述性模型。描述性模型大致有如下三种。①交战模型。在社会心理学家拉波波特（Rapoport）看来，这种模型对冲突的解释来自人际侵犯[①]。在人际侵犯特别是身体侵犯的时候，斗殴往往是非理性以及非常情绪化的，而相互连续不断的侵犯会使冲突处于一种连锁反应的状态，即所谓的"冲突螺旋"。尽管这种模型经常被用来解释国际社会中的战争现象，但它同样也适用于团体纷争、夫妻关系以及组织冲突。②争论模型。与交战模型相反，拉波波特认为争论的实质是双方在事物是什么和事物应该是什么上的观点的不一致。按照这种模型，冲突源于不同的主张、观点、政策以及意识形态。③步骤模型。当拉波波特把注意力集中在具体的冲突事件上时，其他学者已经开始用冲突的动态过程来认识冲突，并提出了相关的冲突过程模型。这一模型主要以庞蒂的冲突五步骤范式为基础。[②] 组织心理学家托马斯（Thomas）提出了冲突过程模型。这一模型认为冲突要经过五个关键阶段，它们分别是挫折（一方认识到另一方将会挫败自己关心的事）、概念化（意识到了冲突的产生）、行为（用不同的方式来解决冲突）、交互作用（使冲突升级或化解的因素）、结果（短期的或长期的）。另外，还有托马斯的结构模型。当冲突过程模型关注进程中纵向的特定连锁事件时，冲突结构模型却着眼于整体的冲突状态。它主要分为四部分：冲突中每一个团体的自我倾向（人格决定的处理问题的方式）；冲突中各自面对的社会压力；激励结构和利益冲突（双方兼容性的程度和对行为结果的激励）；规则制度的限制（现有的规则对行为的限制以及可能的第三方介入）。以往的冲突模式大都着眼于冲突的起因或

① RAPOPORT A. Fights，games，and debates[J].Journal of the American statistical association，1961，22（2）：271-272.

② TYLER T R，LIND E A. Procedural justice[M]. Winchester：Ashgate，2002：120-123.

动态过程，托马斯的结构模型则试图把起因和过程结合起来。[①]见图1-4。

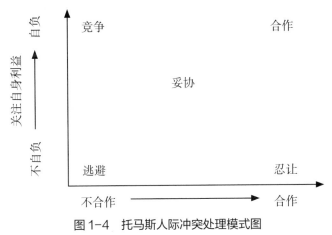

图1-4　托马斯人际冲突处理模式图

　　第三，规范性模型。与描述性模型不同，规范性模型致力为冲突化解和冲突解决提供建议，并为冲突过程中各个环节事态的处理提供操作规范，故被称为规范性模型。[②]

　　1940年，"管理理论之母"莫丽特（Follett）首次发现了冲突解决的三种主要方式：控制、妥协和整合。[③]1964年，美国行为科学家布莱克（Blake）和莫顿（Mouton）第一次将组织内人际冲突解决方式归纳为五种类型：强迫、退避、安抚、妥协和问题解决。他的五种解决方式建立在两个维度之上：对生产的关心和对人的关心。[④]托马斯对布莱克和莫顿的模型重新解释和提炼，提出了自负和合作两个维度，并相应地归纳出影响广泛的五种冲突解决方式：竞争，双方均不考虑对方所受的影响，只考虑自己的利益和目标。合作，共同找到对自己有利的解决方式，实现共赢；逃避，不在乎自己的利益，也不关心对

①　THOMAS K W. Conflict and conflict management: reflections and update[J]. Journal of organizational behavior, 1992, 13（3）: 265-274.

②　戴健林，杜月秀.师生冲突及其化解方式的特性分析[J].华南师范大学学报（社会科学版），2010（2）: 46-49.

③　FOLLETT P. Constructive conflict[G].Dynamic administration: the collected papers of mary parker follett, Harper, NewYork, 1940: 30-49.

④　BLAKE R R, MOUTON J S. The managerial grid[M]. Houston: Gulf Pub.Co., 1964: 45-50.

方的反应，采取退缩或压抑的方式，以避免冲突的发生；忍让：满足对方的要求，牺牲自己的利益，达到息事宁人维持关系的目的；妥协，与对方互做让步，各自牺牲部分的利益，以达到和平共处的状态。①后来布莱克和莫顿又在1985年提出了面对面冲突解决模式。这是一个解决组织内经常共事的不同团体之间冲突的新的步骤模式。这个过程主要需要六步：一是每一方各自独立地提出一个具有良好结合效果的模式；二是各方聚集在一起，制定一个兼顾各方的模式；三是每一方描述当前与其他合作方之间的关系状态，并找出问题所在；四是各方再次聚在一起对现行的各方连接状态的工作关系加以改善；五是每一方提出需要改变的地方，并制成一个清单；六是每一方制定具体的可行性方案并着手改变。②

**（4）人际冲突的发生过程。**

人际冲突的发生过程包括程序模型和组织模型，它们的共同点在于强调了组织中人际冲突过程的阶段性，认为人际冲突是一个层层递进的过程；它们最显著的特征在于将人际冲突的产生视作一个动态发展的过程，关注重点是冲突由隐性到显性的演化过程。庞蒂提出的程序模型强调组织中人际冲突产生过程的阶段性，即潜在冲突（萌芽状态）、知觉冲突（认知）、情感冲突（情感）、显性冲突（行为）以及冲突后果（结果状态）。程序模型关注人际冲突由潜在到被感知，再到最终外显这样一个动态的阶段性过程。在这种模型之下，冲突结束是冲突衰弱时双方矛盾暂时缓和的一种状态，而非冲突的终结，它有可能成为诱发下一冲突的潜在因素。③罗宾斯（Robbins）提出了人际冲突的组织模型，他将冲突的产生过程分为五个阶段，即潜在对立、认知介入、冲突意向、冲突行为、冲突后果。罗宾斯认为组织中人际冲突的来源包括沟通、个体行为和组织结构三个方面。潜在的矛盾或不一致是

---

① THOMAS K W, KILMANN R H . Thomas-Kilmann conflict mode instrument[J]. Cpp com, 2011：52-56.

② PETERSON R B, BLAKE R R, MOUTON J S. Solving costly organizational conflicts[J]. Administrative science quarterly, 1984, 31（2）：324.

③ PONDY L R.Organizational conflict: concepts and models[J]. Administrative science quarterly, 1967, 12（2）：296-320.

人际冲突产生的必要条件，而对稀有资源的争夺、为了获得更多的工作自主权以及对目标内容的不同理解是导致潜在矛盾产生的三大因素。[①]

不管是社会冲突还是人际冲突，最终到底还是人与人之间的冲突。为此，社会冲突和人际冲突有着深厚的人性基础，正如休谟所言，"人性与一切科学都有关，对人性的研究应是一切科学的基础"。由此，我们不得不进一步追问：冲突的发生与什么人性有关？具备这种人性就一定会发生冲突吗？我们认为人与人之间的冲突与人性有关，它与人的利己性和攻击性有关，但即使这样，冲突也不一定会发生。

### 3．人性论

**（1）人的利己性。**

第一，中国传统思想中人的利己性。在中国传统思想中，关于人的自私说法最为经典的是法家伦理思想中关于人性论的主张，人的自私主要体现为人的利己性。在法家看来，好利恶害、趋利避害是古往今来人人固有的本性，这种本性是不可改变的。从传承思想文化的角度看，法家的人性论观念是对荀子人性恶思想的承续。荀子的性本恶思想主要表现为人的感官欲望的无法满足的状态。他在《荀子·性恶》中说："目好色，耳好声，口好味，心好利，骨体肤理好愉佚，是皆生于人之情性者也。"他认为，正是在人的本能的基础上，产生了人的财产占有欲和好利之心。《荀子·荣辱》中写道："人之情，食欲有刍豢，衣欲有文绣，行欲有舆马，又欲夫余财蓄积之富也；然而穷年累世不知足，是人之情也。"同时还认为，人的共同心理是好荣而恶辱，从尧舜到庶民百姓没有什么差别，而人世间最值得荣耀的就是掌握政治权力。《荀子·王霸》里谈道："夫贵为天子，富有天下，名为圣王，兼制人，人莫得而制也，是人情之所同欲也。"荀子认为人的这种本性是不尽合理的，这就应该借助开展深入的社会实践来矫正，即"化性起伪"。法家先驱及代表人物或先于荀子谈到了或在荀子之后拓展了这一人性论思想。《管子·禁藏》中说："夫凡人之性，见利莫能勿就，见害莫能勿避。其商人通贾，倍道兼行，夜以继日，千里而不远者，利在前也。渔人之

---

① ROBBINS S P. Organizational behavior［M］9th ed.London：Prentice Hall，2001：145-147.

入海，海深万仞，就彼逆流，乘危百里，宿夜不出者，利在水也。故利之所
在，虽千仞之山，无所不上；深渊之下，无所不入焉。"商鞅认为，人的本
性是好利的，人性好利主要表现为人的生存欲望和生存需要。《商君书·算
池》里指出："民之性，饥而求食，劳而求佚，苦则索乐，辱则求荣，此
民之情也。"由于人有这种生存需要，因此，每一个人在利弊之间都要趋利
避害。"民之生：度而取长，称而取重，权而索利。"商鞅认为，人的本性
与生俱来，人的一生就是追逐名利的一生，人的所有行为都受制于好利的本
性。这种人本性论应用在政治上就是追求爵位，在经济上就是追求田宅。
《商君书·错法》中指出了统治者恰恰可以利用此人性论实现自己的统治，
人生有好恶，故民可治也；人情者有好恶，故赏罚可用。韩非的人性论，部
分受荀子的性恶论的影响，同时继承了商鞅的人性好利的观点。韩非认为，
人的好利主要源于人们的生存需要，他以为以肠胃为根本，不食则不能活。
每个人都有欲利之心，人的任何行为都受好利的本性支配，即使是父子、君
臣之间，也是计利而行的。

总之，在法家看来，人性好利，人与人之间也是赤裸裸的利益关系，
"利"则是人的一切行为和交往的唯一动力。在这种义利观的支配下，法家
思想家们也触及了公和私的话题，法家肯定"利"，但有"公、私"之分，
他们主张去私行公。法家所言的"公"是以君主的利益为大；"私"当然是
指受君主统治的群众。商鞅在《商君书·修权》中断言："故公私之交，存
亡之本也。"因为"公私之分明，则小人不疾贤，而不肖者不妒功"。他的
意思是必须"任贤举能"，而不是"任人唯亲"，这样才能达到公正、公
平，才不会引起争议和争夺，以免威胁君王的统治地位。慎到的《慎子·威
德》中所言："凡立公，所以弃私也。"韩非在《韩非子·饰邪》里也指
出："私义行则乱，公义行则治。"意在为了维护人主之公利，必须去私
利、私欲。

第二，西方哲学视野下人的利己性。亚当·斯密在《国民财富的性质和
原因的研究》中最早提出了"理性经济人"的思想，该书认为利己心、自爱
心人皆有之，生活在社会中的人无不心怀着"自利的打算"，经济行为追求
成本最小、收益最大，即经济人具有理性，通过成本收益的比较分析谋求自
身利益最大化。但在亚当·斯密之前，已有不少哲学家提出关于人的利己性

的观点，主要包括霍布斯、洛克和休谟。

霍布斯认为人的本性是贪婪的，人不像动物一样受瞬间的感性知觉支配，对未来的设想能力比动物强得多；正因如此，人不是只顾眼前的饥饿，也展望未来的饥饿，所以人是最具掠夺性、最狡诈、最凶猛、最危险的动物。人的本性是自我保存，趋利避害。①霍布斯假想并描绘了国家产生以前的原始自然状态，每一个人对每一种事物都具有权利，甚至对彼此的身体也是这样。人是对自身状况与利益的最佳判断者，"一般说来，任何东西是否分配平均的最大的证据莫过于人人都满足于自己的一份"。②能力上的平等产生对于希望达到目的的平等，都有同样的可能去占有自然物。在自然状态中，利益是衡量正当与否的标准。整个社会处于为利益而战的战争状态，"这种战争是每一个人对每个人的战争"③。单纯的人性导致自然状态下的混乱和战争的状态，而这种状态是有可能被超脱的。这一方面要靠人们的激情，另一方面则要靠人们的理性。

洛克采纳了当时影响甚广的自然状态说，一方面他传承了霍布斯的人具有趋利避害的本性的观点，另一方面他不认同霍布斯提出的自然状态是"人与人的战争状态"的观点，而认为自然状态是"完备无缺的自由状态"，人人都是自由的，洛克将这种自由称为"自然自由"。他们在自然法的范围内，按照他们认为合适的办法，决定他们的行动和处理他们的财产和人身，而无须得到任何人的许可或听命于任何人的意志。人们之间是平等的，"没有一个人享有多于别人的权利……不存在从属或受制关系"，每个人都拥有两种权利：一种为自主权，即在自然法许可的范围内为了保护自己和别人，可以决定做自认为是合适的任何事情；另一种是处罚权，即对违反自然法的罪行进行处罚。自然法要求人们在保全自己的同时，尽其所能保全他人。自然状态是自由的状态，却不是放任的状态，人们必须受自然法的约束。自然法即人类的理性，"而理性，也就是自然法，教导着有意遵从理性的全人类。人们既然都是平等和独立的，任何人就不得侵害他人的生命、健康、自由或

---

① 霍布斯.利维坦[M].北京：商务印书馆，1985：72-93.
② 同上书，241.
③ 同上书，95.

财产"①。生命、健康、自由和财产是自然法为人类规定的不可转让、不可剥夺的"天赋权利"。自然自由和理性是内在于人性的，是人本身所具有的，"我们是生而自由的，也是生而具有理性的"②。

休谟认为："由于我们的所有物比起我们的需要来得稀少，这才刺激起自私。"洛克认为自私是人的天性，但他同时反对过分夸张自私这个性质，认为自私不是人性的全部。人性中也具有慷慨的美德，但这份仁厚的感情也是存在偏私的。"在我们原始的心理结构中，我们最强烈的注意是专限于我们自己的；次强烈的注意才扩展到我们的亲戚和相识者；对于陌生人和不相关的人，则只把最弱的注意力放到他们身上。"我们的道德观念非但不能给这种感情的偏私提供补救，反而会迎合这样的偏私，给它附加的力量，这是因为我们的道德观念是自然的、未受教化的。在自爱与仁爱中，自爱是主要的，仁爱是派生的。"在自然性情方面，我们应当认为自私是其中最重大的。"补救人类的自私和有限的慷慨与这种情况相结合产生的不利，这种方法不可能自然而来，而是由人为的措施得来，或者说是来自人的理性。"自然拿判断和知性作为一种补救来抵消感情中的不规则的和不利的条件"，同时，他认为："人与自己财产的关系建立在正义之上，正义起源于人为的措施和设计，由利益所确立，自私是建立正义的原始动机，正义只是起源于人的自私和有限的慷慨，以及自然为满足人类需要所准备的稀少的供应。"③换言之，正义建立在两个预设之上：一是自然资源的相对匮乏的外部预设，它是正义起源的外部条件；二是人的自私和有限慷慨的内部预设，它是正义产生的深刻人性论基础。

马克思和恩格斯认为："把所有各式各样的人类的相互关系都归结为唯一的功利关系，看起来是很愚蠢的。这种看起来形而上学的抽象之所以产生，是因为在现代资产阶级社会中，一切关系实际上仅仅服从于一种抽象的

---

① 洛克.政府论（下篇）[M].叶启芳，瞿菊农，译.北京：商务印书馆，1964：5-6.
② 同上书，38.
③ 休谟.人性论[M].北京：商务印书馆，1980：526-577.

金钱盘剥关系"①，并且指出："人的本质并不是单个人所固有的抽象物，在其现实性上，它是一切社会关系的总和。"②所以，人总是社会关系的主体和承担者，也是社会关系的创造者。有学者基于马克思从主体论规定和客体论规定的人的本质而提出："人的本质是自私与非自私的矛盾统一体"，进而提出"自私是人的本质可能性成分"的命题。这里的可能性主要是指：第一，生产力不发达，社会产品极不丰富，出现生活资料"匮乏"，有人不顾他人、集体和社会利益而无节制地扩张"自我欲望"，"自私"就成为一种可能；第二，私有制社会关系中，统治阶级的自私意识和行为以及被支配阶级的奴性，为人的自私提供了可能。③人在一定社会关系中有扩展自我欲望的冲动。欲望本身以及欲望的多寡并不必然表现为自私，相反，它有利于社会生产力水平的提高，从而促进社会关系的更新，对他人、集体、社会都有利。只有自我对欲望的追求无节制地扩张，损害了他人、集体和社会利益的时候，才表现为自私。

**（2）人的攻击性。**

人类是否天生就具有攻击性呢？这个论题长期以来吸引着哲学家、社会学家以及生物学家们。英国哲学家托马斯·霍布斯属于较早思考这一问题的人，并在名著《利维坦》一书中提出了"自然状态"的问题。所有人都希望获取对自己有利的事物，也都渴望和平，只要和平符合其个体利益。而一旦预见到会有危险，任何自我保全的手段使用又都是合理的了，这就是"自然权利"。随之而来的是，强调"自然权利"必将使本处于"自然状态"下的人们的生命变得"孤独、穷困、污秽、野蛮和短暂"。如果人类的目标是保持久全的话，那么就必须创建一个稳固的社会。这就要求个体放弃自然权利，并把裁决权赋予一个能实现长期的"善"的主权个人或组织，以此个体通过与中央权力"缔约"来限制其攻击性从而保全人类的长治久安。尽管法

---

① 马克思，恩格斯.马克思恩格斯全集（第三卷）[M]. 中共中央马克思、恩格斯、列宁、斯大林著作编译局，译.2版.北京：人民出版社，1995：479.

② 马克思，恩格斯.马克思恩格斯全集（第一卷）[M]. 中共中央马克思、恩格斯、列宁、斯大林著作编译局，译.2版.北京：人民出版社，1995：18.

③ 李晓红.人的本质及其命题的新思考[J].华东交通大学学报，1994（4）：84-89.

国哲学家卢梭秉持完全相左的观点，即他认为人在自然状态下是最祥和的，这些"高贵的野蛮人"生活在一个"人类生来就应处于其中"的黄金时代，而将问题归结于人们用非自然的法律把自己组织在社会中从而造成了冲突。由此可见，霍布斯认为，人天生有攻击的倾向，但可以用社会公约和强有力的领导来约束。人类学家康拉德·劳伦兹认为攻击性是天生的，并且是一种内驱力，同时暗指这也是自然选择的结果。而卢梭则认为人天生是不具有攻击性的，是不自然的社会约束导致了人的攻击性。[①]显然，不管是从达尔文的"自然选择学说"优胜劣汰的自然原则来看，还是从人类历史（战争）来看，人是在自然选择过程中进化成既好斗又好竞争的观点是有证据支撑的。甚至从事欧洲史前研究的重要学者巴里·坎利夫（Barry Cunliffe）通过对四万年来（人类骸骨的）头部伤痕及武器的调查，也得出一个霍布斯式的结论。

爱德华·O.威尔逊（Edward O.Wilson）是世界杰出的生物学家之一，"社会生物学"的奠基人。他在《论人的本性》中对人的本性——攻击性作了深入的探讨。他认为：人的行为由遗传决定，文化对人类的行为的影响是有限的，我们的基因不但决定了我们的生物形态，还帮助塑造了我们的本能，包括人的攻击行为。主要内容包括以下几点：

一是攻击行为是人类为了确保自身安全而形成的一种本能，是人类在长期进化过程中逐渐发展而来的，并带给人类一定的生物优势。换言之，人类的攻击行为具有明显的先天遗传倾向。二是与许多其他行为和"本能"一样，攻击行为是一系列的不同反应，神经系统对这些反应的控制各不相同。这些反应至少包括七类：保卫和征服领土；主张对组织良好的群体的支配权；性攻击；借以解除依附关系的敌意举动；攻击猎物；防御反击肉食动物以及为强化执行社会规则而引发的道义性、惩戒性攻击。三是在各个物种的遗传进化中，目前没有证据表明存在着一种普遍而一致的攻击本能，即攻击的形式是多种多样的。同时，每一类攻击行为都可能演进、改变或消失，它是自然选择下遗传倾向的结果。四是有组织的暴力行为的具体形式不是遗传的，但是人类有为攻击制造文化机制的先天倾向，这种文化机制将有意识的

---

① 琼斯，费边.冲突[M].冯丽，译.北京：华夏出版社，2009：54-60.

心灵与基因所设定的原始生物过程分离开来。攻击行为受两种力量的共同制约：学习某种形式的集体攻击的遗传倾向；群体的历史，它是群体倾向与采取特定的文化形式。五是攻击行为的具体手段深受两个因素影响：手头的材料；过去习俗中便于沿用的点滴片段。正如克劳德·列维–斯特劳斯（Claude Lévi-Strauss）说的那样："文化会就地取材。"①

## （二）社会认同理论

社会认同是现代社会学与社会心理学中最为流行的术语之一，它直接涉及我是谁或我们是谁、我在哪里或我们在哪里的反思性理解。社会认同是个体行动的指南，也是社会运行的基础。如伍锡洪（Ng Sik-hung）所言，要了解人的社会行为，就必须了解人们是如何建构自己和他人的认同的。②

### 1. 社会认同理论的历史渊源

社会认同理论是由泰弗尔（Tajfel）等人在20世纪70年代提出，并在群体行为的研究中不断发展起来的。后来特纳（Turner）又提出的自我归类理论，对这一理论进行了完善。

1961年，谢里夫（Sherif）通过儿童夏令营实地实验提出了现实冲突理论，这便是社会认同理论的前身。可以说，社会认同理论最初就来源于现实冲突理论。实验中，在到达夏令营地之后，谢里夫将来自于各地的互不相识的儿童，分为"响尾蛇"与"老鹰"两组，刚开始只是从事小组内的活动，例如爬山，后来当两组从事竞争性质的活动，如球类比赛时，两组成员的冲突与对立与日俱增。接着提供有限资源的竞争，如水资源，此时两组成员已变成相互敌对的关系，成员对自己的小组表达了高度的认同感与向心力，而对另一组的成员表现出仇视的态度与行为。③谢里夫的实验揭示了群体间客观关系对群体间态度和行为的影响。由此，谢里夫提出了现实冲突理论（realistic conflict theory），他认为，群体间的态度和行为反映了一个群体和其他群体之间的客观利益。如果群体目标不一致，一个群体以其他群体的利

① 威尔逊.论人的本性[M].胡婧，译.北京：新华出版社，2015：99-120.
② 周晓虹.认同理论：社会学与心理学的分析路径[J].社会科学，2008（4）：46-53，187.
③ 张莹瑞，佐斌.社会认同理论及其发展[J].心理科学进展，2006（3）：475-480.

益为代价而获得自己的目标，就会出现竞争，因此，群体间就会出现歧视的态度和相互的敌意。另外，如果群体目标是一致的，所有群体都朝同一目标努力，那么他们彼此之间更易建立共同的、友好的、合作的关系。但是，仅有现实冲突还不足以解释群体间行为，泰弗尔后来的研究就对现实冲突理论做了很好的补充。

1971年，泰弗尔采用了"最简群体实验范式"（minimail group paradigm），创造了一个微型的"群体世界"，使实验者可以深入地观察群体的运作方式。①他先请被试对一张卡片进行点估计的作业，并以此为理由随机地将被试分为两组——高估组与低估组。接着要求被试进行资源分配的工作。结果显示，这些被试虽然与同组成员互相不认识而且从没有谋面和进行现实互动，但还是分配给自己所在组别成员较多的资源。泰弗尔（Tajfel）的实验有以下特点，例如：群体成员间不曾有真的面对面的互动；没有群体内的结构；群体间没有任何过去与文化。研究结果显示，当被试单纯地知觉到分类时，就会分给自己的群体更多的资源和正向的评价。这种认知上的分类，会让我们主观上知觉到自己与他人共属而产生一种认同感，这样的认同感所引起的给内群体较多资源以及正向的评价的现象被称为内群体偏向；而对外群体成员分配较少资源并给予负向的评价的现象则被称为外群体歧视。②

1985年，泰弗尔的学生特纳在社会认同理论的基础上逐渐发展并形成了自我分类理论（self-categorization theory）。与传统社会心理学的区别在于，自我分类理论关注的是"在群体中的个体"（individual in the group），例如在什么条件下，个体会知觉他人（判断、印象、偏见、归因、吸引），伤害他人（攻击）或帮助他人（利他）等，其中群体不过是外在于个体的背景。该理论认为"人们会自动地将事物分门别类；因此在将他人分类时会自动地区分内群体和外群体。当人们进行分类时会将自我也纳入这一类别中，将符

① TAJFEL H, BILLIG M G, BUNDY R P, et al. Social categorization and intergroup behaviour[J]. European journal of social psychology, 1971, 1: 149-178.

② OTTEN S, MUMMENDEY A. To our benefit or at your expense? Justice considerations in intergroup allocations of positive and negative resources[J]. Social justice research, 1999, 12 (1): 19-38.

合内群体的特征赋予自我，这就是一个自我定型的过程。个体通过分类，往往也将有利的资源分配给我方群体成员"①。

### 2．社会认同理论的哲学基础

认同理论根据自我和社会之间的交互关系来解释社会行为，它和美国微观社会学中的符号互动论（symbolic interactionism）有着密切的传承关系。

在符号互动论的形成过程中，美国早期社会学家库利（Cooley）和米德（Mead）的贡献尤为重要。在库利之前，美国机能派心理学家詹姆斯（William James）提出了自我这一概念。沿着詹姆斯的思路，库利进一步指出自我是一个过程，并且是在同他人的交往或互动中产生的。正因为个体在互动过程中相互作用，理解对方的姿态，并根据他人的看法认识自己，所以一个人的自我意识或自我认同无非是他意识到的他人对自己看法的反映。每个他人都是自我的一面镜子，而每种社会关系也都反映着自我。进一步，由这种反映构成了自我的身份。从这样的意义上说，库利的"镜中我"（the looking glass-self）概念②，已经触及自我认同概念的核心。

在库利之后，芝加哥社会学派的代表人物米德进一步推动了符号互动论的成型。米德认为自我由作为主体的自我"I"和作为客体的自我"me"构成，它们一样是在和他人的互动过程中形成的。具体来说，自我的形成包括三个阶段：玩耍阶段、游戏阶段和"概化他人"（generalized others）阶段，这个"概化他人"是能够给予个人以自我的统一性的有组织的社区或社会群体。这三个阶段都涉及角色的扮演，不同的是，在玩耍阶段扮演的仅是他人的单一角色；在游戏阶段能够同时扮演多重角色；而在"概化他人"阶段则能够扮演社会上经过"概化的"不同角色类型。③

库利和米德的观点构成了符号互动论的基础，他们认为社会是通过影响自我来影响人们的社会行为的，而其中的核心机制就是"扮演他人角色"。以此为基础，我们这里讨论的认同理论进一步从两个方面汲取了符号互动论

①　李春，宫秀丽.自我分类理论概述[J].山东师范大学学报（人文社会科学版），2006（3）：157-160.

②　库利.人类本性与社会秩序[M].北京：华夏出版社，1989：118.

③　周晓虹.认同理论：社会学与心理学的分析路径[J].社会科学，2008（4）：46-53，187.

的思想：其一，它并不认为自我是一种自动的心理单位，而是一种源于人们在社会扮演的各种角色的多重社会建构；其二，在社会生活中承担的角色不同决定了人们自我概念的不同。斯特莱克就提出，相对于我们在社会生活中所具有的每一种角色位置，我们都具有迥然不同的自我成分，即所谓角色认同。

### 3. 社会认同理论的内容解析

"认同"译自英语的"identity"。英语的"identity"本身有两重含义：一是本身、本体、身份，是对"我是谁"的认知；二是相同性、一致性，是对与自己有相同性、一致性的事物的认知。社会认同的经典概念由泰弗尔和特纳于1979年提出，它是指"个体从他感知到的自身所属团体那里得来的自我形象，以及作为团体成员所拥有的情感和价值体验"[①]。

社会认同的基本假设是"社会认同是满足个体自尊的需要，换言之，自尊的需要激发了个体的社会认同，这是因为人们都要获得积极的评价"。为此，这里有两个推论，一是成功地进行群体间区分可以提高社会认同，从而提高自尊。二是由于获取积极自尊的需要，低自尊或自尊受到威胁都会激发群体间的歧视行为。[②]根据基本假设可以形成社会认同理论的基本观点，个体通过实现或维持积极的社会认同（social identity）来提高自尊。当社会认同受到威胁时，个体会采用各种策略来提高自尊。个体过分热衷于自己的群体，认为自己的群体比其他群体好，并在寻求积极的社会认同和自尊中体会群体间差异，就容易引起群体间的偏见和冲突。

实际上，社会认同理论的基本观点就包含社会认同的形成过程，即社会认同是由社会分类、社会比较和积极区分原则建立的。[③]1985年，特纳完善了社会分类理论而形成了自我分类理论，他认为人们会自动地将事物分门别类，这个过程的一个重要结果就是增加自我和内群体成员之间的相似性，以

---

① TAJFEL H . The social identity theory of intergroup behavior[J]. Psychology of intergroup relations，1986，13（3）：7-24.

② 张莹瑞，佐斌.社会认同理论及其发展[J].心理科学进展，2006（3）：475-480.

③ TAJFEL H . Social psychology of intergroup relations[J]. Annual review of psychology，2003，33（1）：1-39.

及自我和外群体成员之间的差异性。因此在将他人分类时会自动地区分内群体和外群体。当人们进行分类时会将自我也纳入这一类别中，将符合内群体的特征赋予自我，这就是一个自我定型的过程。个体通过分类，往往将有利的资源分配给我方群体成员。社会比较使社会分类过程的意义更加明显，使积极区分的原则起作用，满足个体获得积极自尊的需要。群体间比较通过积极区分原则使个体寻求积极的自我评价的需要得到满足。在进行群体间比较时，我们倾向于在特定的维度上夸大群体间的差异，而对群体内成员给予更加积极的评价。这样就产生了不对称的群体评价和行为，偏向于自己所属的群体，即从认知、情感和行为上认同所属的群体。在群体中个体自我激励的动机会使个体在与群体比较的相关维度上表现得比其他成员更出色，这就是积极区分。

可见，社会认同对于个体来说有着特殊的价值意义。因为在自我分类、社会比较与积极区分下，会形成内群体和外群体，内群体内会形成内群吸引，[①]内群体会对外群体形成歧视或偏见。内群体吸引会形成两种结果：一是内群体成员建立自尊感，成员彼此可以把自身积极的特质赋予对方；二是将自我和他人划在同一范畴，在认知、情感上达成一致，互相团结友爱，正如夸梅·安东尼·阿皮亚所说："认同创造出团结的形式，如果我认为自己是X，我就喜欢和X们一起做事。"[②]这样一来，内群体满足了个体自尊的需要，为个体提供了心灵上的安全避所，为个体带来了安全感、归属感，乃至幸福感。[③]

### （三）交往理论

"交往"指在一定历史条件下，人与人之间互相往来，进行物质、精神交流的活动。[④]交往活动是与人类社会共存共生的，人是社会存在物，人为了

---

① 马进.社会认同是怎样进行的：一种社会认同理论[J].甘肃理论学刊，2014（1）：78-81.

② 阿皮亚.认同伦理学[M].南京：译林出版社，2013：42-43.

③ 赵志裕，温静，谭俭邦.社会认同的基本心理历程：香港回归中国的研究范例[J].社会学研究，2005（5）：202-227，246.

④ 王武召.社会交往论[M].北京：北京大学出版社，2002：76.

生存，必须与他人交往。通过交往，每个人都被纳入由交往所交织而成的社会关系的网络之中。简言之，交往是人的社会存在方式，是人的本质的内在要求。交往理论的主要代表人物为马克思、胡塞尔、伽达默尔、海德格尔、马丁·布伯和哈贝马斯。师生交往是学校场域中交往行为的一种普遍形式，交往理论对于全面认识和透视师生交往活动具有重要的借鉴意义。

**1. 以马克思为代表的辩证唯物主义的交往理论**

马克思以唯物主义和辩证法的视角与方法，研究人们的社会交往活动，创建了交往理论，为历史唯物主义的构建奠定了扎实的基础。第一，从交往理论的世界观来看，马克思承认存在决定意识，社会存在决定社会意识，世界的统一性在于物质性即客观实在性。[①]从交往活动的类型来看，马克思和恩格斯在《1844年经济学哲学手稿》和《德意志意识形态》中论述了社会交往活动分为物质交往活动、精神交往活动和两性交往活动。第二，马克思认为："个人的行动或活动有多种多样，但是，这种活动的基本形式是物质活动，一切其他的活动，如精神活动、政治活动、宗教活动等都取决于它。"[②]可见，在马克思看来，物质活动是一切社会活动的基础。换言之，物质交往活动是一切交往活动的基础。第三，从交往活动的媒介来看，列宁、斯大林认为"语言是人类最重要的交际工具"。在语言的起源问题上，马克思和恩格斯认为"语言和意识一样，只是由于需要，由于和他人交往的迫切需要才产生的"[③]。语言是交往活动的媒介，也是交往活动的产物。但是，物质生产和劳动是交往活动的物质基础。根本意义上讲，"语言是从劳动并和劳动一起产生出来的"。[④]总之，在马克思主义认为，劳动创造了人本身，语言从劳动中来。

马克思主义的交往理论澄清了交往的基本问题，即交往活动以物质交往活动为前提，交往媒介（语言）由劳动中来。

---

① 王武召.社会交往论[M].北京：北京大学出版社，2002：222-223.
② 马克思，恩格斯.马克思恩格斯选集（第一卷）[M].中共中央马克思、恩格斯、列宁、斯大林著作编译局，译.北京：人民出版社，1972：123.
③ 同上书，81.
④ 同上书，376.

### 2. 以胡塞尔为代表的认识论框架下的交往理论

从20世纪中叶开始，西方主体性哲学出现了第二次主题的转向，胡塞尔对交往理论进行了全面而深入的研究。他对交往的研究集中体现在其"交互主体论"中，其核心范畴是"主体间性"和"生活世界"。他不仅从认识论角度来研究交往，而且赋予交往以本体论意义。胡塞尔认为"为了消解自我认识中的私人性和主观性，达到对世界的共识，不同认识主体之间要相互交流、彼此沟通，并设身处地转换角度，承认他人的主体地位，这种主体间的交往，具有决定意义的是交互主体性"[①]。他还指出"主体性哲学必须从自我走向他人，从单数的我走向复数的我们，从单个主体的先验现象学走向复数主体的交互主体性现象学"，并提出了"移情作用"和"类比的统觉"理论。他认为在现实中的"我"永远不可能进入他人的"那儿"，但是却可以以一种想象的方式，在意识中使他人的"那儿"成为"我"的"这儿"，并且描述了从"我"走向"他人"，最后导向一种交互的、无限开放的单子式共同体的过程，即"对他人身体的构成、他人心灵自我的构成、主体间的客观世界的构成、他人的自在的客体的构成以及他人与我的交互的构成"。胡塞尔对"主体间性"和"交往"的推崇，旨在强调人要向生活世界回归。胡塞尔说："在我的先验的还原了的纯粹意识或生命之内，我所经验的这个世界（包括他人），按其经验意义说来，它们并非是我私人的综合组成的，而是作为不仅对我自己，而且对每一个别人都是存在的，每一个别人都能理解的一种主体间的世界而加以经验的。"[②]可见，主体间性是胡塞尔思想发展的必然结果，它不仅涉及"我"与你或他的关系问题，而且涉及"我"与你们的关系，涉及两个或两个以上的主体之间沟通的可能性。

胡塞尔的交往理论的可贵之处在于提出了人们可以通过交互主体性让"我们"的认识成为共识，其中交互主体性不能源于纯粹的自我意识，主体间共同有效的世界的根据不在于先验的交互主体性，而在于主体的共同实践。主体间性反映的是两个或两个以上的主体间的关系，强调人是可以理解

① 白玉国.胡塞尔"生活世界"内涵探析[J].江汉论坛，2005（7）：65-68.
② 倪梁康.胡塞尔选集[M].上海：上海三联书店，1997：761.

的，人与人之间应实现平等的对话。因此，要建立和谐的师生关系，就必须关注主体间的和谐统一。

### 3．以伽达默尔为代表的哲学解释学框架下的交往理论

伽达默尔认为，世界是我们通过语言和交流的合作而得以生存于其中的构架，实践则是一种"参与和分享"，一种与他人有关并依据活动共同决定着共同利益的过程。这些"对话""原初性理解"等方式支持着我们的生存，也支撑和构造着人类行为的实践理性。在伽达默尔看来，语言在本质上属于人的生活世界，人首先不是使用语言去描述世界，而是世界体现在语言中。理解不是主体认识客体的主观意识活动，而是人存在的基本模式。语言不仅是理解的对象，而且是历史和传统的承载者，是理解的直接前提和出发点。正是基于这种见解，伽达默尔构筑了本体论的哲学解释学体系，并从文本的解读、读者和作者的对话、理解和沟通入手对主体间性问题作了探讨。伽达默尔提出一个富有创见的思想，认为理解文本按其本性是一个历史过程，是理解者和文本、我们和传统、过去和现在的相互作用和交融。我们所理解的历史对象根本不是一个客体，而是自身与他者的统一，是一种关系。理解的实质则是通过对话超越个体自身的有限视界，使对话双方达到一种更高层次的境界。①以伽达默尔为代表的哲学解释学框架下的交往理论给我们的重要启示在于，在师生关系中，学生不是被教导的客体，而是与教师共同形成的统一体，师生间若要实现理解，需要以语言为中介，在主体间相互拥有、互融互属而实现对话。

### 4．以海德格尔、马丁·布伯为代表的生存论框架下的交往理论

存在主义的代表性人物海德格尔的交往理论在某种程度上摆脱了胡塞尔以意识哲学为基础的狭隘视野。他以一种生存论的"此在"为根本，通过对"此在"与他人"共在"的分析来解决我与他人之间生存上的联系。"此在"是具有生活境域中的人，自我作为"此在"是处于他人之中，他人构成我所需要的生活环境，因而我先在性地包容着他人，自我和他人在语言世

---

① 伽达默尔.真理与方法[M].上海：上海译文出版社，1999：267.

界中相遇，从而实现了四海为家。[①]我与他人的主体间性关系如何建立呢？海德格尔认为："他人是通过周围世界来照面的。"[②]海德格尔坚持区分"此在"面对他人的存在和物体的存在，认为"此在"不仅与物打交道，而且与人打交道，与他人共在；"共在"是一种把自我和他人同时显现出来的存在方式。由于这种共同性的在世之故，世界向来是我和他人共同分有的世界。共在分为"非本真"和"本真"两类。非本真的共在方式有二：一是混同常人，是自己迷失在他人之中；二是越俎代庖，以自我代替他人。而本真的"共在"方式则是超脱地对待他人，使自己去繁忙和操心，让他人自由自在地涌现。这样既保持了"此在"与他人的距离，达到了我与他人的平衡，又能同时以我为主，回应他人。海德格尔的共在理论实际上阐发了一种共主体性，即一种新的主体间性。

　　20世纪的德国宗教学家布伯从"我-你"关系出发构造了一种理想的主体间性对话模式。他的对话理论对"你"赋予了一种哲学本体论的地位，"你"在布伯看来意味着"我"以外的所有存在，不仅包括他者，还包括自然和上帝。"我-你"关系是一个原初的、浑然不可分割的整体，也是世界的本体。对布伯来说，"我-它"范畴是一种人对世界的认识，利用的工具关系范畴；而"我-你"范畴是一种超越这种实用关系的"对话"和"相遇"的关系范畴。在这种关系中，我不再以"我"为中心和坐标原点对他人进行透视，而是把一切存在者都视为一种像我一样的超越对象性的存在，它体现了一种真正的、名副其实的双边关系。布伯的"我-你"关系强调一种"直接性"，即我对"你"的直接体认，但直接并不是两者的完全融合，其间永远存在一个距离，布伯称为"之间"，这个"之间"不能在"我"之中发现。"精神不在'我'之中，它在我与你之间。"[③]布伯强调"之间"的目的是表明他的出发点不在于"我"，也不在于"他者"，而是在于我与你"之间"。这样，我与你虽可以结合在一起，但不会变成一个事物。它提醒人们自我不是封闭的，在我之外还有他者，他者与我有着天然的亲密关系，

① 　王秀阁.大学生人际交往理论与方法[M].北京：人民出版社，2010：18.
② 　海德格尔.存在与时间[M].北京：生活·读书·新知三联书店，1978：146.
③ 　布伯.我与你[M].北京：生活·读书·新知三联书店，1986：57.

这种关系的最好体现就是"之间"的对话。"对话"既使你与我保持各自特点，又使我们联系在一起，其间始终存在着一种张力，这种张力正是互主体性原则的体现。布伯的理论在西方交往理论史上具有里程碑式的意义。他超越了传统认识哲学中的主客体二元对立和单一的主体性原则，破除了对话中"我"的优先地位，肯定了关系的实在性和先在性，并第一次以主体间关系本身来直接构筑主体间关系模式，使人与物的关系让位于人与人的关系。

### 5. 以哈贝马斯为代表的社会批判理论框架下的交往理论

在现代西方语言学转向的大背景下，哈贝马斯受现代语言哲学，尤其是奥斯汀等人言语行为理论的影响，在马克斯·韦伯合理性理论的基础上，吸收米德符号互动论、卢卡奇物化理论、胡塞尔生活世界思想、马克思交往学说，经过对早期法兰克福学派传统批判理论进行继承和改造，创立了交往理论。受行为主义的影响，哈贝马斯在解释交往的含义时，把交往命名为"交往行为"。他说，"行为"这个概念象征性地表达了行为者至少对一个世界所发生的关系，而"世界"又可区分为三个不同的世界：客观世界，指真实存在的客体世界；主观世界，指人的自发经历汇总成的世界；社会世界，指合法化的个人关系的总体，实际指规范、价值及其他被认识到的社会期望。

哈贝马斯认为，与四种言语行为相适应，社会行为也可以分为四种，[①]它们有不同的取向，关联于世界的不同领域，具有不同的有效性要求。第一，目的行为。它是工具行为或策略行为，表现为目的合理性的确定，或工具性的选择，或是二者的结合，它遵循的是以经验知识为基础的技术规则。它把手段关联于目的，把技术关联于目标，而不管这些目的、目标本身是否合理，是否公正。也就是说，工具理性的实质，是在目标确定情况下选择实现这一目标的最有效手段，或在给定条件下现实地权衡和制订所要实现的目的。它以成功为目标取向，以合理规划为特征；植根于支配自然的主体性计划，津津乐道于对自然的统治，而缺乏主体间向度；主要关联于客观世界；要求真实性。第二，规范调节行为。它是社会群体成员遵循共同价值规范为取向的行为，主要关联于社会世界和客观世界，要求公正性。第三，戏剧行

---

① 哈贝马斯.交往行动理论：第1卷[M].重庆：重庆出版社，1994：120-121.

为。它是行为主体在观众或社会面前有意识地表现自己，以便在公众中形成自己观点和印象的行为，主要关联于主观世界和客观世界，要求真诚性。第四，交往行为。它是一种主体之间通过符号协调的互动，它以语言为媒介，通过对话，使人与人之间的相互理解和认识达成一致。它至少是两个或两个以上的具有语言能力和行为能力的主体之间通过语言媒介所达到的相互理解和协调一致的行为。也就是说，交往行为的主体是两个或两个以上的具有语言能力和行为能力的人；交往行为的手段是以语言为媒介；交往行为的主要形式是主体之间的诚实对话；交往行为的目标是通过对话达成人们之间的相互理解和协调一致；交往行为的原则是必须以公众认可的社会规范来作为自己的行为规则。因此，交往行为不仅是以语言为媒介、以理解为目的的对话行为，而且是在行为主体共识基础之上，通过规范调节实现个人与社会和谐的行为。它实质上是行为主体之间以语言为媒介通过没有任何强制性的诚实对话而达成共识、和谐的行为。在交往行为中，行为主体"从他们自己所解释的生活世界的视野""同时涉及客观世界、社会世界和主观世界中的事物，以研究共同的状况规定"，[①]即它关联于生活世界；要求真实性、公正性、真诚性。因此，交往行为在本质上比其他行为更具合理性。交往行为这三个有效性要求，既是交往理性得以进行的决定性前提，也是生活世界是否合理的根本标志。

　　如果说交往行为是交往理论的核心范畴，那么交往行为中蕴含的交往合理性构成交往行为的中心。交往合理性是一个极难把握的概念，透过哈贝马斯的论述，我们可以窥见其如下特征：[②]第一，交往合理性是语言性的。相互理解作为目的寓居于人的语言中。[③]在哈贝马斯看来，语言或人的交往资质内在地包含了一个真正的主体间一致性之所以可能达成的条件。哈贝马斯认为，这种语言理性与传统的意识理性完全不同。第二，交往合理性是互主体性的。交往合理性的核心是主体间的关系，它所处理的是主体间达成一致的可能条件，与诸主体相关联。哈贝马斯认为，这种互主体性恰好使交往合理

①　哈贝马斯.交往行动理论：第1卷[M].重庆：重庆出版社，1994：135.
②　艾四林.哈贝马斯交往理论评析[J].清华大学学报（哲学社会科学版），1995（3）：11-18.
③　哈贝马斯.交往与社会进化[M].重庆：重庆出版社，1989：66.

性与传统的围于主客关系的独白式的理性概念区分开来。第三，交往合理性是程序性的。交往合理性不是实质性、实体性的，而是从形式上被规定为一个纯程序性的操作原则、商谈论证程序。第四，交往合理性是开放性的、暂时性的、可误性的。交往合理性是通过交谈、论证、说服等过程达成的一种共识，这种共识只是暂时的、脆弱的，它本身是"可误性的"和"不完全性的"，因为主体之间的交往与讨论归根结底都须诉诸理由，但这种理由究竟是什么并非绝对的、不变的，而且其本身也可以讨论和批判。

我们知道，哈贝马斯将社会同时构想为系统和生活世界，并借助对系统与生活世界之间的关系，特别是系统对生活世界殖民化现象的分析，解剖了当代西方社会。哈贝马斯认为，当代西方社会冲突的主要根源不在于社会再生产领域和分配不公，而在于资本主义的经济、政治结构借助功利性的手段对人们生活世界之价值的侵入以及精英的专家文化与大众文化、日常实践之间的疏离。这种侵入和疏离造成了价值领域意义的丧失、思想的匮乏、规范的失效，使人与人之间不再相互信任、缺乏基本的相互理解，其结果是人们之间旨在实现协调行为、相互理解、在共同规范指导下自由交流的交往行为被完全纳入"有目的合理性行为"的功能范围内，导致正常的交往变得不合理，受到了控制，招致歪曲，交往者因此陷入痛苦之中，生活在一个压抑与宰制的社会中。①哈贝马斯对这种现状并不惊讶，他也没有像以往的社会批判思想家那样因此而产生一种悲观主义情绪。由于交往行为的合理性是恢复生活世界再生产的动力，而生活世界再生产动力的恢复又意味着理性化将重新融入系统化了的世界，使以语言为媒介的交互主体性之间的协调、理解关系重新扩展为社会进化的基础。具体来说，交往行为合理化的实现，势必带来以下重大变化：其一，压抑程度减弱。在人格结构方面，这通常会促使人们进一步忍受在面对角色冲突时所滋生的矛盾情绪；其二，行为固定化程度减弱。这会增加个人在日常相互作用中坚定地进行自我表现的机会；其三，向这样一种行为控制模式靠拢，这种行为控制模式允许角色差异，允许灵活地

---

① 傅永军.哈贝马斯交往行为合理化理论述评[J].山东大学学报（哲学社会科学版），2003（3）：9-14.

使用虽完全内在化却可以反思的规范。①而以这三个方面的变化为标志的合理化，不会再像有目的、合理的子系统的合理化那样，这将导致增加对客观化的自然和社会过程的控制。这种合理化本质上虽然不会促使社会更有效地运转，但却能为社会成员提供进一步解放及持续保持个性化的机会。②因此，交往行为的合理化能够给"可能的谅解"创造全面的条件，它与解放的旨趣相一致。因为，"一个解放的社会即生活世界不再被系统之自我维持的原则所宰制的社会，而且理性化的生活世界将指导系统机制的运作，以配合组织化之个体的各种需要"③。

既然交往行为合理化如此重要，那么，如何理解交往行为的合理化，又如何实现交往行为的合理化？

我们知道，哈贝马斯是借助对交往行为的剖析获得一个交往行为合理化概念的。在他看来，任何一个交往行为通常都要提出三个有效性要求：真实性、真诚性和正确性（正当性）。理论理性表达真实性，实践理性表达真诚性，审美理性表达正当性。在交往行为中，这三个同样原初的有效性要求体现了一致关联，哈贝马斯将其称为合理性。由此可见，交往行为合理化概念是一个相当复杂的概念。梳理哈贝马斯的有关论述，我们至少可以归结出关于交往行为合理化的如下特征：第一，交往行为涉及的是人与人之间的关系。因此交往行为合理化首先是主体的交往行为在道德实践方面的理性化，而不是在工具行为或策略行为领域内的理性化。第二，交往行为是一种遵守社会规范而进行的行为。因此，交往行为合理化不是依赖技术手段、策略方法等功能理性方式实现的理性化行为，而是依赖于"意向表达的真诚性"和"主体之间行之有效的并以一定的仪式巩固下来的"正确的社会规范而实现的理性化行为。第三，交往行为是以符号或语言（言语）为媒介进行的行为。因此交往行为合理化是语言性的，它是通过言语来协调行为以建立和改善人际关系，并在这个过程中实现的行为理性化。第四，交往行为是以理解

---

① HABERMAS J. Toward a rational society: student protest, science and politics [M].Boston: Beacon Press, 1970: 119.

② 同上书，120.

③ 哈贝马斯.交往与社会进化[M].重庆：重庆出版社，1989：57.

为导向的行为。因此，交往行为合理化是主体间性的，交往行为合理化的程度归根结底是以通过相互理解所建立起来的主体间性为衡量标准的，即它要靠在没有压力的情况下获得的理解的主体间性来衡量。第五，交往行为的主要形式是对话。因此，交往行为合理化的实现意味着要通过对话达到人们之间的相互理解与一致，并且它致力于最终使自由的交往关系与对话制度化。

综合以上内容，可以简单地说，所谓交往行为合理化是一种通过语言实现的、具有主体间性的、符合一定社会规范的、在对话中完成的、能在交往者之间达成协调一致与相互理解的理性化的行为。依照这样一种关于交往行为合理化的界定，交往行为之所以能够实现合理化，关键在于：第一，交往者承认、重视并遵守共同的社会规范效准（普遍的道德规范、原则）；第二，交往者能够选择恰当的语言进行以相互理解为目的的对话。

哈贝马斯认为，一个成功的言辞行动，不只是说出合文法的句子，更重要的是当事者双方都能进入彼此认同的人际关系中。[①]而这种被认同的人际关系之所以成为可能，建立在说话者的言辞行为是否符合以下这几种预设（言语的有效性基础）之上：第一，言说者所说的句子必须合乎语法，且必须选用一个使说者与听者能相互理解的可领会的表达，这是可领会性要求；第二，言说者的表达必须说出或提供出可理解的某种东西，且这种东西是确实存在的，即他的陈述内容必须是真实的，这是真实性要求；第三，言说者的表达必须真诚地表露自己的意向，以取得聆听者的信任，这是真诚性要求；第四，言说者所选择的话语必须符合公认的规范，以便听者能够接受，从而使交往双方能够在公认的规范背景下取得共识、达成一致，这是正确性要求。任何一种言语行为只有满足了这四个条件，才具有了有效性的基础，才能成为有效性的言语行为，从而能够保证交往行为顺利进行。哈贝马斯指出，作为言语行为有效性基础的这四种要求，属于人人具有的基本的交往能力，在人们现实的沟通行为中发挥作用。但是，应该清楚的是，这四种基本要求并不是完全平行并列的。对言语行为来说，最主要的是"真实性""真诚性""正确性"三种要求。因为，任何一个言语行为，只要是"一个语法性完

---

① 李英明,哈贝马斯[M].台北：东大图书股份有限公司，1986：115.

美构成的语句"就可以满足可领会性要求，但是"一个交往性的、成功的言语行为除了语言学表达的可领会性外，还要求交往过程中的参与者准备达到相互理解的意愿或程度，要求他们高扬真实性、真诚性和正确性等有效性要求，并且相互地予以满足"。①可见，一个理想且成功的言说行为不仅要在语法方面合乎规则，更要能够依据语用的规则（真实性、真诚性、正确性）与他人建立起合法的人际关系。总之，言语行为有效性基础，提出了保证言语行为参与者之间彼此能够相互理解的前提和条件。

## 二、理论反思

本书选取人性论、社会冲突理论、人际冲突理论、社会认同理论和交往理论作为新移民情境下的师生冲突研究的适切性理论，那么它们的适切性体现在哪些方面？

### （一）人的利己性与攻击性是新移民情境下师生冲突发生的人性基础

师生冲突始终是人与人之间的冲突，而人性本身与一切科学都有关，对人性的研究应是一切科学的基础，②为此，人性同样是师生冲突的理论基础。

人性论提出的人具有攻击性的先天倾向和人具有利己性的观点，从根源上解释了师生冲突发生的必然性、普遍性和受限性。其实这是对冲突发生根源的追问，社会冲突理论认为冲突的根源是感知到的利益分歧，而人际冲突理论认为冲突的根源是冲突双方的分歧、干涉行为和消极情绪。那么我们就不得不追问：这些分歧、干涉行为和消极情绪或导致冲突发生的认知、情感和行为的因素是什么引起的？笔者认为：冲突是在资源稀缺的情境下，或者是物质不发达的社会发展阶段，人为了求生存、求发展而唤醒了自身的利己性和攻击性的先天倾向，进而去与别人争抢，甚至争夺利益而造成的。与别人争抢与争夺本身就是对别人利益的侵犯，而这时的别人同样会求生存、求

① 哈贝马斯.交往与社会进化[ M ].重庆：重庆出版社，1989：32.
② 休谟.人性论[M].北京：商务印书馆，1980：526-577.

发展，从而双方无法避免发生对抗、冲突。其实，人的这种利己性和攻击性是引发冲突的充分而不必要条件。因为尽管人人天生具有利己性与攻击性，但它受人的理性与外部环境所制约。人的这种利己性与攻击性往往源于求生存和求发展的需要，也就是说求生存、求发展才是人真正的目的，利己与攻击对方并非目的，并且人们深深知道若要获得持久的生存与发展，就必须限制自己的利己性与攻击性，这就是人的理性。即人在利己性和攻击性的驱使下虽能与他人发生冲突，但是他们又在理性的限制下被控制，并且人虽然具有先天的攻击倾向，但其也受环境的限制。

### （二）社会冲突理论为研究新移民情境下师生冲突提供了分析框架

人是社会性动物，人的本质是社会关系；社会是人的社会，而不是其他物质的社会。师生关系是社会关系的一种表现形式，那么，师生冲突同样是社会冲突的一种表现形式，它们之间有着很多的共性。为此，社会冲突理论能为研究师生冲突提供分析框架。

其一，社会冲突把交往双方所感知的利益分歧归结为冲突的发生根源。因此，也可把师生冲突的根源归结为师生双方的利益分歧。尽管教师与学生之间基本不存在，或者根本不存在经济利益的分歧或争夺，但经济利益只是利益的一种，广义的利益指对自己有利或有益的事物，故师生的利益还包括教师与学生的荣誉、面子、权力和自尊等重要利益。毋庸置疑，师生冲突往往因保护或争夺这些重要利益攻击对方而产生。其二，社会冲突具有普遍性、对抗性与互动性，同样师生冲突也具有这三种特性，这些是每一个教师或学生无法避免的，一旦发生又必然蕴含着双方的相互对抗，而这种对抗本身又是一种互动形式，即互动是对抗和冲突的载体，为对抗与冲突提供了可能。其三，社会冲突有显性冲突和隐性冲突，内部冲突和外部冲突，台前冲突和幕后冲突，有形冲突和无形冲突，对抗性冲突和非对抗性冲突，等等；根据冲突的功能，可以把冲突分为建设性冲突和破坏性冲突，积极的冲突和消极的冲突等；根据冲突的解决要求，可以把冲突分为协调型冲突、兼顾型冲突、排除型冲突与和解型冲突。师生冲突同样为这些类型的冲突。其四，社会冲突认为人与人之间一旦陷入冲突螺旋之中，双方的交往结构便会发生变化，冲突便会升级。师生冲突的升级同样遵循这样的过程规律，如在师生交往中，学生当众骂了教师，教师可能会采取更为激烈的方式予以回应，师生冲突螺旋便启动了，双方僵持不下，冲突便升级了。其五，社会冲突把应对方式分为协商、不卷入与武力等，冲突中的师生同样也会选择一种方式予以应对。其六，社会冲突的功能可以是积极正向的，也可以是消极负向的，我们称之为"冲突的功能二重性"。那么，建设性的师生冲突一样可以推动师生个人发展，维系师生关系，甚至促进学校变革或进步；破坏性的师生冲突则会阻碍教学进程，降低教学成效；破坏师生关系，斩断师生联系；影响心理健康，催生问题行为。可见，师生冲突一样具有"功能二重性"。综上，社会冲突理论为我们探析师生冲突的发生、性质、类型、升级、应对以及功能提供了良好的分析视角，或者说提供了适切的分析框架。

### （三）社会认同理论为解释新移民情境下师生冲突的发生机理提供了理论可能

新移民情境下存在着大量的新移民教师和新移民学生，当他们迁移到另外一个新的地方便会与当地的社会制度、文化或风土人情发生互动，通过自我分类、社会比较和积极区分等融入当地的社会，从而获取社会认同。由社会认同理论可知，教师与学生的彼此社会认同以及对当地的社会认同将影响着教师的社会行为。为此，教师与学生若形成的是积极的社会认同，将满足教师与学生的自尊需要，增强教师与学生的安全感、归属感和幸福感，使教师的职业行为恰当合理且积极正当，使学生的学习行为规矩得当，从而将有利于形成和谐的师生关系，反之将致使师生冲突产生。

### （四）人际冲突理论为探析新移民情境下师生冲突的发生根源提供了依据

人际冲突理论偏重于从心理学角度剖析发生在人与人之间的冲突，它把人际冲突的发生根源归结为冲突双方的认知分歧、情绪消极与干涉行为等三方面综合作用的结果。认知分歧的主要内容包括工作任务、工作方法的不同以及相互之间的关系不合；消极情绪包括交往双方的愤怒、恐惧、紧张、憎恶、烦恼和悲伤等；干涉行为则指交往一方通过扰乱、妨碍或者其他形式对另一方产生不利影响的一系列活动。认知分歧易滋生争执，消极情绪易引起双方不满，干涉行为易造成双方争斗，而不满是隐性人际冲突在心理方面的重要表现形式，争执和争斗是显性人际心理冲突在语言和肢体方面的重要表现形式。为此，认知分歧、消极情绪与干涉行为是人际冲突的发生机理。师生冲突是人际冲突的一种表现形式，那么师生冲突的发生根源也是师生双方的认知分歧、消极情绪与干涉行为。

正如我们常常见到的那样，教师干涉学生违纪行为总会引发师生冲突，而且由于师生双方文化、地位与年龄等方面的差异，更是在师生双方之间筑起了一座高墙，加剧了师生双方的认知分歧。由此，师生冲突可分为单特征师生冲突，它包括师生认知冲突、情绪冲突与行为冲突；双特征师生冲突，它包括情绪-分歧型师生冲突、分歧-干扰型师生冲突与情绪-干扰型师生冲突；三特征师生冲突，即认知-情绪-干扰型师生冲突。一般来说，冲突中的师生关系总是伴有这三方面要素。此外，人际冲突理论还为研究师生冲突的过程提供了理论基础，即师生冲突可分为潜在冲突（萌芽状态）、知觉冲突（认知）、情感冲突（情感）、显性冲突（行为）以及冲突后果（结果状态）。

### （五）交往理论为重建应然的和谐师生关系指明了方向

到底什么样的师生关系才是应然的或理想的，才是我们要竭力追求的呢？师生关系到底要走向何方？不同的人有不同的理解与看法，有人从师生人际关系开始畅想，认为理想的师生关系是和谐的、和美的、亲密的、友爱的；有人从师生社会关系开始畅想，提出理想的师生关系是民主的、平等的、相互尊重的、相互理解的，或者是教师主导学生主体性的、双主体性的、主体间性的、他者性的；有人从师生教学关系开始畅想，认为理想的师生关系是教学相长的、共同进步的；有人从师生代际关系开始畅想，认为理想的师生关系是尊师爱生的……如此种种都是对师生关系的美好畅想，其中我们不可否认的是，无论师生关系是何种类型的，师生冲突必然蕴含其中；同样不可否认的是理想的师生关系是美好的，且趋于主体间性的。

主体间性反映的是两个或两个以上的主体间的关系，强调人是可以相互理解的，人与人之间应实现平等的对话。虽然人与人之间是异质的个体，特别是教师与学生之间，但教师和学生却可以通过移情作用和"类比的统觉", 以一种想象的方式, 在意识中使他人的 "那儿" 成为我的 "这儿", 从我走向 "他人", 最后成为一种交互的、无限开放的单子式共同体。主体间性型师生关系的经典描述是马丁·布伯的 "我与你" 型关系, 我–你范畴是一种超越这种实用关系的对话和相遇的关系范畴, 在这种关系中, "我" 不再以 "我" 为中心和坐标原点对他人进行透视, 而是把一切存在者都视为一种像 "我" 一样的超越对象性的存在, 它体现了一种真正的、名副其实的双边关系。布伯的我–你关系强调一种直接性, 即我对你的直接体认, 但直接并不是两者的完全融合, 其间永远存在一个距离, 布伯称为 "之间", 这个 "之间" 不能在 "我" 之中发现。精神不在 "我" 之中, 它在我与你之间。① 布伯强调 "之间" 的目的是表明他的出发点不在于 "我", 也不在于 "他者", 而是在我与你 "之间"。这样, "我" 与 "你" 虽然可以结合在一起, 但不会变成一个事物。它提醒人们自我不是封闭的, 在 "我" 之外还有他者, 他者与 "我" 有着天然的亲密关系, 这种关系的最好体现就是 "之间" 的对话。"对话" 的主要媒介是语言, 它使你与我既保持各自特点, 又使我们联系在一起, 其间始终存在着一种张力, 这种张力正是互主体性原则的体现, 而且真正的师生对话就是哈贝马斯所述的合理化的交往行为, 是体现真实性、真诚性与正当性的行为。

综上, 交往理论为我们明晰与重建理性的师生关系指明了方向, 交往是人的社会存在方式, 是人的本质的内在要求。"交往" 指在一定历史条件下, 人与人之间互相往来, 进行物质、精神交流的活动。② 教师与学生通过交往形成交往关系, 又可称为 "师生关系"。故应然的师生关系应是在民主、平等和友爱的前提下, 以语言为中介, 通过对话而实现的 "我–你" 型关系。

---

① 布伯.我与你[M].北京：生活·读书·新知三联书店，1986：57.
② 王武召.社会交往论[M].北京：北京大学出版社，2002：76.

# 第四节 研究思路与研究方法

研究设计指运用何种研究方法、沿着什么研究思路进行研究。由此，此部分拟定了研究思路，包括确立研究内容与搭建研究框架；选用了文献内容分析法、案例分析法与问卷调查法三种研究方法对新移民情境下的师生冲突进行研究。

## 一、研究思路

### （一）确立研究内容

师生冲突中教师与学生虽同为冲突的行为主体，但由于他们的身份、地位、年龄和角色等都不同，所以冲突中的教师与学生也就具有不同的特点。首先，教师一般是冲突的管理者，即在一般的冲突中，教师基本能控制冲突的强度和方向；学生则一般是冲突的引发者，最为普遍的情况就是学生先违反班规校纪，教师随后介入而引发冲突。然后，教师是一个成年人，学生则是一个未成年人，所以教师与学生的冲突多是工具性冲突，学生与教师的冲突则多是情感性冲突，且教师与学生的经验、阅历不一样，当师生冲突发生时，对冲突强度的感知、应对方式的选择、功能的判定都会有所不同。其次，在学校中，教师"一对多"，教师同时教授多名学生；学生则是"多对一"，多名学生同时跟随着一位教师学习。由此，从数量上来看，每位教师遇到的冲突是每个学生遇到的冲突的多倍。最后，教师的职业责任是教学与育人，学生的职责则是学习与尊师，那么，这种职业责任下，教师与学生的冲突多是由学生背离了"学习或尊师"而引发的；学生与教师的冲突则多是因教师背离"教学或育人"而引发的。综上，在师生互动中，由于教师和学生的角色、经验或阅历、教学性质和职责方面存在明显的不同，故有必要把教师与学生区分开来，分别探讨新移民情境下师生冲突的现实状况、发生机理、发生根源与调控策略。

### 1．新移民情境下师生冲突的现实状况

师生冲突的现实状况不仅指师生冲突多不多、强不强的问题，更包括师生冲突中教师与学生在应对方式和功能两方面的状况。故新移民情境下师生冲突的现实状况包括教师与学生冲突的强度、教师应对与学生的冲突（学生应对与教师的冲突），以及师生冲突对教师或学生的影响这三方面的状况。在强度方面主要探析师生冲突的隐性心理冲突、一般性冲突与对抗性冲突等三方面的现实状况，在应对方式方面主要探讨师生在协商、不卷入与武力三方面的现实状况，在师生的功能方面则主要探析师生冲突的正功能与负功能。

### 2．新移民情境下师生冲突的发生机理

教师与学生为师生冲突的两个行为主体，师生冲突的发生必然是教师和学生双方面的，因为冲突具有对抗性（相互性），若只有一个个体便只有自我冲突，不会有人与人之间的相互冲突，也就不会有师生冲突了。由此，师生冲突的发生机理应分别从教师与学生身上寻求答案。

第一，教师方面。首先，在新移民情境下，教师的地方感对师生冲突有一定的影响，但这种影响相对较弱，故地方感是引发师生冲突的背景性因素。其次，态度是个体对人或事所持有的一种肯定或否定、接近或背离、拥护或反对的以评价为特征的心理和行为倾向[①]，教师职业态度影响教师的职业行为，教师如何应对与评判师生冲突正是教师所必须面对的一种职业行为，而教师如何应对与评判师生冲突正是师生冲突是否发生的关键，故教师职业态度是引发师生冲突的关键性因素。再次，观念是行为的先导，并主导着个人的行为，故教师的学生观、教学观与冲突观是引发师生冲突的基础性因素。最后，权威是让人自愿服从的重要力量，是维系人际社会关系的重要纽带，教师的权威也关乎着学生是否自愿服从或听从教师的安排与管理，若教师滥用权威，学生会抵抗，甚至造成师生关系断裂；若教师无权威，学生则会僭越或侵犯教师，教师会抵抗，也会造成师生关系断裂，故教师权威是引发师生冲突的决定性因素。

第二，学生方面。首先，在新移民情境下，学生的地方感对师生冲突有一定的影响，但这种影响也相对较弱，故地方感是引发师生冲突的背景性

---

① 车文博.心理咨询大百科全书[M].杭州：浙江科学技术出版社，2001：12.

因素。其次，适应性关乎学生与教师的关系，关乎学生在学校生活的状态，故学生学校的适应性是引发师生冲突的关键性因素。再次，学生的伦理观念（知识观与教师观）是引发师生冲突的基础性因素。最后，师生冲突往往是学生的违纪行为、消极的反抗行为或其他问题行为引发的，而学生是否产生这些行为，主要与学生的规则意识、自我意识有关，故学生的规则意识与自我意识是引发师生冲突的决定性因素。

### 3. 新移民情境下师生冲突的发生根源

师生冲突发生的根源是什么？学者们作了如下探索：首先从教师的角度来看，学者们认为教师的人格特质、教育理念、权威滥用、角色错位、沟通技能、职业倦怠、情绪管理、教育教学方式等导致了师生间的冲突。然后从学生的角度来看，学生伦理观念淡漠、违反课堂纪律、主体性缺失等引发了师生冲突。从教师和学生双方的角度来看，学者们认为身份地位的不同、师生结构松散、师生认知差异、师生疏于尊重、缺乏平等对话能力与意识、教师权威合法性消解、教育共识断裂和师生法制观念淡薄等是造成师生冲突的主要原因。从外在情境来看，学者们认为学校的组织气氛和文化因素是引起师生冲突的重要原因。可见，学者们从不同的视角对师生冲突进行了有益探索，但这显然都是脱离了师生冲突的具体情境来探讨的，且不管是从教师、学生、师生双方或外在环境来看，上述各种原因都并非真正的直接原因，而是间接原因，这种原因分析如隔靴搔痒，未触及根本。从人际冲突理论来看，人际冲突的根源应是认知分歧、消极情绪与干涉行为综合作用的结果，任何其他原因都要通过这三个要素起作用。师生冲突作为一种特殊的人际冲突，其发生根源同样应为师生认知分歧、消极情绪和干涉行为这三方面综合作用的结果。如师生滥用权威而引发的师生冲突，实际上教师滥用权威这种行为恰恰对学生的自由造成了侵扰，或者是干扰了学生的自由，故导致师生冲突发生；又如教师教育理念有偏差而引发的师生冲突，实际上是教师教育理念的偏差引起了教师对学生的认识错误（差生、笨蛋和智力缺陷者等），从而引发了师生冲突。总之，师生冲突的发生根源是师生认知分歧、情绪消极与干涉行为综合作用的结果。

### 4. 新移民情境下师生冲突的调控策略

师生冲突如何解决？从师生冲突的发生过程来看，解决师生冲突应从充分预防、合理应对与修复裂痕等三方面着手，其中在充分预防中，因为师生冲突不仅仅是一个教育问题，更是一个社会问题，不仅教师或学生要充分准备以预防破坏性冲突的发生，学校、家庭与社会也要贡献出自己的一分力量，为学生能够顺利学习与健康成长保驾护航。在合理应对中，师生要以协商为主。在修复裂痕中，师生应主动走向彼此，宽恕与关爱彼此，甚至互相致歉。

### （二）形成研究框架

本书以"提出问题—分析问题—解决问题"的总体思路，紧紧围绕"新移民情境下师生冲突"这一研究问题，以社会冲突理论、人际冲突理论、社会认同理论、交往理论与人性论为研究基础，通过文献内容分析法、案例分析法以及问卷调查法的综合运用，从教师与学生两个行为主体来对新移民情境下师生冲突的现实状况、发生机理、发生根源与调控策略进行探究。研究框架图如图1-5所示：

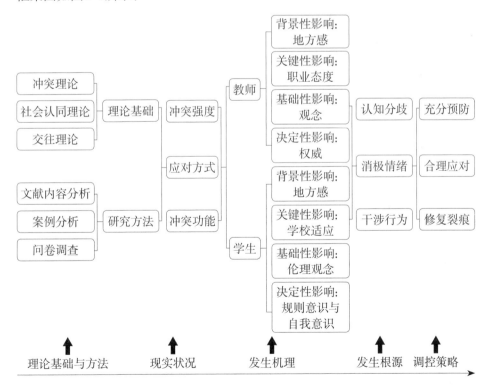

图1-5　新移民情境下师生冲突的研究框架图

## 二、研究方法

基于研究对象与研究的难易程度，选用了文献内容分析法、案例分析法与问卷调查法。文献内容分析法是任何一项研究所必须完成的基础性任务，通过这项工作可以掌握已有的研究内容，与这类研究者形成一些学术共识，并推断出自己的研究问题；案例分析法有助于我们对具体的个案做深度剖析与研究；问卷调查法有助于我们对总体情况进行把握，且可通过数据论证变量之间的关系。

### （一）文献内容分析法

文献内容分析法是一种对文献内容进行系统、客观和量化描述的研究方法。内容分析的实质是对文献内容所含信息量及其变化的分析，其研究目的是根据数据对内容进行可再现的、有效的推断。①从概念来看，它包括系统性、客观性与定量性三个基本特性。系统性是指内容或类目的取舍应依据一致的标准，以避免只有支持研究者假设前提的资料被纳入研究对象的情况；客观性是指分析必须基于明确制定的规则执行，从而确保不同的人可以从相同的文献中得出同样的结果；定量性是指研究中运用统计学方法对类目和分析单元出现的频数进行计量，用数字或图表的方式表述内容分析的结果。一般来说，文献内容分析法有如下几个基本步骤：第一，确定研究问题；第二，抽取文献样本；第三，确定分析单元；第四，制定类目系统；第五，内容编码与统计；第六，结论与展望。②由此，我们运用文献内容分析法对新移民情境下的师生冲突进行了研究，其具体研究步骤如下。

第一，研究问题为"新移民情境下的师生冲突"，具体为新移民情境下师生冲突的发生机理与调控策略。该研究问题可解构为三个子问题：一是新移民情境是什么？二是师生冲突是什么？三是新移民情境下师生关系有什么变化，师生冲突有什么特点？第二，首先以新移民、城市新移民、流动人

---

① 邹菲.内容分析法的理论与实践研究[J].评价与管理，2006（4）：71-77.

② 邱均平，邹菲.关于内容分析法的研究[J].中国图书馆学报，2004（2）：14-19.

口、随迁子女、外来务工人员、师生关系与师生冲突为关键词，在中国知网（CNKI）、中国学术期刊（网络版）全文库、优秀博硕士论文全文库、中国重要报纸全文库、中国年鉴网络出版总库、中国工具书网络出版总库、维普中文期刊服务平台、读秀知识库、Elsevier、Springer与EBSCO等国内外数据库进行检索，抽取文献样本。然后对文献进行筛查，剔除重复的、与研究问题不相关的文献，并进行文献数量统计。第三，把研究问题分为新移民研究与师生冲突研究两个基本分析单元。第四，确定类目系统。把新移民研究分为新移民（包括新移民的概念、社会融合、权益保障与满意度调查）与新移民子女的研究（包括新移民子女教育公平、教育政策、学校教育和家庭教育）；在师生冲突中则包括师生冲突的概念、性质、类型、发生前提、演化阶段、功能与应对方式等基本内容。第五，对文献进行编码统计，并对文献内容进行归纳、总结与分析。关于文献的数量统计与文献内容的分析详见第二章和第三章。

### （二）案例分析法

案例分析法是从具体经验事实走向一般理论的一种研究工具，它在现代中国具有深远的影响。毛泽东在谈到调查研究的方法时，曾经形象地将案例分析法称为"解剖麻雀"，通过对一个单一个体深入、全面的研究，来取得对一般性状况或普遍经验的认识。[1]1984年，罗伯特·K.尹（Robert K. Yin）作出了"案例研究"的经典定义，即案例研究是一种经验主义的探究，它研究现实生活背景的暂时现象（contemporary phenomenon）；在这样一种研究情境中，现象本身与背景之间的界限不明显，研究者只能大量运用事例证据来展开研究。[2]根据研究任务的不同，案例分析方法可以被区分为五种类型：探索型、描述型、实验型、例证型与解释型。[3]解释型案例研究旨在通过特定的

[1] 王金红.案例研究法及其相关学术规范[J].同济大学学报（社会科学版），2007（3）：87-95，124.

[2] 余菁.案例研究与案例研究方法[J].经济管理，2004（20）：24-29.

[3] SCAPENS R W. Researching management accounting practice: the role of case study methods[J]. The British accounting review, 1990, 22（3）：259-281.

案例,对事物背后的因果关系进行分析和解释;例证型案例研究旨在通过事例例证研究假设。简言之,解释型与例证型案例分析法侧重于通过案例解释因果关系,验证与检验理论,所以主要运用了解释型与例证型案例分析方法来探寻师生冲突的发生机理与调控策略。具体步骤为:第一,案例收集。课题组研究人员通过学校实地访谈、课堂观摩与网络搜索等方式收集师生冲突案例百余篇。第二,根据教师与学生的认知分歧、消极情绪与干涉行为对案例进行分类。第三,运用案例解释与例证师生冲突的发生机理与调控策略。

### (三)问卷调查法

问卷调查法也称"书面调查法",或称"填表法",是用书面形式间接搜集研究材料的一种调查手段。它是一种常用的实证研究方法,以语言为媒介,使用经过严格设计的问题或表格,形成标准化问卷,分发或邮寄给有关的人员,通过对问卷回收整理并进行统计分析,从而得出研究结果。因为在新移民情境下,教师职业态度与地方感、学生学校适应与地方感是影响师生冲突的重要因素,甚至是影响师生冲突强度的决定性因素。故将调查问卷分为两份:新移民情境下中小学教师地方感、教师职业态度与师生关系调查问卷(教师卷)和新移民情境下中小学生学校适应、师生关系与地方感调查问卷(学生卷)。

## 第五节　问卷设计与调查实施

在教师方面设计了教师的地方感、职业态度和师生关系三个调查问卷,在学生方面设计了地方感、学校适应和师生关系三个调查问卷,并进行了预测试,且运用可靠性分析、探索性因子分析方法和专家咨询法对问卷进行了质量检验和修订,最终在全国收集到有效教师问卷1669份、有效学生问卷2980份。

# 一、问卷设计

## （一）地方感问卷的编制与设计

第一，地方感的结构。地方感是一个具有包容性和综合性的概念，故它是一个复杂的多维结构。一般来说，地方感被划分为2~4个维度不等。第一，地方感由2个维度构成。Williams等[①]和朱竑等[②]认为"地方感指人们对特定地方的情感依附和认同，主要包括地方依恋和地方认同"；Kudryavtsev认为地方感包括"地方依恋和地方意义"[③]；Stedman认为地方感包括"地方依恋和满意度"[④]；等等。因为地方感本身表现的就是人与地方的情感联结，故地方依恋为地方感不可缺少的维度。第二，在两个维度的基础上，学者们又增加了地方依赖维度，它表示地方满足了人们生活与发展的需要，因而人对地方产生了一种功能性依赖，这受到大部分学者的赞同，即地方感由地方依恋、地方认同和地方依赖三个维度构成，如Qian J等[⑤]、Nanzer B[⑥]和Jorgensen[⑦]等。第三，在地方感三个维度的基础上，又有学者认为地方感与地方性是互为一体的，地方感是根植于地方性的，一个空间之所以为地方，是因为人和人类历史活动累积而存在于该空间的地方性，这种地方性则是主体

① WILLIAMS D R，PATTERSON M E，ROGGENBUCK J W，et al. Beyond the commodity metaphor：examining emotional and symbolic attachment to place[J]. Leisure sciences，1992，14（1）：29-46.

② 朱竑，刘博.地方感、地方依恋与地方认同等概念的辨析及研究启示[J].华南师范大学学报（自然科学版），2011（1）：1-8.

③ KUDRYAVTSEV A. Urban environmental education and sense of place[D]. Ithaca：Cornell University，2013.

④ STEDMAN R C. Is it really just a social construction？The contribution of the physical environment to sense of place[J]. Society & natural resources，2003，16（8）：671-685.

⑤ QIAN J，ZHU H，LIU Y. Investigating urban migrants's ense of place through a multi-scalar perspective[J]. Journal of environmental psychology，2011，31（2）：170-183.

⑥ NANZER B. Measuring sense of place：a scale for Michigan[J]. Administrative theory & praxis，2004，26（3）：362-382.

⑦ JORGENSEN B S，STEDMAN R C. Sense of place as an attitude：lake-shore owners attitudes toward their properties[J]. Journal of environmental psychology，2001，21（1）：233-248.

人的地方感产生的空间基础，没有地方性的空间亦无所谓主体人的地方感。①
地方性指某个地方区别于其他地方的特性，它是地方感形成的环境要素，地
方感产生的本质在于空间环境的差异性和特殊性，当人的心理知觉识别和诊
断超出了环境的地方性，并将其与人内在经验联系在一起的时候，便会产生
地方感。②地方性则主要以地方性知识得以体现，故地方感由地方性知识、地
方依赖、地方认同和地方依恋四个维度构成。

可见，地方感的形成以地方性知识为基础，以人与地方的功能性行为关
联为表征的地方依赖，以人与地方的认知性关联为表征的地方认同，以人与
地方的情感性关联为表征的地方依恋共同构成。但研究发现，地方认同是人
对地方适应、融合和评价的过程，它不仅强调人在认知上对地方的认同，同
样也强调人对地方的情感认同，甚至依恋。如个人或社群以地方为媒介实现
对自身的定义，并在情感上认为自己是属于地方的一分子，③故地方认同属于
地方依恋的范畴。由此，我们认为地方感指的是人们在地方经历中的情感和
知觉，它体现为在对地方性了解和熟悉的基础上，人们身心对地方的一种依
赖与依恋。由此，笔者认为地方感由地方性知识、地方依赖和地方依恋三个
维度构成，地方性知识是形成地方感的环境性基础，地方依赖是人对地方感
的功能性需要，地方依恋则是人对地方的情感依恋。

第二，地方感维度的概念解释与题项设计。地方性知识是指："在一定
的情境（如历史的、地域的、民族的、种族的，等等）中生成并在该情境中
得到确认、理解和保护的知识体系，具有地域性、整体性、授权性、实用性
等特点，是一定地域的人们在长期的历史发展过程中通过体力和脑力劳动创
造并不断积淀、发展和升华的物质和精神的全部成果和成就，包括物质文化

① HUMMON D M .Community attachment in Altman & SM low place attachment[M].New York：Plenum Press，1992：253-278.
② 张中华，段瀚.基于Amos的环境地方性与游客地方感之间的关系机理分析：以西安大明宫国家考古遗址公园为例[J].旅游科学，2014，28（4）：81-94.
③ WILLIAMS D R，PATTERSON M E，ROGGENBUCK J W，et al. Beyond the commodity metaphor：examining emotional and symbolic attachment to place[J]. Leisure sciences，1992，14（1）：29-46.

和精神文化。"①总的来说，地方性知识包括生产生活的地方性知识（贸易流通、饮食居住、交通、医药等）、历史文化的地方性知识（地方志、文化传统等）、传统民俗的地方性知识（人际交往、乡风民约、传统习俗等）、民间艺术的地方性知识（工艺、文学、音乐、绘画、口头传诵的故事歌谣等）、地理景观的地方性知识（自然环境、气候规律、人文景观、地理特征等）、价值观念的地方性知识（价值观、自然观、宗教信仰等）。由此，问卷中基于地方性知识维度设计如下两道题：A.您所了解这座城市的自然景观（如旅游景点等）；B.您所了解这座城市的历史文化（如节庆、城市发展故事等）。教师与学生的地方性知识都可以通过他们对城市自然景观与历史文化的熟悉与了解程度来度量，故教师卷地方性知识与学生卷地方性知识的题项设计中都使用了这两道题。

地方依赖（place dependence）是一种功能性依赖，指使用者进行特殊性活动时对当地特殊环境或设施的依赖，乃至只有在这样独特的环境或设施中才能提供这样的功能②。Stokols和Schumaker描述了地方依赖的两个维度：第一个维度是地方具有满足人们行为需要的资源，第二个维度是一个地方与其他地方在生活质量和环境方面比较的结果。③由此，问卷中将地方依赖也设计为两题：A.这座城市可以满足您物质生活和精神生活的需求；B.您能熟练地运用这座城市的公共设施。由于学生的主要生活是学习，故学生卷中设计的题目为：A.这座城市可以满足我对学习和娱乐的需求；B.我能熟练地运用这座城市的公共设施。

地方依恋（place attachment）指人与特定地方之间建立起的情感联系，以表达人们倾向于留在这个地方，并感到舒适和安全的心理状态。④总之，地方

① 安富海.论地方性知识的价值[J].当代教育与文化，2010，2（2）：34-41.
② WILLIAMS D R, PATTERSON M E.Snapshots of what, exactly? A comment on methodological experimentation and conceptual foundations in place research[J]. Society & natural resources, 2010：931-937.
③ 赵俊娴.浅析民族村寨旅游中"边缘人"的地方感：以独克宗古城为例[D].成都：西南民族大学，2015.
④ HIDALGO M C, HERNANDEZ B. Place attachment：conceptual and empirical questions［J］. Journal of environmental psychology, 2001（21）：273-281.

依恋的特征基本包括个人对其居住的环境或其他地方的一种认知或感情上的联系，或是一种在情感上融入地方的感觉；而在空间上，则希望与情感依恋的地方保持临近的距离。地方依恋可以认为是对特定地方产生的情感、认知与意向等三个方面的集合，在认知上认同地方，认为自己是该地方的一员，因为生活在该地方感到自豪；在情感上因生活在该地方而感到舒适、安心和安全；在意向上则表现为想一直生活在这里，不愿离开，且愿意把生活的地方建设得更美好。由此，基于地方依恋维度设计了五道题：A.我为自己生活在这座城市而感到自豪；B.我愿意出一份力使这座城市变得更好；C.我愿意一直留在这座城市生活下去，不想离开；D.在这座城市里，我感到舒适和安全；E.我觉得自己是这座城市中的一员。见表1-1。

表1-1　教师与学生地方感预测试调查问卷

| 地方感的维度 | 题项 |
| --- | --- |
| 地方性知识 | 1. 您所了解这座城市的自然景观（如旅游景点等） |
| | 2. 您所了解这座城市的历史文化（如节庆、城市发展故事等） |
| 地方依赖 | 3. 这座城市可以满足您对物质生活和精神生活的需求 |
| | 4. 您能熟练地运用这座城市的公共设施 |
| 地方依恋 | 5. 您为自己生活在这座城市而感到自豪 |
| | 6. 您愿意出一份力使这座城市变得更好 |
| | 7. 您愿意一直留在这座城市生活下去，不想离开 |
| | 8. 在这座城市里，您感到舒适和安全 |
| | 9. 您觉得自己是这座城市中的一员 |

## （二）教师职业态度问卷的编制与设计

第一，教师职业态度的结构。态度一直是社会心理学中的研究热点，关于态度的概念有很多，也各有侧重。有学者认为态度是具有结构性的认知体系；有学者认为态度以情感为标志；有学者认为态度是行为反应的准备状态。[1]但目前公认的态度的概念是："指个体对人或事所持有的一种肯定或否

---

[1]　马先明，姜丽红.态度及其与行为模式述评[J].社会心理科学，2006（3）：7-10.

定、接近或背离、拥护或反对的以评价为特征的心理和行为倾向。"①Baron
态度的ABC模型认为态度包含情感、行为、认知等三种成分，这里的行为
成分指的是行动或行为的意图这种心理倾向，②也就是我们通常所说的"意
向"，而不是真正的行为。其中认知因素规定了态度的对象，常常带有评价
成分；情感要素是核心，是个人对某个对象的好恶情感；意向因素是个人对
态度对象的反应倾向，是指当个体对态度对象必须有行为表现时，其所表现
出来的反应的准备状态。①教师职业态度是态度的下位概念，它同样分为教师
职业认知、职业情感与职业意向三个维度。教师职业态度则指教师对自己所
担任的教师这一职业所持有的评价和行为倾向。

第二，教师职业态度维度的概念解释与题项设计。教师职业认知指广
大教师对其职业的特性，及重大社会价值的一种认同或评价。它是教师形成
积极职业情感，产生正确职业心理倾向的基础。教师对职业认知越深，便越
能够了解该行业的职业信息，从而对自己的职业选择及定位产生积极的影
响。因对职业了解不深，他本人便会对自己的工作需求非常迷茫，不能够对
自己的职业选择做出正确的抉择。认知成分主要发挥着认识态度的作用，没
有主体就难以做出价值判断，更没有态度可言。教师这一职业，要坚定教育
信念，具有职业责任感和荣誉感，具备为教育事业献身的决心，肯定教学的
意义及它的重要性，这在教育工作中都是至关重要的。只有教师自身意识到
自己职业的荣誉感和重要性，才能激发自身的潜力，全心全意为国家教育事
业贡献力量。教师职业认知能力的发展是提高教育教学工作的必要条件和重
要基础。因此，个人对职业的认知会影响个人的职业态度。教师职业认知主
要是对教师所进行的工作的评价和认识，这是教师职业态度端正与否的基础
因素，教师在工作中的责任感及情感投入，将对其职业行为和职业态度产生
很大的影响。一般来说，教师职业认知分为教师对社会、职业价值和自身利
益三个方面的认知。社会方面包括教师对教师职业地位、贡献、前景和受尊

① 车文博.心理咨询大百科全书[M].杭州：浙江科学技术出版社，2001：12.
② BARON R A, BYRNT D, SULS J. Exploring social psychology[M]. Boston: Allyn and Bacon, 1988: 79-82.
① 彭克宏.社会科学大词典[Z].北京：中国国际广播出版社，1989：10.

敬程度的认知；职业价值包括教师对教师职业的意义、重要性和成就感的认知；自身利益方面包括教师对职业收入、心理压力和辛苦程度的认知。

教师职业情感是教师在从事教育教学的过程中产生的具有稳定性的态度体验。它以职业认知为基础，教师对教师职业有正确的认识，则会产生积极的职业情感，反之，则会产生消极的职业情感。它主要表现在热爱教育事业、能与周围的人或物和谐相处和对学生的关怀爱护等方面。[1]

对教师来说，热爱学生，是教师最宝贵的职业情感。苏霍姆林斯基说过：我生活中最主要的东西是什么？我毫不犹豫地回答：对孩子的爱。教师不能成为教书的工具，而应该作为一个有感情的人对学生进行积极的引导、教育，将自己的知识传给下一代，使他们能够更好地生活，为祖国作贡献。结合教师的职业特点，将教师的职业情感划分为其对教师职业的情感及其对教师职业生活环境的情感。教师对职业本身的情感主要包括教师喜欢与认同教师职业、热爱学生；教师对职业生活环境的情感包括喜欢、满意学校的教学条件和人际氛围。

简单地说，意向指的是个体心理的打算或倾向，故教师职业意向指教师在职业发展方面的心理倾向，它分为继续保持、职业流动和职业上进三个方面。由此，教师职业意向包括继续担任教师、积极进取和更换职业三个方面。[2]见表1-2。

表1-2　中小学教师职业态度预测调查问卷

| 教师职业态度维度 | 题项 |
| --- | --- |
| 职业认知 | 1. 您认为教师在社会发展中的作用与贡献大 |
| | 2. 您认为教师在社会中的地位高 |
| | 3. 您的职业受人尊敬 |
| | 4. 您认为教师的发展前景好 |
| | 5. 您认为教书是一件有意义的事情 |
| | 6. 从事教师工作让您有成就感 |
| | 7. 您认为教师对学生的成长很重要 |

---

[1]　赵碧玫.论教师的职业态度[J].六盘水师范高等专科学校学报，2005（4）：58-59.

[2]　田婷婷.中牟县初级中学体育教师职业态度研究[D].郑州：河南大学，2015.

（续表）

| 教师职业态度维度 | 题项 |
|---|---|
| 职业认知 | 8. 您的收入比同城市的其他公职人员收入高 |
| | 9. 您认为教师劳动的付出与获得的报酬是相匹配的 |
| | 10. 您认为作为一名教师，精神紧张、心理压力大 |
| | 11. 作为一名人民教师，您感到辛苦 |
| 职业情感 | 12. 您喜欢教师这一社会群体形象 |
| | 13. 您喜欢教师这个职业 |
| | 14. 您认为自己的兴趣爱好和性格适合做一名教师 |
| | 15. 您对您的教学条件感到满意 |
| | 16. 您喜欢学校的人际氛围 |
| | 17. 您喜欢和学生待在一起 |
| 职业意向 | 18. 您准备敬业乐教，为教育事业奉献终身 |
| | 19. 您愿意学习和尝试国内外先进的教育思想与方法 |
| | 20. 您渴望学习新知识，并愿意继续进修或深造 |
| | 21. 您没有因成为一名教师而懊悔过 |
| | 22. 有机会的话，您仍然愿意选择教师职业 |

## （三）学生学校适应问卷的编制

因关于学校适应的概念尚无共识，故关于中小学生学校适应的测量维度也五花八门。有学者把学校适应分为学业行为、学校喜好、学校回避、班级参与、自我指导等五个方面。[①]当前比较公认的是美国心理学家佩里（Perry）和温斯坦（Weinstein）关于学校适应的维度划分，他们认为儿童学校适应主要为学业适应、情绪与社会性适应和对课堂行为要求的适应三个方面。[②]国内大多数学者都选用了佩里和温斯坦的方法，只是表述上稍微有所不同，他们一般把学校适应分为学业适应、社会性适应和个人情感适应。[③]有的学者把

---

① BIRCH S H，LADD G W . The teacher-child relationship and children's early school adjustment[J]. Journal of school psychology，1997，34：934-946.

② 黄宁，辛涛，栗晓霞.儿童学校适应的分类及判定[J].心理发展与教育，2007（2）：57-62.

③ 江光荣，应梦婷，林秀彬，等.《中国中小学生学校适应成套量表》的编制[J].中国临床心理学杂志，2017，25（3）：435-444.

学校适应简化为学校喜好和环境适应两个维度，①也有学者将之细化为常规适应、课业适应、同伴关系、师生关系、自我接纳适应和情绪适应等。

适应原意为调整与改变，指随着条件的变化不断地做出相应的改变以求一致。可见，适应既可以是一个随外界环境变化而做出调整的过程，也可以是一种调整后所表现出的结果状态。学者们对学校适应概念进行界定时同样表现为过程和结果两种研究取向。过程取向的学者们认为：学生进入新的学校，不仅仅是生活、学习空间的改变，他们的生活习惯、人际关系网络与日常行为规范也同时发生变化，适应就是学生在这些产生变化的维度上寻求与之平衡的过程。②它强调个体与环境互动的过程，强调适应的动态性，注重考察个体在这一过程中的行为表现或认知变化。结果取向的学者们认为：学校适应是学生与学校环境互动的结果，强调学生所处的状态，注重考察个体较为稳定的行为方式和心理认知。③④⑤学生作为一个个体，进入学校学习所面对的变化不外乎三个方面：一是学校中的人，二是学校中的活动，三是学校的环境。对学生来说，进入学校学习，首要是要实现自我适应，并与教师、同学相处融洽，这也就是个体与个体之间的适应，主要表现为人际关系适应，人际关系的好坏决定着学生学习的好坏，故个体适应是学校适应的基础。学生进入学校的目的是学习，而学习却以教学活动为载体，以课余活动为补充，故学生活动适应是学生学校适应的核心。学生在学校学习受各种环境的制约，故环境适应是学生适应的关键。综上，学生学校适应是个体适应、活动适应与环境适应的统一体。故

① 刘万伦，沃建中.师生关系与中小学生学校适应性的关系[J].心理发展与教育，2005（1）：87-90.
② LADD G W, KOCHENDERFER B J, COLEMAN C C . Classroom peer acceptance, friendship, and victimization: distinct relational systems that contribute uniquely to children's school adjustment? [J]. Child dev, 2010, 68（6）：1181-1197.
③ BIRCH S H, LADD G W . The teacher-child relationship and children's early school adjustment[J]. Journal of school psychology, 1997, 34: 934-946.
④ CHEN X, CHEN H, KASPAR V . Group social functioning and individual socioemotional and school adjustment in Chinese children[J]. Merrill-Palmer quarterly, 2001, 47（2）：264-299.
⑤ BAKER J A . Contributions of teacher-child relationships to positive school adjustment during elementary school[J]. Journal of school psychology, 2006, 44（3）：211-229.

学校适应为学生通过自身与个体、活动与环境相互作用以使自己正确认识和接纳自己、与教师和同学的关系融洽、顺利完成各项学习任务,并积极参加课余活动、遵守学校规则制度和融入学校文化的动态过程。其中学生正确认识自己、与教师和同学相处融洽表示学生个体适应良好;学生能完成各项学习任务,并积极参加课余活动象征着学生活动适应良好;而学生能遵守学校规章制度并融入学校文化表明学生环境适应良好。

其一,个体与个体间的适应,简称"个体适应",是指学生与教师、同学、自我的关系融洽程度。在学校中与学生这个个体相适应的个体为教师、同学与学生自我,故个体适应可分为师生适应、同伴适应与自我适应。其二,活动适应指学生与学校活动之间的适应,简称"活动适应",学校中的学生从事的活动主要为课堂活动和课余活动,所以活动适应又分为课堂学习活动适应和课余活动适应。其三,个体与环境的适应,简称"环境适应"。因为环境可分为硬环境和软环境,硬环境指物质条件环境和制度环境,软环境指文化环境,所以环境适应可分为物质条件适应、制度适应和文化适应。综上所述,将中小学生学校适应分为个体适应、活动适应和环境适应这三个一级维度,自我适应、师生适应、同伴适应、课堂教学活动适应、课余活动适应、物质环境适应、制度环境适应和文化环境适应这八个二级维度。见表1-3、表1-4。

表1-3 学校适应二级维度的概念解释

| 一级维度 | | 二级维度 | 概念解释 |
|---|---|---|---|
| 学校适应 | 个体适应 | 师生适应 | 与老师之间的互动状况良好、关系和谐 |
| | | 同伴适应 | 与同辈群体之间的互动状况良好,与同学或同伴关系融洽 |
| | | 自我适应 | 能自我接纳、自我了解,进而喜欢自己、相信自己 |
| | 活动适应 | 课余活动适应 | 能积极地组织或参加课余活动 |
| | | 课堂教学活动适应 | 能适应教学内容、方法和强度,进而能顺利完成学业任务 |
| | 环境适应 | 物质环境适应 | 熟悉和了解学校教学设施、设备,适应学校生活条件 |
| | | 制度环境适应 | 认同并自觉遵守学校各项规章制度 |
| | | 文化环境适应 | 认同学校的基本假设、价值观和信念等 |

表1-4  中小学生学校适应预测调查问卷

| 学校适应维度 | 题项 |
|---|---|
| 个体适应 | 1. 我适应老师的教学方法和风格 |
| | 2. 我适应老师的管理 |
| | 3. 我和同学能聊到一起 |
| | 4. 我适应同学的行为习惯 |
| | 5. 我和同学相处起来很愉快 |
| | 6. 我清楚地知道自己的优点 |
| | 7. 我相信自己能做成自己想做的事 |
| | 8. 我缺乏自信，在学校学习没有信心 |
| 活动适应 | 9. 我会积极参加学校的各项活动（运动会、兴趣小组和秋游等） |
| | 10. 我能完成学校和班级的工作任务（如大扫除等） |
| | 11. 我能顺利地完成各项学习任务 |
| | 12. 我喜欢学校的课程内容 |
| 环境适应 | 13. 我适应学校饮食等生活条件 |
| | 14. 我熟悉并能运用学校的器材设备 |
| | 15. 我适应学校的校规校纪 |
| | 16. 我适应班级的规章制度 |
| | 17. 我喜欢学校的绿化环境和建筑风格 |
| | 18. 我喜欢学校的校服校歌 |
| | 19. 我认同并践行学校的校风校训 |

## （四）师生关系问卷的编制与设计

教育教学过程不仅是教师向学生传授知识、学生学习知识的过程，也是师生双方相互认识、交流情感的人际交往过程。所以，师生在交往过程中形成了一种以情感为特征的心理关系，贯穿于教育教学活动的整个过程。在这一过程中，师生通过实际交往，进行人格、精神和情感信息上的传递和交流，从而形成和建立人际情感关系。在交往中，师生双方如果产生积极肯定的情感体验，就能保持亲近的关系；相反，如果其中一方或相互之间产生消极否定的情感体验，则会产生疏远、淡漠甚至对立关系。

第一，师生关系的结构与题项设计。师生关系是学校中教师与学生之间的基本关系，是师生之间以情感、认知和行为交往为主要表现形式的心理关系。20世纪90年代以来，Pianta等研究者在依恋理论的基础上对低幼儿童的师生关系进行了研究，并制订出师生关系量表（Student-Teacher Relationship Scale，STRS），来测量教师意识到的师生关系，目前在低幼儿童的师生关系测量上应用较广。STRS 量表为三因子结构，即冲突、亲密和依赖[①]，后来很多学者验证了这三个维度的存在，如 Koomen 等[②]。C.Howes 根据依恋理论，将师生关系分为三类：回避、安全、抵制/矛盾。[③]STRS 是通过教师来评定师生关系的，即它评定的是教师所认识到的与学生的关系，它属于教师认知下的师生关系，并不代表师生关系的全部情况。王耘等同样采用教师评定量表把 3—6 年级学生的师生关系划分为冷漠型、冲突型与亲密型。[④]刘万伦等以学生为被试，把师生关系分为亲密性、合作性、主动性。[⑤]邹泓等采用问卷法调查学生后发现，把师生关系的结构分为亲密、一般与冲突。[⑥]张磊在 Pianta 编制的 STRS 的基础上参照我国的教育现状，并且分别对教师和学生进行访谈研究后编制了"师生关系量表（学生卷）"，且把师生关系的结构分为"冲突、亲密、依恋与回避"，增加了回避这一维度，目前国内很多学者采用或验证了师生关系的这四个维度，如姚计海等[⑦]。张野等采用深度访谈、理论分析等方法编制了初中生师生关系评定问卷，经探索性因素及验证性因素分析得出

① PIANTA R C. Adult-child relationship processes and early schooling[J]. Early education & development，1997，8（1）：11-26.

② KOOMEN H M，VERSCHUEREN K，VAN S E，et al. Validating the student-teacher relationship scale：testing factor structure and measurement invariance across child gender and age in a dutch sample[J]. Journal of school psychology，2012，50（2）：215-234.

③ HOWES C，HAMILTON C E.Children's relationships with caregivers：mothers and child care teachers[J].Child development.1992，63：859-866.

④ 王耘，王晓华，张红川.3—6 年级小学生师生关系：结构、类型及其发展[J].心理发展与教育，2001（3）：16-21.

⑤ 刘万伦，沃建中.师生关系与中小学生学校适应性的关系[J].心理发展与教育，2005（1）：87-90.

⑥ 邹泓，屈智勇，叶苑.中小学生的师生关系与其学校适应[J].心理发展与教育，2007（4）：77-82.

⑦ 姚计海，唐丹.中学生师生关系的结构、类型及其发展特点[J].心理与行为研究，2005（4）：275-280.

初中生师生关系包括理解性、回避性、亲密性、反应性及冲突性五个维度。①
增加了反应性与理解性两个维度：反应性是指学生在认知和情感上对良好师
生关系产生的主动性与期待性；理解性是指师生间的相互信任、体谅、尊重
和平等。

可见，师生关系的测量由最初的通过教师评定发展到了由学生自己评
定，在结构上则主要有三因素论，即亲密、依赖与冲突或亲密、合作与主
动；四因素论，即亲密、依赖、回避、冲突；五因素论，即亲密性、反应
性、理解性、回避性、冲突性。师生关系至少包括亲密、回避和冲突三个基
本维度，因为师生关系不管是依赖型、依恋型还是理解型，都可以归纳到亲
密的范畴里。为此，师生关系的结构为亲密、回避与冲突三个因素。这仅仅
是学生评定自己与教师的关系，教师却不同于学生，即教师认知下的师生关
系与学生认知下的是师生关系必然是不同的。但教师与学生的关系也必然包
含亲密与冲突的成分，至于是否包含回避的成分却有待商榷。由于教师的职
责是教书育人，学生是教师教育的对象，学生可以刻意回避教师，但教师却
不得不正面面对学生。所以，对教师来说，回避的成分在理论上是不存在
的。若亲密象征着一种积极的、和谐的、美好的师生关系，冲突象征着一种
消极的、矛盾的、令人不愉快的师生关系，那么，在亲密与冲突之间必然存
在一个中间因子，这个中间因子代表着普通的师生关系，通过访谈五位中小
学教师，他们把这种师生关系称为"平淡"。故对于教师来说，师生关系的
结构为亲密、平淡与冲突。

综上，对教师而言，师生关系的结构为亲密、平淡与冲突；对学生而
言，师生关系的结构为亲密、回避与冲突。

首先是教师卷师生关系部分的题项设计。亲密指教师与学生相互关心，
相处愉快与温暖（题项为教师卷1~4）；平淡指教师与学生保持着明显的距
离感，相互交流甚少（题项为教师卷5~8）；冲突指教师在认知、情感与行
为上对学生的抵触或对抗。它是根据师生冲突的强度来设计题项的，即隐性

---

① 张野，李其维，张珊珊.初中生师生关系的结构与类型研究[J].心理科学，2009，32（4）：
804-807.

心理冲突、一般性冲突与对抗性冲突。

在隐性心理冲突中，教师与学生没有直接的言语与行为对立，但是双方的态度和情绪上的对立使双方在互动过程中呈现出一种明显的不和谐的氛围。在教学实践中，隐性心理冲突中的教师的情绪表现形式有三种：一是教师因隐性心理冲突而表现出的对学生不满、抵触和厌恶的对立情绪；二是教师因隐性心理冲突而表现出的烦闷、不安、沮丧、冷漠、压抑、焦虑和痛苦等消极情绪；三是教师因隐性心理冲突而在心理上产生攻击与压抑之间的冲突。这三种表现形式常常又表现为教师上课情绪不高和心情不畅。隐性心理冲突中教师的行为表现同样也分为三种：一是向学生宣泄不满情绪，责令学生改正，如批评（多为否定性评价）或责骂学生；二是不向学生宣泄与表达不满情绪，而是主动远离学生，如对学生漠不关心、放任自流，只关注令自己满意的学生，忽略令自己不满意的学生，等等；三是既不向学生表达不满情绪，也不主动远离学生，而是把不满情绪"装"起来，在别处宣泄，如看电影、运动或听音乐等（题项为教师卷9～11）。一般性冲突相较隐性心理冲突有明显的情绪与行为表现，它指师生间直接的、有明显情绪和行为对抗的，强度在可控范围内的师生互动过程。那么，教学实践中，一般性冲突中的教师在情绪上表现得更为明显，直接通过一定的言语行为或肢体行为向学生表达出对其学生的不满意或抵触。由此，一般性冲突中的教师在行为上通常表现为与学生轻微的言语争论和肢体摩擦，如语言上责令学生、与学生辩论、给予轻微的责骂等；肢体上轻微地推拉学生等。此外，若教师在冲突中消极情绪未得到很好的释放与表达，则容易引致自己生气、痛苦、悲伤，甚至焦虑（题项为教师卷12、13）。对抗性冲突相较隐性心理冲突和一般性冲突强度更为激烈，它指师生之间直接的、激烈的相互对立或对抗的互动过程。在这种冲突中，教师也直接参与到学生的对抗行为中去，并且一般失去了对参与冲突的学生行为的控制性。它通常表现为教师和学生均以非理智的态度和行为来表达对对方的敌视，表现为对对方的攻击和诋毁。在教学实践中，教师在情绪上表现为愤怒、痛苦和焦虑等；在行为上表现为与学生有激烈言语和肢体对抗，甚至使用暴力，如辱骂、讽刺和黑化学生的言语攻击和拳打脚踢的肢体攻击等（题项为教师卷14、15）。

其次是学生卷中师生关系部分的题项设计。亲密指学生喜欢并关心教师，遇到困难会主动向教师求助（题项为学生卷1、2）。回避指学生不愿与教师接触，即使遇到教师也会主动避开（题项为学生卷3、4）。冲突指学生对教师在认知、情感与行为上的抵触与对抗，具体也分为隐性心理冲突、一般性冲突与对抗性冲突（题项为学生卷5～10）。

再次，师生冲突应对方式的维度划分与题项设计。Sternberg和Soriano在研究中提出了人际冲突解决的三种方式，分别为协商、不卷入与武力，并得到广泛的运用[①]。武力包括身体攻击、讽刺和威胁；协商包括第三方调解、退让和折中；不卷入包括转换话题、等待和回避。首先，在教师卷中，协商指教师与学生共同沟通与合作解决师生冲突（题项为教师卷16～19）；不卷入指教师回避与学生的冲突（题项为教师卷20～22）；武力指教师用责罚、讽刺与挖苦等方式强制性解决与学生的冲突（题项为教师卷23～26）。其次，在学生卷中，协商指学生与教师共同沟通、合作解决师生冲突（题项为学生卷11、12）；不卷入指学生主动回避与教师的冲突（题项为学生卷13、14）；武力指学生运用威胁、讽刺与肢体攻击等方式解决与教师的冲突（题项为学生卷15、16）。

最后，师生冲突功能的维度划分与题项设计。对于师生冲突的功能，目前学界普遍认为师生冲突既可体现为正向的建设性功能，也可体现为负向的破坏性功能，故师生冲突的功能分为正功能与负功能两个维度。首先，师生冲突对于教师的影响主要表现在五个方面：师生关系、身心健康、管理方式、教学成效与自我发展。正功能指师生冲突能促进教师自我发展、提高教学成效、完善教师管理方式、有助于教师身心健康并促进师生关系更加和谐（题项为教师卷27～30）。负功能则相反（题项为教师卷31～35）。其次，师生冲突对学生的影响则主要为学习成绩、身心健康、行为习惯与师生关系四个方面。师生冲突的正功能为提高学生学习成绩、有利于学生身心健康与良好行为习惯养成，并促进师生关系和谐发展（题项为学生卷17～19）。反之，则为负功能（题项为学生卷20～22）。见表1-5、表1-6。

---

① STERNBERG R J, SORIANO L J. Styles of conflict resolution[J]. Journal of personality & social psychology, 1984, 47（1）: 115-126.

表1-5　师生关系预测调查问卷（教师卷）

| 维度 | 题项 |
|---|---|
| 亲密 | 1.　您和学生的关系亲切而温暖 |
|  | 2.　您喜欢和关心您的学生 |
|  | 3.　如果您生气了，学生会安慰您 |
|  | 4.　学生会向您倾诉他们的心声 |
| 平淡 | 5.　您和学生之间的关系平淡 |
|  | 6.　您与学生保持着严格的身份界限 |
|  | 7.　您与学生只有课上的交流，而无课下的交流 |
|  | 8.　您不会和学生聊与学习无关的话题 |
| 冲突（弱：隐性心理） | 9.　您因学生而情绪起伏不定 |
|  | 10.　您因学生课上违纪而上课热情不高、心情不畅 |
|  | 11.　您对学生存在心理上的抵触 |
| 冲突（中：一般性） | 12.　您与学生发生过轻微的语言冲突（如学生和您顶嘴等） |
|  | 13.　您与学生发生过轻微的肢体冲突（如把学生推出教室等） |
| 冲突（强：对抗性） | 14.　您与学生发生过激烈的争吵（如学生和您吵架等） |
|  | 15.　您与学生发生过激烈的肢体冲突（如拉扯或攻击等） |
| 协商 | 16.　您和学生共同协商解决矛盾 |
|  | 17.　您会尊重和参考学生的意见 |
|  | 18.　您主动让步，尽量满足学生要求 |
|  | 19.　您找班主任或家长来调解 |
| 不卷入 | 20.　您不发表意见 |
|  | 21.　您主动回避，防止冲突升级 |
|  | 22.　您转移话题 |
| 武力 | 23.　您要求学生遵从您解决矛盾的办法 |
|  | 24.　您会情不自禁责罚学生 |
|  | 25.　您会因学生惹您生气而对学生说一些挖苦的话 |
|  | 26.　您不能控制自己的情绪，与学生发生语言或肢体冲突 |
| 正向功能 | 27.　您对学生更了解了，和学生的关系更亲近了 |
|  | 28.　您的压力和不满释放了，心情舒畅了 |
|  | 29.　您更加重视学生的意见了 |
|  | 30.　您会进行自我反思 |
| 负向功能 | 31.　您和学生的关系更疏远了 |
|  | 32.　您情绪低落、身体不舒服（如食欲差、失眠或焦虑等） |
|  | 33.　您放任学生，不再想去管学生了 |
|  | 34.　您更倾向于运用您的权威对学生进行严格管理了 |
|  | 35.　您的教学质量降低了 |

表1-6 师生关系预测调查问卷（学生卷）

| 维度 | 题项 |
|---|---|
| 亲密 | 1. 我喜欢和关心我的老师 |
| | 2. 遇到困难我会主动向老师求助 |
| 回避 | 3. 我不愿与老师接触 |
| | 4. 课外遇到老师我会主动避开 |
| 冲突（弱：隐性心理） | 5. 我曾对老师心存不满 |
| | 6. 老师批评我时，我心里抵触 |
| 冲突（中：一般性） | 7. 我曾与老师发生过轻微的争吵 |
| | 8. 我曾与老师发生过轻微的肢体冲突 |
| 冲突（强：对抗性） | 9. 我曾与老师发生过激烈的争吵 |
| | 10. 我曾与老师发生过激烈的肢体冲突（如相互拉扯等） |
| 协商 | 11. 和老师发生矛盾后，我和老师积极沟通，寻求解决办法 |
| | 12. 和老师发生矛盾后，我讲道理、摆事实，说服老师 |
| 不卷入 | 13. 和老师发生矛盾后，我不发表意见 |
| | 14. 和老师发生矛盾后，我主动回避 |
| 武力 | 15. 和老师发生矛盾后，我情不自禁与老师发生肢体冲突 |
| | 16. 和老师发生矛盾后，我讽刺、威胁老师 |
| 正向功能 | 17. 和老师发生矛盾后，我觉得压力变小了 |
| | 18. 和老师发生矛盾后，我和老师的关系亲密了 |
| | 19. 和老师发生矛盾后，我开始养成良好的行为习惯 |
| 负向功能 | 20. 和老师发生矛盾后，我情绪低落了 |
| | 21. 和老师发生矛盾后，我和老师疏远了 |
| | 22. 和老师发生矛盾后，我学习成绩下降了 |

## 二、调查实施

### （一）问卷的试测与修订

#### 1. 教师问卷的试测与修订

在理论建构、文献分析和专家研讨的基础上形成了"新移民情境下中小学教师地方感、职业态度与师生关系"自编量表。该量表分为四个部分：基本信息、地方感、教师职业态度和师生关系。试测的目的是通过因素分析来检验量表的建构效度，通过同质性检验来检验量表的建构信度，修正量表质量不好的题项，以保证该调查的科学性和有效性。试测分为试测准备阶段、试测实施阶段和量表质量检验与修正阶段。

第一，试测准备。试测对象为中小学教师。从纵向学段来看，包括小学教师、初中教师和高中教师；从横向科目来看，包括语文、数学、英语、物理、化学、生物、音乐、体育、美术和信息技术等各科教师。在试测方法上采取的是简单随机抽样。简单随机抽样，又称为单纯随机抽样，它是按照等概率原则直接从含有 $N$ 个个体的总体中随机抽取 $n$ 个个体组成的样本（$N>n$），使总体中每一个个体都有同等而独立的被选中的机会。试测阶段是通过让中小学教师随机填写完成的。在试测具体方式上借助了在线网络调查工具（"问卷星"），以供中小学教师通过手机微信、QQ和网页链接直接在线填写。在发放区域方面，试测主要选取的是广东和重庆两个区域进行抽样，因为广东省作为全国改革开放的窗口，经济发展速度快，新移民数量庞大，尤其是广州、深圳、东莞和佛山。重庆作为内陆的直辖市，近年来经济发展速度快，城市化建设步伐快，同样有着大量的新移民群体。在试测问卷的数量方面，由于本调查问卷共计74个题项，按照问卷数量为题项的5~10倍的方法原则，至少发放370份问卷。该量表为李克特五点量表，从"完全不符合"到"完全符合"依次赋1~5分。

第二，试测实施。课题组于2019年4月13日至2019年4月25日期间发放试测调查问卷466份，有效问卷409份，无效问卷57份，有效率为87.77%。其中广东有效问卷353份，重庆39份，福建3份，浙江3份，湖南2份，新疆2份，其他7个省份各1份。其中，广东省教师有效问卷353份，广州125份、东莞103份、佛山27份、深圳21份、梅州20份、阳江18份、汕头14份、惠州5份、清远4份、江门3份、潮州3份、珠海3份、肇庆和茂名各2份、河源1份、中山1份、湛江1份。

第三，量表质量检验与修正。首先，在地方感量表方面。地方感量表信度特征值Cronbach's $\alpha$ 为0.930，效度特征值KMO为0.912，其中地方性知识的信度为0.892、地方依赖的信度为0.773、地方依恋的信度为0.934，说明地方感量表的信效度极好。进一步做因子分析发现因素载荷值在0.703~0.872之间，说明每一题项都能很好地测量到地方感，故教师的地方感量表不需要修正。

然后，在教师职业态度量表方面。教师职业态度量表信度特征值Cronbach's $\alpha$ 为0.888，效度特征值KMO为0.908，其中教师职业认知信度为

0.782、职业情感的信度为0.840、教师职业意向的信度为0.722。这说明教师职业态度量表质量较好。进一步做因子分析发现表1-5第8、9、10与11题因素载荷值低于0.45的标准，故予以删除。此外，为了提高问卷质量，有利于筛查无效问卷，故在教师职业态度的职业情感中增设了一道测谎题：听见别人说教师坏话时，您心里不会有什么反应。

最后，在师生关系量表方面。师生关系量表信度特征值Cronbach's $\alpha$为0.727，效度特征值KMO为0.801，其中亲密信度为0.872，平淡信度为0.821，冲突信度为0.798。进一步进行因子分析发现：第9题："您因学生而情绪起伏不定"因素载荷值为0.221低于标准0.45；第10题："您因学生上课情绪不高、心情不畅"因素载荷值为0.278，也低于标准0.45，考虑到这两题反映的是教师与学生的隐性心理冲突，且该维度一共只有3题，不宜直接删去。课题组专家经过讨论，认为出现这种情况的原因可能是这两题的措辞不当，故把第9题改为：您因学生而情绪有所波动。把第10题改为：您因学生课上违纪热情不高、心情不畅。此外，在此部分增设了一道测谎题：您会和学生谈一些关于他们生活的事情。

师生冲突的应对方式量表信度特征值Cronbach's $\alpha$为0.643，效度特征值KMO为0.621，其中协商信度为0.620，不卷入信度为0.742，武力信度为0.612，说明师生冲突的应对方式量表质量较一般，但可进行进一步研究与分析。进一步因子分析发现，第26题："您不能控制自己的情绪，与学生发生语言或肢体冲突"因素载荷值为0.38，低于0.45的标准，故予以删除。

尽管师生冲突的正功能与负功能都反映师生冲突的功能，但这两个维度的体现功能的方向是相反的，故它们的信效度应区别来看。正功能的信度特征值Cronbach's $\alpha$为0.708，效度特征值KMO为0.663；负功能信度为0.798，效度为0.813。这说明师生冲突功能量表质量较好。进一步做因子分析发现，每一题项都大于0.45的标准，故不需对师生冲突的功能量表做进一步修正。

**2．学生问卷的试测与修订**

在理论建构、文献分析和专家研讨的基础上形成了"新移民情境下中小学生学校适应、师生关系与地方感调查问卷"自编量表。该量表分为四个部分：基本信息、学校适应、师生关系和地方感。简言之，试测目的是验证量表的信效度，保证量表的质量。试测同样分为试测准备阶段、试测实施阶段和量表质量检验与修正阶段。

第一，试测准备。虽然研究对象为中小学生，但考虑到中学生更有代表性，于是将试测对象最终确定为中学生。学生卷采取纸质版问卷进行测试，拟在重庆市与辽宁省阜新市发放试测问卷200份。该量表为李克特五点量表，从"完全不符合"到"完全符合"依次赋1~5分。

第二，试测实施。采取分层随机抽样的方式，2019年1月课题组在重庆市与辽宁省阜新市分别选取了一所初中与一所高中进行试测，在这两所中学随机选取了四个班级的学生进行试测，共分发试测问卷200份，有效问卷186份，其中重庆市某公办初中100份，阜新市某民办高中86份。

第三，量表质量检验与修正。首先，在地方感量表方面，地方感量表信度特征值Cronbach's α为0.902，效度特征值KMO为0.879，其中地方性知识的信度为0.834，地方依赖的信度为0.715，地方依恋的信度为0.864。这说明地方感量表的信效度极好。进一步做因子分析发现因素载荷值均在0.45以上，说明每一题项都能很好地测量到地方感，故学生的地方感量表不需要修正。

然后，在学校适应量表方面，学校适应量表信度特征值Cronbach's α为0.906，效度特征值KMO为0.895，其中学生个体适应信度为0.751，活动适应信度为0.762，环境适应信度为0.890，说明学校适应量表质量极佳。进一步因子分析发现，第7题："我无法接受自己的缺点与和不好的行为"因素载荷值为0.387，低于0.45的标准。该题反映的是学生个体适应的自我适应，经过课题组专家研讨，把该题改为：我缺乏自信，在学校学习我没有自信。第8题："我觉得我能做成我想做的事"因素载荷值为0.322，低于0.45的标准。课题组专家研讨后把该题改为：我相信自己能做成自己想做的事。

最后，在师生关系量表方面，师生关系量表信度特征值Cronbach's α为0.762，效度特征值KMO为0.817，其中亲密的信度为0.602，回避的信度为0.746，冲突的信度为0.840，这说明师生关系量表质量较好。进一步因子分析发现，每一题项的因素载荷值均大于0.45，故不需对该量表进行修正。

师生冲突应对方式的信度特征值Cronbach's α为0.660，效度特征值为0.602，其中协商的信度为0.652，不卷入的信度为0.767，武力的信度为0.814，这说明师生冲突应对方式量表质量较好。进一步因子分析发现，每一题项的因素载荷值均大于0.45，故不需对此量表做进一步修正。

尽管师生冲突的正功能与负功能都可以反映师生冲突的功能，但这两个维度的体现功能的方向是相反的，故它们的信效度应区别来看。正功能的信度特征值Cronbach's $\alpha$为0.684，效度特征值KMO为0.601；负功能信度为0.810，效度为0.660，这说明师生冲突功能量表质量较好。进一步因子分析发现，每一题项都大于0.45的标准，故不需对师生冲突的功能做进一步修正。

## （二）问卷的正式施测

### 1. 教师问卷的正式施测

第一，样本选择与发放。调查对象为中小学教师，尤其是珠三角地区的中小学教师，因为珠三角地区为我国改革开放的窗口，有着大量的移民，尤其是深圳、广州和东莞等地。课题组于2019年5月至2019年6月运用简单随机抽样的方式，借助"问卷星"电子问卷与纸质版问卷相结合的方法，对全国各地的中小学教师进行了调查。其主要时间节点如下：

2019年5月5日，在问卷星上把"新移民情境下中小学教师地方感、职业态度与师生关系调查问卷"编制成矩阵电子量表，充值答卷红包（1～3元/份），生成答卷网页链接与二维码，中小学教师可通过手机或电脑填写。

2019年5月6日，在辽宁省沈阳市、四川省成都市与重庆市大力动员中小学教师填写，3天时间收集到有效问卷400余份。

2019年5月12日，在广东省广州、深圳、东莞、佛山、汕头与阳江等地大力动员中小学教师填写。

2019年5月13日，通过大力动员后，在当天晚上问卷数量飙升，几小时内增加了1000余份，但研究人员通过问卷星平台后台发现，该段时间内的绝大部分问卷都为无效问卷，因为大部分填写人员花费在问卷填写上的时间很短，并在填空题填写"快发给我红包"等索要红包字样，故研究人员立即关闭了问卷红包抽取功能，并暂停了问卷填写。

2019年5月14日，研究人员终止了问卷填写后能抽取红包的功能，并重新开启了问卷网上填写功能。同时，课题组研究人员继续动员广东中小学教师填写，也动员湖南、江苏和浙江等地的教师填写问卷。

2019年6月5日，课题组随机选取了广东省广州、东莞、佛山、惠州和肇庆等地各一所中学进行了纸质版教师问卷的派发。

2019年6月25日，问卷网络填写功能关闭，问卷填写结束。

第二，问卷收集。教师通过网络在线填写调查问卷，研究人员可通过问卷星后台直接收集教师所填写的问卷，并以填卷时间先后为标准，自动生成问卷填写序号。网络问卷共回收2882份，纸质版问卷共计313份，合计3195份。

第三，问卷筛查与数据录入。在教师卷中设置了两道测谎题，测谎题的问题方向与问卷中其他题的问题方向是相反的，若填写人员答这两题的时候与其他题的答题方向是一致的，说明该答题人员为乱答，则该份问卷为无效问卷。教师卷无效问卷具体筛查标准为两个：一是在教师职业态度问卷部分将测谎题设为第11题"听见别人说教师的坏话时，您心里不会有什么反应"，若答题者与该部分8、9、10题选择取向相同，则该份问卷无效；二是在师生关系部分第9题"您会和学生谈一些关于他们生活的事情"，若与7、8题选择取向相同，则该份问卷无效。以上两个条件满足一个则认为该份问卷无效。

研究人员严格按照此标准对收集到的3195份教师问卷进行筛查，其中纸质版无效问卷145份，有效问卷168份，由于问卷星中的数据可直接下载并运用SPSS分析，故研究人员把这168份纸质版问卷录入了问卷星。电子问卷无效问卷1381份，有效问卷1501份。综上，教师卷共发放3195份，其中有效问卷1669份，无效问卷1526份，有效率约为52.24%。问卷有效率较低是因为网络问卷在填写时，不易控制填写对象，特别是5月13日晚上大量人员想骗取微信红包而胡乱填写调查问卷，致使调查失真，产生的无效问卷多达950份。

第四，有效样本的分布概况。本课题组调查了全国各地1669名中小学教师，其中男教师457名，女教师1212名；公办学校教师1517名，民办学校教师152名；班主任631名，非班主任1038名；语数英教师1038名，物化生教师236名，政史地教师179名，音体美教师110名，其他教师106名；1～3年教龄教师317名，4～6年教龄教师231名，7～10年教龄教师215名，11～15年教龄教师231名，16年及以上教龄教师675名；初级教师555名，中级教师769名，高级教师345名；本区县教师553名，本市其他区县教师245名，本省其他市教师428名，外省教师435名，境外教师8名。详见表1-7。

表1-7　教师卷正式调查样本信息情况统计

| 背景信息 | | 数量（名） | 百分比（%） | 背景信息 | | 数量（名） | 百分比（%） |
|---|---|---|---|---|---|---|---|
| 性别 | 男 | 457 | 27.4 | 教龄 | 1~3年 | 317 | 19.0 |
| | 女 | 1212 | 72.6 | | 4~6年 | 231 | 13.8 |
| 学校类型 | 公立 | 1517 | 90.9 | | 7~10年 | 215 | 12.9 |
| | 民办 | 152 | 9.1 | | 11~15年 | 231 | 13.8 |
| 班主任 | 班主任 | 631 | 37.8 | | 16年以上 | 675 | 40.5 |
| | 非班主任 | 1038 | 62.2 | 职称 | 初级 | 555 | 33.3 |
| | | | | | 中级 | 769 | 46.1 |
| | | | | | 高级 | 345 | 20.7 |
| 科目 | 语数英 | 1038 | 62.2 | 教师来源地 | 本区县 | 553 | 33.1 |
| | 物化生 | 236 | 14.1 | | 本市其他区县 | 245 | 14.7 |
| | 政史地 | 179 | 10.7 | | 本省其他市 | 428 | 25.6 |
| | 音体美 | 110 | 6.6 | | 外省 | 435 | 26.1 |
| | 其他 | 106 | 6.4 | | 境外 | 8 | 0.5 |

从地理位置来看，国外11份；国内广东975份，辽宁334份，四川96份，重庆46份，江苏23份，浙江17份，山西14份，北京13份，河北12份，山东12份，上海12份，河南11份，湖南11份，湖北7份，广西5份，福建5份，安徽5份，澳门5份，内蒙古5份，天津4份，陕西4份，西藏3份，香港3份，黑龙江3份，吉林2份，海南2份，宁夏1份，青海1份，新疆1份，云南1份，未确定25份。

广东省975份调查问卷中，深圳330份，广州208份，汕头97份，佛山44份，东莞66份，肇庆53份，惠州41份，阳江26份，韶关15份，江门6份，揭阳3份，湛江3份，珠海3份，中山2份，茂名2份，潮州2份，河源2份，梅州1份，清远1份，汕尾1份，云浮1份，未知68份（教师卷的填写主要是教师们借助手机在问卷星上填写的，因问卷星只能识别这68位教师填写问卷时的IP地址在广东省，而不能识别其具体所在的城市位置，所以该68份问卷的具体的城市未知）。

**2．学生问卷的正式施测**

第一，样本选择。因为小学一年级至三年级的学生年龄较小，填写问卷较为困难，于是课题组采取随机抽样的调查方法对小学四年级至高中三年级的学生进行了调查，调查的地域主要是广东省的广州、深圳、佛山、东莞、惠州和肇庆。其中，广州高中2所、深圳初中1所、佛山初中1所、东莞初中1所、惠州高中1所、肇庆高中1所。考虑到经常使用手机或电脑的中小学生不多，填写电子问卷较为困难，课题组采取以纸质版问卷为主，电子问卷为辅的调查方式。其主要时间节点如下：

2019年5月12日，课题组研究人员把"新移民情境下中小学生学校适应、师生关系与地方感调查问卷"在问卷星上以矩阵量表的形式编制成电子问卷，生成网页链接与二维码供学生用手机与电脑直接填写。

2019年5月31日，课题组积极动员广东各地的中小学教师协助学生填写电子问卷，成效良好。

2019年6月5日至2019年6月20日，课题组在广州、深圳、佛山、东莞、惠州和肇庆6个城市选取了7所中学以纸质版问卷的方式进行了调查。

2019年6月25日，问卷发放结束。

第二，问卷收集。学生通过网络在线填写调查问卷，研究人员可通过问卷星后台直接收集到学生所填写的问卷，并以填卷时间先后为标准，自动生成问卷填写序号，网络问卷共收集291份。在7所中学收集纸质版问卷共计4209份。故学生问卷共计回收4500份。

第三，问卷筛查与数据录入。问卷收集完毕后，课题组研究人员对4500份问卷进行了筛查以挑选出有效问卷。在学生卷中设计了两道测谎题，若学生有一道测谎题是乱答的，则该份学生问卷就被判定为无效问卷。一是学校适应部分第8题"我缺乏自信，在学校学习没有信心"，若和第7题"我相信自己能做成自己想做的事"选择一样，或者选择取向相同，则该份问卷无效；二是地方感部分第6题"在这座城市生活，我没有归属感"，若和其他选项选择取向相同，则该份问卷无效。最终挑选出学生有效问卷2980份。问卷筛查完毕后，课题组组织大量研究生协助研究人员录入数据，并对录入数据的研究生进行严格的培训，以保证数据录入更为准确。

第四，有效问卷的分布概况。学生有效问卷为2980份，其中男生1485

份，女生1495份；公办学校学生2892份，民办学校学生88份；班干部1343份，非班干部1637份；小学139份，初中2160份，高中681份；父母老家为本区县的915份，本市非本区县的359份，本省非本市的727份，外省的963份，境外的16份。详见表1-8。

表1-8　调查样本概况表（学生卷）

| 样本类型 | | 样本数量（份） | 百分数（%） |
|---|---|---|---|
| 性别 | 男 | 1485 | 49.83 |
| | 女 | 1495 | 50.17 |
| 学校类型 | 公办 | 2892 | 97.05 |
| | 民办 | 88 | 2.95 |
| 班级身份 | 班干 | 1343 | 45.07 |
| | 非班干 | 1637 | 54.93 |
| 学段 | 小学 | 139 | 4.67 |
| | 初中 | 2160 | 72.48 |
| | 高中 | 681 | 22.85 |
| 父母的老家 | 本区县 | 915 | 30.7 |
| | 本市非本区县 | 359 | 12.05 |
| | 本省非本市 | 727 | 24.4 |
| | 外省 | 963 | 32.32 |
| | 境外 | 16 | 0.54 |

从地理位置来看，广东2974份，河南2份，湖南2份，四川1份，北京1份。可见，调查的地域主要为广东，其中广州586份，深圳861份，东莞384份，佛山271份，惠州225份，肇庆312份，广东其他地区共计335份（其他地区包括：广东的阳江、江门和韶关等地区），如图1-6所示。

### （三）问卷的质量检验

#### 1. 教师问卷的质量检验

第一，地方感量表。量表总的信度特征值Cronbach's $\alpha$为0.923，KMO和Bartlett检验的效度值为0.906，其中地方性知识信度为0.806，地方依赖信度为0.732，地方依恋信度为0.926，这说明正式问卷信效度极好，质量极佳。因子分析发现各因子载荷值均大于0.6，证明题项具有良好的解释力与预测力。

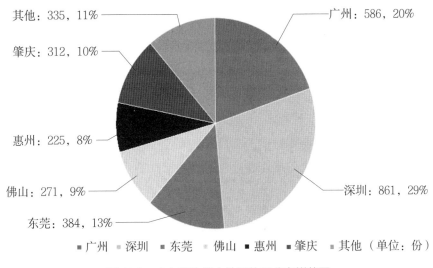

其他：335，11%

广州：586，20%

肇庆：312，10%

惠州：225，8%

佛山：271，9%

深圳：861，29%

东莞：384，13%

■广州 ■深圳 ■东莞 ■佛山 ■惠州 ■肇庆 ■其他（单位：份）

图1-6 广东学生样本地理位置分布饼状图

第二，教师职业态度量表。量表总的信度特征值Cronbach's α为0.920，KMO和Bartlett 检验的效度值为0.947，其中教师职业认知信度为0.875；教师职业情感信度为0.732，教师职业意向信度为0.814，这说明正式问卷信效度极好，质量极佳。因子分析发现各题项因子载荷值均大于0.45，证明题项具有良好的解释力与预测力。

第三，师生关系量表。量表总的信度特征值Cronbach's α为0.748，KMO和Bartlett 检验的效度值为0.847，其中亲密的信度为0.886，平淡的信度为0.826，冲突的信度为0.826，这说明师生关系信效度较好，量表质量较高。经因子分析发现因子载荷值均大于0.45的标准，证明题项具有良好的解释力与预测力。

师生冲突的应对方式量表信度特征值Cronbach's α为0.704，KMO和Bartlett 检验的效度值为0.721，协商的信度为0.681，不卷入的信度为0.774，武力的信度为0.776，这说明正式问卷信效度较好，质量较佳。经分析发现因子载荷值均大于0.45的标准，证明题项具有良好的解释力与预测力。

师生冲突的功能量表，正功能量表信度特征值Cronbach's α为0.746，KMO和Bartlett 检验的效度值为0.705，负功能量表信度特征值Cronbach's α为0.840，KMO和Bartlett 检验的效度值为0.853，这说明正式问卷信效度较好，质量较佳。经分析发现因子载荷值均大于0.45的标准，证明题项具有良好的解释力与预测力。

**2. 学生问卷的质量检验**

第一，地方感量表。量表总的信度特征值Cronbach's $\alpha$为0.897，KMO和Bartlett 检验的效度值为0.903，其中地方性知识信度为0.885，地方依赖信度为0.814，地方依恋信度为0.842，这说明正式问卷信效度极好，质量极佳。因子分析发现各因子载荷值均大于0.6，证明题项具有良好的解释力与预测力。

第二，学生学校适应量表。量表总的信度特征值Cronbach's $\alpha$为0.922，KMO和Bartlett 检验的效度值为0.947，其中学生个体适应信度为0.832；学生活动适应信度为0.773，学生环境适应信度为0.887，这说明正式问卷信效度极好，质量极佳。因子分析发现各题项因子载荷值均大于0.45，证明题项具有良好的解释力与预测力。

第三，师生关系量表。量表总的信度特征值Cronbach's $\alpha$为0.630，KMO和Bartlett 检验的效度值为0.815，其中亲密的信度0.705，回避的信度为0.722，冲突的信度为0.757，这说明师生关系信效度较好，量表质量较高。经分析发现各题项因子载荷值均大于0.45的标准，证明题项具有良好的解释力与预测力。

师生冲突的应对方式量表信度特征值Cronbach's $\alpha$为0.607，KMO和Bartlett 检验的效度值为0.652，协商的信度为0.655，不卷入的信度为0.748，武力的信度为0.808，这说明正式问卷信效度较好，质量较佳。因子分析发现因子载荷值均大于0.45的标准，证明题项具有良好的解释力与预测力。

师生冲突的功能量表，正功能量表信度特征值Cronbach's $\alpha$为0.883，KMO和Bartlett 检验的效度值为0.733，负功能量表信度特征值Cronbach's $\alpha$为0.805，KMO和Bartlett 检验的效度值为0.682，这说明正式问卷信效度较好，质量较佳。经分析发现因子载荷值均大于0.45的标准，证明题项具有良好的解释力与预测力。

# 第二章

# 师生冲突的基本问题

　　研究新移民情境下师生冲突的机理和调控策略，必须先阐明师生冲突的一系列基本问题，为此，本章在厘清师生冲突及其相关概念的基础上，阐述了师生冲突的性质与类型，分析了师生冲突的演化阶段与应对方式，最后，对师生冲突的正负功能进行了辨析。

# 第一节　师生冲突及相关概念梳理与辨析

　　"师生冲突"指交往互动中的教师与学生之间因认知分歧、消极情绪与干涉行为而引起的一种隐性或显性的排斥、抗拒与对立现象。师生冲突既属于一种师生矛盾，也属于一种人际冲突，由此，与师生冲突相关的概念有师生矛盾与人际冲突。

## 一、师生冲突及相关概念梳理

### （一）冲突的概念

#### 1. 冲突概念的研究梳理

　　冲突作为一种普遍而又永恒存在的社会现象，学者们从不同的研究角度和关注焦点对此概念提出了各自的见解。目前尚不存在被广泛接受的冲突概念，但学界主要是从行为、过程和结果三个方面进行界定的。一是强调冲突是一种争斗的对抗性行为。该类界定认为冲突是矛盾的表面化，是矛盾的一种表现形式，且冲突常表现为抵触、争执和争斗等对抗性行为。"冲突"一词源于拉丁语的动词configere，意为不同的观点、思想、个人行为之间的争执与对立，[①]《辞海》与《现代汉语词典》中，冲突也确为抵触、争执、争斗之义。[②]科塞认为冲突是冲突双方在价值观、信念、稀缺的地位、权力和资源分配上的争斗[③]；罗宾斯认为冲突是一方努力去抵消另一方将妨碍他达到目标或损害他的利益的封锁行为[④]。二是强调冲突是一个动态过程。如拉美尔认

---

① 杨庆蕙.现代汉语正误辞典[Z].北京：北京师范大学出版社，1993：68.
② 冲突.辞海之家[EB/OL].http://ciyu.cihai123.com/c/1544.html.
③ 科塞.社会冲突的功能[M].孙立平，等，译.北京：华夏出版社，1989.
④ 罗宾斯.组织行为学精要[M].北京：机械工业出版社，2000：251.

为"冲突是一种追求平衡的行为过程，即均衡与非均衡相互转化的过程"①；Rahim认为冲突是社会实体内部或社会实体之间出现不相容、不协调或不一致的一种互动历程②；Thomas认为冲突是一方由于感知到自己的利益将受另一方影响，而挫败被激发的过程③；特纳认为冲突是任何两个或两个以上的统一体由至少一种对抗心理关系形式或至少一种对抗性互动关系形式连接起来的社会情况或社会过程④；郑杭生认为冲突是人与人或群体与群体之间为了某种目标或价值观念而互相斗争、压制、破坏以至消灭对方的方式与过程⑤。三是强调冲突的结果。如E.马克·汉森认为冲突是一种社会实体之中或社会实体（如个体、群体、组织）之间所表现出来的不相容、不一致或差异性的相互作用状态。⑥孙永正认为冲突是被人们知觉到的一种价值观或目标上的矛盾状态，并伴存故意阻碍对手取得成功的行为以及情绪上的敌意。⑦另外，对冲突的定义也表现出人们从社会、组织及个体等不同层面上对冲突的理解。如在社会宏观层面上，马克思指出，在阶级社会中，处于统治地位的成员与处于被统治地位的成员在利益上是对立的，这种利益上的对立必然使他们相互之间不断地处于冲突和对抗之中。在组织层面上，"冲突是一个过程，它是由组织中人们的目标不同，对事实的解释存在分歧，愿望不一致而导致的"⑧。在个体心理层面上，"冲突包括人们内心的动机斗争，即内心的冲突"⑨。

① 康戴夫.冲突事务管理：理论与实践[M].何云峰，译.上海：世界图书出版公司，1998：7-20.

② RAHIM M A . A measure of styles of handling interpersonal conflict[J]. Academy of management journal, 1983, 26（2）：368-376.

③ THOMAS K W. Toward an "intent" model of conflict management among principal parties[J]. Human relations, 1977, 30（12）：1089-1102.

④ 特纳.社会学理论的结构[M].杭州：浙江人民出版社，1987：211-212.

⑤ 郑杭生.社会学概论新修[M].北京：中国人民大学出版社，1994：179-180.

⑥ 汉森.教育管理与组织行为[M].冯大鸣，译.上海：上海教育出版社，2005：37.

⑦ 孙永正.管理学[M].北京：清华大学出版社，2003：274.

⑧ 罗宾斯.组织行为学[M].郑晓明，译.北京：中国人民大学出版社，1997：78-96.

⑨ 卢盛忠.管理心理学[M].4版.杭州：浙江教育出版社，2006：348-368.

### 2. 冲突概念的界定

在对冲突概念进行界定前，我们要先澄清一个关乎研究内容范围大小的基本问题，即师生冲突是狭义的还是广义的？一般来说，狭义的冲突观是从冲突的显性形式去界定与把握的，即把师生冲突看作冲突双方外在行为的对抗，而广义的冲突观不仅是从冲突的显性形式去界定与把握，也从隐性形式去界定与把握，如冲突双方对彼此的心理不满或抵触也是冲突。然而，在生活实践中，冲突可能是激烈的行为对抗，但很多冲突并不是面对面地对抗交锋，而是表现为一种心理排斥、对立或消极抵触。因而，随着人们对冲突研究的深入，人们对冲突概念的认识从狭义向广义拓展，即对冲突的认识从单纯的行为冲突逐步扩展至心理冲突；从直接的、公开的冲突逐渐延伸到间接的、潜在的、不具直接对抗性的冲突；从资源、利益、权力之争逐步深入到观念、认知、情感等的冲突。在我们的研究中，我们秉持广义的冲突观，即冲突不仅包括显性的冲突，也包括隐性的冲突。

目前关于冲突的界定可谓多种多样，人们众说纷纭，口径不一。从上述分析中，我们可以得出两条启示：第一，冲突可以是一种心理抵触或对抗（争执或争斗）行为，也可以是冲突双方从非平衡到平衡的追求过程或是一个由无到有，或由有到无的过程；还可以是冲突所表现出的结果或状态（不相容与不一致等）。第二，冲突的概念一定包含主体（冲突由谁而生）、冲突地点（冲突在哪儿发生）、冲突条件（冲突发生需要什么）、表现形式（冲突表现为什么）和本质（冲突本质上属于什么）等要素。首先，在主体方面，发生冲突主要是作为个体或群体中的人。其次，在条件方面，在具备了冲突发生的诱因之后，如果不具备冲突发生的条件，冲突也不一定发生。冲突的发生需要主体间的交往互动，只有交往互动，才能把各主体联系起来，交往互动是冲突发生的载体。再次，在冲突的表现形式方面，冲突可表现为冲突双方隐性的认知上或情感上的排斥、抗拒与对立，也可表现为显性的行为上的排斥、抗拒与对立。最后，在本质方面，不管冲突是一种行为、一个过程或是一种结果，它们都属于现象的范畴，即冲突的本质是一种现象，从辩证逻辑来看，冲突行为、过程与结果都统一在现象之中。

综上，冲突为人与人在交往互动中所产生的一种隐性或显性的排斥、抗拒与对立的现象。该概念从方法论的角度来看是站得住脚的。第一，从本质来看，冲突是一种现象，现象是中性的，这种现象表现为一种结果时，可以是建设性的，也可以是破坏性的。如冲突这一现象的结果可以是流血的战争，也可以是解决冲突之后的喜悦。第二，从主体来看，不管是群体中的人，还是组织中的人，最后冲突都会体现在人身上。第三，该概念含有冲突是冲突主体间心理、行为的对立状态、对立行为及其对立过程的含义，是过程、行为与结果的统一表现。第四，从表现形式来看，冲突常常表现为隐蔽或公开的对立、对抗。因为现象本身可以是可观察的显性的现象，也可以是不可观察的隐性的现象，它表现为显性时则为显性冲突，表现为隐性时则为隐性冲突。

### （二）师生冲突的概念

#### 1. 师生冲突概念的研究梳理

师生冲突是发生在教师与学生之间的一种人际冲突，是各类冲突在教师与学生之间的缩影。目前，师生冲突概念主要是由冲突概念演化而来，它的概念多种多样，且暂未能达成共识，但也主要是从行为、过程和结果三个方面进行界定的。

第一，在行为方面，强调师生冲突是教师与学生之间的一种对抗性或过激行为。李森、兰珍莉认为师生冲突是"教师个体或群体与学生个体或群体之间因师生平等合法化后的误读而导致的冲突情绪升级而出现的冲突互动行为，这种冲突互动行为特指顶撞、争吵、暴力冲突等外显性过激行为"[1]。王晓丽等认为"师生冲突是在课堂互动中，教师和学生之间由于目标、情感、利益等方面的差异而产生的言语、行为及心理上的对抗"[2]。沈莹认为师生冲突是"教师和学生之间的情绪对立或公开的对抗"[3]。

第二，在过程方面，强调师生冲突是教师与学生间的互动过程。如陈振中认为师生冲突是由于师生"在目标、价值观、资源多寡等多方面的差异而

---

① 李森，兰珍莉.全球化背景下师生冲突及其调适[J].教育研究与实验，2017（2）：62-66.

② 王晓丽，芦咏莉，栾子童，等.中学教师师生冲突外显态度和内隐态度的比较研究[J].教育学报，2010，6（4）：71-76，86.

③ 沈莹.师生冲突：师生关系的另一个视角[J].上海教育科研，2004（11）：59-62.

产生的对立、分歧和相互干扰的教育教学互动"[1]。赵冬冬认为师生冲突"是师生之间由于教育观念、权力地位、资源匹配等方面的差异引起的师生双方视彼此为攻击对象，以打败对方、满足己方利益为目的而发生的带有伤害性质的言语或肢体行为的互动过程"[2]。

第三，在结果方面，强调师生冲突是发生冲突时所表现出的一种状态或结果。如林天伦等认为师生冲突是"在现实学校教育情境中，师生之间为了维护各自利益而采取各种应对策略，力图阻止对方达到目标的互动结果，其实质是师生非合作博弈的结果与表现"[3]。汪昌华认为"师生冲突是指由于师生社会地位与文化的差异而致使双方公开的直接的对立状态"[4]。田国秀认为"教师是传统权力的载体，凭借手中占有的权力，习惯于自上而下的、压制的、理性至上的权力运作方式。学生作为现代微观权力的代表，反对权力被独占，要求共享权力，对理性独尊、丧失人文关怀的压制性权力充满反感，不断反叛，师生冲突就是这两股力量、两种权力模式推挡与共存的表现"[5]。郝朝晖、董泽芳认为师生冲突是"在教育教学过程中，教师与学生之间存在的各种差异而产生的潜在或者公开的排斥、对抗及其过程，是一种不协调的师生交往互动形式与状态"[6]。

### 2. 师生冲突的概念界定

首先，从目前师生关系的实际状况看，师生冲突的形式表现在心理和行为两个层面，师生冲突除了有外显的直接对抗外，还存在着潜在的、隐蔽的情绪抵触等对抗心理；并且师生间出现的直接对抗事件往往是师生间原本已经存在的潜在的、隐蔽的对抗经过不断积累、升级而产生的。故师生冲突不

① 陈振中.重新审视师生冲突：一种社会学分析[J].教育评论，2000（2）：40-42.
② 赵冬冬.中小学师生冲突的发生及其原因：以52起师生冲突事件分析为例[J].上海教育科研，2017（4）：20-23.
③ 林天伦，陈国香.基于博弈论的师生冲突分析[J].教育科学研究，2010（4）：68-71.
④ 汪昌华.中小学师生冲突关系的形成机制与消解策略[J].教育研究，2016，37（2）：127-133.
⑤ 田国秀.师生冲突：基于福柯的微观权力视角的分析[J].比较教育研究，2007（8）：55-59.
⑥ 郝朝晖，董泽芳.社会转型期高校师生冲突及调适研究[J].高等教育研究，2017，38（7）：94.

单单是师生间公开的行为对抗，也包含潜在的心理上的对立。然后，师生冲突是发生在教师与学生之间的人际冲突，而人际冲突的经典定义为：在相互依赖的个体和群体间互相知觉到的各自既定目标的不一致、出现了干涉行为以及同时伴有消极情绪体验的动态过程[①]，即人际冲突理论认为，人际冲突是个体或群体间认知分歧、消极情绪与干涉行为综合作用的结果。最后，师生冲突是冲突的下位概念，主体是教师与学生。简言之，对师生冲突概念进行界定时，同样需要秉持广义的冲突观，并结合冲突与人际冲突这两个上位概念。

由此，师生冲突指：交往互动中的教师与学生之间因认知分歧、消极情绪与干涉行为而引起的一种隐性或显性的排斥、抗拒与对立现象。它包含以下五个基本含义：第一，师生冲突的发生主体为教师与学生；第二，交往互动是师生冲突得以发生的载体；第三，师生冲突的发生根源是师生间的认知分歧、消极情绪与干涉行为；第四，师生冲突包括隐性心理冲突、显性行为冲突；第五，师生冲突的表现形式主要为师生双方的排斥、抗拒与对立；第六，师生冲突本质上为一种现象，是过程、行为与结果的统一。

## 二、师生冲突相关概念辨析

师生矛盾、人际冲突与师生冲突有着紧密的联系，可以说这两个概念是师生冲突的上位概念。

### （一）师生矛盾

人们在使用冲突与矛盾这两个词时往往不加以区分，经常混用，有时甚至等同使用。人们在给冲突下定义时，常常引用矛盾、不一致、差异等概念；在对矛盾下定义时，又常常引用冲突、对抗等概念。那么师生冲突等同于师生矛盾吗？它们之间有什么区别和联系呢？

---

① BARKI H, HARTWICK J.Conceptualizing the construct of interpersonal conflict[J] .The international journal of conflict management, 2004（15）: 216 -244.

《现代汉语词典》对冲突的最一般解释是："矛盾表面化，发生激烈争斗"[1]。俄罗斯学者斯捷潘诺夫认为冲突是"被意识到的矛盾"。他说："冲突通常表现为双方或各方主体的行为，对矛盾的预先认识是冲突行为的先导。"[2]有学者认为冲突是"客观矛盾的表现和外现。"[3]德米特里耶夫、库德里亚夫采夫等人认为，"冲突是人们的或社会集团的利益相互排斥时的矛盾的最高表现"，另外有学者认为"冲突是矛盾发展的最高阶段或它的对抗状态"。[4]我国学者田国秀指出"冲突的外延小于矛盾，冲突是矛盾斗争的一种形式，是矛盾极端化的表现"[5]。可见，"矛盾"与"冲突"并非一回事，矛盾与冲突表示的是两种程度不同、涉及范围也不同的情形。矛盾与冲突不同之处在于：首先，两者的外延不同。冲突的外延小于矛盾，矛盾包含冲突，冲突是矛盾斗争的一种形式。其次，两者的起点不同。矛盾指事物自身具有的不同一性和事物之间的不协调性、不平衡性或相排斥性，冲突则强调事物内部对立的诸方面之间或事物间的对抗与斗争。最后，两者的激烈程度不同。矛盾相对较缓和，而冲突就显得紧张，其前提是矛盾已经激化，是矛盾激化产生的结果。

同理，师生冲突是师生矛盾斗争的一种形式，是师生矛盾的剧烈化。师生间不可能存在无矛盾的情况，但有时可以出现无冲突的情况。师生矛盾与师生冲突存在因果关系，即师生矛盾是起因，师生冲突是结果，不存在师生矛盾就没有师生冲突，存在师生矛盾却不一定产生师生冲突，因为师生冲突是师生矛盾激化后的结果。

## （二）人际冲突

人际冲突指相互依赖的个体和群体间互相知觉到的各自既定目标的不

---

① 中国社会科学院语言研究所词典编辑室.现代汉语词典（修订本）[Z].北京：商务印书馆，1996：173.

② 李景阳.社会变动时期的俄罗斯冲突学[J].东欧中亚研究，1998（5）：67-74.

③ 郝朝晖.社会转型期高校师生冲突及调适研究[D].武汉：华中师范大学，2013.

④ 李景阳.社会变动时期的俄罗斯冲突学[J].东欧中亚研究，1998（5）：67-74.

⑤ 田国秀.师生冲突的含义、类型及特征分析[J].教育科学研究，2004（7）：12-15.

一致、出现了干涉行为以及同时伴有消极情绪体验的动态过程。其主体主要是人与人之间的冲突，而师生冲突是教师与学生之间的冲突。可见，师生冲突是人际冲突的一种特殊形式，冲突主体为教师和学生。教师与学生有着自身的特殊性，因为教师的职责是教书育人，学生则理应尊师重教，所以师生之间关系更为紧密，彼此之间更为信赖。故师生冲突相较一般的人际冲突具有以下四个特点：一是发生冲突的师生并不都是站在绝对的对立面上；二是师生冲突的强度及水平较少达到极端；三是冲突的教师与学生也并不都是为了遏制对方并实现自己的目的的；四是师生冲突的解决更多地要靠理解、沟通、合作等方式。

## 第二节　师生冲突的性质与类型

师生是两个异质结构的群体，他们既相互依存又相互对立，师生之间的互动充斥并交织着两种状态，即和谐与冲突。完全的和谐与完全的冲突是不存在的，从一定程度上讲，和谐是相对的，在和谐中隐藏并孕育着冲突，冲突中也蕴含着和谐，即师生冲突具有普遍性、对抗性、易升级性、易调和性与功能二重性。[①]依据不同的标准，师生冲突可分为不同的类型，以发生地点为标准可分为课堂内冲突和课堂外冲突；以主体责任为标准可分为生师冲突和师生冲突；以性质为标准可分为隐性冲突和显性冲突；以内容为标准可分为认知冲突、情感冲突和行为冲突；以强度为标准可分为隐性心理冲突、一般性冲突和对抗性行为冲突；以波及的范围为标准可分为个体冲突和群体冲突；以目的指向为标准可分为现实冲突和非现实冲突；以结果为标准可分为建设性冲突和破坏性冲突。

---

① 赵敏.新移民情境下中小学师生冲突的特征与调控策略[J].教育科学研究，2021（3）：92-96.

# 一、师生冲突的性质厘定

事物的性质是事物相区别的内在标志，是我们认识事物的开始与基础。由此，我们有必要首先厘清师生冲突的性质，以便更深刻地认识师生冲突。

## （一）普遍性

师生冲突的普遍性指对每一位教师或学生来说，他们必然经历过师生冲突，即师生冲突必然存在于每一位学生与教师之间。

首先，从冲突本身来看。冲突是矛盾的表面化，它普遍存在于我们的社会中。在人类社会里，冲突普遍存在，最典型的是生产力与生产形式之间的冲突。马克思和恩格斯在《德意志意识形态》中说："一切历史冲突都根源于生产力和交往形式之间的矛盾。"[1]在自然界中冲突也普遍存在，有学者认为平衡居于我们关于世界运行方式诸多模型的中心，存在的正常状态是和谐的，而这一假设也引发了许多学科领域内部的争论，且这个假设是不牢靠的，更多的学者认为不和谐与冲突是常态而不是非常态。由此有学者指出："一个多样化的世界不仅是趋于和谐与平衡的，而且同样趋于冲突。"[2]如个人内在冲突、人际冲突、种族冲突、性别冲突、国际冲突乃至宇宙冲突。

其次，从师生的角色特点来看。美国教育社会学家沃勒早在19世纪30年代就指出：教师与学生之间常有希望与欲求的冲突，无论这种冲突的程度如何隐而不显，它总是存在的。[3]在课堂这个微观的社会里，课堂教学过程是课堂中各种角色间相互作用并发挥其特有功能的过程。[4]课堂中的角色主要是教师和学生，师生互动也就是教师和学生这两类角色间相互作用和影响的过程。由于存在制度性的角色身份及地位的差异，师生之间行为的主要属性是"控制-服从"，教师指向学生的行为的宗旨在于"课堂控制"，控制是教

---

① 马克思，恩格斯.马克思恩格斯全集（第三卷）[M].中共中央马克思、恩格斯、列宁、斯大林著作编译局，译.北京：人民出版社，1965：83.

② 琼斯，费边.冲突[M].冯丽，译.北京：华夏出版社.2009：1-2.

③ WALLER W. The sociology of teacher[J].New York：John Wiley & Sons，1932：53-54.

④ 吴康宁，程晓樵，吴永军，等.课堂教学的社会学研究[J].教育研究，1997（2）：64-71.

师课堂行为的社会学本质。①课堂社会学的这种解释，强调了师生互动不同于其他人际互动，特别是不同于同伴交往，即师生角色带有社会规定性、特殊性和社会对师生角色的不同期望等，因而师生互动不可避免地具有先定性和"控制-服从"的特征。正是因为师生关系属于制度化的权威与服从关系，师生的交往互动在很大程度上带有一定的强制性，相互之间存在潜在的对立与冲突。②正如日本教育学家佐藤学所说："冲突与妥协、冲突与妥协、冲突与妥协……如此循环往复，是课堂生活的重要特征。可以认为，课堂是从事教学、完成某些活动、实现某种价值的场所。不过在这个过程中也是遭遇重重困境，穷于应对，并且不得不做出某些妥协的场所。教与学这一活动，是通过无数的冲突与妥协才得以实现的，它绝不是作为理想环境中的纯粹的过程展开的。"③

最后，从大量教育事实看，教师与学生作为异质性的既相互依存又相互对立的两极，教师和学生之间既有和谐、配合的关系，也存在着分歧、对抗的关系；既有平等、民主型的关系，也有不平等、权威型的关系。更准确地说，任何师生关系都有其和谐的一面，也有其冲突的一面。如对知识基础不同的学生来说，教师会面临传授知识速度快与慢的矛盾；对不同认知风格和学习方式的学生来说，会面临教师课堂讲授与学生自主学习之间的矛盾……事实上，表面上和谐的课堂，并不意味着没有冲突，而是师生之间都做出了一定程度的妥协，冲突的表现由外显状态转化为了内隐状态。总之，冲突的存在是绝对的，课堂的和谐与平衡只能是相对的、暂时的。没有绝对和谐的师生关系，也没有绝对冲突的师生关系，和谐与冲突是师生关系中不可或缺的两个方面。因而师生冲突是师生关系的一种客观的、普遍存在的形式，是教育中师生关系的一种常见状态。

---

① 吴永军，吴康宁，程晓樵.课堂教学中的社会因素[J].南京师大学报（社会科学版），1993（2）：91-97.
② 吴康宁.教育社会学[M].北京：人民教育出版社，1998：257.
③ 佐藤学.课程与教师[M].钟启泉，译.北京：教育科学出版社，2003：139.

### （二）对抗性

冲突本身就是冲突双方对抗的结果，从来没有单方面的冲突。第一，从人的本性来看。人天生具有攻击性，而冲突恰好为人的攻击性的施展提供了舞台。换言之，冲突的发生使冲突双方攻击的本性都得以发挥，从而引起冲突双方相互攻击，而相互攻击便产生了相互对抗。第二，从师生冲突的含义来看。师生冲突的基本含义之一就是师生双方互动过程中的抵触、排斥和对抗，不管是师生间的心理抵触（师生间以心理抵触为主），还是行为上的排斥或对抗，其中都蕴含着师生间的对抗。换言之，冲突一旦发生必定产生对抗行为，只是有些对抗行为是不可见的而已。正如凯特·艾迪所提出的"冲突的剧场"一样，即冲突的剧场的一个必然的特点是台前冲突和幕后冲突、显性冲突和隐性冲突的区分。同样，冲突中的对抗行为也分为显性的和内隐的两类。[1]总之，不管师生冲突间的对抗行为是内隐的还是公开的，师生冲突发生则对抗发生。第三，从师生冲突本身的特点来看。师生冲突是指在现实学校教育情境中，师生之间为了维护各自利益而采取各种应对策略，力图阻止对方达到目标的互动结果，其实质是师生非合作博弈的结果与表现。[2]具体而言，教师和学生作为学校系统中两个重要的利益主体，师生之间构成了一定的利益关系，他们的互动属于在学校这个场域中的利益博弈活动。但这种博弈不是显性的，而是隐藏在学校教育活动的背后，通过学校的教育活动来表达他们对各自利益的追求。换言之，无论是教师还是学生，双方都有自己的利益追求和价值取向，他们都对教育寄予了特定的期待，教育成为他们博弈的载体和工具。在日常的教育互动中，师生为了谋取自身的利益，不断进行着非合作博弈，而这种非合作博弈就是一种对抗。

### （三）易升级性

易升级性是指师生冲突比较容易由隐性心理冲突升级为一般性冲突或

---

① 琼斯，费边.冲突[M].冯丽，译.北京：华夏出版社，2009：96-110.
② 林天伦，陈国香.基于博弈论的师生冲突分析[J].教育科学研究，2010（4）：68-71.

对抗性冲突。第一，从冲突双方来看，冲突一旦发生，冲突双方极易在"原始法则"（crude law）的驱动下产生情感变化，进而陷入冲突螺旋升级的恶性循环。"原始法则"是指那些容易引发争议的战术冲突过程，这些过程反过来也由这些战术而引发。[1]情感能对行为产生强大的影响，它们能逐步增强，直到战胜自我约束并引发剧烈的升级行为。不过，这些情感往往处于临时状态，不但与当前事件有关，而且只有在冲突螺旋持续的情况下才会继续下去。一旦冲突螺旋开始减弱，情感往往会消退。在师生冲突中，教师与学生之间常常因为冲突而产生敌对态度和知觉。这种敌对态度和知觉容易让教师和学生对彼此失去信任，并认为对方对自己的福祉持无所谓或反对态度。这时教师或学生往往将那些贬损性特点加诸于另一方，认为另一方以自我为中心、道德败坏，甚至是恶魔般的敌人（在极端情况下）。这时特定问题就转变为普遍问题，冲突一方现在必须应对的不是来自另一方特定的威胁，而是如何抵制没有道德的敌人的普遍性问题，这种由特定问题转变为普遍问题的过程中伴随着去人性化或去个体化，这就致使教师或学生难以从对方的角度考虑问题。此外，冲突双方往往存在着一种割断联系的倾向——不愿意沟通。一般来说，敌对的态度和知觉会在七个方面致使冲突升级。其一，使得冲突一方更容易谴责另一方，从而产生不愉快的经历；其二，一方对另一方不信任，且模棱两可的行为被解读为威胁[2]；其三，如果冲突一方受到挑衅，而自身抑制报复的力量减弱，另一方的敌对性看法就会加强；其四，会阻碍师生交往和沟通；其五，会减少一方对另一方的共情；[3]其六，促进师生零和思维的形成，这往往会让问题被视作一种无法实现的选择；其七，敌对性知觉发展到十分严重的程度时，另一方就会被视为恶魔般的敌人，而冲突则变成光明和黑暗之间的一场战争。

① DEUTSCH M . Cooperation and competition[J]. The encyclopedia of peace psychology, 2011: 335-337.
② FLACK M J, KELMAN H C . International behavior: a social-psychological analysis[J]. American sociological review, 1970, 35（3）: 546.
③ WHITE R K.Fearful warriors: a psychological profile of U.S.-Soviet relations[M].New York: Free Press, 1984: 35-39.

第二，从教师来看。师生交往是在异质性规则的规约下完成的，这里的"规则"具体指制约师生交往的各种类型规则和规范性力量基础，[①]如社会时空层中的人类社会认可和承袭的生物群体性行为的自在规则或人类重新建构的自为规则；传统文化时空层的人情、人伦和人缘的人际交往原则；宏观政治层的法律法规或教育制度；学校时空层的教育规范和师生时空层的师生交往规则。规范性力量基础一般包括教师的身体、文化、经济、社会和符号资本。在师生交往中，教师是传统权力的载体，凭借手中占有的权力，习惯于自上而下的、压制性的、理性至上的权力运作方式。学生作为现代微观权力的代表，反对权力被独占，要求共享权力，对理性独尊、丧失人文关怀的压制性权力充满反感，不断反叛。由此，教师往往是规则的维护人、权力的使用者、权威的代言人，而权威与个人是一对天生的矛盾体。[②]换言之，在制度化的"支配-服从"关系的控制下，因为教师的特殊身份，教师在与学生发生冲突时，考虑的主要问题往往是如何保护规则、维持秩序、保持颜面和恢复地位等。而随着冲突激化，在受到学生排斥、贬低甚至羞辱时，教师的自尊心成了稀缺资源，保住颜面或维持身份的问题上升为核心问题，保住颜面成了重要目标，有时候甚至比其他目标更重要，这时教师的行为就会越来越受到制约，同时也开始向破坏性冲突迈进。[③]尤其是学生对教师形象造成威胁的时候，师生冲突更易升级。因为研究表明：如果有人威胁到冲突一方能否胜任的形象——该方拥有的权力、地位、正直、强制力时，冲突升级尤其可能发生。[④]

第三，从学生来看，由于我国有尊师重教的传统，学生一般不会主动推动与教师的冲突。然而处于青少年期的中小学生因为心智不成熟，情绪易被感性所左右。当与教师发生冲突时，中小学生易对冲突所产生的烦扰或威胁

① 余清臣.权力关系与师生交往[M].北京：北京师范大学出版社，2009：122-145.
② 罗素.权威与个人[M].储智勇，译.北京：商务印书馆，2012：1-11.
③ FOLGER J P . Working through conflict: strategies for relationships, groups, and organizations[M].//Joseph P. Folger, Marshall Scott Poole, Randall K. Stutman, 2009.
④ COLEMAN P T.Redefining ripeness: a social-psychological perspective[J].Journal of peace psychology, 1997, 3：81-103.

产生过度的反应倾向，对攻击行为抑制的减少和引起情绪管理能力降低，恰恰容易致使师生冲突升级。因为冲突升级的重要前提之一就是冲突双方不稳定性的增加。"不稳定性"一般指在冲突一方认识到某种利益分歧或面对另一方容易引起争议的行为时推动己方采取严厉行动的那些情况。它有三种基本类型：一是对烦扰或威胁产生过度反应；二是对攻击行为抑制的减少；三是冲突管理能力降低。[①]

### （四）易调和性

易调和性指师生冲突易被调解，或易被消解。第一，所有的师生冲突最终都将走向消亡，这是师生冲突具有易调和性的依据。在师生产生冲突后，最后的结果有四种：一方可能取得胜利；双方共同撤出冲突；通过调解解决争端；通过沟通达成一致。[②]不管是以上哪种结果，师生冲突终将走向结束。从冲突升级的程度来看，冲突升级一般分为轻度升级和重度升级，而大多数师生冲突属于轻度升级，只有极少数个案为重度升级。同样，不管是轻度升级还是重度升级，师生冲突也必将结束。如图2-1中曲线A为轻度的一般师生冲突升级个案，伴随着冲突的升级，冲突双方的战术和情感一度变得较为激烈，但是冲突的强度和时间有限，局势很快就恢复为正常状态。曲线B为重度的特殊师生冲突升级个案，在这类个案中，冲突双方的战术和情感迅速增强，瞬间达到较高水平，且持续时间也更长。可清晰地看见，A相比B中的冲突会更快上升到一个较高的水平，与A相比，B中的冲突保持升级状态，持续的时间更长，但不管是A类个案还是B类个案，师生冲突终将结束。换言之，师生冲突不是那种无限升级和演化的冲突，它是可以通过调和而减缓，进而加快消亡的。

---

[①] 普鲁特，金盛熙.社会冲突：升级、僵局及解决[M].王凡妹，译.3版.北京：人民邮电出版社，2013：151.

[②] 同上书，147-148.

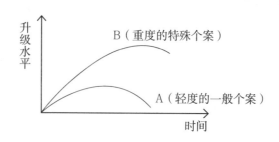

图 2-1　师生冲突对比条件下的升级路径图

第二，师生相互依赖的紧密联系是师生冲突易被调和的关键。教师和学生因教学而形成最基本的教学关系，没有教师便没有学生，没有学生也不会有教师，即教师和学生是相互依存、相互依赖的"共生体"。处于公开对抗状态的冲突双方对彼此都有影响和干扰，这是因为他们是相互依赖的。每个人的选择都会对别人产生影响，因为冲突是相互的行为，没有人会与他人完全对立。以"生态"观点审视人际关系的运行模式，如同在自然环境中那样，因为丛林中狼威胁着羊的生存，但完全消灭狼将破坏动植物生态平衡，冲突各方所作的决定不可能是完全孤立的，即每个决定都会影响冲突的其他方。因此，相互依存同时包含竞争和合作两个因素。在师生关系中，不管教师和学生是否愿意，他们都必须维持这样相互依存的关系。因为师生关系是在独立与依存的两极间移动的，当强调"我"（我想做什么）时就是强调独立性；当关注"我们"时，我们本质上则是相连的。正如我们同时需要稳定和变化那样，教师和学生之间的冲突同样需要在各自的需求和共同的需求间建立平衡。依赖是最复杂的约束力之来源。如果冲突一方对另一方产生依赖感，另一方不但对冲突一方特定的结果具有控制力，而且能根据其行为是否符合自己的期望而给予奖励或实施惩罚。在教师和学生之间，依赖往往是单向的，也就是说，学生易对教师产生依赖感。学生往往因为依赖而在师生冲突中选用让步策略和问题解决策略，并且会抑制自己使用那些容易引起争议的战术。[①]因此，依赖有助于教师和学生之间建立稳定的关系，进而限制和阻

①　BEN-YOAV O, PRUITT D G . Accountability to constituents：a two-edged sword[J]. Organizational behavior and human performance，1984，34（3）：283-295.

碍冲突升级，同时也为调和师生冲突提供了条件。

第三，教师与学生之间不存在共同利益的竞争或争夺，这是师生冲突具有易调和性的基础。对教师而言，一方面，他们将教师这份职业视为一种谋生的手段，通过它可以获得经济利益，可以保障生活来源，也是其未来发展的基础；另一方面，社会赋予教师一定的角色权力，教师作为教育者，对学生拥有教育教学权、指导权、管理权等，这些权力成为满足教师精神需求的途径，教师通过对学生各方面的控制，让学生服从自己的管理，以维护教师的尊严，保障自身的权威地位。从学生主体来看，作为受教育者，他们渴望通过教育达成以下目标：一是获得生存与发展所需的知识和技能，从而让自己更好地适应社会化的进程，进而通过满足社会的需要，为改善自己的经济处境打下基础，这是教育经济功能的一种体现；二是通过教育活动获得精神追求。可见，教师和学生之间不存在共同利益的竞争和争夺，他们之间是给予与被给予的教学关系，而不是你争我夺的竞争关系，[①]这就使发生冲突的师生并不是站在绝对的对立面上，这也正好解释了师生冲突的强度为什么常常是轻度的，也使师生冲突易被调和成为可能。

### （五）功能二重性

功能是指事物或方法所发挥的作用、效能。一般将功能划分为积极功能和消极功能，积极功能就是事物或方法具有有利于满足人们需要的作用、效能，反之，就是消极功能。根据唯物辩证法，任一事物或方法既具有积极功能，又具有消极功能。我们是否利用某一事物或方法，取决于它的积极功能和消极功能哪一个占有主导地位。而且，积极功能与消极功能之间不是完全对立的，在一定情况下它们可以相互转化。

社会冲突理论关于冲突功能的研究对我们研究师生冲突的功能具有很大的启发和参考价值。关于冲突的功能曾在社会学里引起过广泛的讨论，传统的西方社会学观点都视冲突为消极的分裂的现象，倾向于认为冲突具有破坏性和分裂性。然而"结构功能冲突论"反对这一观点。科塞认为社会学对冲

---

① 黄明亮，赵敏.社会冲突发生论视角下师生冲突的发生与消解[J].中小学德育，2019（2）：18-22.

突的积极功能分析不足，并强调冲突的建设性功能、有益功能，认为冲突对新群体与社会的形成具有促进功能，冲突对新规范和制度的建立具有激发功能以及冲突是一个社会中重要的平衡机制。甚至，科塞还承认和肯定了暴力冲突的正面功能。①他在《社会冲突的功能》一书中，在总结齐美尔相关命题的基础上提出了关于社会冲突功能的16个命题，这16个命题分别阐述了社会冲突对群体内部、群体之间以及社会整体所具有的正功能，包括：形成各方清晰的边界，促进群体内部的团结，提高系统单位创新与创造力的水平，在系统单位极端化之前释放敌意，提高冲突关系的规范调节程度，提高现实问题的意识，提高社会单位之间的协作联合的数量，提高社会系统内部的整合水平和系统适应外部环境的能力等。由于他着重强调社会冲突的正功能，以至于被看作是冲突功能主义的代表。

同时，"辩证冲突论"认为冲突既是一种破坏力，也是一种生产力，冲突会导致结构的重组，重组的结构又会酿成新的冲突。②决定冲突是正功能的还是反功能的，最重要的东西就是作为冲突对象的"问题"的类型。如果冲突并不涉及他们关系的基础，冲突就具有积极功能；如果冲突冲击到核心价值，那么这种冲突就会具有消极的功能。当由于表面性问题而发生冲突的时候，这种冲突可以成为维护结构的工具。但是当冲突是由于核心价值而发生的时候，这种冲突就可能威胁到社会群体的存在。师生冲突属于发生在学校场域里的一种社会冲突，所以不管是从社会冲突的功能来看，还是从辩证冲突论来看，师生冲突既具有正功能也具有负功能。换言之，师生冲突具有功能二重性。

## 二、师生冲突的类型考察

对事物进行分类是人类理性和智慧特有的活动倾向，分类的目的是从逻辑上分别地、准确地把握事物，从而更深刻地认识事物并有的放矢地对待和

---

① 科塞.社会冲突的功能[M].孙立平，等，译.北京：华夏出版社，1989.
② 宋林飞.西方社会学理论[M].南京：南京大学出版社，1997：374-375.

处理事物。荀子针对概念和对象之间的关系提出了"同则同之，异则异之"的逻辑命名原则，这一原则同样适用于对事物的逻辑分类。类型的各成分是用假设的各个特别属性来识别的，这些属性彼此之间相互排斥而却又相互包罗，这种分组归类方法因在各种现象之间建立起有限的关系而有助于论证和探索。对师生冲突的类型分类让我们更加接近纷繁复杂的师生冲突现实，进一步形成关于师生冲突的具体而清晰的认识。当我们认定事物属于一种类型而非另外一种类型时，意味着我们要运用适用于这一类型的方式去把握和对待它，如果混淆二者，则很容易使我们的行为走向行为目的的反面。教师在面对师生冲突的时候，必须首先分清其类型，这是实事求是地解决问题的前提。对于师生冲突的类型，大量的学者都进行了有益的研究，如吴康宁[1]、田国秀[2]、丁静[3]、周兴国[4]、王后雄[5]、王爱菊[6]、王琴[7]和赵敏[8]等等。划分标准不同，师生冲突的类型也有所不同。综合起来，其划分标准有发生地点、主体责任、性质、内容、强度、波及范围、目的指向和结果八个。具体类型如下。

### （一）以发生地点为标准：课堂内冲突和课堂外冲突

以师生冲突的发生地点为划分标准，师生冲突可分为课堂内冲突和课堂外冲突。课堂为师生互动的主阵地，所以大多数师生冲突都发生在课堂内的教学活动之中。课堂内冲突一般为教学冲突。教学冲突是指教师教与学生学之间的冲突，它是教师与学生在教学互动过程中由于在教学上的目标、内容、方法等方面持有不同的见解而导致的冲突。

课堂外冲突以发生在操场或寝室的冲突居多。操场是学生课外活动的主

① 吴康宁.课堂教学社会学[M].南京：南京师范大学出版社，2000：133-136.
② 田国秀.试析师生冲突的含义、类型及其特征[J].现代教育论丛，2003（6）：44-49.
③ 丁静.关于师生冲突中教师行为的案例研究[J].教育研究，2004（5）：91-94.
④ 周兴国.课堂里的师生冲突：根源及对策[J].教育评论，1999（1）：48-50.
⑤ 王后雄.课堂中师生冲突心理因素分析及应对策略[J].教育科学，2008（1）：45-50.
⑥ 王爱菊.教学冲突的类型学考察[J].现代教育管理，2011（8）：73-77.
⑦ 王琴.学校教育中师生冲突研究[M].郑州：河南人民出版社，2010：21-25.
⑧ 李金星，赵敏.论自媒体时代的中学师生冲突[J].现代中小学教育，2016，32（2）：67-72.

要区域，师生因锻炼产生摩擦而导致的冲突亦需要关注，寝室是住宿制学校学生放学后与教师互动的主要区域。需要指出的是，类似厕所等隐蔽区域也成为现代师生冲突的发生地点，师生因言语争执偶尔会通过肢体撕扯到如厕所等特定场所发生冲突。[①]课堂外冲突一般是在课间或在校外因偶发性事件引起的。实质上，这类冲突往往是课堂内冲突的延伸，即师生由于课堂上发生过冲突或由于长期的隔膜所形成的偏见、成见，在课堂外某一特定场合或环境，因某一事端而引起的。

### （二）以主体责任为标准：生师冲突和师生冲突

教师与学生是师生冲突的直接参与者，师生冲突的发生往往是因为教师与学生双方都有不当之处。由此，以主体责任为划分依据，可分为生师冲突和师生冲突。生师冲突指主要由学生过错而引起的冲突；师生冲突指主要由教师过错而引起的冲突。

一般来说，学生过错主要表现在以下五个方面：一是纪律方面。如学生违反班规班纪，不能按时上课，迟到、旷课、早退等。二是学习方面。如学生不按时交作业，不认真听讲，上课说话，打瞌睡，传纸条，互相交头接耳，等等。三是生活方面。如不参加劳动，不值日，头发、衣服不整洁，个人卫生差等。四是活动方面。如在学校进行集会时说话、吹口哨、低声唱歌、看课外书等。有些学生认为这不是学习，可以为所欲为。五是学生在校外有不良行为方面。如去黑网吧、校外打架、抽烟、敲诈低年级同学等。[②]由教师原因引起的，有以下四种情况：一是教育方法简单粗暴，动辄训斥学生；二是个人情绪不佳，把自己工作、生活中的烦恼、不满发泄到学生身上；三是个人有偏见，处理问题有失公允；四是教学中出现差错，但强词夺理，顾及教师面子，拒不认错。

---

① 赵冬冬.中小学师生冲突的发生及其原因：以52起师生冲突事件分析为例[J].上海教育科研，2017（4）：20-23.

② 王琴.学校教育中师生冲突研究[D].上海：华东师范大学，2007.

### （三）以性质为标准：隐性冲突和显性冲突

大多数教学过程看起来是连续而流畅的，师生冲突似乎并不频繁。然而，没有出现并不意味着不存在，看起来没有出现，实际上只是没有显现而已，或者说冲突隐于心理领域而没有成为社会事实，就像大海中的冰山。根据是否具有明显的外显表现的性质，师生冲突可分为显性冲突和隐性冲突两类。[①]

**1. 显性冲突**

显性冲突，就是伴随有言语或肢体行为表现的冲突，其一旦出现就会被旁观者所察觉。显性冲突的最大特点在于其外显性和明朗性，很容易为第三方所察觉。当第三方在场时，人的心理和态度往往会发生一些变化。这对师生冲突主要有两种影响：一是激发冲突双方的自我防卫倾向，使冲突加剧。社会心理学研究表明，人们在面临与他人的冲突和态度改变的压力时，首先不是考量自己的态度是否正确并改变态度，而是拒绝别人的影响。在众人面前，为了保全自己的面子，显示出自己立场坚定和不轻易受影响的形象，冲突双方往往积极调动所有能够调动的知识信息，并进行逻辑化的表述，以打败对方，确保自己的面子。这是一种理智的历练，也是一种思维的冒险。因为它可能把人的思维引入歧途，使人忘却为"正确"而辩论，而仅仅是为维护"我"的形象、为"我是正确的"而辩论，从而将观点的探讨扭曲为口舌之争，甚至恶化为人身攻击、污蔑或肢体冲突，极大地破坏相互关系。二是成为冲突的缓冲地带和调节者，促进冲突的化解。在教学过程中，旁观者就是教学场域内没有卷入冲突的教师或学生，他们对冲突的缘起、内容和进程一般都比较了解，可以对冲突双方的观点和行为进行理性的评判，予以肯定或否定并提出充分的理由，从而促使冲突的一方或双方认识到自身看待问题的片面和不足，改变原有的观念、态度和立场，化解冲突于和谐之中。大多数教学冲突，就是这样在众人你一嘴、我一舌中偃旗息鼓。总之，冲突的显性化就是冲突的明朗化，它既有可能使冲突加剧，也有可能促使冲突得以合理解决。

① 王爱菊.教学冲突的类型学考察[J].现代教育管理，2011（8）：73-77.

### 2. 隐性冲突

师生之间的冲突大多表现为隐性冲突。隐性冲突是指师生之间没有产生面对面的对抗交锋，其表现并不明显，只是一方消极违背对方的行为。它的特点是无直接的外显行为、隐蔽、间接和不稳定，所谓没有明显外在表现，指的是没有出现言语的冲撞、肢体的对抗，且很难为第三方所察觉。分歧或不满总要通过一定的方式表现出来，故隐性冲突极为不稳定，易升级为显性的行为冲突。譬如在教学过程中，有学生对教师或其他学生的观点很不赞同，但他不是站起来与之辩驳，而是对他人的观点嗤之以鼻或不屑一顾，内心只坚持自己的正确性。对学生来说，冲突有内卷化的倾向，即学生不愿意与教师发生显性冲突，而是选择隐性冲突。由于长期以来形成的"枪打出头鸟"的文化习性和谦虚谨慎、内敛深沉的惯性思维，很多学生课堂上看起来木讷寡言、温和顺从，课下却伶牙俐齿、语出惊人，对课上的某些观点和行为表达强烈异议。一般来说，隐性冲突在师生间的表现形式有态度对立、情绪抵触和消极的不抵抗（沉默）三种。具体而言，教师可以用漠不关心、不尽职尽责来表达自己的不满，而学生可以用不抵抗的消极态度来抵制教师的要求，虽然没有直接的言语与行为对立，但是态度和情绪上的对立使双方在互动过程中呈现出一种明显的不和谐氛围。在教育教学实践中，我们也常常可以看到学生用不听讲、搞小动作、不按时完成作业、调侃的态度对待教师的批评等多种手段来对抗教师的要求；教师也常常因学生的这些行为而上课情绪不高和心情不畅。[1]隐性冲突存在两种情况：一是冲突一方因为另一方而产生的不满，另一方未能察觉，也不知情，其中一方态度对立、情绪抵触和不抵抗；二是冲突双方知情并都有所察觉的态度对立、情绪抵触和消极的不抵抗。

隐性冲突最大的特点是不外显，"你知我知天知地知"，甚至有时候连"你"也不知，第三方就更难知觉了。因而，其优点是不会影响整体教学或造成教学进程的中断，也不会由于第三方的在场而进一步激化；缺点则是因第三方力量无法介入而未能得到化解。隐性冲突的存在，使教学过程耐人寻

---

① 李英荣，李随成.高校师生冲突的特点原因及对策[J].西北工业大学学报（社会科学版），2003（2）：88.

味，让人不由自主地思考——那些看起来和谐流畅的教学过程是否真的和谐流畅，不反对并不表示认同，不说出来也并不意味着没有异议。师生间鼓励包容冲突但不鼓励隐藏冲突，隐性冲突是存在于个人内心的折磨，存在于师生关系中危险的火种。因而，教师应致力于创建一个民主、宽松和安全的教学心理氛围，鼓励所有人坦率而真实地表达自己，同时对别人的异议持一种尊重和宽容的态度，即"我不同意你的观点，但我坚决捍卫你说话的权利"。这样的教学心理氛围才可以起到安全阀的作用，有利于减少隐性教学冲突的发生。

### （四）以内容为标准：认知、情感和行为冲突

人际冲突过程论认为"人际冲突是冲突双方在意见分歧、负面情绪和干扰行为上的相互影响与作用，同时伴随着双方在认知、情感与行为上的系列反应"[①]。师生冲突属于人际冲突的一种形式。同理，师生冲突是教师与学生在认知、情感与行为这三方面内容上的系列反应。由此，师生冲突可分为认知冲突、情感冲突和行为冲突。

#### 1. 认知冲突

师生的认知冲突主要是指教师与学生在对环境、他人、事件及自身行为的看法、信念、知识和态度等认识成分之间发生的冲突。这种冲突是以内隐的形式表现出来的，但是发展到一定的时期，冲突会以语言、表情、行为的形式表现出来。[②]海德的认知平衡理论认为：人的认知结构是平衡的、和谐的，一旦出现不平衡和不和谐，就会产生一种紧张的，且能恢复平衡的力量，重新修正认知系统的平衡。这种恢复平衡的力量就是冲突。人对事物的认识都有自己独特的看法，特别是中小学生，这个时期的学生以自我为中心，对教师的言行很敏感，加之他们的认知加工能力的局限性，他们提出的一些问题往往出人意料，而这种具有创造性的问题往往又是对教师能力的挑战和怀疑。如果这个时候的教师无法与学生有很好的沟通或理解学生的心

---

① BARKI H, HARTWICK J.Conceptualizing the construct of interpersonal conflict[J] .The international journal of conflict management, 2004（15）: 216 –244.

② 武永江.探究师生认知冲突，实现良性师生互动[J].教育科学论坛，2006（6）: 65–67.

情，师生之间的分歧将不断扩大，最终不能维持认知的平衡，从而使冲突爆发。①一般来说，师生认知分歧主要涉及教师与学生感知到的彼此间知识、思想和价值等内容的差异。由此，师生认知冲突主要包括知识冲突、思想冲突和价值冲突。

第一，知识冲突。它指在教学互动中教师与学生之间由于知识上的差异和分歧而导致的冲突。知识是教学的重要内容与载体，离开了知识，教学就会成为无米之炊，教学的目标就无法达成。正是由于知识与教学的这种密切关系，知识冲突是最常见的一类教学冲突。知识冲突既包括具体知识点的冲突，也包括整体知识观的冲突。前者是由于师生双方在掌握具体知识上存在质和量的差异或分歧而导致的冲突；后者是由于师生双方持不同的知识观而导致的冲突，即在关于知识的来源、知识的传播、知识的本质、知识的合法性等方面存在差异和分歧而导致的冲突。譬如，进入网络时代以后，很多学生在课堂发言和作文写作中喜欢使用网络语言，而教师则强调要使用规范化的语言，由此也会产生教学冲突。如果说，前一种类型的冲突还可以借助外力即更高层次的权威来予以解决的话，那么后一种类型的冲突则复杂得多，原因在于，在教师看来不是知识的内容恰恰被学生奉为重要知识。

第二，思想冲突。它指在教学互动中教师与学生因思想上的差异和分歧而引发的冲突。教师和学生是具有异质性的两个个体，两者肯定存在思想认识上的差异。教师与学生在思想方面的差异常常表现为思想观点分歧、误解和角色认知偏差。如教师与学生就某一思想观点有着明显的分歧；或教师误解学生，不理解学生；或学生对自己的角色认知错误，即作为学生而上课不听讲。处于以上情境的教师和学生极有可能产生冲突。在思想认识冲突方面，学生对教师的冲突远大于教师对学生的冲突。作为一名教师，需要注意去除与学生的认知观点分歧、消除认知误解和纠正学生角色认知偏差。

第三，价值冲突。它指在教学互动中教师与学生因价值观上的差异而引发的冲突，一般包括师生价值目标差异和价值判断差异。价值观是社会成员用来评价行为、事物以及从各种可能的目标中选择自己合意的目标的准则，

---

① 张勤，姜松梅，吴纯平.师生冲突的心理初探[J].科技信息（学术研究），2007（13）：58.

对个体生活具有指导作用。"倘若个体与他所处的周围世界处于变动的关系之中，他的价值观就不会静止不变。作为行为准则，价值观随着个体的经验的发展成熟而发展成熟。"①教学是负载价值的活动，一般而言是教师代表社会向学生传递社会主流价值观的活动，所以社会主流价值观是教学场域中的主导价值观。但是，社会主流价值观并非教学场域中唯一的价值观。人的价值观受到多种因素的影响，包括家庭、大众传媒、同辈群体等，教育只是其中的一个因素而已。所以，进入教学场域中的教师并不一定是社会主流价值的代表者，也不只是社会主流价值的代表者，他们还有与自己的成长背景和生活史相关的特定价值观，学生也并非一张等待渲染的白纸，而是带着虽未稳定成型但确实已经存在的价值观进入教学场域的。这样一来，教学过程就不再是社会主流价值观一元主导，而是多元价值观参与其中并相互博弈的过程。在相互博弈的过程中，出现价值观的冲突是自然现象。②如学生和教师在探讨问题时，学生与教师的关注点往往不同；老师在课堂上对某重点进行强调时，学生却不以为然；学生常常因不认同教师的判断而据理力争；教师与学生因判断标准不同而发生争执；等等。这些都是教师和学生价值观冲突的典型表现。因为学生的价值观还在养成之中，他们看待事物和评判事物时往往是不成熟的，而教师则相对成熟很多，所以，在教学互动中，教师在价值观方面应予以学生更多的理解与尊重，以帮助对方跨越价值观的鸿沟。因为尊重是理解的基石，理解是和谐的前提。

## 2. 情感冲突

情感冲突是指在教学互动中教师与学生之间由于在情感体验上出现差异而导致的冲突。人是情感的动物，即使是在做一件最客观、最严谨、最需要抛开个人情感的事情或工作，我们也不能把情感同我们正在做的事情彻底分开，因为如果没有情感动力的话，我们根本不可能做好任何一件事情。教育尤其如此。教育是人与人的共同活动，漠视情感和缺乏情感投入的教育最终只能是失败的教育。然而，人的情感是丰富的、复杂的，也是多元的。对

---

① 拉思斯.价值与教学[M].谭松贤，译.杭州：浙江教育出版社，2003：24.
② 王爱菊.教学冲突的类型学考察[J].现代教育管理，2011（8）：73-77.

于同一事物，不同的人可能会产生完全不同的情感，情感之间既可能相互共鸣和谐振，也可能相互对立和冲突。所以，如果我们承认教育是有情感的，是包含情感的互动过程，我们就应该同样承认情感冲突是教育中师生冲突的一个重要方面。情感（情绪）冲突往往有长期性、隐蔽性等特点，也就是说，学生和教师作为冲突主体已经知觉到冲突的存在，但没有表现出外现的行为，而是以愤怒、抗拒等情绪来应付冲突的对方，在许多时候这种隐蔽性的情感冲突很难被人们察觉。认知冲突和情感冲突总是相伴而生和相互转化的。如果冲突处理不当，认知冲突就会发展成情感冲突，一旦超过冲突者的容忍度，就会出现行为冲突。学生和教师都有表达各自的情绪和感受的权利，假如教师不能以同理心对待学生，或不顾及学生的心理时，学生就很可能在情绪上表现出反抗，即情感冲突。①在教学实践中，师生情感冲突常常表现为师生之间的不喜欢、不满意和不信任。

### 3. 行为冲突

行为冲突指在教学互动中教师与学生之间由于对方做出与期望行为不一致的行为而导致的冲突。教育作为一种特殊的社会实践活动，是由一系列的行为和动作构成的。行为是个体认识、情感和价值观的外在表现，是个体能动性的表现，最能体现个体存在的属性。无论是教师的教还是学生的学，都是通过行为来完成的，且二者行为之间的对应性和配合性在很大程度上反映了教育的和谐程度。所以，为了教育过程的顺利进行，会针对教师和学生设立一些课堂行为规范，约束他们"应该做什么"和"禁止做什么"。教师和学生则会基于课堂行为规范和自己的已有经验对对方"应该做什么"和"禁止做什么"持有一定的期望，如果对方行为不符合课堂规范或违背自己的预期，则有可能产生行为冲突。教师作为成人和专业从业者，同时作为课堂规范的主导制定者和维护者，一般情况下其行为是符合规范要求的，故大多数行为冲突都是由学生的行为僭越教师的要求和课堂规范而导致的。当然，由教师的行为背离学生的期望而导致的行为冲突在教学过程中也存在，尤其是当教师的行为前后不一致或在不同学生身上表现不一致时，但总体而言，这

---

① 张勤，姜松梅，吴纯平.师生冲突的心理初探[J].科技信息（学术研究），2007（13）：58.

类师生冲突还是相对较少。根据师生对抗的行为强度不同，行为冲突又可分为一般性行为冲突和对抗性行为冲突，这两类冲突在下文中再详述。

### （五）以强度为标准：隐性心理冲突、一般性和对抗性行为冲突

以冲突的强度为标准，师生冲突可分为隐性心理冲突、一般性行为冲突和对抗性行为冲突，且冲突强度依次增强。因隐性心理冲突与前文提到的隐性冲突含义相同，即指师生之间没有产生面对面的对抗交锋，其表现并不明显，只是一方消极违背对方的行为，故此处着重介绍一般性行为冲突和对抗性行为冲突。

#### 1. 一般性行为冲突

一般性行为冲突是指师生之间在课堂上有对立或对抗行为的发生，但其表现不严重，强度在教师可控制的范围之内。[1]它的特点包括：第一，有直接的显性行为；第二，是直接表现在教师和学生之间的，而非间接的；第三，强度或烈度是适中的，一般可以通过规范、教师权威或师生共识来控制；第四，发生频率相对较高；第五，一般表现为师生间的辩解和争论等轻微的语言行为冲突、肢体轻微接触或摩擦的行为对抗。从社会学的视角来看，一般性冲突是一种文化对另一种文化的合法性、合理性产生怀疑甚至否定而导致的冲突。美国社会学家科塞认为，从现存的社会不平等中撤销对合法性的认可是冲突的主要和先决条件。社会秩序是靠对现存体制某种程度上的认识一致（即共识）来维持的，而"失序"则是在出现了削弱这种对现存体制的一致性与合法性认识的条件时由冲突来实现的。根据科塞的观点，一般性师生行为冲突主要是由学生对教师规范的怀疑直至否定、并不再相信教师权威的合法性而引发的。这种怀疑和否定引发了学生一系列的情绪和言语反应，如失望、交涉、否定、发泄等；而教师则竭力用权力去维护自己所传递内容的合法性，努力去说服学生相信自己，以重建教师权威的合法性和合理性。

一般性行为冲突之所以未产生更为强烈的对抗行为，是因为这时的教师与学生比较现实，他们都在努力追求现实性结果（可能实现的目标），都

---

[1]　石明兰.师生冲突的特点及管理策略[J].教育理论与实践，2008（17）：7-8.

希望能成功地说服对方，并认为这种可能性很大。因而，他们都倾向于寻求妥协的手段来实现自己的目标，从而使冲突的暴力度控制在一定限度内。通常，教师虽然努力维护自己的权威，但其文化包容度较大，还倾向于采取说服、磋商、讨论等手段与学生沟通。就学生而言，也倾向于与教师交涉、协商、据理力争，不愿意采取捣乱、对抗的形式对付教师。但双方的最终目的还是否定对方所持观点，使自己的观点成为"共识"，这就使得一般性行为冲突容易升级为对抗性行为冲突。

### 2. 对抗性行为冲突

对抗性行为冲突系指教师和学生之间发生的激烈的对抗行为。在这种冲突的发生过程中，教师也直接参与学生的对抗行为，并且一般失去了对参与冲突的学生行为控制的可能性，甚至有时教师也失去了对自己行为的控制性。它通常表现为教师和学生均以非理智的态度和行为来表达对对方的敌视，及至对对方的攻击或诋毁。对抗性行为冲突往往是从一般性行为冲突演变而来的，它强度或烈度高，频率低。情绪心理学的研究指出，对抗是人在精神紧张时的一种宣泄，它可表现为两种：一种为直接对抗，即将矛头直接指向引起挫折的人或物，其方式通常为嘲笑谩骂，甚至大打出手；另一种为间接对抗，即在矛头不能直接对人造成挫折，或造成挫折的人还没弄清楚时，将矛头指向其他代替物。对抗性行为冲突是师生冲突中强度和烈度最大的一种，对抗双方不仅不相信对方的价值规范或否定这种规范，而且还试图采取暴力手段去遏制对方并强迫对方服从自己。对抗性行为冲突往往是围绕冲突双方的核心价值观展开的，冲突双方各执己见、互不相让，并试图采取手段胁迫对方服从自己。随着冲突的不断加剧，冲突双方越来越倾向于追求非现实性后果（可能实现不了的目标），其情感的激发与卷入的程度也越来越重，这时的冲突愈发趋向暴力方式。冲突双方倾向于使用暴力手段的原因在于，这种解决冲突的方法快速有效，因为制度化手段需要按一定的规范、程序来逐步解决，而这并不能决定教师（或学生）能否占据优势。[①]由此，对抗性行为冲突一般伴有教师权威的消解与师生共识的断裂，甚至师生关系的断裂。

---

① 吴康宁.课堂教学社会学[M].南京：南京师范大学出版社，2000：133-136.

对抗性行为冲突的一般表现有：第一，就情绪状态而言，教师对学生漠不关心，对学生的提问表现出不耐烦，师生关系严重对立；学生则懒散、沉闷，对教师的提问感到不安，普遍性焦虑、厌烦，不愿意接受教师所言。第二，就言语行为而言，教师以指令性语言为主维持纪律，斥责学生，对捣乱的学生进行严惩，根本不考虑学生的想法和需要；学生则故意捣乱，公开与教师作对，相互埋怨、争执。第三，就肢体行为而言，教师和学生一般表现为相互的肢体对抗，甚至使用暴力。

### （六）以波及范围为标准：个体冲突和群体冲突

师生冲突往往是教师个人和学生个人之间的冲突，简称为个体冲突。师生冲突主要为个体冲突，它影响范围小，但对学生及教师个人产生的影响有可能更为深远。群体冲突包括单个教师和学生群体的冲突、单个学生与教师群体的冲突、学生群体和教师群体的冲突。这类冲突较为少见，常常是由于教师处事不公，激起"公愤"或由于教师的教学有错失、教学方法不当又缺乏自我批评精神而引起学生群体的不满。教师与学生的冲突如果处理不当，冲突还可能进一步发展和激化，并引发教师与学生家长之间的冲突。

### （七）以目的指向为标准：现实性冲突和非现实性冲突

以目的指向为标准，师生冲突可以分为现实性冲突和非现实性冲突。现实性冲突是为了达到某种特定的目的而发生的冲突，冲突只是人们为达到这个目的所采取的一种手段；非现实性冲突则是以表达敌对情绪、发泄本身不满为目的。现实性冲突具有确定的冲突对象；非现实性冲突没有确定的冲突对象。现实性冲突的目标对象不能被替换，但实现这种目标对象的手段可以替换，如果人们能够找到其他的同样可以实现目标的替换方式，冲突就可能避免；非现实性冲突的具体对象可以替换或偶尔选择，但发泄、对抗这种手段却不能被替换。

学校中的师生冲突既有现实性冲突，也有非现实性冲突，现实性冲突占多数。无论是教师还是学生，二者在相互作用过程中，都有指向对方的特定要求。比如教师要求学生按时完成作业、教师要求学生上课认真听讲、教师给学生规定专门的任务等，这都是教师向学生提出的特定要求，如果不能顺利达成，肯定会引发现实性师生冲突。又比如学生要求教师认真讲课、学生要求教师具有基本的业务水平、学生要求教师公正地对待自己等，这是学生指向教师的特定要求，如果不能顺利实现，同样会导致现实性冲突。这些现实性冲突所涉及的大多是学校工作的基本规范，是一所学校开展正常教育教学活动的基本内容，虽然也会以现实性冲突的方式加以解决，但在绝大多数情况下不是以冲突的方式实现的，而是通过校纪校规、学生守则、教师条例等方式得到保障的。[①]

非现实性冲突的发生与情绪、情感有关，是一方或双方为发泄不满、释放紧张情绪而引发的。因此，非现实性冲突往往伴有强烈的负面情绪，把在其他互动过程中产生的攻击性能量积累起来，而在冲突的过程中释放出来，是完全可能的。[②]在群体关系中，找替罪羊就是指这样一种情况，一个人不能对真正存在问题的群体发泄不满，而是把一个替代群体作为发泄不满的对象。这样的非现实性冲突是剥夺和挫折的结果，是原来的不允许表达的现实对立的转移。

### （八）以结果为标准：建设性冲突和破坏性冲突

建设性冲突是指冲突双方虽然有矛盾，但没有根本性的对立，只是在一些非原则性的问题上存在认识差异，而这种差异可以通过解释和协商来解决，它能对师生关系起到建设性作用，如发现和解决师生互动的问题。破坏性冲突指双方存在根本性、原则性的矛盾对立，双方的冲突难以通过协商来解决，它对师生有着破坏性的作用，如引起师生关系疏离等。在学校教育教学过程中，师生之间没有核心价值的对立，没有根本利益上的分歧，多数情况下，师生冲突由个性倾向、思维方式、兴趣爱好、方式方法等方面的差异与区别而引发。因而，师生冲突多属于建设性冲突，显示出学校组织和班级群体的生命力，引发教师关注自身在教育教学中的不足。但是，值得注意的是，如果一些非原则性的冲突不及时解决，或者处理方式不当，可能会酿成

---

① 田国秀.师生冲突的概念界定与分类探究：基于刘易斯·科塞的冲突分类理论[J].教师教育研究，2003（6）：40-45.

② 波洛玛.当代社会学理论[M].孙立平，译.北京：华夏出版社，1989：82.

进一步的冲突，这时的建设性冲突就可能发展为破坏性冲突。

对师生冲突的类型进行考察，有助于我们发现师生冲突发生的内部规律。第一，就发生地点来说，师生冲突主要发生在课堂内。第二，就主体责任来说，师生冲突主要是学生违反规范，教师进行管控的学生主体责任冲突。第三，就性质来说，师生冲突的隐性冲突发生频率高，影响时间长，不易察觉；显性冲突发生频率相对较低，易察觉。第四，就内容来说，师生冲突中的认知冲突和情感冲突越来越普遍。第五，就强度来说，一般性行为冲突可控，易解决，危害不大；对抗性冲突一般不易控制，不易解决，危害较大。第六，就波及范围来说，师生冲突多是个体冲突，群体冲突较少。第七，就目的指向来说，师生冲突中现实性冲突较多，非现实性冲突较少。第八，就结果来说，师生冲突是建设性冲突与破坏性冲突的统一体，师生理应积极发挥冲突的建设性功能，规避其破坏性。此外，通过对师生冲突类型的考察，有利于我们在遇到师生冲突的时候，明辨冲突的类型，以便针对性地解决。

## 第三节　师生冲突的演化阶段与应对方式

师生冲突可分为酝酿、显现、升级与消解四个发展阶段；师生冲突的应对方式可分为协商、不卷入与武力三类，其中协商包括妥协、退让与第三方调解，不卷入包括回避、等待与转移话题，武力包括威胁、讽刺与身体攻击。

### 一、师生冲突的演化阶段

#### （一）师生冲突演化阶段划分的依据

人际冲突是一个从隐性到显性的层层递进过程，同样师生冲突也是一个由无到有再到无的一个连续统一的过程。国外学者如庞迪、托马斯、罗宾斯等人对人际冲突发展的过程进行过详细的研究。庞迪认为组织中的人际冲突一般分为潜在冲突（萌芽状态）、知觉冲突（认知）、情感冲突（情感）、显性冲突（行为）以及冲突后果（结果状态）。庞迪提出的冲突模型被称为

"程序模型"，它强调组织中人际冲突产生过程的阶段性，即人际冲突由潜在到被感知，最终外显这样一个动态的阶段性过程。在这种模型之下，冲突结束是冲突衰弱时双方矛盾暂时缓和的一种状态，而非冲突的终结，它有可能成为诱发下一冲突的潜在因素。①托马斯认为冲突的历程可以分为四个阶段：挫折阶段，冲突双方在某些目标上感到挫折、沮丧；概念化阶段，冲突双方开始确认冲突症结，并寻求变通方案或防卫方式；行为阶段，冲突双方进行各种努力，试图控制局面达成自己的目标，此阶段受其他人（第三团体）交互活动的影响，冲突可能进入概念化阶段，暂时消弭，但也可能直接进入第四阶段；结果阶段，冲突结果的显现，对失败者而言可能再形成下一次的挫折，结果阶段通常是下一次冲突事件的开始。②托马斯的冲突四阶段实际上包含了庞迪的冲突的一些阶段的观点，如起因、行为和结果等。但是，在此基础上他又提出了一些新的观点，如他提出的概念化阶段其实包含了庞迪的察觉、感受阶段，同时他又认为在行为阶段，由于受其他人的影响，冲突可能会消弭，转而进入概念化阶段，当然也可进入结果阶段，但同时有可能是下一次冲突的开始。罗宾斯在以上两人的基础上，提出了冲突历程的五阶段观点。第一阶段：潜在对立或不协调。在这一阶段，由于沟通（语意表达困难、沟通不顺畅等）、结构（团体大小、分工程度、领导风格、酬赏制度以及团体间互相依赖的程度等）与个人变项（个人的价值观念、人格特质等）等三类情况，造成了冲突的来源。第二阶段：认知与个人介入。因上述要件产生挫折，且都被双方感受到、知觉到，这时再加上情绪的变化，会显得焦虑、紧张、沮丧和敌意，从而引起冲突。第三阶段：意图。冲突双方会猜测他人的意图，并决定以何种方式因应他人的行动。常见的冲突的处理方式有竞争、合作、妥协、逃避、顺应。第四阶段：行为。在这个阶段，冲突是明显可见的，冲突双方公开试图实现各自的愿望，包括冲突双方进行的说明、活动。冲突行为有强度之分，罗宾斯用"冲突强度连续体"来表示，从

① PONDY L R.Organizational conflict: concepts and models[J]. Administrative science quarterly, 1967, 12（2）: 296-320.

② THOMAS K W. Conflict and conflict management: reflections and update[J]. Journal of organizational behavior, 1992, 13（3）: 265-274.

"无冲突"到"毁灭性冲突"之间依次是轻微的意见分歧或误解、公开的质问或挑战对方、武断的言语攻击、威胁和最后通牒、侵犯性的身体攻击、摧毁对方的公开努力。第五阶段：结果。冲突的结果可能是良性的，能增进团体绩效；反之，团体绩效也可能受阻，产生不良后果。

目前学界对师生冲突的发生过程研究不多，主要存在三种观点：第一，根据师生冲突的强度来研究师生冲突的过程，即师生冲突一般是由一般性冲突发展到对抗性冲突的。如丁静认为师生冲突按冲突发生、发展的先后顺序以及剧烈程度可分为一般性冲突和冲突激化（对抗性冲突）两个阶段。对抗性冲突往往是从一般性冲突演变而来的。冲突的第一阶段常见的冲突形式有教师误解学生，学生委屈、辩解，教师干预学生违纪行为，学生不执行；冲突的第二阶段常见的冲突形式有冲突暂时平息、冲突陷入僵局、旁人解围。[①]第二，以社会学中的冲突发生机制来探讨师生冲突的发生过程。如汪昌华从师生冲突的发生的原因角度探讨了师生冲突的形成过程，他提出："师生冲突的形成是学生不满情绪、教师权威消解、学生对教师不再充满期待、师生关系疏离等诸要素变化统一的过程。"[②]第三，借助人际冲突的发生过程研究师生冲突的过程。如王爱菊根据罗宾斯的人际冲突五阶段理论把师生冲突分为潜在对立、产生、发展、转化和结果五个阶段；[③]郝玮瑷借助庞迪的人际冲突五阶段模式把师生冲突过程分为潜在冲突阶段、感觉冲突阶段、显现冲突阶段、冲突后果这四个阶段。[④]师生冲突也是一个循序渐进的过程，它不是一个个孤立的事件，而是由一系列前后相继的事件组成，是一个连续的动态的活动序列，体现出一定的发展规律。一般来说，它从感觉和知觉开始，历经酝酿、显现、升级和消解四个阶段，既可能是上一次冲突的余波，也可能是下一次冲突的缘起，如此循环往复。以上学者对人际冲突或师生冲突发生过程的研究，对我们研究师生冲突有着很大的启发与参考作用。巴班斯基指出："过程这个概念经常被用以表示某种事物的进程、经过、进展，并且反

---

① 丁静.关于师生冲突中教师行为的案例研究[J].教育研究，2004（5）：91-94.

② 汪昌华.中小学师生冲突关系的形成机制与消解策略[J].教育研究，2016（2）：127-133.

③ 王爱菊.走向主体间性的生存：教学冲突研究[D].济南：山东师范大学，2010.

④ 郝玮瑷.论高校教师人际冲突管理研究[D].西安：陕西师范大学，2007.

映彼此相随的各种发展因素的有规律的、循序的、不断的更替。"[①]由此，我
们将师生冲突过程划分为酝酿、显现、升级、消解四个阶段，其中酝酿阶段
的师生主要表现为隐性心理冲突，显现阶段的师生一般为一般性冲突，升级
阶段的师生一般为对抗性冲突，消解阶段的冲突可能会被完全消解，或部分
消解而引起下次冲突。见图2-2。

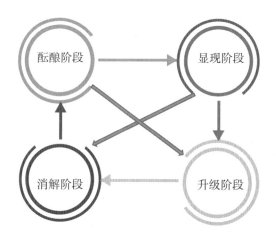

图2-2　师生冲突演化规律图

## （二）师生冲突演化阶段的具体内容

### 1. 酝酿阶段

在酝酿阶段，师生认识到相互存在某些差异或分歧，各自在心理或情
绪上出现了一些抵触，但双方之间并没有就其进行争论和探讨，这是一种隐
性的心理冲突。如学生在班集体中，由于学业成绩、人际关系等原因产生挫
折或沮丧的感受，为了凸显自己的个性，做出我行我素、散漫无礼等另类或
非主流的行为。此时学生是孤独的、脆弱的、无方向的，教师面对这样的学
生，开始采取教育转化的措施，当学生的行为转变不明显时，教师便开始产
生厌恶、无力、气愤的心理状态。一般来说，在教学中，潜在对立是否暂时
存在或持续存在，不仅与教学心理氛围有关，也与教学冲突的内容有关。一

---

① 巴班斯基.教育学[M].李子卓，译.北京：人民教育出版社，1986：156.

般而言，在民主化的教学心理氛围当中，学生更倾向于自由、即时、明确地表达意见，则教与学之间的潜在对立较少；相反，在专制型的课堂上，学生即使有疑问或困惑也不敢明确表达出来，致使存在长期的潜在对立。在教学冲突的内容上，对那些在教学中具有长期性和稳定性的方面，如教学方法或价值观层面的东西，往往会有一个长期的潜在对立和从隐性冲突转入显性冲突的过程，而对那些本身即具有即时性的东西，如知识信息等，这一阶段可能非常短暂甚至可以忽略不计。譬如，学生发现教师所讲述的知识与自己已有的知识积累不一致，就很有可能立刻提出质疑，从而发生教学冲突。

酝酿阶段的师生隐性心理冲突一般来说有着四种"走向"，即隐性心理冲突被忽略而留存、被压制而堵塞、被触动而爆发和被发现而消解。隐性心理冲突被发现而消解将在冲突消解部分进一步探讨。

第一，隐性心理冲突被忽略而留存。师生隐性冲突不是一时的，也不是一事的，它是连续性的、持久的，甚至是蔓延的。在师生隐性冲突的存续期间，如果冲突双方都没有采取措施来缓解矛盾、化解冲突，也都没有通过改变自身的行为来改善冲突方对自己的认识，甚至都没有意识到自身的这种非正常状态，那么师生隐性冲突便会继续存在，这类似于我们日常生活中常说的"怄气"状态。在师生隐性冲突保持长期的持续状态后，学生是没有明显地违反纪律，没有和教师产生正面对抗，但总是"阳奉阴违"；教师不会公然地刁难学生，不会理睬学生的一举一动，但也总是"阴阳怪气"。冲突双方持续着以往的不和谐状态，互相消磨着对方对改善关系的期待，直至对此不抱希望。

第二，隐性心理冲突被压制而堵塞。对于生性比较胆小的学生而言，如果他们发现自己对教师的消极对抗被教师觉察，教师会表现出不悦，甚或遭到教师批评，学生就可能由于害怕自己隐性冲突行为继续下去会造成不希望的后果而收敛自己对该教师的不顺从及抵抗行为。从表面上看，师生隐性冲突似乎消失了，即学生听教师的话了、遵从教师的安排了、完成教师布置的作业和任务了、不再流露出不满和怨气了……然而，师生隐性冲突此时并没有消失，而是被教师用强势的权力、地位压制了下去，它就像河水，表面看也许平静异常，但河底却暗流涌动。此时师生矛盾仍然存在，师生隐性冲突的诱因仍然存在，甚至更强。由于学生对自己这样的自我克制和压抑，其不满情绪会成倍地增长，在其心里，自己是委屈的，是"被压迫"的，是无奈地受制于教师的。如果在这种状态下，教师再由于某些事情对学生显示出不满或者对其进行批评时，学生内心的不满情绪会比正常时和隐性冲突被压抑之前更为强烈。在师生隐性冲突存在的阶段，学生还有渠道"偷偷地"释放自己的不满情绪，而师生隐性冲突被压抑后，这种情绪就一直积蓄着，像一座休眠的火山，一旦爆发便会是较为激烈的对抗性的师生冲突，将会对师生双方造成巨大影响。

对教师来说，可能由于某些家长施加的外力，也可能由于制度、规定、奖金评定、学生评价等方面的压力而压制对学生的隐性冲突，总之他们并没有真正地化解或者意图化解已经存在的师生矛盾，只是由于"怕"得到某些惩罚或者失去某些奖赏而竭力不表现出自己的不满情绪。这样的长期压抑，再加上缺乏自我调节机制或者疏通渠道，也会给教师带来严重的心理问题，并可能产生职业倦怠。

第三，隐性心理冲突被触动而爆发。隐性心理冲突就像是安放在师生之间的一个隐形炸弹，随时都有可能被引爆。如以下案例所示：

学生王某对李老师一直存有不满情绪。对于李老师留的作业，王某要么不做，要么直接抄同学的，在李老师上课的时候，王某也总是偷偷干别的事情。李老师批评了他几次，王某仍然没有任何改变。

一次上课铃声响后，王某才慢悠悠走到教室门口，喊了声"报告"。李老师一看是他，气就不打一处来，再看看王某迟到了还满不在乎的样子，更是忍不住地要发火，厉声问道："干吗去了？不知道上课铃声响了吗？"

"我解手（上厕所）去了。"

"下课那么久干吗了？啊？非得要上课了才去？"

"我解大手去了。下课就那十分钟。"

李老师火气忽地就上来了："你是个学生吗？讲话这么不文明？这么多年学白上了？还解大手！"

"那……您说该怎么说那件事啊？"王某觉得李老师是在故意找茬儿。有点儿挑衅地反问道。

李老师脸憋得通红，张张嘴不知道怎么说了，怒吼一声："你给我拿书站到外面去！"

"站就站！"王某径直走到自己书桌前，拿起一本杂志就出去了。李老师看见他手中拿的是杂志，更是怒不可遏，过去揪着王某便去找年级主任。

王某和李老师原来就有矛盾，他们之间一直存在着隐性冲突。王某对李老师布置的作业和安排的任务不予理睬或者抄袭应付；李老师对王某也不管不问、放任自流。师生间隐性冲突的存在使王某本该收到的学习效果受到严重影响，也使李老师的教学情绪遭到不定时的干扰。在他们隐性冲突存续期间，双方都没有认识到这样的状态给自己、给对方带去的危害，都没有做出实际行动来改变他们之间的不良关系。于是，师生隐性冲突日益加强，显性冲突一触即发。在这场冲突中，"引线"是学生王某的上课迟到，而"火药"正是学生王某和李老师之间一直存续的隐性冲突。李老师对王某的成见使他认为王某对他问题的回答不够恭敬和文明，导致其情绪的失控，出语贬低王某"这么多年学白上了"；李老师情绪激动，出言不逊，又让王某感觉自己的自尊心受到伤害，认为李老师故意找茬儿为难自己。王某心中积蓄已久的不满喷泻而出，一改以往消极的隐蔽的抵抗方式，公然对抗李老师的命令。隐性冲突被激化，发展为显性冲突。可见，隐性心理冲突爆发为显性行为冲突的关键是冲突双方情绪失控和行为失范。

### 2. 显现阶段

在这一阶段，师生双方的隐性心理冲突发展为一般性冲突。教师与学生表现出公开的分歧与对立，双方产生言语争论和轻微的言语争吵，甚至轻微的肢体接触，这些行为表现往往是推动冲突螺旋升级的关键因素，极易引起师生冲突的进一步升级。在教学实践中，这一阶段的师生特征多表现为"教师误解学生，学生委屈并辩解；教师干预学生违纪行为，学生不执行"[1]。在一般性冲突阶段，师生双方都明确意识到冲突的发生，他们都有义务采取行动以掌控冲突的下一步发展方向。然而，这时存在三种师生冲突的走向情况：第一，教师与学生消极逃避而一般性冲突持续；第二，教师与学生互不

---

① 丁静.关于师生冲突中教师行为的案例研究[J].教育研究，2004（5）：91-94.

相让而一般性冲突升级；第三，教师与学生积极协商而一般性冲突消解，该部分将在冲突消解部分探讨。

第一，教师与学生消极逃避而一般性冲突持续。冲突双方放弃对自己意见的坚持和对对方意见的反对，逃避冲突，使冲突不了了之。不可否认，有相当一部分教师遇到来自学生的反对意见或质疑之声时，出于各种动机，会选择以"这个问题我们课下再继续讨论"，或"继续深入思考一下我们再交流"等为借口逃避冲突。学生也常常由于在教师的权威压制之下，或受到传统学习观念的影响，虽不能理解和认同教师，但是因缺乏与教师进一步探讨和辩论的勇气，也会假装接纳教师意见而逃避冲突。其实逃避冲突并不能解决冲突，分歧与差异仍然存在，往往会在以后继续发生。

第二，教师与学生互不相让而一般性冲突升级。师生互不相让，深入地阐述和表达自己的意见。双方在明了对方意见的基础上展开自我的剖析、证明和辩护，努力调动各种因素来确证自己的意见，同时也在与对方的意见对照中反思自己的意见。双方心理的舒适地带都受到对方的挑战。这个阶段是双方辩论的过程，也是双方的思维和情感都比较活跃的过程，双方都较大程度地卷入其中，心理气氛紧张而激烈。这个阶段具有不同性质取向并蕴含了不同的发展方向。如果双方都能持一种积极的情绪，并紧密围绕冲突的内容而互动，则很可能发展为建设性的冲突；相反，如果双方有一方处于对立情绪或完全出于自我防卫和保全自我面子，则冲突很容易异化为相互攻击的行为，并导致破坏性；或者冲突各方攻击对方的程度都超过对方攻击自身的程度，那么冲突就会不断升温，直至对抗性冲突的发生。

### 3. 升级阶段

一般性师生冲突发展到对抗性师生冲突的情况并不多见。在这一阶段，教师和学生的情绪和行为已经完全失控，双方关注冲突本身而导致冲突的问题被抛之脑后。师生之间你来我往，你争我夺，相互攻击与对抗。由此，对抗性冲突中的师生主要表现为心理上极为不满，语言上的争吵、谩骂，肢体的摩擦甚至对抗。在教学实践中，这一阶段师生对抗的主要形式为教师停课、责骂学生、抢夺学生东西、与学生相互推搡或拉扯、殴打学生或相互厮打；学生的对抗形式主要为学生离开课堂、责骂老师、与教师相互推搡或拉扯、殴打教师或与教师相互厮打。这时师生冲突已经是冲突强度最为激烈的类型，不会再继续升级了。由此，对抗性冲突要么持续，要么陷入僵局，要么被消解。对抗性冲突的消解将在冲突消解部分探讨。

第一，对抗性师生冲突升级持续。在对抗性冲突的发生过程中，存在很多机制让冲突升级持续下去，这些机制一旦形成，就会造成持续的结构变化，这些改变就是阿扎尔（Azar）[①]所称的"延期冲突"以及戈茨和迪尔（Goertz & Diehl）[②]所称的"持久对手"。一般来说，恐惧和愤怒这类情绪发展具有暂时性，而师生的态度、知觉和目标却具有长期性，因为敌对态度和知觉一旦建立起来，就会持续下去，它们往往会彼此强化。负面信念会证实消极情感的正确性；反过来，消极情感又使负面信念看上去理所当然。在师生冲突中，能引起师生对抗性冲突持续存在的原因主要包括师生自我实现的预言、行为的合理化、选择性信息加工、自闭性敌视和敌对目标的持续等。

首先，自我实现的预言（self-fufiling prophecy）是一种自我强化机制，这种现象表现为冲突一方对另一方所持的信念与态度，会使前者的行事方式发生改变，从而引起后者采取强化前者这些信念的行为。如学生上课东倒西歪时，教师责怪学生说："你的屁股是陀螺做的么，坐不稳。"这时学生则可能按照教师知觉的方式去行事，即故意继续乱动。然后，行为的合理化，它指的是冲突一方所持的负面观点导致其对另一方采取敌对行为，然后前者又对那些引发这些行动的观点进行确认，从而将这些行为合理化。简单地说，当处于冲突的双方存在敌对的态度时，冲突双方会采取相应的行为，并使之"合理化"，双方都认为自己的行为代表"正义"，是绝对合理的。然而这类行为正是引发当事人最初的敌对态度的行为，也是进一步激发冲突的行为。其次，选择性信息加工。一旦冲突一方已经形成了另一方的负面印象——另一方被塑造成不受欢迎、面目可憎、不能信赖、令人不快的人——选择性信息加工就会导致冲突一方注意、搜索、诠释、保留以及回忆那些能

① AZAR E E, JUREIDINI P, MCLAURIN R. Protracted social conflict: theory and practice in the middle East[J]. Journal of palestine studies, 8（1）: 41-60.

② GOERTZ G, DIEHL P F. The initiation and termination of enduring rivalries: the impact of political shocks[J]. American journal of political science, 39（1）: 30-52.

确认最初负面印象的信息。冲突一方并未科学地收集和评价资料，而往往关注那些支持先入之见的信息。结果，这些先入之见得到强化，甚至会变得更加强烈。冲突一方可能首先认为对手死板，而后认为其顽固，最终认为对方是无可救药的死敌。简言之，处于冲突中的教师和学生会选择性地加工那些对彼此不友好的信息，从而进一步强化对对方不好的看法，甚至达到丑化的程度，进而使冲突持续。再次，自闭性敌视。处于冲突中的双方，往往会因为冲突而拒绝与对方沟通，而沟通中断所导致的问题是，它使我们不可能去解决那些起初造成关系破裂的问题。冲突双方处于这样的状态，互相坚持自己先前的观点，包括那些使沟通戛然而止的观点。实际上，这些观点已经引发了自我持续的过程，这就是自闭性敌视，它是另一种自我强化的过程。最后，敌对性目标持续，那些为了自己的目标而遭受痛苦的人们往往会坚持下去。[1]换言之，处于冲突中的教师和学生因为之前的敌对目标而付出过代价，遭受过痛苦，他们往往会继续坚持那些让他们曾经付出过代价的目标，即使冲突升级会得以持续。

第二，对抗性师生冲突陷入僵局。当对抗性冲突不断持续或升级后，在某一时间点上，冲突双方的对抗行为会接近一条渐近线，冲突的升级会遇到"瓶颈"，由此而陷入僵局。冲突陷入僵局往往需要连接升级结束和针对冲突解决而发动的最早和解行动的桥梁。这样的桥梁便是对冲突僵局的正确认知与去升级化的行为。当师生双方认识到自己在冲突中无法再以某种可以接受的代价或风险来取得进展，即师生双方通过升级冲突而获胜，是不可行的或不明智的，而且若学生感知到自己相对于教师的优势正在逐步被削弱，或者教师的优势正在逐步增强，那么学生的僵局感就会加重。一般来说，师生冲突陷入僵局有四种情况：一是教师成功地压倒了学生，使学生屈服；二是教师或学生能占据单方面的优势，如学生家长被请到学校；三是师生都相互退让；四是第三方介入了该情境，并实施了解决方案，如班主任或校长的调解等。去升级化的行为一般包括接触和沟通与单方的调解举措。道歉是单方

---

① MITCHELL C. Gestures of conciliation: factors contributing to successful olive-branches[J]. 2001, 95（1）: 262-263.

的调解举措的一种特殊形式。冲突一方真诚地说声"对不起"，往往会消除另一方的敌对愿望，因而能加强另一方对己方的共情[①]，打开宽恕的大门。最为重要的是道歉具有分水岭的作用，能将过去发生的种种不悦事件与未来事件暂时分离开来，使冲突升级得以遏制。所谓"度尽劫波兄弟在，相逢一笑泯恩仇"——道歉能终结严重的冲突升级时期，开启全新、宽松的问题解决时代。

### 4. 消解阶段

冲突终将走向消解，一方面，人们通常会在冲突发生一段时间后感到厌倦；另一方面，在进一步了解冲突的弊端后，情况并没有改善，并且冲突并不能达到他们的目标时，人们总会想办法找到出口，逃离冲突。

第一，隐性心理冲突被发现而消解。师生隐性冲突，一般来说是由误会、偏见或者一方的过错造成的。如果能及时通过沟通解开误会，消除偏见，过错方及时认识自己的错误，表达善意并改正，无过错方显示出大度和宽容，那么师生隐性冲突便会逐渐淡化直至消解。在现实生活中，师生隐性冲突的消解并不容易。由于师生隐性冲突的隐蔽性和其"易感人群"性格的特点，使师生关系常常处于一种难以把握、难以捉摸的状态，充满了不确定性和猜测。所以，消解师生隐性冲突的重担应该而且必须主要由教师承担起来。此外，隐性心理冲突也可能自行消失于无形。隐性冲突表明了人对自我的确信和坚持，"只有存在冲突的地方才有行为意识和自我意识"[②]，然而，随着时间的推移和接受的信息量的增加，人们往往会意识到自己之前确信或固守的一些观念的错误或片面性，于是主动修正和更新自己的观念系统，并接纳他人观点中的合理之处。这样，冲突就自然消失了。

第二，教师与学生积极协商而一般性冲突消解。由于这一阶段冲突中，师生在心理上只是一般的抵触和不满，在语言上主要表现为辩解和争论，在行为上表现为肢体的轻微接触。所以，这时的师生冲突是可控的，只要学生与教师积极沟通与协商，放下"己见"，听从教师的安排与教育；教师主动

---

① MCCULLOUGH M E，WORTHINGTON E L，RACHAL K C．Interpersonal forgiving in close relationships[J]. Journal of personality and social psychology，1997，73（2）：321-336.

② 科塞.社会冲突的功能[M].孙立平，等，译.北京：华夏出版社，1989：24.

"俯下身子，放下面子"，切身体会学生的感受，一般性冲突便会得到控制直至消解。

第三，教师与学生主动退让而对抗性冲突消解。由于这一阶段冲突中，师生在心理上对彼此是极为不满和抵触的，在语言上表现为争吵或谩骂，在行为上表现为肢体的对抗。总之，处于对抗性冲突中的教师和学生是相互对抗的。由此，对抗性冲突消解的关键是去升级化，即遏制对抗性冲突的对抗性。这就要求教师或学生一方或者双方退让，以重建双方沟通的桥梁，重建对彼此的信任感，从而消解对抗性冲突。换言之，教师和学生需要给自己升温的情绪"浇水"使其降温，理性地审视自身所坚持意见的局限性，尊重对方的立场和意见，主动退步，表达善意，以通过"视域融合"创造出一个新的双方都赞成的意见，达成和解。

从以上分析我们可以再次看出，师生冲突的过程是前后相继的一系列行为及行为效果的连续体，是由师生双方共同建构的。师生冲突并不自然而然是建设性的或破坏性的，它如何发展或向什么方向发展取决于我们看待它的态度和对待它的方式。如果我们对其持一种封闭和敌对的态度，缺乏理性和冷静的分析，则自我防卫僭越相互交流，必然导致冲突的恶化；相反，如果我们能认识到每一个人的理性都是有限的，任何人都不可能同时看到立方体的六个面，并且认识到世界是差异的共同体，每个人都是一个独特的个体，有自己的独特背景和立场，那么即使不能做到如孔子所说的"闻过则喜"，也至少能对师生冲突保持尊重、开放和平和的心态，视冲突为蕴含学习和进步契机的危机，引导教学冲突向建设性方向转化。显然，后者是我们所期望的，也是与教育的为人性要求相一致的，是师生冲突的应然取向。在师生冲突过程中，冲突双方对冲突如何发展及最终导致什么样的结果共同承担责任和发挥作用。然而，教师作为成人和教育的组织者与领导者，对师生冲突的过程负有不可推卸的主要责任和不可替代的主要作用，他们既要具有民主的精神，充分而自由地参与师生冲突，又要审慎地、前瞻性地引导师生冲突的发展方向，致力于激发和诱导师生冲突的积极功能，而尽力避免和克服师生冲突的消极功能，促使师生冲突向积极方向转化。师生冲突及其过程，既是对教师教学勇气的考验，也是对教师教学智慧的考验。

## 二、师生冲突的应对方式

### （一）师生冲突应对方式的理论溯源

"应对"，也称"应付"，两者同义。应对本来的意思是指个体有能力或能成功地处理问题或挑战。20世纪40年代开始，应对这个概念在日常意义之外增添了学术成分，1967年心理学摘要中首次出现"应对"这一研究领域。自那以后，应对的理论和应用研究有了极大进展，并逐渐发展成一个跨学科的研究领域。20世纪60年代，以Richard S. Lazarus为代表的一批心理学家在弗洛伊德的防御机制理论[①]和应激理论[②]的基础上，引进认知评估理论，将个体在外部刺激引起的心理紧张面前为保持心理平衡、适应环境所采取的活动用"应对"这一概念来表达，并且将其定义为"个体为了处理被自己评价为超出自己能力资源范围的特定内外环境要求，而做出的不断变化的认知和行为努力"[③]。这里的"要求"是充满紧张性的刺激物，师生冲突就是存在于师生之间的一种刺激物。这样，应对概念正式进入了学术领域。它超越了防御机制和应激反应的无意识特征和消极适应的功能，使人们认识到个体面对外部刺激引起的紧张状态时，是以一种有意识的积极主动的活动方式来达到内心平衡和内外部协调的。[④]应对方式可简单地理解为"人们为对付内外环境要求及其有关的情绪困扰而采用的方法、手段或策略，有时又可称作应对策略或应对机制。应对方式是构成一个人在特定应激情境下带有个人特点的、

---

[①] 当内在的或外在的刺激因素引起情绪冲动，使个体处于焦虑、紧张等状态时，人们往往会不自觉地使用一些习惯化的内隐或外现的心理活动方式来解释和处理主客观之间的冲突，以保持内心平衡和适应环境，这便是心理防御机制。

[②] 1936年，加拿大的生理学家H.Seley通过长期的观察研究提出了应激学说，将外部刺激引起的个体的紧张反应（生理的、心理的、行为的）称为应激（stress）。在应激状态下，个体表现出的情绪反应（如冷淡、暴躁、异常兴奋等）和行为反应（如反常动作增加、替代性攻击等）实质上是机体动员其力量的表现。应激可以使机体力量动员起来以应付外部刺激，起到防御和保护机体的作用，使机体的内部平衡状态不致被破坏到难以恢复的程度，但应激反应的持续时间过长和反应强度过大会导致能量枯竭而引起多种身心疾病。

[③] 俞磊.应付的理论、研究思路和应用[J].心理科学，1994（3）：169-174.

[④] 王云霞，万明钢.应对理论的回顾与展望[J].河西学院学报（哲学社会科学版），2002（3）：46-49.

可能具有某些跨情境一致性的应对风格的基本成分，也是分类应付的主要依据"①。综上，应对方式是指个体应对外部刺激物的认知和行为方式。

应对方式是心理应激过程中一种重要的中介调节因素，个体的应对方式影响着应激反应的性质与强度，并进一步调节着应激与应激结果之间的关系。②Thoits将应激源分为三类。第一，应激性生活事件，它指个人生活中发生的重要变化，事件要求立即行动处理的情境，如亲人生病、离婚等。第二，慢性紧张不断发生的需要通过长期改变来适应的要求，如自理能力丧失。第三，日常生活琐事，包括日常生活、学习、人际交往中遇到的一些细小生活琐事。③心理学研究表明，刺激物若具备超负荷、冲突、不可控制性三个基本特点，就可能成为一个应激源。超负荷指的是刺激的强度超过个体的正常承受水平；冲突是指刺激物引起两种或两种以上的矛盾情境，主体难以抉择；不可控制性是指刺激物不随人们的行为而发生变化和转移，因此引发主体恐惧、紧张的心理。在教学场域里，从师生冲突发生的性质来看，师生冲突的发生既可以是突发性的，也可以是长期性的。所以师生冲突是教师和学生在教学和学习生活中无法逃避的应激性事件，也必须要求教师和学生为长期性的师生冲突做出不断的改变和调整。从刺激物的三个基本特点来看，师生冲突完全符合。第一，师生冲突不仅伴有教师和学生的消极情绪，如紧张、生气甚至愤怒，而且常常伴有教师和学生之间的对抗性行为，如语言对抗和肢体对抗，这些消极情绪和对抗性行为的强度极易超过个体的正常承受水平。第二，冲突中的教师常常受到制度、伦理和教学共识的约束，所以面对师生冲突，教师和学生极易产生自我矛盾，导致在消解冲突时难以抉择。第三，师生冲突也具有不可控性。根据冲突螺旋理论，在对抗性师生冲突之中，一旦师生冲突发生螺旋启动，冲突便不可控了，即使冲突一方主动和解

---

① 梁宝勇，郭倩玉.关于应付的一些思考与实证研究Ⅲ：应付方式与人格[J].中国临床心理学杂志，2000（1）：9-11.

② 张林，车文博，黎兵.大学生心理压力应对方式特点的研究[J].心理科学，2005（1）：36-41.

③ THOITS P A . Stress， coping, and social support processes: where are we? what next? [J]. Journal of health & social behavior, 1995, 35（1）：53-79.

或做出退步，也会被冲突另一方看作是不怀好意的挑衅行为。所以，师生冲突是教师或学生产生应激反应的应激源。

综上，师生冲突是教师或学生产生应激反应的应激源，即冲突中的师生采取何种方式应对冲突是师生所产生的反应的中介变量，而师生在冲突中的反应直接决定了冲突的走向，或升级或陷入僵局或消解。

### （二）师生冲突应对方式的类型划分

关于应对方式的分类主要有三种形式。第一，主张从应对特质角度进行分类。研究中常用的有选择性注意-选择性忽略型、压抑-敏感型与迟钝-调控型。这种分类是以"应对方式是一种人格特质"的观点为基础，在人格特质的某一维度上进行分类的，因而不能全面反映个体的应对方式。第二，主张从应对功能角度进行分类。其前提假设是个体应对方式存在一般功能维度，个体主要从这些一般功能维度出发，结合自身的应对资源、情境特点等因素，来建立自己的应对方式。第三，研究中采用的分类方法更多是研究者根据自己的研究结果经因素分析而形成的分类。①在前人的研究基础上，本书拟从应对功能的角度对师生冲突的应对方式进行研究。

第一类，冲突的应对方式可分为"改变问题本身的应对、改变个体对问题认知方式的应对和改变由问题引起的情绪危机的应对"②。改变问题本身的应对既包括指向环境的应对，即通常所说的问题解决；也包括指向个体自身的应对，例如学习新行为新技术。改变个体对问题认知方式的应对又可分为两个方面，一方面是改变情境对个体的意义而客观上情境并无改变，这可以称为认知再评价，这种评价可以是防御性质的，例如否认和愿望性思考；也可以是基于现实的解释，例如正向比较。另一方面是分配个体的注意力，例如选择性注意和回避，在这里事件的意义可能并未改变，但这些意义被部分或全部不予以考虑。改变由问题引起的情绪危机的应对，例如寻求情绪支持、酗酒、抽烟、药物使用和体育锻炼等。

---

① 叶一舵，申艳娥.应对及应对方式研究综述[J].心理科学，2002（6）：755-756.
② 俞磊.应付的理论、研究思路和应用[J].心理科学，1994（3）：169-174.

第二类，Follett、Blake & Mouton和Thomas的分类。1940年，Follett首次发现了冲突解决的三种主要方式，即控制、妥协和整合。[1]1964年，Blake & Mouton在对物的关心和对人的关心的两个维度上，第一次将组织内人际冲突解决方式归纳为五种类型，即强迫、退避、安抚、妥协和问题解决。[2]Thomas对Blake & Mouton的模型加以重新解释和提炼，并提出了自负和合作两个维度，并相应地归纳出影响广泛的五种冲突解决方式。即竞争：双方均不考虑对方所受的影响，只考虑自己的利益和目标；合作：共同找到对自己有利的解决方式，实现共赢；逃避：不在乎自己的利益，也不关心对方的反应，采取退缩或压抑的方式，以避免冲突的发生；忍让：满足对方的要求，牺牲自己的利益，达到息事宁人维持关系的目的；妥协：与对方互做让步，各自牺牲部分的利益，以达到和平共处的状态。[3]

第三类，1984年，Sternberg和Soriano在研究中提出了九种冲突应付方式，并得到了广泛的运用。[4]它们分别是身体攻击、威胁、讽刺、等待、转换话题、回避、退让、第三方调解、折中。这九种应付方式可组合为三个类别：武力、协商和不卷入。武力包括身体攻击、讽刺和威胁；协商包括第三方调解、退让和折中；不卷入包括转换话题、等待和回避。

在师生冲突应对方式的研究中，大多数学者都沿用了Thomas的二维冲突应对模式，如田国秀[5]、石明兰[6]和王晓丽[7]等。也有部分学者从师生的特点出发，把师生冲突的应对方式分为关爱、沟通、回避和强制[8]；或者把师生

① FOLLETT M P.Constructive conflict[G].In：Metcalfhc，Urwickl（Eds）.Dynamic administration：the collected papers of mary parker follett，Harper，New York，1940：30-49.
② BLAKE R R，MOUTON J S.The managerial grid[M]. Houston：Gulf Pub. Co.，1964：25.
③ THOMAS K W，KILMAN R H.Thomas-Kilman conflict mode einstrument[M].New York：xicom，1974：31.
④ STERNBERG R J，SORIANO L J. Styles of conflict resolution.[J]. Journal of personality & social psychology，1984，47（1）：115-126.
⑤ 田国秀.接纳冲突：当代教师面对师生冲突[J].教育理论与实践，2004（4）：27-30.
⑥ 石明兰.师生冲突的特点及管理策略[J].教育理论与实践，2008（17）：7-8.
⑦ 王晓丽，芦咏莉.中学师生冲突应对行为特点调查研究[J].中国教育学刊，2011（2）：62-64.
⑧ 汪昌华.中小学师生冲突关系的形成机制与消解策略[J].教育研究，2016，37（2）：127-133.

应对冲突的方式归纳为积极应对、消极应对、不成熟应对三种类型①。可见，目前研究师生冲突的应对方式大部分都是采用Thomas的五因素模型。但其实Sternberg和Soriano的"三类九种"冲突应对方式对研究师生冲突更具有适切性。

第一，从适应范围来看，与其他模型相比，Thomas五因素模型信度更好，且Thomas的模型在研究中使用较多，但是多在组织中使用，其研究被试主要为银行职员、公共管理人员、大学管理人员、经理和雇员。但Graziano等人进一步研究发现，Sternberg和Soriano的九因素模型在学生群体上有最高的因子载荷，且解释力度强。第二，从主体来看，Thomas五因素模型主要是通过研究人际冲突所得出的模型，而研究人际冲突的出发点是利益的分歧与争夺，如五因素模型中的五个维度的划分都是以"利益"是否让步为核心的，竞争的应对方式强调双方均不考虑对方所受的影响，只考虑自己的利益和目标；甚至连合作也是强调利益共赢的应对方式。然而在教师与学生之间往往不存在利益的争夺，师生关系也并非竞争关系。Sternberg和Soriano的"三类九种"模型冲突应对方式是以"冲突本身"出发的，是一种"问题指向"型应对方式，不涉及师生利益的分歧或争夺。第三，从研究实践来看，"三类九种"冲突应对方式将个体的冲突解决策略划分得更为细致和清晰，而对于被试来说，在填写问卷的过程中可以更加明确自己的行为属于哪一种方式，为此该方式能够为研究提供更为精确的依据。

## 第四节 师生冲突的正负功能之辨

功能是指事物或方法所发挥的作用、效能。按照功能对人们需要的满足情况，一般将功能划分为积极功能和消极功能，积极功能就是事物或方法具有有利于满足人们需要的作用、效能，反之，就是消极功能。根据唯物辩证

---

① 王晶晶.中学生应对师生冲突的方式与其影响因素的研究[D].芜湖：安徽师范大学，2007.

法，任一事物或方法既具有积极功能，又具有消极功能。我们是否利用某一事物或方法，取决于它的积极功能和消极功能哪一个占有主导地位。而且积极功能与消极功能之间不是完全对立的，在一定情况下它们可以相互转化。列宁所说的"只要再多走一小步，仿佛是向同一方向迈的一小步，真理就会变成错误"，表达的就是这个意思，即事物或方法的功能与我们对它的处置和运用有很大的关系，对度的把握很重要。关于冲突的功能在社会学里却曾引起过广泛的争议，并为师生冲突的功能研究提供了理论依据。国外学者塔尔科特·帕森斯认为冲突具有破坏性、分裂性和负向功能；梅欧、华尔纳等也认为冲突具有破坏整合的绝对消极作用；[①]齐美尔和科塞则认为冲突具有负向和正向双重功能，科塞认为决定冲突是积极功能的还是消极功能的是作为冲突对象的问题类型。[②]这些关于社会冲突的功能的研究，为我们认识师生冲突的功能奠定了基础。

对于师生冲突的功能，目前学界普遍认为师生冲突既可展现出正向的建设性功能，也可展现出负向的破坏性功能。因为冲突本身无所谓好坏，关键是人们怎样去引导它、转化它。师生冲突的功能不是一种实体功能，不是由实体本身的物理性质所派生出来的使用功能，它只能在教学活动中体现和达成，且依赖于师生的具体活动方式。师生冲突本身属于具有建设性的共有冲突，但是其建设性的积极功能的发挥不是必然的，而是可能的。关键是师生怎样对待和处理师生冲突，若处理得好，冲突就会向好的方向转化，就会发挥出建设性的积极功能，反之，则会使冲突走向恶化，成为一种伤害性的力量。它就像一根棍棒，既具有支撑身体的功能，可以用来做拐杖，又具有打击身体的功能，可以用来做武器。我们不能说师生冲突必然具有积极功能或者消极功能，而只能说师生冲突可能发挥其积极功能或消极功能，或者既发挥积极功能又发挥消极功能，这一切都在师生冲突过程中通过人的活动方式表现出来。人是决定师生冲突的功能发挥的决定性因素。在这里，"人"指的是教师与学生。教师与学生如何认识和对待师生冲突，而不是师生冲突

---

① 宋衍涛，陈明凡.论政治冲突的功能[J].重庆师院学报（哲学社会科学版），2003（3）：88-91.
② 科塞.社会冲突的功能[M].孙立平，等，译.北京：华夏出版社，1989：36.

自身，决定了师生冲突到底发挥出什么样的功能。我们所谈论的师生冲突的积极功能或者消极功能，实质上指的是师生双方在具体的冲突性互动过程中共同创造或者说合力产生出来的师生冲突的积极功能或者消极功能。这是我们在理解师生冲突的功能时必须谨记的。由此，冲突本身是中性的、客观发生的，这种客观现象的进一步发展方向是正向还是负向，取决于这么一些条件：一是冲突双方的态度。当冲突爆发后，双方如何看待问题的起因以及打算怎样处理冲突，这是影响冲突功能性质的关键因素。二是是否有一个较完善的较健全的调节机制。这种调节机制在当代社会中是以法律、法规、条例、文件等形式表现出来的规范。如果整个调节机制比较健全且富于弹性，则容易把冲突纳入一个双方承认的框架下加以解决，这时冲突就有了积极的意义。否则，在没有可供凭借的规范下发生的冲突往往使冲突主体不知所措，束手无策，使本来有利的冲突变得不利了。三是冲突的频度和激烈程度。可以认为，偶尔发生且比较温和的冲突有积极意义，能使双方的联合更紧密。在压抑状态下，沉默许久的冲突一旦爆发，必定显得异常剧烈，此时产生的后果多半会对师生关系造成破坏。当然，这种破坏是积极的还是消极的，要看是相对于哪一方而言。[①]

对师生冲突的功能做一个专门的和系统的探讨仍然是极有必要的，否则我们只能对其形成一些零散的、堆积式的印象，而缺乏清晰的认知和整体性把握。全面了解师生冲突的积极功能与消极功能，有利于我们在具体的师生冲突情境中保持清醒和理性，通过合理的安排与正当的应对充分发挥师生冲突的积极功能，尽量克服或避免其消极功能。一般的冲突除了负向功能之外，更多的是正向功能。然而，当冲突上升到严重程度时，对师生双方乃至学校社会都会有更多的负向功能。一般来说，在正功能方面，目前学者们基本上一致认为师生冲突有利于疏通师生的不良情绪，起到"安全阀"的作用[②]；有助于教师在解决问题中获得专业成长[③]；有助于学生养成良好习惯，

①　陈振中.论教育冲突的功能[J].教育评论，2001（1）：16-18.

②　陈振中.重新审视师生冲突：一种社会学分析[J].教育评论，2000（2）：40-42.

③　乐先莲.重新审视师生冲突：功能主义冲突论的认识路径[J].江西教育科研，2007（10）：17-19.

调节其行为，使学生在冲突中社会化，它是学生社会化的"磨刀石"①；有助于发现师生互动的问题，增强师生关系；有助于改进学校管理的旧规范，催生新规范②。在负功能方面，冲突首先对教师和学生的心理健康有负面的影响③，如师生因为冲突而失眠、压力大、焦躁和愤怒等；然后，冲突会阻断教学进程，降低教学成效，导致学生成绩下滑④；其次，冲突有损师生关系，可能使师生关系产生裂痕，甚至断裂⑤；最后，师生可能产生问题行为，甚至引发法律问题或社会问题⑥，如教师职业倦怠或离职等，学生逃课、抽烟或斗殴等。不管师生冲突是表现出正功能，还是表现出负功能，都主要体现在师生个人、师生关系和学校等三个层面。

# 一、正功能：促进个体、师生关系和学校发展

## （一）促进师生个体心智发展和成熟

冲突对人的发展具有重要作用。遗传心理学和精神分析学的大量证据表明，对自我身份和自主能力的形成，即对个性完全从外部世界分化出来来说，冲突是一个重要的条件。⑦师生冲突对人的发展功能表现为发展人的认识、丰富人的情感和澄清人的价值、促进个体行为正确和发展等四个方面。⑧

### 1. 促进师生个体认识的成熟和发展

埃德加·莫兰指出，20世纪关于认识的最重要的研究成果就是认识到认识的极限。它所给予我们的最大的确定性是关于不仅在行动里，而且在认识中的不确定性之不可消除性的确定性……认识永远不是对现实的反映，而总

---

① 朱桂琴.社会学视野中的师生冲突[J].教育与职业，2003（11）：42-43.

② 刘福才.中小学师生冲突及其教育价值[J].教育导刊，2006（5）：27-29.

③ 曾双武.课堂教学呼唤有效冲突[J].中国教师，2009（1）：37-38.

④ 李刚，宋维琴.简论中学师生冲突的成因及化解策略[J].河南社会科学，2007（3）：169-170.

⑤ 李长伟.共识断裂与师生冲突.基于功能论的视角[J].北京社会科学，2017（3）：22-30.

⑥ 王玉.新时代背景下课堂行为管理之反思[J].教学与管理，2015（33）：75-77.

⑦ 科塞.社会冲突的功能[M].孙立平，等，译.北京：华夏出版社，1989：17.

⑧ 王爱菊.教学冲突：促成教学转型的契机[J].河北师范大学学报（教育科学版），2010，12（4）：9-12.

是翻译和重构现象，也就是说包含有产生错误的危险、认识和思想，它们最终不能达到一个绝对确定的真理，而是与不确定性对话。[①]这一认识绝非莫兰的个人之见，巴什拉的"认识论的决裂"，波普尔的"猜想与反驳"，以及库恩的"范式"，都在说明这样一个道理。人类的知识积累越丰富，关于自然、社会和人的认识越深入，人们就越来越清晰地意识到，没有人能掌握全部真理，也没有一种知识能等同于真理。然而，这一认识并没有阻止人们继续探索和发现知识的脚步，而是让人们变得更为开放，更为谦虚，更为审慎。站在人类认识前沿和高端的科学家们尚能如此，其他人就更没有理由狂妄自大。谦虚、包容和开放，应成为所有知识探索领域的通行规则，包括教学过程在内。[②]

教学过程中传递的知识是经过精心挑选的，是人类知识的精华，但这并不意味着它们就是无可置疑的金科玉律，负责传递知识的教师也不是真理的持有人，充其量只是先学于学生、多学于学生而已。在教学冲突过程中，师生双方最大的感受恐怕是"关于这一点，原来我们想的不一样！"或者惊讶地发现"怎么会有人那么认为？"，随着冲突的深入发展，冲突双方关于自身意见和立场的阐述不断清晰起来，人们会逐渐意识到对方虽与自己想得不一样，但对方的认识并非一定就是错的，自己的认识也不一定就是对的。可能双方只是基于不同的视角或立场，如果把双方的认识统合起来，会得到关于某一问题的更深刻的认识。事物本身就是多重矛盾的复合整体，我们对它的认识不能非此即彼，既此又彼反而是最接近真理的认识方法。一个人的理性是有限的，所以别人的不同的声音不是对自我的否定，而是帮助我们扩充自己的认识结构，以更大的视野来认识世界的提示音。"从与自己意见不一致的人那里学到的东西往往会比意见一致的人那里多得多"[③]，我们的认识越丰富，我们的心灵就越宽广，我们的行动就越自由。另外，如果学生的认识是狭隘的或明显错误的，通过教学冲突来纠正它，这恐怕比单纯的说教和灌输要有用得多。至少，通过教学冲突学生可以知道自己的不足在哪里，

---

①　莫兰.复杂性理论与教育问题[M].陈一壮，译.北京：北京大学出版社，2006：141-145.

②　王爱菊.走向主体间性的生存：教学冲突研究[D].济南：山东师范大学，2010.

③　富兰.变革的力量：透视教育改革[M].北京：教育科学出版社，2004：32.

而教师则可以了解学生为什么会产生那样的认识，从而使后续的教学更有针对性。

### 2. 促进师生个体情感的丰富和发展

师生冲突过程不是抽象的主体思维之间的碰撞，其中必然有情感的卷入，情感的冲突是师生冲突的重要组成部分。师生冲突有利于丰富人的情感，这一功能是通过以下两方面来完成的：一是通过了解对方的情感而丰富自身的情感。情感是人的人格因素的重要组成部分，教育要把学生培养成某种规格的人才，其中就包括对情感的倾向性要求。然而，情感又是一种个体性很强的自我体验，在实际的教学过程中，对于同一文本、同一事件，不同的人很可能产生截然不同的情感体验，这时就会发生情感性的教学冲突。譬如，中学语文课本中的《项链》的女主人公通常被教师解读为贪图虚荣，从而引起学生对女主人公的鄙视。然而，有的学生就提出，我们为什么不能以宽容、同情的心理来看待她的劳苦和辛酸呢？情感属于个体的自我体验，很难说有对错之分，或者说，即使按照某一标准做出判断，也不一定能为每个个体所接受。情感虽然具有自发性，却并非凭空产生的，每一种情感后面都有一套相应的起支撑作用的经验、知识和价值体系，即认识基础。情感性冲突过程就是双方对自身情感的认识基础进行分析和辩护的过程，认识基础的扩大和改变也会带来情感体验的改变。因此，通过师生冲突，个体不仅有机会检视自己的情感，而且有机会了解和理解对方所怀有的情感，感受情感的多元性与世界的丰富性，更有可能逐渐抛弃原有的非好即坏、非善即恶的简单化的情感体验，形成复杂的、丰富的情感。[①]

二是教学冲突本身所带来的情感体验。主要包括两个方面：其一，师生冲突是对冲突双方理智的历练过程，在这一过程中，既有理智的自信感，又有遭遇对方质疑时的困惑感，还有互相碰撞之后的满足感和豁然开朗感，这些都有利于个体理智感的培养；二是师生冲突过程要求个体对自己情感的表达变得准确、合理、丰富，并且逐步学会选择与最重要的价值一致的方式对

---

① 王爱菊.合理应对教学冲突的基本路径[J].四川师范大学学报（社会科学版），2014，41
（1）：87-92.

情境做出反应，也就是学会经过选择而正确地表达情绪和控制情绪。

### 3．澄清师生价值

师生冲突本身具有十分重要的促进价值观养成的作用，即价值澄清。师生冲突的过程是冲突双方为各不相同的意见和价值辩护的过程，是调动理智和情感的力量说服对方、维护自身的正确性的过程，从而也是双方不断澄清各自价值观念的过程。因为，除非是那些"吾日三省吾身"的人，大多数普通人持有的某种价值观常常是以缄默的形式存在于精神世界当中的，它是一种幕后的力量，指引人"应该如何做"，却很少让人反思"为什么这么做"。而人一旦卷入冲突当中，就必须反思、整理并表达自己的价值体系。不管冲突最后的结果是坚持自身的价值还是接受对方的价值，抑或形成"交叠共识"，冲突本身对个体价值所起的澄清作用都是毋庸置疑的。色诺芬在《回忆苏格拉底》中记载了苏格拉底和尤苏戴莫斯关于"正义"的对话，在经过多个提问、回答与反讽的冲突性回合之后，尤苏戴莫斯并没有获得一个关于"正义"的精确概念，但是通过一步步的价值澄清，他至少知道了自己之前的理解是肤浅的和片面的，他诚恳地表示"收回我已经说过的"，这就是一种进步和发展。正因为价值澄清对儿童品德发展具有重要作用，路易斯·拉思斯、梅里尔·哈明等人倡导的价值澄清理论才能成为20世纪美国最有影响的道德教育理论流派之一。

### 4．促进师生个体行为的正确和发展

师生冲突在调节人的行为方面的功能也是通过两个方面达成的：一是行为性师生冲突对人的行为具有调节功能。它指的是通过行为性教学冲突，卷入冲突的一方或双方意识到自身行为方面存在的问题或不足，这些行为可能是有意识的也可能是无意识的或习惯性的，从而进行自我行为检视和自我行为纠正，有意识地自觉形成适当的、理性的或合乎规范的行为。正如美国社会学家帕克所说，"只有存在冲突的地方才有行为意识和自我意识，只有在这样的地方才有理性行为的条件"[①]。二是师生冲突本身对人的行为具有调节

---

① 施良方，崔允漷.教学理论：课堂教学的原理、策略与研究[M].上海：华东师范大学出版社，1999：291-292.

作用。无论师生冲突是不是行为性冲突，都会伴随着相应的言语行为和肢体行为。师生冲突是一种对抗性的师生互动形式，双方都试图为自己的意见辩护，在这个过程中是否能够恰当地表现自己的言语行为和肢体行为，与是否能够取得建设性的冲突结果之间密切相关，从而冲突行为本身也具有十分重要的作用。正是通过冲突以及冲突之后的反思，人们才有可能逐渐形成理性的、恰当的言语习惯和肢体行为习惯，学会做一个有效的沟通者，并养成相应的关于冲突的伦理信念和行为习惯，即"我不同意你，但是我誓死捍卫你说话的权利"。

综上所述，师生冲突对参与冲突的师生双方在认识、情感、价值、行为方面的发展都具有一定的积极推动作用，师生冲突本身应被看成一种重要的教学资源，而非教学的障碍。迈克尔·富兰在论及学校变革与人的发展时也一再强调冲突的积极功能，他说："生命力就是在不断经历冲突和对抗之中成长壮大的，富有生命力的系统也是包含焦虑的，只是各方面的相互关系是积极的。合作文化是具有革新精神的，不仅在于相互之间提供支持，而且在于他们承认存在于组织内外的分歧的价值。"[1]师生冲突除了能增进彼此了解之外，又何尝不是一种令人的生存变得更有张力和创造性的活动？

### （二）维系师生关系

#### 1. 维护师生关系的"安全阀"

冲突对参与其中的关系并不总是破坏性的，反而常常是维护这种关系所必需的。如果没有发泄互相之间的敌意和发表不同意见的渠道，师生就会感到不堪重负，也许会用逃避的手段做出反应。通过释放被封闭的敌对情绪，冲突可能起到维护关系的作用。[2]教师担负着繁重的教育教学工作，学生承担着紧张激烈的学习竞争、考试压力，师生双方都有表达的渴望、释放的需要。不表达会积压问题，不释放会积蓄矛盾，使群体面临瓦解。而一定程度的、小规模的、不触及原则问题的师生冲突恰恰起到了释放敌对情绪的作

---

① 富兰.变革的力量：透视教育改革[M].北京：教育科学出版社，2004：37.
② 科塞.社会冲突的功能[M].孙立平，等，译.北京：华夏出版社，1989：33.

用，它如同蒸汽锅炉上的"减压阀"，随时可以把体内的"超压"蒸汽排放出去。此外，有一些师生冲突早日显现，矛盾得以暴露，引起注意，再加以协调，可以避免师生双方的恶性对抗，减少师生双方的深层伤害。教师若能从这样的角度考虑师生冲突，就会使自己承受冲突的能力与信心提升，应对和处理师生冲突的方法和策略也会更丰富、更灵活。

### 2. 协调师生关系的"润滑剂"

"没有冲突并不表明群体关系的强度和稳定性。相反，冲突被表达出来，则是这种关系有生命力的标志。"[①]冲突的存在促使群体成员正视问题，关注矛盾，通过大家的沟通、交流，分析冲突的起因，探讨冲突的特点，研究冲突的对策。师生冲突过程中，特别需要师生双方的沟通与对话，教师、学生心平气和地坐下来，敞开心扉，交换意见，表达需要，宣泄感受，达成相互之间的理解、谅解与合作。处理冲突的过程，刚好是师生双方增进了解、心理交流的契机，也是改善师生关系、强化师生凝聚力的重要环节。

### 3. 重构师生关系的"发动机"

冲突犹如新生之前的阵痛，预示着新型师生关系的形成与到来。冲突属于一种师生互动，是对立双方展示自己和相互沟通的一种方式，通过师生冲突，有利于双方相互加深了解，因了解而相互信任，这样建立起来的师生关系比一般浅层次交往所建立起来的师生关系更为密切和牢固。中国有句俗语叫"不打不相识"，说的就是这个意思。并且冲突具有"放大镜"的作用，它能将师生关系中存在的问题显现出来，引发师生反思并做出积极应对，从而消除原有师生关系中过时守旧、僵化刻板的成分，保留其精华，从而建立起新型的师生关系。由此，师生关系也会在重构中趋于成熟与稳定。

## （三）促进学校发展

### 1. 推动学校管理更新

"冲突激发起人们对已潜伏着的规范和规则的自觉意识。如果没有冲

---

① 田国秀.学校师生冲突的成因分析与对策研究：以微观政治社会学为理论视角的研究[M].北京：首都师范大学出版社，2012：254-156.

突，这些规则也许会一直被人们遗忘或未被意识到；通过冲突，唤醒了冲突各方对支配他们行为的规范需求的自觉意识，使对抗者认识到他们属于同一个道德世界。"①师生冲突的发生可以反映出学校、班级工作中存在某些问题，如学校管理模式、教师教育方法、执行校规校纪、现行的奖惩制度等。冲突使人们及时检查、发现问题，妥善处理工作中的疏漏与欠缺。更新教育观念，变革管理方式，提高教师教育教学水平。总之，冲突是对人的唤醒，是对改革与创新的激发，"冲突是迈向文明和最后迈向世界公民社会的进步源泉"②。例如，许多学校在班级中设置了意见簿，为每一个班级配备兼职德育导师等。

为了建构动态和谐的师生关系，我们也应该在教学中建立起不至于使冲突走向扭曲和异化的制度。然而，我们不能通过想象或自以为是的方式来建立这种制度，也不能通过制定一个普遍性的制度来约束所有的师生冲突。师生冲突的现实性在于它的具体性和情境性，抽象的师生冲突只存在于理论和概念当中。逻辑的事物不能代替事物的逻辑。因而，我们只能从师生冲突的过程当中探索如何有效地管理师生冲突，总结出具有一般性的经验和规律，形成相应的师生冲突管理制度。也就是说，正是师生冲突本身推动了师生冲突管理制度的创立与更新。正如多伊奇指出的："一个灵活的社会能够从冲突中得到好处，因为这种行为帮助人们创立和修正规范，从而保证它在变化了的条件下继续存在。"③"创立和修正"的规范就是制度化手段解决一般性冲突的规则，如对话、交涉、磋商、谈判等。制度一旦被确定下来，就具有一定的稳定性，唯其具有稳定性，才能为今后处置师生冲突提供制度保障和经验参照，今后类似冲突一旦发生，就用这种规则去解决，而不至于陷入茫然、混乱或寻求暴力手段，通过援引相关规定或前例，更为快速、高效地解决师生冲突，有助于师生关系的存续与发展。当然，制度的稳定性是相对的而非绝对的，即使是最具有适切性的具体制度也绝非一劳永逸的，一切都在

---

① 谢立中.西方社会学名著提要[M].南昌：江西人民出版社，2001：238.

② 达伦多夫.现代社会冲突[M].林荣远，译.北京：中国社会科学出版社，2000：207.

③ 欧文斯.教育组织行为学：适应型领导与学校改革[M].窦卫霖，温建平，译.北京：中国人民大学出版社，2007：331.

变化当中，制度应该具有开放性和包容性特质，永远向新的可能性开放，并随时准备依新的变化而进行自我更新和完善。

**2．激励教学文化的重建**

教学不仅承担着传递人类文化的使命，而且其本身就是文化的表现形式。在不同的时代、不同的国家甚至不同的学校或班级，教学从来都表现出其特有的文化特质。教学文化既是教育文化下面的一个亚文化概念，也是教育文化的核心。物质条件和精神文明构成了学校文化的主要因素，师生冲突应对得宜则将有助于学校文化建设。[①]一是有助于改善物质条件。学校内部及其相关主体（管理者、教师和学生）的物质条件同样能够成为师生冲突的原因，包括学校的教学设施、娱乐器材，学生的住宿条件或者师生的穿着打扮等。当师生因某些物质条件，如教师与学生因班级卫生不良或因一方穿着打扮不合适引发冲突时，就有可能促使相关主体做出相应的改变。二是有助于推动精神文化建设。学校的精神文化包括学校的办学思想、教育理念、校气班风和群体心理意识等。师生冲突持续、广泛地出现能够促使管理者反思学校的精神文化，比如"学校与教师是否过于看重分数，而对学生缺乏人文关怀""部分班级是否风气不正、凝聚力差"等，从而发现学校在集体感、团体意识和校风校纪方面存在的不足，进而寻求改进策略，推动学校的精神文化建设。

## 二、负功能：降低个体、师生关系与教学效能

### （一）影响师生心理健康，引发学生问题行为

师生冲突在造成师生关系紧张的同时也会影响师生的心理健康。一般情况下，师生冲突表征了学生对教师的质疑和反抗，对于教师而言，它会打破教师对教学进程的预设和控制，可能导致教师产生教学挫折感，降低自我效能感，丧失改进教学的信心和力量，从而慢慢陷入悲观和怀疑，产生恐教

---

① 易娜伊，熊梅.师生冲突的多维审视及其教育价值的实现[J].教育理论与实践，2013，33（28）：24-27.

或厌教的不良情绪。如帕克·帕尔默所描述的，"我觉得自己站在教室的前面，袒露无疑，随时出丑，惶恐不安……我们恐惧遭遇他者可以自由地成为他自己的情景，恐惧直面他者说出他真实的心声，恐惧面对他者向我直白我可能不希望听到的实话。我们想要的是符合我们开出条件的相遇，以便我们能够控制其结果，以便他们不会威胁到我们关于世界和自我的观点"[1]。对学生而言，发动和卷入师生冲突需要巨大的勇气，因为其将面临双重的心理困境：如果自己在冲突中败下阵来，则可能在教师和同学面前出丑并被讥讽为卖弄自己；如果在冲突中侥幸处于强势，则可能担心事后遭遇教师的"报复"，因为自己让教师在众人面前"丢脸"。这些对学生的心理而言都是巨大的折磨。更重要的是，如果师生冲突没有得到顺利解决，导致师生关系的对立，会对学生造成很大的心理压力，长此以往，必然影响其身心健康。研究表明，影响主要体现在以下方面：生理功能紊乱，身体不适，有饮食障碍、睡眠障碍、肌肉紧张性疼痛、植物神经功能紊乱等；心理功能下降，如记忆力、注意力、思维能力降低等；负面情感增加，如过分压抑造成学生心理紧张、烦恼、易激怒、焦虑等；情感迁移泛化，迁怒于他人，形成抑郁状态等。[2]因而，对教学冲突的处置，不仅仅指在认识或价值层面上达成一致或交叠共识，还必然包括双方人际关系和心理健康的维护。[3]由于学生心智不成熟，行为和情绪管理能力还不够，若遭到师生冲突负面功能的长期影响，很容易导致学生产生问题行为，如不听课、不完成作业、上课喧哗和逃学等。轻者将情绪转移到学业中而荒废学业，不思进取；重者会自我放弃，甚至产生一系列反社会行为，如抽烟、喝酒、偷窃和吸毒等。

### （二）疏离师生情感，损坏师生关系

与周围的人保持和谐融洽的交往关系，是大多数人的心理需要。教学生活是教师与学生日常生活的重要组成部分，师生关系对教师和学生而言都是非常重要的人际关系，是满足其交往需要的重要方面。然而，师生冲突是

---

① 帕尔默.教学勇气：漫步教师心灵[M].吴国珍，译.上海：华东师范大学出版社，2005：38-39.
② 张希希，田慧生.课堂交往冲突研究[J].教育研究，2005（9）：42-46.
③ 王爱菊.走向主体间性的生存：教学冲突研究[D].济南：山东师范大学，2010.

一种教师与学生之间的对立关系，对立关系中必然伴随着紧张的情绪和一定的敌意。有时候，师生冲突是之前积累的紧张情绪和敌意的发泄；有时候，从"就事论事"角度出发的师生冲突引发了双方心理上的紧张情绪和敌意；有时甚至在冲突结束之后，仍然会有一定的紧张情绪和敌意遗留下来，并累积成爆发下一次师生冲突的能量。因为对立即互不承认，故冲突双方互相挑战对方的心理舒适地带，人们出于自我防卫的需要，必然在情绪上感到紧张和不自在。在双方的言语和行为不够理性而情感又缺少节制的情况下，很容易爆发破坏性的冲突。破坏性首先表现在师生关系上，导致师生之间由关于某一方面的对立转变成泛化的和普遍的人际关系的对立，造成师生双方尤其是学生的心理负担，表现为双方之间的疏远和疏离，缺乏亲密感，相互敌视或不满，对对方形成刻板印象，特别严重的还可能诱发一方或双方的非理性行为。师生之间的矛盾冲突是客观存在的，无论多么激烈，都是属于内群体的冲突，这种冲突是结构状态良好以及证明师生关系具有生命力的标志。从积极的角度看，当前学校师生冲突的多发表明师生关系还是富有一定的生命力，表明师生之间还有感情存在、还会彼此在意。但随着冲突强度的增加、师生关系的恶化，存在于教师和学生之间的联系被冲突所斩断，这时师生便互不在意，师生也许就形同陌路了。

### （三）阻碍教学进程，降低教学成效

师生冲突大多是课堂教学冲突。通常情况下，教师总是按照预先准备好的教学设计按部就班地进行教学，直至完成一堂课的教学目标。对于那些本身具有一定争议性的教学内容，有经验的教师一般会根据学生的情况进行设计，对即将发生的教学冲突做出一定的估计和准备，预留一定的时间和精力来处理教学冲突，如果教学冲突没有如期发生，教师甚至会通过追问或其他方式来引发教学冲突，从而加深学生对某一教学内容的深刻认识或把握。然而，不可否认，计划往往赶不上变化，大部分教学冲突的发生可能是突如其来的，多在教师的准备和预料之外，即使课前设计好的教学冲突也可能在实际进行过程中脱离教师的预设和控制，滑向一个不可知的境地。因为教师不是万能的，他的理性是有限的，而他面对的又是一群活生生的人，故在这种情况下，教学冲突的发生必然打乱和中断教师预先设计好的教学进程，教师

必须腾出一定的时间和精力来处理教学冲突，从而挤占了完成其他教学任务的时间，影响预定教学目标的达成，阻断教学进程，降低教学效率。[①]这也是大多数教师对教学冲突感到有压力和恐惧的原因之一。

如果教师不是教室里的专制残酷的"独裁者"，那么教学就必然是一次向着一个目的地的不确定的旅程，旅途中充满了变化和意外，令人兴奋和激动，它既可能为人的自由创造留下开阔的空间，但也可能将教学拖入混乱和危险之中。师生冲突的每一次发生，都意味着对教师教学智慧的一次严峻考验。若能成功应对，教学成效便不会受到影响；若应对失败，教学成效便会降低。

此外，从很多事例中我们也不难看到，冲突的后果是可以控制、可以转化的，教师的适当处理和正确引导，可以最大限度地减少冲突所带来的负面功能，从而充分发挥其积极和正向的教育功能作用。

---

① 付春新，赵敏.新移民背景下师生冲突的特征和治理策略：基于我国12所中学的调查[J].现代教育论丛，2019（2）：17-25.

# 第三章

# 新移民浪潮与新移民情境下的师生关系

改革开放40年来，我国经历了世界上规模最大的人口流动，被称为"新移民浪潮"。随着大量新移民进入城镇工作与生活，学校中也有了大量的新移民教师和新移民学生。为此，本章界定了新移民的概念，并对流动人口、外来人口、外来务工人员三个相关概念进行了区分；以历史的数据呈现了我国新移民崛起和流动的图景，并梳理和综述了新移民与新移民子女的相关研究；分析了新移民情境下师生关系的基本特征与现况。

## ❯❯ 第一节　新移民的概念与相关概念辨析

　　"新移民"指改革开放以来，跨越县区以上行政区域居住一年及以上，并已获得稳定的工作和住所，且已定居或有定居意愿的居民，与之相关的概念有流动人口、外来人口和外来务工人员。

### 一、新移民的概念

#### （一）移民概念的演化

　　最先研究移民的是被学界誉为"西方新古典经济学均衡理论"的鼻祖、19世纪的英国学者厄内斯特·雷文斯坦。他经过多年观察，提出了被后世尊为"移民法则"的学说：人口迁移形同流水，距离越远，流量越小，基本流向是工业城镇和城市。其中，在出生县内迁移的人属于"地方迁移"，跨越相邻县迁移的人属于"短距离移民"，而跨越非相邻县迁移的人属于"远距离移民"。农村人口的流动性比城市人口更活跃。在性别上，女性的流动性高于男性，但其多数属于本地区流动，而男性的迁移距离则更远。人口流动与市场经济的发达程度密切相关，经济发展越活跃，人口流动性就越强。在错综复杂的人口流动中，多数人成为最终在城市定居的移民。[①]在美国学术界，最早从历史视野下分析人口迁移的学者是亨利·普拉特·菲尔柴尔德。他在《外来移民》一书中，界定了国际移民的含义，并将其分为四类：第一类是因经济、政治、民族或宗教冲突而引起的生存型移民；第二类是入侵型移民，即公元5世纪入侵意大利、法国和西班牙的西哥特人（Visigoth）；第三类是从富有的、进步的、物质上充满活力的欧洲向世界落后地区的征服型移民；第四类是通过和平方式迁移的跨国移民，他们是文明发展阶段相近的

---

① 梁茂信.现代欧美移民与民族多元化研究[M].北京：商务印书馆，2011：265-268.

国家之间谋求改善个人条件的发展型移民。

　　在"二战"后，虽然欧美国家研究移民问题的学者日益增多，相关成果中佳作频出，但就移民概念的界定而言，最早的界定不是出自个体学者，而是联合国的相关机构。早在1949年，联合国人口委员会成立后不久就试图提出比较完整的移民概念。它在1953年的移民概念中指出，国际移民包括"永久迁出移民"（permanent migrant）和"永久迁入移民"（permanent immigrant）。从迁入国家的角度看，移民是指"入境时打算居住一年以上的非本国居民"。在1998年联合国关于移民的新解释中规定：国际移民是指任何改变日常住址的人。长期移民（long-term immigrant）是指"迁入非原住国家超过12个月的人"，其中包括欧美国家外来移民中的家庭团聚者、自由定居者、就业类移民、投资类移民、退休类迁移者以及按照难民法入境并获得永久定居资格的人。短期移民（short-term immigrant）是指在非原住国家居住3~12个月的人，其中包括国际留学生、接受技术培训的人员、短期劳工、外交官和国际组织官员等。若因度假、休闲、探亲访友、商务或医疗而临时出国者，或者是因就业通勤而合法跨越边境的劳工、因公务或其他原因的过境者以及这些人员的家属，因其"日常住址"未变，所以属于非移民（non-migrant）范畴。[①]相较而言，国际移民组织（International Organization for Migration）是目前世界上国际移民领域最具有影响力的专业机构，它在2011年推出了全新的移民概念，其含义覆盖的范围和层面更加全面细致。它对移民的界定不仅仅局限于国际移民，也涉及国内移民。如农村之间的移民（rural-rural migrant）和农村向城市的移民（rural-urban migrant），是指因贫困、生产力低下或环境恶化等，在农村不同地区之间，或农村与城市之间的移民；与之相似的还有城市之间及城市向农村的移民等。

　　在中国学界，有关移民概念和人口流动概念的研究相对较晚。在为数不多的学术成果中，影响最大的首推葛剑雄等人编撰的六卷本《中国移民史》。葛剑雄等人依据对中国古代人口迁移的研究，结合国内外已有的工具

---

① "自由定居者"是指那些因为国际条约而被赋予自由迁移、就业和定居权利的外籍人（如欧盟成员国公民）。

书和研究成果，提出了自己的解释，认为"移民是指迁离了原来的居住地而在其他地方定居或居住了较长时间的人口，任何参与了这一迁移过程的人都是这次移民中的一员，都具有移民的身份"。在这一概念中，关于住址的变化、迁移距离和居住时间等元素，与前文述及的各类移民概念无异。值得肯定的是，学者们在界定移民概念时，还说明了人口迁移、人口流动和移民的关系，认为"人口流动"是指因求学、服役、旅游和工作而离家外出工作，其住址并未发生变更，因而不是移民。人口迁移和移民的关系则迥然不同。移民是人口迁移的结果，但并非所有迁移的人口都是移民，移民只是其中符合移民概念条件的那一部分人。此外，他们还指出，移民的性质可划分为两种：一种是因天灾人祸等外因变化而被迫迁移的生存型移民；另一种是为在物质或精神上改善生活条件而主动迁移的发展型移民。[①]

### （二）移民的概念界定

移民在《现代汉英词典》中的英语解释为emigrant or immigrant，也含有settlement的意思。由此可以看出移民分为迁出者群体和迁入者群体，并且强调移民者的定居意愿。另外一些辞典对"移民"的界定都是从时间和空间上对某一主体来加以限制和界定的。如在《人口科学大辞典》中，移民指"那些离开原居住地而到另一个距离较远的地方谋生和定居不再返回原居住地的人口"[②]。在《人类学辞典》中，移民被定义为一定数量的人口由政府或民间团体组织，大批地离开原来的居住地，迁往国外或某地区永久居住，并且不再返回原来的居住地。[③]从移民的相关概念界定中可以看出，这里在空间上强调从"原居住地到另外的居住地"，在时间上强调"永久居住"，这种迁移是永久性的迁移运动。

可见，移民概念界定的核心元素包括日常住址的永久变更、在迁入地居住的时间与迁移距离。第一，就永久住址而言，它作为人们日常生活的栖身之地，其永久性的区位变化会影响个体、家庭或群体的地理环境、生活方

---

① 葛剑雄，吴松弟，曹树基.中国移民史：第一卷[M].福州：福建人民出版社，1997：49-50.

② 向洪，张文贤，李开兴.人口科学大辞典[Z].成都：成都科技大学出版社，1994：444-445.

③ 李鑫生，蒋宝德.人类学辞典[M].北京：北京华艺出版社，1990：318.

式与生活质量，并在民族、宗教和文化等方面改变其所在社区的邻里关系。由于世界近现代史上各国的现代化进程并不同步，各国人口、国情及现代化道路的形式千差万别，因此梁茂信在参考前人成果的基础上，依据对欧美发达国家的研究，在宏观上将移民、人口迁移和人口流动划分为由四个层次构成的金字塔形状。首先，位于塔底的是县内迁移（或者是地方迁移）；其次，由下而上的顺序依次是跨县迁移、跨省迁移和跨国迁移。在每一个层次中，并非所有的迁移人口都是移民，但多数移民都有过迁移的行为和过程。因此，移民就是迁移人口中因日常住址发生永久变更而"脱颖而出"的那一部分人。[①]对此，我国学界的共识是定居意愿分为已定居和虽暂未定居但有定居意愿两种形式。第二，从地理空间上看，同样是移民，其迁移距离差异甚大。那么迁移距离的最低限度究竟应保持在何种程度上才能算得上是移民呢？前文述及的英国学者雷文斯坦曾经将县内迁移的人口称作地方移民，将跨县迁移的人口称作短距离移民，将在非相邻县之间迁移的人口称作远距离移民。但是，美国人口统计中将县内和跨县迁移行为的人口界定为"县内流动者"（same country mover）和"跨县流动者"（different country move），而从一个州迁移到另一个州的人则被称为移民（migrant）。根据我国实际情况，国内移民以空间上跨越县区以上的行政区域为标准比较合适。第三，与日常住址相关的另一个问题是在国际移民中，人口在迁入地区居住多久才能算得上是移民？如前所述，按照联合国和国际移民组织的界定，凡居住3~12个月的人被称为"短期移民"，而居住满12个月或更长时间的移民属于"长期移民"。[②]因此，以一年及以上为界区分长期移民和短期移民比较合适。

综上，移民指的是：在非原居住县区以上的行政区域居住一年及以上、已定居或有定居意愿的人。[③]

### （三）新移民的概念界定

以20世纪80年代改革开放为界，可将中国的城市化粗略划分为两个阶

---

① 梁茂信.世界近现代史视阈下的移民概念与含义[J].史学月刊，2016（8）：94-114.

② 联合国经济与社会事务部人口处.2002年国际移民报告[M].2002：10-11.

③ 赵敏.新移民情境下师生冲突的特征与调控策略[J].教育科学研究，2021（3）：92-96.

段：一是严格的城乡二元分割体制下的农民向城市的政策安排性转移；二是城乡二元体制逐步松动后发生的农村剩余劳动力向城市的自由流动。因此，不同时期的政策背景下相应有着两类移民群体，可将其称为老移民和新移民，关于新移民的概念比较权威的有以下11个。

张秀明指出新移民是"改革开放后移居国外的中国大陆公民"[①]。

朱力将流动人口统称为新移民，并分类为智力流动人口、资本流动人口和体力流动人口，不过他主要关注体力流动人口——外来务工人员的生存状况和社会地位[②]。

王桂新指出新移民是指：来自农村的劳动力移民，他们主要靠出卖体力或从事一些低层次的工作为生。"新"主要是相对于20世纪80年代以前的老移民，并且也不同于其他毕业分配、工作调动的正规移民[③]。

文军也把注意力放在体力流动人口，并称之为"劳动力新移民"。所谓"劳动力新移民"，是指"在城市中主要从事以体力劳动为主的简单再生产工作，但已经获得相当稳定工作和固定住所且主观上具有长期定居于所在城市意愿的群体"。[④]

张文宏和雷开春以1992年邓小平"南方谈话"为时间节点，指出：城市新移民也包括社会中间层的白领新移民，并且从绝对数量上来说，2006年在城市从事白领职业的新移民约有3000万人（国家统计局，2006），他们主要包括私营企业主、管理人员、专业技术人员和普通白领。[⑤]

俞可平指出：把改革开放以来进城的外来务工人员视为新移民，大规模的农民流入城镇称为"新移民运动"。[⑥]

---

① 张秀明.国际移民体系中的中国大陆移民：也谈新移民问题[J].中国华侨华人历史研究所，2001（1）：22-27.

② 朱力、陈如.城市新移民：南京市流动人口研究报告[M].南京：南京大学出版社，2003：23.

③ 王桂新.改革开放以来中国人口迁移发展的几个特征[J].人口与经济，2004（4）：1-8+14.

④ 文军.论我国城市劳动力新移民的系统构成及其行为选择[J].南京社会科学，2005（1）：54-58.

⑤ 张文宏，雷开春.城市新移民社会融合的结构、现状与影响因素分析[J].社会学研究，2008（5）：117-141，244-245.

⑥ 俞可平.新移民运动、公民身份与制度变迁：对改革开放以来大规模外来务工人员进城的一种政治学解释[J].经济社会体制比较，2010（1）：1-11.

李志刚将外来人口定义为城市新移民，尤其是其中的"80后""90后"群体。[①]

苏昕指出："中国现代化进程中移居城市的外来务工人员群体为城市新移民。"[②]

廉思认为新移民指年满16周岁且于1980年以后出生，在城市工作、生活而没有取得该城市户籍的中国大陆地区居民。[③]

陈映芳尝试将乡城迁移群体表述为"城市新移民"。[④]

于志芳认为新移民是指："已在移居城市居住一年以上并获得相当稳定的工作和住所且有定居意愿的'80后'和'90后'群体。"[⑤]

可见，关于新移民的概念界定极其不一致，很多学者把外来人口、外来务工人员和流动人口与新移民概念混合使用。但随着时间的推移、研究的深入，关于新移民的概念日趋科学或合理，且在以下方面具有一定的共识：第一，"新"指的是时间的"新"，即改革开放以后的迁往城市的移民；并且也是政策背景的"新"，即国家的出入境政策放宽，特别是1985年11月《中华人民共和国公民出入境管理法》的颁布及之后有关细则的制订，简化了出国手续，为中国公民出国提供了法律保障和制度保障，极大地方便了中国公民的移居活动。同时，政府开始提倡农民"离土不离乡，进厂不进城"，并逐步放宽对农民进城的限制。[⑥]进入20世纪90年代，在经历连续三年卖粮难之后，政府开始允许农民"自理口粮"进城经商务农。1992年，标志着限制人口流动的粮票制度在无声无息之中被取消，由此，城乡二元体制逐步松动，农村剩余劳动力向城市自由流动。

第二，从概念界定的空间限制上看，新移民包括国际新移民和国内新移民，而对"国内新移民"的界定主要聚焦在移民的主体上，对其界定的视野

① 李志刚.中国城市"新移民"聚居区居住满意度研究：以北京、上海、广州为例[J].城市规划，2011，35（12）：75-82.
② 苏昕."城市新移民"公民权的缺失及回归探析[J].中国行政管理，2012（5）：46-50，97.
③ 廉思.中国青年发展报告：城市新移民的崛起[M].北京：社会科学文献出版社，2013：6.
④ 陈映芳.权利功利主义逻辑下的身份制度之弊[J].人民论坛·学术前沿，2014（2）：62-72.
⑤ 于志芳，王君.城市新移民中的"老啃族"现象探析[J].中国青年研究，2016（1）：70-74.
⑥ 王桂新.迁移与发展：中国改革开放以来的实证[M].北京：科学出版社，2005：35.

范围呈现出先逐渐缩小再逐渐扩大的趋势，起初学者把流动人口或外来人口界定为新移民，后来主要把外来务工人员界定为新移民，最后扩大到把外来务工人员、白领和有城镇背景的移民都称作新移民。

第三，从概念界定的时间限制上看，学界对其并没有明确限定，一般来说只要是流动人口暂居于除家乡外的地方都被称为新移民，暂居的时间一般为半年或一年及以上。

第四，学界把"国内新移民"和"城市新移民"概念等同起来，这是因为"国内新移民"主要包括的群体是劳工移民、智力移民和投资移民，而"城市新移民"同样包括这些群体。两者之间的区别在于国内新移民可以是从乡村到乡村的群体或个人、从城市到乡村的群体或个人，而城市新移民则强调迁往城市的群体或个人。

第五，学界对新移民的概念主要是从移民的类型来加以界定的，如劳工新移民、投资新移民或者智力新移民等。

第六，稳定的工作和住所是新移民的核心要素之一，因为移民是人们移居到另外的地方而拥有的身份，"居"的含义就是居住，居住则要求人们应具有稳定的住所与工作。如流浪汉无稳定的工作与住所就不属于新移民。

由于新移民是移民的下位概念，因此结合移民的概念与以上六点共识，我们把新移民界定为改革开放以后，跨越县区以上行政区域居住一年及以上，并已获得稳定的工作和住所，且已定居或有定居意愿的居民。[1]从以上概念可以得出新移民包括两类主要群体：一是改革开放以后，跨越县区以上行政区域居住一年及以上并已获得稳定的工作和住所，且已定居的居民；二是改革开放以后，跨越县区以上行政区域居住一年及以上并已获得稳定的工作和住所，未定居但有定居意愿的居民。他们可能是拥有农村户籍的原农村居民，即外来务工群体，是新移民的主要构成部分，也可能是拥有城市户籍但来自其他城市的居民，还可能是来自外地的大学毕业生。具体来说，该概念含有以下六层基本含义：第一，从时间上看，改革开放以后的移民是新移民，改革开放以前的移民不属于新移民。第二，从迁往的目的地来看，移民

---

① 赵敏.新移民情境下师生冲突的特征与调控策略[J].教育科学研究，2021（3）：92-96.

的迁入地可以为城市（包括镇），也可以为跨越县区以上行政区域的城市或乡村；可以是国内新移民，也可以是跨境移民或者国际移民。第三，在迁入地的居住时间为一年及以上，低于一年的不属于新移民群体。第四，在迁入地有稳定工作与住所的为新移民，如流浪汉、游客、出差的人、随迁中小学生和在读大学生群体都不属于新移民群体。第五，有定居意愿或已定居的群体，若未定居且无定居意愿，则该群体或个人不属于新移民。

## 二、新移民相关概念辨析

### （一）流动人口

"流动人口"这一概念在研究中和现实中使用普遍，并且它是一个在中国特有的现象。流动人口的英文表达为floating population，凸显其词义的主要是floating，该词的汉语意思主要为漂流的、浮动的、不固定的、移动的和流动的。在各类辞典中也对"流动人口"做出了释义，如在《人口科学辞典》中，流动人口泛指"一个地区的非常住人口"①。在《统计大辞典》中被界定为"返回式的、不改变永久性居住地的移动人口及没有永久性居住地的移动人口"②。《中国百科大辞典》将其定义为"城市中非常住人口"③。在研究领域，20世纪80年代，"流动人口"刚刚进入研究视野时，这一概念一度泛指除常住户籍人口之外的所有人口，包括在非户籍地长期居住人口、短期逗留人口和"流量"。后来，对流动人口的界定逐渐统一为户口登记地与现居住地分离、但长期居住的人口。④这样，流动人口成为一种"中国式"的迁移人口，即改变了居住地、但没有户口登记地的迁移人口。由于中国流动人口和户籍迁移人口并存，其他国家一般没有这种区别，因此国际学术界通常采用一些对偶概念来研究中国的迁移流动，如"永久迁移、临时迁移""户

① 吴忠观.人口科学辞典[Z].成都：西南财经大学出版社，1997：358.
② 郑家亨.统计大辞典[[Z].北京：中国统计出版社，1995：891.
③ 袁世全，冯涛.中国百科大辞典[Z].北京：华夏出版社，1990：767.
④ 长期居住即所谓的"常住"，其时间标准是：1990年"四普"规定为一年以上，而2000年"五普"和2010年"六普"都把这一标准缩短到半年以上。

籍迁移、非户籍迁移""正式迁移、非正式迁移"等，后一类迁移即人口流动。与国际上有关迁移人口的定义和统计类似，流动人口概念总是以特定地理范围为基础的。《2010年第六次全国人口普查主要数据公报（第1号）》提供了流动人口统计的两个口径及普查结果。[①]第一口径以乡镇街道为边界，把流动人口定义为居住地与户口登记地所在乡镇街道不一致且离开户口登记地半年以上的"人户分离"人口。通俗地说，这是指跨乡镇街道流动的人口。第二口径是在第一口径流动人口中，减去"市辖区内人户分离人口"。这就是说，在市辖区范围内跨乡镇街道流动、改变常住地且无户口登记地变更的行为不被视为流动人口。

可见，流动人口比新移民含义更为广泛，相关限定更少。从其主体所包含的群体来看，流动人口包括更多的群体，因为流动人口包括寄居人口、暂住人口、旅客登记人口和在途人口。甚至在建筑和运输部门做临时工的外来务工人员，进城经商、办企业、就学或从事各种第三产业劳动的外地人口，探亲访友人员，来自外地参加各种会议、展览、购货、旅游的人员，都构成了流动人口。从其时间要素来看，流动人口对时间方面并无严格限制，可以是一年及以上，或是半年、三个月，甚至一天。从其空间要素来看，限制也不严格，只是在人口普查中以乡镇街道为边界或者加以限制。此外，流动人口群体并不强调是否有定居意愿。

## （二）外来人口

在流动人口相关文献中，外来务工人员与外来人口两个称谓时常被混用，实际上前者只是后者的一部分。外来人口概念具有强烈的地域性，是相对于本地人口而言的，通常指没有本地户籍的外来人员。在全国性研究文献或政策条文中，一般使用流动人口或外来务工人员这样的总体概念，只在地域性研究或地方性政策法规中，才有可能选用这类术语，因此在特定区域内进行外来人口数量的统计或估计才有意义。在一个行政区域通常是省或地级

---

① 国家统计局.2010年第六次全国人口普查主要数据公报（第1号）[EB/OL].https://www.gov.
cn/gzdt/2011-04/29/content_1854899.htm.

市内，流动人口由行政区域内部流动人口和区域外流入流动人口两部分组成，后者是指这个区域的外来人口。一些区域性的流动人口抽样调查或研究使用了流动人口概念，但不涉及区域内部的流动人口，实际上是以外来人口为研究对象。按照户口的农业或非农业性质，一个城市的外来人口可以划分为农村户籍外来人口（外来务工人员及其家属）和城市户籍外来人口（外来市民，即城市间流动人口或城一城流动人口）两大类别。①

外来人口概念同样离不开户籍制度，但这种关联不是人户分离，也不是城乡分割，而是户籍身份的区域分割。在城市中，特别是流动人口聚集的大城市和沿海开放城市中，由于地方公共资源紧张、本地居民施加的压力、地方政府的政绩追求等，政府部门可能利用"本地""非本地"两种户籍身份，制定、实施有利于本地人口的地方政策。差异性、排他性的地方公共政策、社会政策派生出新的"本地-外来"不平等，这与城乡分割是有区别的。这里的外来人口主要强调户籍非本乡镇街道、行政区、县或者省级以上的外来人口，是为了与本地人口相区分而出现的概念。

### （三）外来务工人员

简单而言，外来务工人员指的是进城务工的农民。②具体来说，外来务工人员是指常年或大部分时间在城镇地区或乡村社区的国营或集体等企事业单位从事第二或第三非农产业活动，但户口在农村，原则上家中还有承包地，不吃国家供应的平价粮，不享受城镇居民的各种补贴和福利待遇的农村劳动力。简言之，就是亦工亦农或亦商亦农的农村劳动力。具体来看，一类是离土离乡者，另一类是离土不离乡者。③近年来，在学术上，外来务工人员被选用的频率高于流动人口和外来人口。实际上学术关注的重点不是一般意义上的农民，而是外出农民、流动务工人员或外来务工人员。所谓外出务工人员，是就流出地而言的；基于流入地视角的概念是外来务工人员。按照国家

---

① 张展新，杨思思.流动人口研究中的概念、数据及议题综述[J].中国人口科学，2013（6）：102-112,128.

② 刘海润，亢世勇.现代汉语新词语词典[Z].上海：上海辞书出版社，2015：78.

③ 向洪，张文贤，李开兴.人口科学大辞典[Z].成都：成都科技大学出版社.1994：656.

统计局的定义，外来务工人员是指从农业中转移出来的农村户籍劳动者，包括在本乡镇从事非农工作的本地农民和在本乡镇以外务工经商的外出农民。外来务工人员是当代中国经济社会转型时期的一个特殊概念，流动人口的背景是现行户籍管理制度下的人户分离，来源于城乡二元户籍制度。

综上所述，新移民和流动人口、外来人口和外来务工人员等相关概念有着明显的区别。"新移民"概念强调改革开放以后，移居城市居住一年及以上并已获得稳定的工作和住所，且已定居或有定居意愿的居民。流动人口强调其流动性，对其居住时间、跨度空间以及定居意愿并无严格限定；外来人口概念强调其地域性，同时对其居住时间、跨度空间以及定居意愿也并无严格限定；外来务工人员概念强调其身份性，同时对其居住时间、跨度空间以及定居意愿也并无严格限定。

## 第二节　新移民浪潮及其相关研究

移民是自人类社会诞生以来世界范围内的普遍现象，地球上的人口分布态势正是人们在时空内不断迁移的结果。仅15世纪新大陆发现以来，"世界人口在国际间的迁移流动，经历了五个大的阶段和三次大的浪潮"[1]。随着全球化的推进，大规模和远距离的国际大迁移出现，移民问题成为全球性的研究课题。[2]

### 一、新移民的崛起

改革开放以来，在城市化、工业化背景下，我国居民开始了大规模的劳动力迁移，尤其是以农村人口为主的人口迁移构成了世界上规模最大的移民浪潮。

---

① 侯文若.全球人口趋势[M].北京：世界知识出版社，1988：262-263.
② 王桂新，张蕾，张伊娜.城市新移民贫困救助和社会保障机制研究[J].人口学刊，2007（3）：35-40.

### （一）移民潮的形成

我国移民潮的形成主要为政策所推动的。我国关于移民的政策背景可分为五个阶段①：第一阶段是1979—1983年，这一阶段仍然处于政府禁止劳动力自由流动的时期，政府开始提倡农民"离土不离乡，进厂不进城"，但随后逐步放宽了对农民进城的限制。第二阶段是1984—1988年，这一阶段政府开始允许农民自理口粮进城经商务工。第三阶段是1989—1991年，这一阶段的重要特征是"劳动力移民"问题开始引起社会的广泛关注，移民者甚至被称为"盲流"，政府也开始意识到有必要实施干预与控制。第四阶段是1992—2000年。1992年，标志着限制人口流动的粮票制度在无声无息之中被取消，并在邓小平"南方谈话"的鼓舞下，农民终于开始了大规模的劳动力迁移，即这一阶段中央政府在某种程度上已转变为鼓励农村劳动力迁移流动。但1994年以后，由于城市下岗失业等问题的增多，许多大城市纷纷加强了对外来移民的控制。第五阶段是进入21世纪以来，在认识到人口流动对城市发展的作用与贡献后，政府对流动人口由控制转为管理与服务相结合，并越来越注重向以服务为主转变。如2003年以来，中央一号文件多次肯定外来务工人员作为产业工人在我国现代化建设中的地位、作用，而且表示要"推进大中城市户籍制度改革，放宽农民进城就业和定居的条件"，并着手推进作为城乡二元制度基础的户籍制度的改革。国家"十一五"规划纲要指出：对在城市已有稳定职业和住所的进城务工人员，要创造条件使之逐步转变为城市居民。"十五""十一五"期间，北京、上海、广州、深圳、杭州、郑州、武汉和沈阳等大城市纷纷取消暂住证，代之以居住证和相应的户口准入政策。同时，国家"鼓励农村人口进入中小城市和小城镇定居，要求特大城市要从调整产业结构的源头入手，形成用经济办法等控制人口过快增长的机制"②。党的十八大以后，政府将外来务工人员问题纳入统筹城乡的层面上，通过推

---

① 文军.从分治到融合：近50年来我国劳动力移民制度的演变及其影响[J].学术研究，2004（7）：32-36.

② 周大鸣，杨小柳.从外来务工人员到城市新移民：一个概念、一种思路[J].中山大学学报（社会科学版），2014，54（5）：144-154.

进城镇化、工业化和农业现代化三化协同的具有中国特色的城镇化道路，解决包括外来务工人员问题在内的"三农"等深层次社会问题。这种政策演变的过程，充分体现了国家对新移民的重视，以及对解决这一问题的决心。随着大量移民涌入城市定居与生活，我国城镇人口急剧攀升。

改革开放以来，中国经历了人类历史上最大规模的新移民浪潮。第一，从城镇人口与乡村人口的变化来看，在40年时间里，中国的人口向城镇的迁移率平均每年增加一个百分点，从改革开放初期的17.92%增加到2018年底的59.58%，城镇人口从1978年的1.72亿人增加到2018年的8.31亿人，城镇人口净增加了6.59亿人。详见表3-1。尤其是2011年，我国城镇人口占总人口的比重首次过半，达到51.27%，这是中国五千年历史上城市人口首次超过农村人口，具有划时代的意义，可以说实现了我国从"乡村中国"到"城市中国"的转变。

表3-1　1978—2018年中国城镇与乡村人口变化统计表

| 年份 | 城镇人口（万人） | 乡村人口（万人） |
| --- | --- | --- |
| 1978 | 17 245（17.92%） | 79 014（82.08%） |
| 1983 | 22 274（21.62%） | 80 734（78.38%） |
| 1988 | 28 661（25.81%） | 82 365（74.19%） |
| 1993 | 33 173（27.99%） | 85 334（72.01%） |
| 1998 | 41 608（33.35%） | 83 153（66.65%） |
| 2003 | 52 376（40.53%） | 76 851（59.47%） |
| 2008 | 62 403（46.99%） | 70 399（53.01%） |
| 2013 | 77 111（53.73%） | 62 961（46.27%） |
| 2018 | 83 137（59.58%） | 56 401（40.42%） |

注：2013年以及2013年以前的数据来自2017中国统计年鉴，2018年的数据来自国家统计局官网。

第二，从学校数量来看，1997—2017年的20年间，乡村学校数量平均每天减少61所，城镇学校数量则是稍微有所减少。详见图3-1。首先是城区的基础教育学校，1997年到2009年学校数量呈现减少的趋势，其间减少了48 627所，而2009年到2017年城区的学校数量呈现增长的趋势，其间增加了18 488所，从数量上看，2017年全国城区的学校数量和2001年城区学校数量相当。

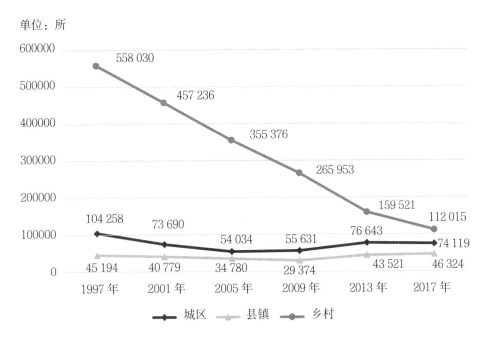

图 3-1 1997—2017 年我国基础教育城区、县镇和乡村的学校数量变化图

注：该图是根据1997—2017年教育统计年鉴数据绘制而成。

然后是县镇学校，县镇学校数量变化趋势和城区学校数量变化趋势呈现大体上的同增同减关系，即1997年到2005年县镇学校数量持续减少了10 414所，然而2005—2017年之间却增加了11 544所。最后是乡村学校，一直呈现锐减的趋势，直到2013年其减少的趋势才有所缓和，20年间减少了446 015所，平均每年减少约22 300所，平均每天减少61所。乡村学校的锐减，从侧面反映了乡村学校的教师与学生都迁移到了城镇的中小学，这也反映了新移民浪潮对学校的数量的影响。

从1997—2017年我国基础教育城区、县镇、乡村学校在校生数量占当年总在校生数量的比率图可以得出三点结论：一是城市学校在校生占当年总在校生的比率逐年增加，现在城市在校生约占全国在校生的36.43%；二是县镇学校在1997—2009年间，所容纳的在校生占当年总在校生的比率出现逐年增加的趋势，并且在2009年县镇学校容纳了全国50.7%的在校生，即2009年全国有超过一半的学生就读于县镇学校。然而2009—2017年之间县镇学校的容纳率有所下降；三是从总体来说，这20年来农村学校容纳率一直呈现降低的趋势，其中1997—2009年之间降低趋势明显，并且在2005年农村学校的在校生容纳率首次降低到50%以下，2009—2014年有轻微的增加，之后又逐渐下降。

综上所述，确实大量的农村学生涌入了县镇和城市学校，其中新移民子女又是其主要组成部分。另有学者预测，未来15年我国将有近3亿人口、3000万名左右的义务教育学生由农村移居到城镇[1]，届时，我国农村人口将只有1亿多人，就读于乡村学校的基础教育学生也将只有1000万人左右。

第三，从城区、县镇与乡村的学生数量来看，确实大部分农村学生进了城，入读了城区或县镇学校。如图3-2所示：

从图3-2中我们首先可以清晰地看到1997—2017年我国基础教育城区、县镇和乡村学校所容纳的在校生的数量变化趋势。在城区，1997—2013年增长比较平缓，2013—2017年增长相对比较迅速；在县镇，总体上呈现增长的趋

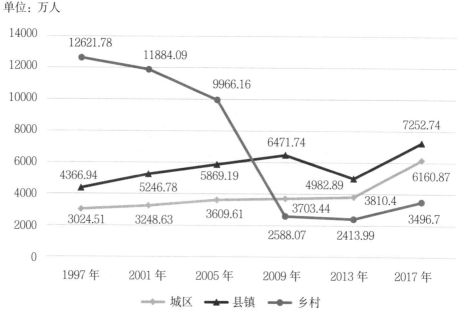

图3-2 1997—2017年我国基础教育在校生的数量变化图

---

① 丁学森.大城市义务教育资源承载能力指标体系建构及应用研究[D].长春：东北师范大学，2017.

势，只有2009—2013年之间，县镇所容纳的在校生数量有所下降；在乡村，1997—2013年一直都是呈现锐减的趋势，但2013—2017年在校生数量有所增加。从整体上看可以得出一点结论，这20年来，乡村学校的在校生数量一直在减少，城市和县镇学校的在校生数量一直在增加。但是这点结论并不能完全解释乡村学校所减少的在校生就一定被增加到了城区和县镇的学校，因为每一年学校的在校生数量总量都不是相等的，故我们只有通过这20年以来每年城区、县镇、乡村学校分别容纳的当年所有在校生的百分率，才能看出这20年来城区、县镇和乡村学校容纳在校生占当年总在校生数量的比率的具体变化。

从1997—2017年我国基础教育城区、县镇、乡村学生在校生数量所占当年总在校生数量的比率图可以得出三点结论：一是城区学校在校生数量占当年总在校生数量的比率逐年增加，2017年城区在校生数量约占全国在校生数量的36.43%。二是1997—2009年之间，县镇学校所容纳的在校生占当年总在校生数量的比率逐年增加，并且在2009年县镇学校容纳了全国50.7%的在校生，即2009年全国有超过一半的学生就读于县镇学校。然而2009—2017年之间，县镇学校的容纳率有所下降。三是从总体来说，这20年来乡村学校容纳率一直呈现降低的趋势，其中1997—2009年之间降低趋势明显，并且在2005年乡村学校的在校生容纳率首次降低到50%以下，2009—2014年有轻微的增加，之后又逐渐下降。

综上，1997—2017年大量的乡村学生涌入县镇和城区学校，新移民子女又是其中的主要组成部分。从图中还可以看出三点变化：一是城区学校的在校生容纳率还会逐年递增，因为县镇学校在校生的容纳率下降明显，并且乡村学校在校生容纳率也会慢慢地下降；二是城区学校和县镇学校容纳了全国接近80%的在校生，相信接下来仍然会有超过80%的学生就读于县镇或者城区的学校；三是在1997—2009年之间，乡村学校的学生主要涌入的是县镇学校，而2009—2017年，乡村学校在校生保持大体上的稳定，而县镇学校学生开始向城区学校转移。乡村学生向县镇和城市学校聚集，特别是县镇学校学生向城区学校聚集的现象越来越明显，而这种现象也和乡村学校的萎缩、城区学校和县镇学校增长的趋势有关。

### （二）新移民的分布

严格来说，新移民包括国际新移民和国内新移民。在国际新移民方面，1949—1978年间中国批准的因私出国者仅21万人，还多为归侨侨眷出国探亲。伴随着20世纪70年代初中国恢复在联合国的合法席位，与美国、加拿大等国的相继建交及20世纪70年代末中国实行改革开放政策，中国一步步走向世界。作为改革开放的一个组成部分，国家的出入境政策有所放宽，特别是1985年11月《中华人民共和国公民出入境管理法》的颁布及随后有关细则的制定，简化了出国手续，为中国公民出国提供了法律保障和制度保障，极大地方便了中国公民的移居活动。此外，封闭已久，国门大开，人们迫切希望了解外面的世界，于是纷纷寻找机会出国。中国出现了一轮又一轮的"出国热"，从而形成了目前颇具规模和影响的"新移民"群体。这一时期移民的类型也得到了极大的拓展，移民数量迎来了井喷式增长。其主要新移民类型包括留学人员、非熟练劳动力、商务移民、劳务人员和非法移民。至2008年，其数量达1000万人以上。[1]教育部统计，从1978—2016年底，我国出国留学人员累计达458.66万人。[2]

在国内新移民方面。我国暂时没有针对"新移民"的官方统计，但是国家统计局通过人口普查和每年的《中国统计年鉴》对我国的"流动人口"进行了统计，其中"流动人口"是指：人户分离人口中不包括市辖区内人户分离的人口，人户分离人口是指居住地与户口登记地所在的乡镇街道不一致且离开户口登记地半年以上的人口。市辖区内人户分离的人口是指一个直辖市或地级市所辖区内和区与区之间，居住地和户口登记地不在同一乡镇街道的人口。根据该定义，"流动人口"概念中所包含的群体和"新移民"概念中所包含的群体大体上差别不大，并且如英国学者厄内斯特·雷文斯坦所说，在错综复杂的人口流动中，多数人成为最终在城市定居的移民。[3]故以"流动人

---

① 庄国土，张晶盈.中国新移民的类型和分布[J].社会科学，2012（12）：4–11.

② 教育部.2016年度我国出国留学人员情况统计[EB/OL].http：//www.moe.gov.cn/jyb_xwfb/
xw_fbh/moe_2069/xwfbh_2017n/xwfb_170301/170301_sjtj/201703/t20170301_297676.html.

③ 梁茂信.现代欧美移民与民族多元化研究[M].北京：商务印书馆，2011：265–268.

口"的分布来窥视"新移民"的分布在理论上是可行的。

### 1. 从城市群视角来看

国家在"十三五"规划中提及了19个城市群。城市群作为区域空间形态的最高组织形式[①]，是生产要素在一定地域空间高度聚集的载体，而劳动力作为第一生产要素，其分布格局对社会经济发展影响深远。[②] 中国人口分布的空间差异在不断扩大，城市群是其中的主要原因。城市群的发展影响着人口的分布及流动，是全国人口空间分布格局及其演变的主要影响因素。全国城市群根据发展水平可划分为三个等级，各阶级呈现出不同的人口分布特征。[③]如表3-2所示。

表3-2　2010年中国城市群发展水平分级情况表

| 发展水平 | 发育程度指数 | 城市群名称 |
|---|---|---|
| 较低 | 4.53～5.34 | 滇中、兰西、呼包鄂榆、黔中 |
| 中等 | 5.35～6.26（中等偏下） | 天山北坡、关中平原、中原、晋中、哈长、北部湾、宁夏沿黄 |
| 较高 | 6.27～8.45（中等偏上）<br>8.46～11.31 | 山东半岛、海峡西岸、辽中南、长江中游、成渝<br>珠三角、长三角、京津冀 |

处于较低发展水平的城市群，由于区域经济发展水平较低，各种要素向核心城市聚集，核心城市人口增速快，与城市群内其他城市开始拉开差距，人口主要表现为向核心城市迁移，由低等级城市向高等级城市进行迁移；除核心城市人口总量较高外，其他城市人口总量略低，且多表现为人口流出。城市群外的人口主要流向核心城市，流入城市群内其他城市的数量较少，且流入规模较小；城市群内各城市均以省内人口流入为主，省外人口流入量很低；城市群常住人口超过户籍人口，人口总量呈增长趋势，见图3-3a。

处于中等偏下发展水平的城市群，各等级城市人口总量均有所提升，

① GOTTMANN J. Megalopolis or the urbanization of the northeastern seaboard[J]. Economic geography，1957，33（3）：189.

② 李仙德，宁越敏.城市群研究述评与展望[J].地理科学，2012，32（3）：282-288.

③ 张国俊，黄婉玲，周春山，等.城市群视角下中国人口分布演变特征[J].地理学报，2018（8）：1-13.

但随着各种要素快速流向核心城市，核心城市与城市群内其他城市的差距拉大，原有的核心城市人口快速增加，新生的核心城市人口流入量也在增加；由于核心城市"增长极"地位的强化，对低等级城市的吸引力增强，低等级城市人口处于高速减少阶段，流入核心城市的现象加剧，形成强单核心的城市空间结构。城市群外的人口主要流向核心城市，流入城市群内其他城市的数量较少，但人口流入总体规模有所扩大；城市群各城市仍以省内人口流入为主，省外人口流入量有限；城市群人口流入量小于流出量，常住人口低于户籍人口，人口总量呈减少趋势，见图3-3b。

处于中等偏上发展水平的城市群，各等级城市人口总量继续增加的同时，核心城市人口增速进一步加快，且与次核心城市的联系加强，涓滴效应显现；低等级城市人口向高等级城市迁入量继续增加。城市群外的人口除向核心城市继续集聚外，向城市群内其他等级城市的迁入量也在增加，人口流动规模加强；尽管省内人口流动规模继续扩大，但省外流入人口也在快速增加，城市群常住人口超过户籍人口，人口总量呈增长趋势，见图3-3c。

处于较高发展水平的城市群，出现两座及以上的超大城市，形成双中心与多次级中心的结构，城市等级结构完善；城市群人口总量巨大，核心城市在发挥强集聚作用的同时，涓滴效应也在进一步加强，核心城市及大中城市等均表现出人口增多趋势，城市间人口流动加剧。随着城市群吸引力的不断增强，吸引范围逐渐扩展，使得省外流入人口远远超过省内流入人口，城市群与外围城市的交流加强，城市群常住人口远远超过户籍人口，人口总量处于高速增长状态，见图3-3d。

可见，从城市群来看，可把发展水平为中等偏上和较高的城市群规定为流动人口密集区，也就是新移民密集区，具有"省内人口流动规模和省外流动人口双增长，常住人口超过户籍人口，人口总量呈增长趋势"的特点。当前我国新移民密集区包括珠三角、长三角、京津冀、山东半岛、海峡西岸、辽中南、长江中游、成渝等8个城市群。可把发展水平为中等偏下和较低的城市群规定为流动人口稀疏区，即新移民稀疏区，这些地区主要呈现出"以省内流动为主，省外流动为负数，在发展水平较低的城市群，人口总量呈增长的趋势，在发展水平中等偏下的城市群人口总量呈减少的趋势"的特点。当前主要包括天山北坡、关中平原、中原、晋中、哈长群、北部湾、宁夏沿

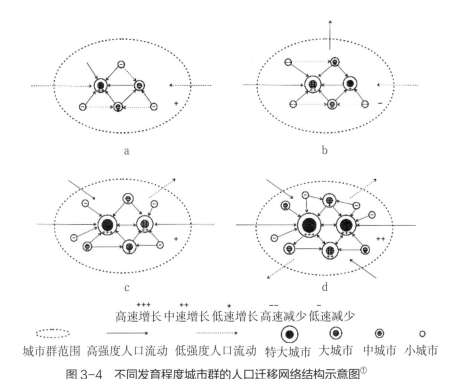

图 3-4　不同发育程度城市群的人口迁移网络结构示意图①

黄、滇中、兰西、呼包鄂榆、黔中等11个城市群。除了城市群以外的其他城市或乡镇规定为流动人口极稀区的，也是新移民极稀区。

**2. 从八大综合经济区来看**

总的来说，流动人口一般向东部沿海和南部沿海地区集中。考虑到我国的国土面积广阔、地区差异性大，仅将区域划分为东、中、西部还不够充分，还需要建立相应的多级多类型的体系和框架。国务院发展研究中心发布的《区域协调发展的战略和政策》报告中指出：目前，我国大陆已经形成四大板块、八大综合经济区的划分方法，即东部、中部、西部、东北四大经济板块。东部板块可划分为北部沿海（北京、天津、河北、山东）、东部沿海（上海、江苏、浙江）、南部沿海（福建、广东、海南）三个综合经济

---

① 张国俊，黄婉玲，周春山，等.城市群视角下中国人口分布演变特征[J].地理学报，2018，73（8）：1513-1525.

区；中部板块可划分为黄河中游（陕西、山西、河南、内蒙古）和长江中游（湖北、湖南、江西、安徽）两个综合经济区；西部板块可划分为大西南（云南、贵州、四川、重庆、广西）和大西北（甘肃、青海、宁夏、西藏、新疆）两个综合经济区；东北板块即东北综合经济区（辽宁、吉林、黑龙江）。

依据上述综合经济区划分方法，可以得到我国流动人口在八大综合经济区分布的历史变动轨迹，见表3-3。从表中可以更清楚地看到我国流动人口流入地分布的集中趋势。

表3-3　1982—2005年八大综合经济区吸收的流动人口
占全国流动人口的比例（单位：%）[①]

| 地区 | 1982年 | 1987年 | 1990年 | 2000年 | 2005年 |
|---|---|---|---|---|---|
| 东北 | 16.8 | 13.02 | 11.79 | 7.55 | 6.95 |
| 北部沿海 | 13.82 | 13.04 | 11.76 | 11.53 | 11.97 |
| 大西北 | 7.43 | 10.59 | 5.19 | 5.24 | 3.14 |
| 黄河中游 | 17.43 | 14.74 | 13.03 | 10.1 | 7.98 |
| 大西南 | 9.31 | 10.5 | 10.43 | 12.83 | 10.98 |
| 长江中游 | 15.02 | 11.77 | 14.14 | 10.4 | 9.71 |
| 东部沿海 | 11.27 | 12.98 | 14.04 | 16.87 | 20.58 |
| 南部沿海 | 8.96 | 13.35 | 19.6 | 25.5 | 28.71 |

可见，从1982—2005年，在全部八个综合经济区中，有两个地区吸收的流动人口在全国流动人口中所占份额增长最为显著，分别是东部沿海地区和南部沿海地区，它们吸纳了越来越多的流动人口，所占份额也逐年上升。南部沿海地区一直是我国改革开放的前沿阵地，是我国最重要的外向型经济发展的基地，是消费品生产基地和高新技术产品制造中心，也是我国最早的和最大的流动人口流入中心，其吸收的流动人口占全国流动人口的比例由1982年的8.96%，上升到2005年的28.71%，共增长了约20个百分点。

---

① 段成荣，杨舸.我国流动人口的流入地分布变动趋势研究[J].人口研究，2009，33（6）：1-12.

东部沿海地区从20世纪90年代起开始成长为我国最具影响力的多功能的制造业中心，其流动人口占全国流动人口的比例由1982年的11.27%，上升到2005年的20.58%，共增长了约9个百分点。

在东部沿海地区和南部沿海地区流动人口份额大幅上升的同时，其他地区的流动人口份额都在下降（大西南地区除外，该地区的份额略有上升），其中最为显著的是东北地区和黄河中游地区。在改革开放之初，东北地区和黄河中游地区都是我国流动人口最大的流入中心，东北老工业基地是我国重型装备和设备制造业基地和能源原材料制造业基地，而黄河中游地区是我国最大的煤炭开采、天然气和水能开发基地，这些地区的老牌工业企业在当时吸纳了很多流动人口，所以在1982年，东北地区和黄河中游地区的流动人口占全国流动人口的比例分别为16.8%和17.43%。然而，随着东部沿海地区和南部沿海地区的快速发展，老工业区逐渐失去了优势，东北地区的流动人口占全国流动人口的比例由1982年的16.8%下降到2005年的6.95%；黄河中游地区的流动人口占全国流动人口的比例由1982年的17.43%下降到2005年的7.98%，且两个地区各自在全国流动人口总量中所占份额都丧失过半。

同期，北部沿海地区、大西北地区和长江中游地区吸收的流动人口份额也在下降。北部沿海地区的流动人口比例略有下降，由1982年的13.82%下降到1990年的11.76%，此后变化不大，但该地区在近年已经逐渐成为高新技术研发和制造中心，未来有吸纳流动人口的潜力。与此同时，大西北地区、长江中游地区吸收的流动人口份额的下降幅度都非常大。

### 3．从具体的城市来看

我国地级以上城市的跨省流动人口规模在空间上呈现出"东南沿海集中连片、中西部一枝独秀"的特点。在东南部沿海地区跨省流动人口规模呈现出明显的圈层结构，以长三角为例，上海跨省流动人口高达898万人，为核心圈层，杭州、宁波、苏州等为第二圈层，无锡、金华、台州、嘉兴等为第三圈层，而中西部地区省会城市出现"独峰"结构，和周边城市的跨省流动人口规模相比呈现出极大的反差。

"五普"数据显示，外来流入人口最多的城市是深圳，排名前十位的城市还包括东莞、广州、上海、北京、佛山、成都、温州、武汉、泉州，总体上依然呈现出东部地区最多、中部地区其次、西部地区最少的空间格局。①东部地区城市人口流入规模较大的主要是上海、北京、深圳、东莞、广州、苏州、天津等城市，中部地区主要是武汉、郑州、合肥、长沙、太原等城市，西部地区主要是成都、重庆、西安、昆明、乌鲁木齐、南宁、贵阳、呼和浩特等城市。这些城市大部分是省会城市或者副省级城市，其中流动人口均超过50万人，广州、深圳、东莞、上海超过了1000万人。从地区来看，中部地区外来人口大规模流入的城市明显比东、西部地区少。因此，这些流入人口密集的城市被称为"新移民密集区"；具有中等迁移规模的城市（10万～50万人）为东部沿海地区与珠三角、京津冀、长三角城市群相比邻的周边城市，长江中游城市群、哈长城市群、长吉城市群、辽中南城市群、成渝城市群周边以及中西部地区各省会城市，这些城市被规定为新移民稀疏区；剩下的城市或乡镇街道则为新移民极稀区。②

此外，通过对比"五普"与"六普"城市的外来人口流入地分布状况，"六普"流动人口的分布集中趋势尤为明显，一些重要的人口迁入地的迁入强度表现出强者更强的特征。此外，人口流入重心明显北移，长三角都市圈取代珠三角都市圈成为流动人口迁入的最主要地区。相对于跨省流动人口，省内流动人口分布相对均匀。省（市）内流动人口数量在100万人以上的城市主要是成都、深圳、广州、武汉、上海、北京、重庆、郑州、南京、苏州、合肥、沈阳、昆明、西安、青岛、长沙、杭州、佛山、南宁、东莞。很明显，和跨省流动人口相比，中西部大规模的省（市）内流动人口城市的数量大大增加，这主要是因为省（市）内流动人口大都以各省会城市或者经济发达的地级城市作为第一流入地。③中西部地区城市的省内流动人口数量要远大于跨省流动人口数量。成都、重庆、郑州、合肥、沈阳等城市，其省（市）内流动人口数量都为跨省流动人口的两倍以上。

---

① 俞路.20世纪90年代中国迁移人口分布格局及其空间极化效应[D].上海：华东师范大学，2006.

② 余运江，高向东.中国流动人口空间分布格局与集聚状况研究：基于地级区域的视角[J].南方人口，2016，31（5）：57-69.

③ 同上。

综上，流动人口的流入地分布呈现明显的集中趋势。从区域层面来说，流动人口越来越向东部地区集中，越来越向东部沿海地区和南部沿海地区集中；从省级层面来说，流动人口越来越集中流向少数省份，前六个流动人口最多的省（直辖市）（广东、江苏、浙江、福建、北京和上海）吸纳了全国一半的流动人口；从城市层面来说，流动人口越来越集中流向少数城市，表现出突出的极化现象；进入21世纪以来，我国正在形成一个由多个城市构成的沿海城市带，它们吸收了全国半数以上的流动人口。

**4．从新移民中最主要的群体——外来务工人员来看**

从移民的身份来看，尽管新移民包括劳工移民、智力移民和投资移民，但劳工移民的数量绝对是最多的，即在新移民中外来务工人员群体是最多的，甚至有学者把改革开放以来大规模的农民流入城镇的现象直接称为"新移民运动"[①]。可见，从外来务工人员的数量情况是可以大致看出新移民的情况的。

第一，我国外来务工人员总量巨大，且外出外来务工人员占主要部分。根据国家统计局2017年统计数据显示，2017年外来务工人员总量达到28 652万人。在外来务工人员总量中，外出务工人员17 185万人，本地外来务工人员11 467万人。在外出务工人员中，进城外来务工人员13 710万人。[②]在外出务工人员中，省内流动务工人员9510万人，占外出外来务工人员的55.3%。新增外出务工人员主要在省内流动，省内流动务工人员增量占外出外来务工人员增量的96.4%。从区域看，东部地区省内流动的农民占外来务工人员总量的82.5%；中部地区省内流动的农民占外来务工人员总量的38.7%；西部地区省内流动的外来务工人员占外来务工人员总量的49.0%；东北地区省内流动的外来务工人员占外来务工人员总量的76.4%，见表3-4。

① 俞可平.新移民运动、公民身份与制度变迁：对改革开放以来大规模外来务工人员进城的一种政治学解释[J].经济社会体制比较，2010（1）：1-11.

② 国家统计局，2017农民工监测调查报告[EB/OL].http：//www.stats.gov.cn/tjsj/zxfb/201804/t20180427_1596389.html.

表3-4  2017年我国外出务工人员地区分布表（单位：万人）

| 按输出地分 | 外出务工人员 | 跨省流动 | 省内流动 |
|---|---|---|---|
| 东部地区 | 4714 | 826（17.5%） | 3888（82.5%） |
| 中部地区 | 6392 | 3918（61.3%） | 2474（38.7%） |
| 西部地区 | 5470 | 2787（51.0%） | 2683（49.0%） |
| 东北地区 | 609 | 144（23.6%） | 465（76.4%） |
| 合计 | 17185 | 7675（44.7%） | 9510（55.3%） |

第二，长三角、珠三角与京津冀是外来务工人员的主要聚集区域。在长三角地区务工的外来务工人员达5387万人，在珠三角地区务工的外来务工人员达4722万人，在京津冀地区务工的外来务工人员达2215万人，共计12324万人，约占外来务工人员总量的一半。

第三，"二代外来务工人员"成了外来务工人员的主要群体。"二代外来务工人员"指年龄为16～40岁的外来务工人员，他们的父母绝大多数也是外来务工人员，所以称之为"二代外来务工人员"。2017年外来务工人员平均年龄为39.7岁。16～40岁的外来务工人员占外来务工人员总量的52.4%，超过外来务工人员总量的一半。

第四，外来务工人员主要从事第二或第三产业。从事第二产业的外来务工人员比重为51.5%。其中，从事制造业的外来务工人员比重为29.9%；从事建筑业的外来务工人员比重为18.9%。从事第三产业的外来务工人员比重为48%。其中，从事批发和零售业的外来务工人员比重为12.3%；从事交通运输、仓储和邮政业，住宿和餐饮业，居民服务、修理和其他服务业的外来务工人员比重分别为6.6%、6.2%和11.3%。

第五，外来务工人员比较适应城市生活，但归属感较差。进城务工人员中，有38%认为自己是所居住城市的"本地人"。从进城务工人员对本地生活的适应情况看，表示对本地生活非常适应和比较适应的占80.4%，一般的占18.3%，不太适应和非常不适应的占1.3%。从城市类型看，城市规模越大，外来务工人员对所在城市的归属感越弱，对城市生活的适应难度越大。从满意度看，进城外来务工人员中，对目前生活状况表示非常满意和比较满意的占56.1%，表示一般的占36.8%，表示不太满意和非常不满意的占7.1%。

# 二、新移民的研究

## （一）关于"新移民"研究的文献统计分析

### 1. 数据来源

数据来源于CNKI数据库，时间区间选择为1995年1月到2019年10月，所检索到的第一篇关于新移民的文献是1995年。以"新移民"为主题词，检索发表的文献总计434篇，对其中会议通知、编辑手记、新闻报道等与城市新移民研究无关的文献进行筛选、剔重和删除后，共检索到412条文献，再由此得出城市新移民研究的年载文量分布。

借助CIKI可视化分析功能，结合词频分析法和共词分析法来研判关于新移民的研究热点。词频分析法是文献计量方法的一种，指对某一特定时期的学科领域文献关键词进行分析，并将分析结果用统计图谱描述，通过一些关键词的使用频率和出现次数的变化规律来确定这个领域的研究主题和发展方向。[1]共词分析法主要是通过统计在同一篇文章中一组词或者短语共同出现的频次，并对其进行聚类分析，以揭示关键词之间的关系，从而分析这些词或短语所代表的主题的动态变化。

### 2. 年载文量的总体趋势分析

研究热点是一个科学领域在一定时间内出现的大量高频次、有内部链接关系的一组文章所共同关注的问题或主题。[2]CNKI可视化的文献统计结果表明，412篇文献由228个不同机构的536位作者撰写。主要的机构为中山大学、山西大学、四川教育学院、上海大学、上海海洋大学、苏州大学、华中师范大学和复旦大学等。主要的作者为周大鸣、李志刚、苏昕、邱兴、雷开春、张文宏、叶继红和周葆华等。

从1995—2019年载文数量总体趋势来看，有关新移民的研究文献总体呈现持续增长的趋势。1995—2005年发文数量保持相对稳定的趋势，每年1～2

---

① 钟伟金，李佳.共词分析法研究（一）：共词分析的过程与方式[J].情报杂志，2008（5）：70−72.

② CHEN C M. Towards an explanatory and computational theory of scientific discovery [J]. Journal of informetrics，2009（3）：191−209.

篇文献，而2005—2010年发文量急剧上升，尤其是由2009年的19篇增至2010年的41篇，这表明2010年城市新移民研究引起了学界较为广泛的关注，之后相关研究依然保持增长的趋势，到2016年达到峰值，文献数量为52篇。在"城市新移民"的研究中有三个关键点。第一，1995年，郭栋在《新移民一族》中首次提到了"城市新移民"[①]，他把城市新移民分为两类，一类是进入高等院校再留在城市的，这部分群体主要指来自外省的文化人士和科技人士；另一类是靠体力由农村进入城市的，这部分群体主要指来自农村的青年打工一族，但他强调这一时期的城市新移民主要是来自外省的文化人士和科技人士。第二，2004年，陈映芳在《关注城市新移民》中开始把研究视野聚焦到从农村或小镇向各类城镇流动的人口和从全国中小城市向大都市流动的人口，并强调要着重关注大量"非人才"的新移民，即劳工移民。[②]第三，在2006年，以华东师范大学中国现代城市研究中心研究员文军为核心研究者，研究文献数量快速增加，研究问题涉及城市新移民的社会融入问题、社会保障问题以及子女教育问题等。

### 3. 高频关键词共现知识图谱分析

关键词是文献核心主题的呈现，是文章高度概括和集中表述的本质表现。因此，通过分析文献中出现频次较高的关键词，将其作为文献的核心和精髓，从而来探寻一个研究领域的热点。为了探寻各高频关键词之间的关系，本文主要分析样本题录中的高频关键词，运用CNKI可视化分析关系网络功能，设置节点过滤出现频次为3，关系分析设置为临近节点，聚类分析值设置为3，生成城市新移民研究的关键词共现网络，得到其高频关键词科学知识图谱，从而确定城市新移民的热点研究领域。在生成的图谱中显示发文量排在前50的主题和关键词，以对网络进行简化。具体见图3-4。

在图3-4中，圆圈表示关键词，圆圈大小表示关键词出现的频次。圆圈越大，表示关键词出现的频次越高，其中"城市新移民"和"移民"两个关键词是该知识图谱中的中心点。

---

① 郭栋.新移民一族[J].中国青年研究，1995（6）：38-40.

② 陈映芳.关注城市新移民[N].解放日报，2004-08-22（1）.

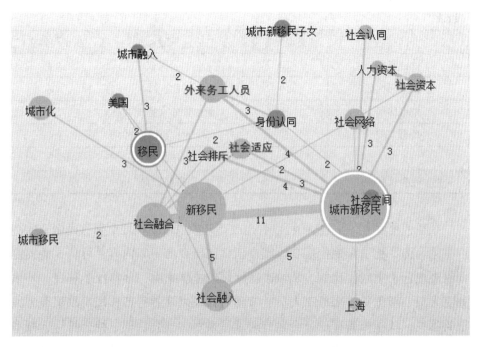

图 3-4　我国城市新移民研究的高频关键词科学知识图谱

　　1995—2019年城市新移民研究主题文献的高频关键词的频次信息，经过剔除、合并、筛选等处理后，按降序排列，结果如表3-5所示。

表3-5　1995—2019年城市新移民研究主题文献的高频关键词的频次信息

| 关键词 | 出现频次 | 关键词 | 出现频次 |
|---|---|---|---|
| 城市新移民 | 89 | 文化融合 | 6 |
| 新移民 | 51 | 市民化 | 6 |
| 社会融合（融入） | 53 | 劳动力移民 | 6 |
| 移民 | 25 | 社会排斥 | 6 |
| 外来务工人员 | 19 | 人力资本 | 6 |
| 城市化 | 15 | 上海 | 6 |
| 城市融合（融入） | 12 | 广州 | 5 |
| 社会网络 | 12 | 身份 | 5 |
| 城市新移民子女 | 12 | 文化适应 | 5 |
| 身份认同 | 10 | 满意度 | 4 |

（续表）

| 关键词 | 出现频次 | 关键词 | 出现频次 |
| --- | --- | --- | --- |
| 社会资本 | 10 | 公民权 | 4 |
| 新移民居住区 | 10 | 社会流动 | 4 |
| 城市移民 | 9 | 新生代外来务工人员 | 4 |
| 社会空间 | 8 | 社会保障 | 4 |
| 美国 | 7 | 青年新移民 | 3 |
| 社会认同 | 7 | 家庭教育 | 3 |

在某种程度上，从表3-5可以看出改革开放以来我国城市新移民研究的热点主题。为了更清晰地把握我国城市新移民研究的研究内容，可将这些关键词聚类成若干主题。比如，从城市新移民的主体来看，新移民、移民、外来务工人员、新生代外来务工人员、劳动力移民以及青年新移民可以聚类为城市新移民；从城市新移民社会融合的过程来看，社会认同、社会排斥、城市融合、文化适应、文化融合、社会网络以及身份认同可以聚类为社会融合；从城市新移民的移民背景来看，城市化、社会流动可以聚类为迁移背景；从城市新移民的权益保障来看，社会保障、公民权以及市民化可以聚类为权益保障。此外，关于城市新移民城市生活的满意度调查与研究也是研究的热点主题之一。由此，根据改革开放以来我国城市新移民研究的高频关键词科学知识图谱以及遵循这种关键词的聚类逻辑，可推断出我国城市新移民研究的三个热点研究主题：第一，城市新移民的社会融合问题；第二，城市新移民的权益保障问题；第三，城市新移民的生活满意度问题。

## （二）关于"新移民"研究的文献内容分析

### 1. 新移民的社会融合研究

社会融合（social inclusion）是指个体和个体之间、不同群体之间、不同文化之间互相配合、互相适应的过程。[①]新移民的社会融合指新移民群体与当地个体、群体或文化相互配合与相互适应的过程。西方对外来移民与主流

---

① 任远，邬民乐.城市流动人口的社会融合：文献述评[J].人口研究，2006（3）：87-94.

社会关系问题的理论探讨，按其基本取向，可以梳理出同化论和多元文化论两大流派。[①]同化论认为跨境移民在接受国一般要经历定居、适应和同化等三个阶段，对移民来说，只有学习、适应、接受所在地的生活方式和文化价值观念，抛弃原有的社会文化传统和习惯，进而才能实现同化和融合。而多元文化论认为，移民用不同文化背景、不同社会经历和价值观念重新塑造其生活的地点，并有助于建构多元化的社会和经济秩序。故从社会融合的过程来看，城市新移民的社会融合研究包括社会适应研究、社会排斥研究、社会认同研究、社会网络研究和社会融入研究，这是一个层层递进的逻辑关系，同时也是城市新移民成为"新市民"的同化过程。从结构来看，城市新移民的社会融合研究包括文化融合、心理融合、身份融合和经济融合；从层次来看，城市新移民的社会融合研究包括个体层面的社会融合和群体层面的社会融合。本书从社会融合的过程来对城市新移民的社会融合研究进行归类和评析，因为社会融合的过程基本囊括了城市新移民社会融合的所有研究主题内容。

第一，在城市新移民的社会适应方面。城市新移民的社会适应是指这一群体以具备现代性特征的市民为"参照群体"，不断调整自己的身心状态，从而使个体或群体与城市环境达到相协调的状态。[②]其主要包括经济适应（包括职业、经济收入、城市购买力等）和生活方式适应（包括休闲方式、交往类型、城市语言掌握程度等）。新移民的社会适应过程如下：进入城市的最初的生存适应阶段，该阶段他们与城市生活和城市居民处于一种相对的隔离状态；定居城市的准备阶段，该阶段他们在职业转换和社会交往扩大的过程中实现了经济地位和社会地位的提高；定居行为阶段，实现了举家迁移，标志着城市新移民正式定居城市；认同感与归属感阶段，表明他们已经走向了深层次的心理适应与社会适应阶段。[③]在新移民心理适应过程中，持续承压时间和政策制度会导致新移民心理适应过程的波动，而前者的影响更为明显。

---

① 李明欢.当代西方国际移民理论再探讨[J].厦门大学学报（哲学社会科学版），2010（2）：5-12.

② 张翼.城市新移民社会适应研究[D].武汉：华中农业大学，2010.

③ 申丛丛.劳动力移民城市适应的过程研究[D].济南：山东大学，2010.

在适应心理到适应行为的转化中，新移民自身的态度倾向和心理认知水平是至关重要的，外界环境则影响该过程的持续时间及程度。[①]在新移民社会适应过程中，资本对其社会适应有着显著性影响。目前，新移民社会适应实践因资本禀赋存量之阙如与配比之失调而呈现同化、分离或边缘化的趋向。其内在原因是资本要素禀赋内循环的紊乱，外在原因是结构性社会排斥—资本要素禀赋失调—功能性社会排斥外循环的固化。为此，可以从双循环的交叉点——资本要素禀赋入手，优化内循环，打破外循环，从而实现社会适应。[②]具体来说，一是调整市场配置与成本分担，补强经济资本。二是注重外部赋能与自身增能，提升人力资本。三是突破权力桎梏与形式主义，激活权力资本。四是强化互动介入与群体协同，整合社会资本。五是倡导先进文化与共有价值，共塑文化资本。

第二，在新移民的社会排斥方面。新移民融入的前提是消除社会排斥，因为社会排斥是新移民社区融入的壁垒所在，社会排斥分为结构性排斥和非结构性排斥，结构性排斥主要表现为制度性排斥，非结构性排斥主要表现为文化性排斥。户籍制度和建立在户籍之上的城市的各种制度构成了流动人口融入城市社会的制度性障碍（制度排斥），学界对此已基本形成共识。在城市现有的制度安排下，流动人口面对的是一系列有别于城市居民的制度，如就业制度、社会保障制度、医疗制度、教育制度等。二元化的城市制度生存环境根源于城市的二元化户籍状况。城市相关制度被人为地贴上了"户口"的标签，使原本应当与户籍无关的制度与户籍的性质产生了千丝万缕的联系。在这个意义上，户籍制度已经超越其本身单纯的人口登记和统计的功能，成为上述城市制度的"母体"，并成为制度性排斥的基础性制度。[③]城市新移民还面临着城市居民文化的排斥。国内学者大多从偏见和歧视的角度研究这一现象。李强通过对北京地区70多个外来务工人员的访谈后发现，多数

① 赵旭，黄传超，胡斌.城市新移民社会心理适应的突变仿真研究[J].系统仿真学报，2017，29（7）：1435-1446.
② 徐至寒，金太军，徐枫.城市新移民社会融合路径的障碍及其消解：基于资本要素禀赋的视角[J].经济社会体制比较，2016（1）：57-66.
③ 任远，邬民乐.城市流动人口的社会融合：文献述评[J].人口研究，2006（3）：87-94.

外来务工人员觉得被人家"看不起"和"受歧视"是最难以忍受的，物质上的、生活上的艰苦倒在其次。①朱力把市民对外来务工人员的歧视行为概括为语言轻蔑、有意回避、职业排斥和人格侮辱。进城务工人员日常生活及社会交往中所受到的歧视，直接伤害了他们的人格和自尊。零点市场调查有限公司连续三年对北京、上海、武汉等地外来人口的调查显示，有18%的外来务工经商人员感觉受到当地居民的强烈歧视，45%的外来务工经商人员感觉有时会受到歧视或受到某些城市人的歧视。李强认为，日常接触中的歧视主要发生在两类场合，即公众场合和居民家庭，前一种场合主要包括公共汽车上和商店里。不论在哪一种场合，城市人的歧视行为都有可能导致外来务工人员群体对城市人的反感和对城市的疏远，无形中消解了外来务工人员对城市社会参与和融入的积极性和主动性。故需要消除社会排斥，积极建构"互构共变"的城市社会关系，实现社区参与、社会交往、制度保障、文化融合的"破冰"。

　　第三，在城市新移民的社会认同方面。社会认同被定义为个体对其社会身份的确认。城市新移民生活空间的转换会唤醒移民们的社会认同意识和冲突，他们需不断地对各种"社会身份"进行重新确认，包括文化认同、地域认同、群体认同、地位认同和职业认同②。目前，城市新移民的社会认同程度总体不高。从认同程度来看，从高到低依次为地域认同、职业认同、文化认同、地位认同和群体认同。具体表现为新移民在文化认同上呈现出滞后性的倾向；地域认同的程度相对较高；在群体认同上有较强的"外地人"意识倾向；在地位认同上倾向于认同中层和中下层，并呈现出向上认同的倾向；职业认同处于中间水平。其中，移民的社会认同呈现出一致性认同与差异性认同并存的关系结构，③具体表现为：职业认同、群体认同和地位认同，地位认同与地域认同，地域认同、文化认同和群体认同，群体认同与文化认同之间

---

① 李强.关于城市外来务工人员的情绪倾向及社会冲突问题[J].社会学研究，1995（4）：63-67.

② 雷开春.城市新移民的社会认同研究[D].上海：上海大学，2009.

③ 张文宏，雷开春.城市新移民社会认同的结构模型[J].社会学研究，2009，24（4）：61-87，243-244.

存在着一致性认同的倾向；职业认同、文化认同和地域认同，地位认同、文化认同和群体认同之间存在着差异性认同的倾向。此外，户籍制度、职业地位、经济收入、居住时间和社会距离对社会认同有显著影响，但教育对其的影响不大。

第四，在城市新移民的社会网络方面。新移民新社会关系网络的构建，是基于自己发展的需要，在个人关系基础上的一种社会关系网络的重建与扩展。一是既存社会关系网络的扩大。主要是指以城市新移民家庭为中心的社会网络的扩大。传统乡土中国的家庭社会关系是由血缘和地缘两种主要的纽带联系而成。二是新关系网的建立。城市新移民在接受教育和迁移的过程中，为了以后社会职业地位的发展，会有意识地去建立一些以自己为中心的社会关系网络，这些关系主要指师生关系、同学关系、朋友关系和同事关系。这些网络一般是以信任为纽带建立起来的，信任是这种社会关系网络得以维系的基石。①丰富的社会关系网络能够为新移民提供很好的社会支持，新移民在城市里所建立的这种新的社会联系越多，他们整合和融入所在城市社会的程度似乎就越高。新移民的社会关系网络特征具有难以超越亲缘和血缘阀界的特征，城市新移民构建新的社会关系并不是"打破重来"，而是基于原有的以血缘、地缘为特征的社会关系网络。社会网络往往是基于"乡土关系"和"新的社会关系"而建立的，可以帮助移民获取社会支持。从构成和特征上看，乡土关系更多以血缘、亲缘、地缘为基础，成员之间的互动以情感为导向，相互之间关系更为亲密，如家庭成员和亲戚。从性质上看，其更多的是基于"本质意志"，突出一点在于其中有的成员具有不可替代性。新的社会关系更多以业缘为基础，成员之间的互动以利益为导向，相互之间不一定有亲密的关系，如同事、生意伙伴等。从性质上看，其更多的是基于"选择意志"。城市新移民需要在"乡土关系"的社会关系网络的基础上，积极拓展与构建新的社会关系网络。

第五，在城市新移民的社会融入方面。总体上看，目前我国城市新移民

---

① 王龙龙.乡土关系的嬗变与重构：城市新移民的新型社会关系研究[D].杭州：浙江大学，2009.

的社会融入度偏低，移民的社会融入度主要受到居住、社区、经济、社会资本、人力资本、就业、健康等七个关键因子的影响。[①]移民的社会融入是由个体自然社会特征、经济以及社会多因素决定的复杂过程。研究表明：个体自然社会特征因素对移民的社会融入度有着特定的影响，表现为高教育水平比低教育水平更易融入城市；女性比男性更易融入城市；未婚比已婚更易融入城市；健康状况是否良好对移民的融入有显著影响。经济因素对移民社会融入有显著的影响，主要体现为城市新移民的经济状况和就业状况，表现为工作环境差、劳动时间长和经济水平低下则较难融入社会。社会因素方面的社区环境、居住状况、社会资本对移民的社会融入有显著影响，表现为社区环境好，居住状况佳和社会资本多则更容易融入社会。同时，我国的外来务工人员二代队伍日渐庞大，他们是随父母进城的原农村劳动者子女，相对于外来务工人员一代而言有着明显的区别，主要表现为："对自身身份的认识更为模糊；对城市融入具有更加强烈的意愿；对人力资本投资具有更高的要求。"[②]当前，这类新移民二代的社会融入程度也不佳。[③]研究表明移民二代社会层面的融入程度最低，显示出这些少年儿童在城市社会融入中遭遇了来自自身因素以外的社会制度方面的阻碍与限制；家庭层面得分整体不高，特别是家庭人力资本的因素得分很低，阻碍了移民二代的城市融入；个体层面的融入水平较低，特别是身份认同得分很低，显示出这些移民二代主观上并未融入。总的来说，影响城市新移民的社会融合度的因素可归结为以户籍制度和劳动就业制度为主的制度因素；以受教育水平、个人人力资本、个人社会资本等居住状况为主的个人因素；以邻里文化、家庭文化、社区文化和城市文化为主的文化因素；以个人和家庭的经济水平为主的经济因素和以身份认同、地位认同和职业认同为主的社会因素。故为了消除城市新移民社会融入的障碍，需要全面推进户籍制度改革，推动劳动就业体制改革，营造包容

① 刘建娥.乡-城移民（农民工）社会融入的实证研究：基于五大城市的调查[J].人口研究，2010，34（4）：62-75.

② 侯力，解柠羽.城市农民工二代移民社会融入的障碍研究[J].人口学刊，2010（6）：55-59.

③ 路锦非.中国城市移民二代的社会融入测量研究：理论反思与实证检验[J].公共管理学报，2018，15（2）：82-92，157.

的城市文化氛围，深化教育体制改革和建立健全住房保障制度。

**2. 新移民的权益保障研究**

学者关于我国城市新移民的权益保障研究主要是从公民权保障方面进行的。大多数学者同意把公民权视为具有法律效力的社会地位、政治认同资源，履行公民责任和义务的要求，获取社会福利和政治权利的保证。[①]英国学者马歇尔在其代表作《公民权与社会阶级》中指出，"公民权由三个部分组成，即市民权利、政治权利、社会权利"[②]。然而在现行各种政治、经济、社会、文化制度作用下，新移民作为公民所应拥有的基本权利都有待提升，具体如下：

第一，市民权利。城市新移民的市民权利具体体现为劳动就业、取得报酬、拥有财产、人身自由与人格尊严以及言论、思想与信仰自由等权利。首先，外来务工人员在同城市劳动者竞争中面临行政性和市场性的双重歧视，许多外来务工人员就业安置和就业机会得不到保障，即使能就业也处在低职业声望和低福利保障的二级劳动力市场，这种市场收入低、工作环境差。其次，保障城市新移民及时足额获得劳动报酬是城市新移民应享有的一项最基本的劳动权利，但是外来务工人员讨薪问题经常见诸报端，新劳动法中对劳动者薪酬待遇的其他保障在执行中也存在问题，由此带来的如人格尊严等诸项市民权利也常常受损。最后，城市新移民群体在劳动过程中利益受到损害，少有正当的表达渠道，法律服务的昂贵和法制观念的不足、文化素质的不高，也阻碍着城市新移民使用这些渠道和资源。市民权利在城市新移民权利中居于基础性、决定性地位。[③]要实现城市新移民市民权利的回归，核心是要实现城市新移民的经济权利，首先要实现城乡统筹就业与平等就业，完善外来务工人员就业机制；其次要建立善待城市新移民的用人机制；最后要保护城市新移民合法财产权。

第二，政治权利。首先，城市新移民作为弱势群体，在城市中缺乏话

---

① 苏昕."城市新移民"公民权的缺失及回归探析[J].中国行政管理，2012（5）：46-50，97.

② MARSHALL T H. Citizenship and social class and other essays[M].Cambridge：Cambridge University Press，1950：79.

③ 苏昕."城市新移民"公民权的缺失及回归探析[J].中国行政管理，2012（5）：46-50，97.

语权，缺少制度化表达机制。其次，对城市新移民的政治参与权可从两方面来考察：一是作为公民行使选举、被选举的权利；二是作为城市中的居民在生产、生活中行使公民权利。新移民生存在流入地的体制以外，社会地位低下，被边缘化，对流入地区和单位缺乏认同感和主人翁意识，所以产生现代意义上的政治参与几乎是不可能的。由于二元社会结构，《中华人民共和国工会法》在实际操作中对外来务工人员并不适用，有近1.3亿名外来务工人员不能顺利加入工会，即便个别城市成立了外来务工人员的工会组织，在权益保护方面也是力度软弱。城市新移民政治权利回归的基本途径分为以下几条[1]：构建新移民政治权利保障机制，全面推广政务公开、厂务公开、监督公开、民工参与制度，这是保障城市新移民政治权利的基础；出台保障新移民政治权利的法律法规；加强新移民群体的组织建设。

第三，社会权利。我国宪法对公民的社会权利做出了规定，明确肯定我国公民有获得物质帮助权、社会保障权、受教育权、婚姻家庭老人妇女儿童受保护权等权利。对于新移民而言，主要体现在公正的养老、住房、医疗、教育等一系列社会保障权问题上。社会保障制度作为社会安全网，是生存权的主要保障，其核心是促进公平、正义和共享。从社会背景来看，党的十八届三中全会通过的《中共中央关于全面深化改革若干重大问题的决定》中指出：是否有利于社会公平正义，是否有利于人民自由、幸福，有利于增进人民福祉，要成为判断一项制度优劣的标准，成为衡量思想、观念、政策是否符合发展要求的标尺。在此背景下，城市新移民的社会保障制度建设和其公民权保障需要引起高度的关注。在社会保障的对象方面，从社会学和法学角度看，整个社会中遭遇贫困、失业、养老、医疗问题的个体都应成为城市贫困救助和社会保障机制的对象；从人口学角度看，户籍仍在农村、长期在城市工作的群体是城市贫困救助和社会保障机制的研究对象；从城市地理学角度看，在城市内部处于贫困地区的群体应成为贫困救助和社会保障机制的主要对象；[2]从经济学角度看，在法定劳动年限内的失业者和达到法定工龄的退

① 苏昕.中国"城市新移民"公民权缺失及国外经验的启示[J].山西大学学报（哲学社会科学版），2012，35（5）：57-61.
② 陈果，顾朝林，吴缚龙.南京城市贫困空间调查与分析[J].地理科学，2004（5）：542-549.

休者是社会保障的直接对象，其他需要社会救助的人不是经济学意义上的社会保障对象。①为此，城市新移民理应在社会保障的范围之内，尤其是贫困的城市新移民更应在社会保障范围之内。但目前城市新移民社会权益保障仍然存在着如下不足：一是保障覆盖不全面，城市新移民参保率相对较低，造成农村社会保障体系的极度匮乏，城市化发展带来的农村养老保障问题依然突出，大量城市的新移民面临各种贫困救助与社会保障的空缺；二是与流动性不适应，城市新移民社会保障的异地转移不通畅，高流动性下顺利地办理保险服务有难度；三是工资低，社保缴费高。②

由此，完善城市新移民的社会保障体系可从新移民的分类分层与区别对待两方面着手。新移民主要分为两类：一是那些长期在城市工作、已经有了相对固定住所和工作的城市新移民；二是只有短期工作、常年流动的城市新移民。针对第一类城市新移民，社会保障体制的作用应该是通过规范、系统的制度帮助他们与城市居民一样享受正常的社会保障，如医疗保障、失业保障、养老保障和社区化保障。第二类城市新移民最迫切关心的是是否能够在城市获得一份工作，是否能够挣得一定的收入，是否能够免除饥饿、寒冷、意外伤病的侵袭。因此对他们来说，社会保障体制的作用应强调贫困救助，帮助他们在没有收入、没有工作、遭受意外伤害的时候得到援助，帮助他们恢复劳动能力，从而减少社会的不稳定因素。针对第二类新移民构建有效的贫困救助机制，如生活救助制度、"公共服务"生存保障和工伤保障，还可以让他们通过参加"公共劳动"有生活保障，这实质上是设置一种社会"安全阀"，构建一种特殊的保障体制。此外，在特殊时期可考虑构建一个过渡的社会保障体系——三元社会保障体系结构，对城乡三大劳动者阶层即城市企业职工、外来务工人员（乡镇企业职工与城市新移民）及农民分别实行既相对独立，又便于走向整合的作为过渡形态的社会保障制度模式。③甚至有学

---

① 刘福垣.中国社会保障体制改革的方向[J].计划与市场探索，2003（8）：1-6.

② 苏昕.城市新移民社会保障权益完善探讨：共享发展理念的视角[J].马克思主义研究，2016（6）：146-154.

③ 王桂新，张蕾，张伊娜.城市新移民贫困救助和社会保障机制研究[J].人口学刊，2007（3）：35-40.

者提出建立全新的社会保障体制，即社会保障金应该按需分配，农村社会保障应该和城市实行同一原则。所谓同一原则，是指同一的市场经济原则。只要农村居民作为劳动者进入劳动力市场，成为工资劳动者，就可以享受与城市居民同等的失业和退休社会保障待遇。[①]

### 3. 新移民的满意度调查研究

《2017年农民工监测调查报告》显示，进城务工人员对目前生活状况表示非常满意和比较满意的占56.1%；表示一般的占36.8%；表示不太满意和非常不满意的占7.1%。目前，新移民的满意度调查研究主要是针对外来务工人员这一主要群体的满意度调查研究，主要包括外来务工人员的生活满意度调查研究和外来务工人员的社会保障满意度调查研究。社会保障满意度调查研究又主要包括外来务工人员工作、住房、医疗和养老这四方面的调查研究。具体如下：

第一，关于城市新移民的生活满意度调查研究。生活满意度是指人们对生活主观感受到的幸福程度，主观幸福感是个体依据自己界定的标准对自身的生活质量所作的主观的整体评价。研究表明，外来务工人员的生活满意度总体较高，其中居住环境、社会保险、子女教育及公共管理与服务等是影响外来务工人员生活满意度的重要维度。最不满意的包括房租太贵；社保缴纳金额自付比例高，负担不起；子女在城市就学困难；对外地人收费太多。[②]这就说明了外来务工人员的住房保障问题突出，当前的社会保险制度不能够有效保障外来务工人员在城市的工作生活，更不能充分满足其子女的教育需求。另有研究从社会保险、生活环境、个人特征和妨碍因素这四个方面探讨新生代外来务工人员的生活满意度。研究表明：其一，养老保险、医疗保险和工伤保险是影响生活满意度的重要因素，参加社会保险有利于提高生活满意度。但从调查结果看，新生代外来务工人员参加养老保险、医疗保险和工伤保险的比重较低，参加养老保险和医疗保险的比例仅为41.7%与44.4%。其二，工作满意度、居住满意度、公共设施和社会地位对生活满意度具有显著

---

① 刘福垣.中国社会保障体制改革的方向[J].财贸经济，2002（6）：26-34.

② 黄莼，刘伟平.农民工生活满意度评价实证研究[J].福建论坛（人文社会科学版），2011（11）：183-186.

显影响。当他们对工作、居住环境较为满意，周围公共设施较为齐全，自我感觉社会地位较高时对生活的满意度就较高，反之则生活满意度较低。这说明保障工作权益、改善居住环境和公共设施、融洽的社会关系和地位对提高生活满意度有帮助。其三，性别、年龄、月均收入和社会交往对生活满意度影响较小。其四，子女在城市就学与土地流转难度越大，生活满意度就越低。[①]。

第二，关于城市新移民的社会保障满意度调查研究。外来务工人员社会保障满意度是个体福利预期与政策感知绩效之间的纵向差减、外来务工人员社保与市民社保之间的横向差减，以及政策知晓程度综合作用的结果。目前，外来务工人员群体对社会保障的满意度相对偏低。江苏省13个地市外来务工人员在基本养老保险领域，表示满意和非常满意的比例分别为30.8%和4.6%，表示不满意和非常不满意的比例为14.3%和5.4%。在医疗保险领域，表示满意或非常满意的比例分别为32.6%和5.5%，表示不满意或非常不满意的比例为12.3%和3.8%。换言之，有近2/3的被调查者对基本社会保险的主观感受相对低下。[②]

在城市新移民的居住满意度方面。研究表明，"北上广"新移民聚居区的居住满意度属一般水平；新移民聚居区的居住满意度受其社会经济条件或设施配置水平影响，其决定因素包括：社区归属感、所在城市管治强度、居民收入和设施条件（如空调），其中社会归属感是影响当代中国城市新移民聚居区居住满意度的最重要因素。[③]此外，有学者重点研究了新生代外来务工人员个体属性、职业特征与居住方式等三个特征维度对新生代外来务工人员住房满意度的影响。数据结果显示，性别、年龄、婚姻状况、是否有子女、收入水平、进城务工时间、住房面积、居住形式、住房支出、住房配套设施和

① 刘培森，尹希果.新生代农民工市民化满意度现状及其影响因素研究[J].西安财经学院学报，2017，30（1）：75-81.

② 陈静，柳颖.新型城镇化进程中的农民工社会保障满意度及其影响因素分析：基于江苏省13地市的实证调查[J].农村经济，2018（4）：111-116.

③ 李志刚.中国城市"新移民"聚居区居住满意度研究：以北京、上海、广州为例[J].城市规划，2011，35（12）：75-82.

日常通勤时间等因素对新生代外来务工人员的住房满意度有显著影响，而职业类别和是否缴纳住房公积金目前对新生代外来务工人员住房满意度的影响还不够显著。[①]在城市新移民的就业满意度方面。不同档次的工资水平对不同代际、性别、行业的外来务工人员工作满意度的影响存在差异：年龄越大的外来务工人员对工作保障满意度越高；男性外来务工人员对工作总体满意度和工作保障满意度比女性更低；已婚外来务工人员对工作条件、工作报酬以及总体满意度比未婚外来务工人员更高；文化程度越高的外来务工人员，其工作满意度越低；行业特征对外来务工人员工作满意度有显著影响，国有企业或集体企业、合资企业或外资企业的外来务工人员工作满意度比个体私营企业的外来务工人员更高。[②]此外，在沪外来务工人员就业满意度总体评价较高，其中收入评价较低。工资收入、交通出行、子女教育、医疗卫生、城市适应性以及户籍制度等因素对外来务工人员城镇就业满意度有显著影响，而居住条件、工作福利、社会保障、劳动保护、权益侵犯等因素对外来务工人员城镇就业满意度的影响并不显著。[③]因此，目前影响我国外来务工人员城镇就业满意度的既有工资收入等物质因素，也有城市适应性等精神因素，相比较而言，物质因素影响更为显著。

可见，为提高城市新移民的满意度，需要重构"居住地"相关而非"户籍"相关的城市社会保障制度。在实施层面，要重视并持续提升外来务工人员实际参保率这一硬指标，提高待遇给付水平；在基层层面工作人员要积极转变工作理念以保障政策信息的充分传递与可知晓性；地方层面应以营造社会融合、建立地方归属感为目标，建设新型社会空间，实现新移民聚居区的满意和谐。同时要改善其居住条件，提高其住房支付能力，建立有针对性的住房保障政策，采取增加和保障其就业机会的有效策略。

---

①  李世龙.新生代农民工住房满意度影响因素与对策研究[J].重庆大学学报（社会科学版），2015，21（5）：44-50.

②  朱红根，康兰媛.农民工作满意度及其影响因素的差异分析[J].湖南农业大学学报（社会科学版），2017，18（4）：71-77.

③  程名望，史清华，顾梦蛟.农民工城镇就业满意度及其影响因素：模型与实证[J].经济理论与经济管理，2013（5）：35-44.

## 三、新移民子女的状况与研究

由新移民概念可知，新移民子女为改革开放以后，迁往城市居住一年及以上并已获得稳定的工作和住所，且已定居或有定居意愿居民的子女。由于新移民概念还未能达成共识，也无官方或权威的公布，则关于新移民子女的概念更是未能形成一致意见，也无官方或权威的公布。目前学界在研究新移民子女时，虽然其研究主题是新移民子女，但其内容无不是关于随迁子女、流动儿童或外来务工人员子女的，且在政策文件中也是用随迁子女、流动儿童或外来务工人员子女等概念。2011年国家计生委开展的流动人口动态监测调查数据显示，流动人口随迁子女规模庞大，近半数为省内流动，有86.5%来自农村，其在城市流入地生活的平均时间为4年。[①]由此，可推测随迁子女的父母在城市有稳定的工作与住所，居住时间绝大部分超过一年，且随迁子女的主要群体是外来务工人员子女，故随迁子女、外来务工人员子女和流动儿童与新移民子女在含义上大部分是契合的。换言之，以随迁子女、流动儿童或外来务工人员子女来窥探新移民子女是可行的。故本章对"新移民子女"进行的研究主要是通过研究"随迁子女""流动儿童""外来务工人员子女"这三方面。

### （一）新移民子女的状况

第一，随迁子女数量庞大。当前，人口流动不再处于"单打独斗"的第一阶段，其在经历了"夫妻团聚"的第二阶段之后，已经进入了"子女随迁"的第三阶段，即以核心家庭形式进行的人口流动越来越普遍。2011年，国家计生委对流动人口进行的动态监测调查数据显示，约90%的流动人口的配偶与其在同一个地方生活；接近2/3的流动人口子女随父母一起流动。2005年，0~17岁流动儿童的数量约为2500万人，而到了2010年，这一数量已经超过了3500万人。其中，2018年全国义务教育阶段在校生中进城务工人员随迁

---

① 马学阳.我国流动人口随迁子女受教育状况考察[J].城市问题，2015（4）：85-90.

子女①共1424.04万人。其中，在小学就读1048.39万人，在初中就读375.65万人。②

第二，出生与成长在城市的随迁子女比例不断增加。在2011年国家计生委开展的流动人口动态监测调查问卷中，"未流动"的流动人口随迁子女是指那些在流入地出生又一直生活在流入地的儿童，他们所占的比例高达15%，且呈不断增加之势。单就出生地来看，随迁子女中有29.8%出生在流入地。这部分随迁子女实际上已属于"生在城市、长在城市"的人口，跟流出地的社会联系已经非常微弱，语言、行为等已经较好地融入了城市。

第三，随迁子女在城市生活时间较长。随迁子女父母在城市工作生活的时间平均为4.25年；5年以上的所占比例为45%；10年以上的为20%。与父母一样，随迁子女在城市的居留时间也较长，平均为3.9年。

第四，在外来务工人员随迁子女方面。外来务工人员子女随迁率低，但呈不断增长的态势，未来城镇潜在就学升学压力巨大。随迁儿童教育得到较好保障，3~5岁随迁儿童入园率（含学前班）为83.3%，26.7%以上的是公办幼儿园，33.8%以上的是普惠性民办幼儿园，其他的为学前班。义务教育年龄段随迁儿童的在校率为98.7%。从就读的学校类型看，小学年龄段随迁儿童82.2%在公办学校就读，10.8%在有政府资助的民办学校就读。初中年龄段随迁儿童85.9%在公办学校就读，9.7%在有政府资助的民办学校就读。随迁儿童在学校总体不受歧视，96.7%的外来务工人员家长认为子女在学校未受歧视，0.4%的外来务工人员家长认为受到歧视，2.9%的外来务工人员家长表示不了解情况。从师资看，外来务工人员家长对教师非常满意和比较满意的占77.3%，认为一般的占21.9%，不满意和非常不满意的占0.8%③。

---

① 进城务工人员随迁子女，是指户籍登记在外省（区、市）、本省外县（区）乡村，随务工父母到输入地的城区、镇区（同住）并接受义务教育的适龄儿童少年。

② 教育部.2018年全国教育事业发展统计公报[EB/OL]. http://www.gov.cn/guoqing/2019-07-30/content_5241529.htm.

③ 国家统计局. 2017年农民工监测调查报告[EB/OL]. http://www.stats.gov.cn/tjsj/zxfb/201804/t20180427_1596389.html.

### （二）新移民子女的研究

**1. 关于新移民子女研究的文献统计分析**

**（1）数据来源。**

数据来源于CNKI数据库，时间区间选择为2008年9月到2018年12月，因为所检索到的第一篇关于"随迁子女"的文献是2008年。以"随迁子女"为关键词，检索发表的文献总数616篇，对其中会议通知、编辑手记、新闻报道等与随迁子女研究无关的文献进行筛选、剔重和删除后，共检索到578条文献。借助CIKI可视化分析功能结合词频分析法和共词分析法，主要通过分析高频关键词和突现词来实现，以确定研究主题和发展方向。

**（2）年载文量的总体趋势分析。**

CNKI可视化的文献统计结果表明，578篇文献中主要的机构为东北师范大学（18篇）、华东师范大学（17）篇、华中师范大学（16篇）、上海师范大学（16篇），等等。主要的作者为吕慈仙、张光陆、郅庭谨、雷万鹏、邬志辉、吴霓、罗云、熊炳奇、褚宏启、赵敏等。2008—2018年随迁子女文献数量总体趋势分布图见图3-5。

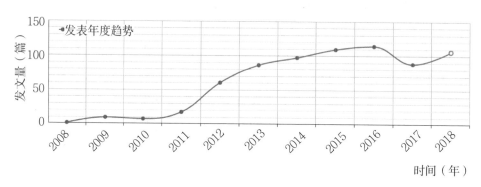

图3-5　2008—2018年随迁子女文献数量总体趋势分布图

从图3-7所示的载文数量总体趋势来看，有关随迁子女的研究文献总体呈现持续增长的趋势。其增长趋势可划分为三个阶段：第一阶段，2008—2011年，该阶段文献数量从2008年1篇增长到2011年17篇；第二阶段2011—2016年，该阶段文献数量从17篇增长到114篇；2017年文献数量有所下降，但是2018年7月文献数量达到了104篇，其增长率是很明显的。从"随迁子女"文献数量趋势变化中可以看出，存在两个明显的时间关键点，即2012年和2017年。

**（3）新移民子女研究文献的来源分析。**

578篇"随迁子女"文献来源排名前十的分别为《人民教育》、《教育发展研究》、上海师范大学、《中国德育》、《中国校外教育》、东北师范大学、《教育导刊》、华中师范大学、《教育研究》和《教育与职业》。从文献来源可看出，随迁子女的研究主要聚焦于对其的教育问题上。

**（4）高频关键词共现知识图谱分析。**

为了探寻各高频关键词之间的关系，主要分析样本题录中的高频关键词，运用CNKI可视化分析关系网络功能，将节点过滤出现频次设置为3，关系分析设置为临近节点，聚类分析值设置为3，生成城市新移民研究的关键词共现网络，得到其高频关键词科学知识图谱，从而确定城市新移民的热点研究领域。在生成的图谱中显示发文量排在前50的主题和关键词，以对网络进行简化。具体见图3-6。

在图3-6我国随迁子女研究的高频关键词科学知识图谱中，圆圈表示关键词，圆圈大小表示关键词出现的频次。圆圈越大，表示关键词出现的频次越高，其中"外来务工人员"是该知识图谱中的中心点。2008—2018年随迁子女研究主题文献的高频关键词的频次信息，经过剔除、合并、筛选等处理后，按降序排列，结果如表3-6所示。

表3-6　2008—2018年随迁子女文献的高频关键词的频次信息

| 序号 | 关键词 | 出现频次 | 序号 | 关键词 | 出现频次 |
|---|---|---|---|---|---|
| 1 | 随迁子女 | 341 | 17 | 心理健康 | 9 |
| 2 | 异地高考 | 75 | 18 | 受教育权 | 8 |
| 3 | 外来务工人员 | 49 | 19 | 留守儿童 | 7 |
| 4 | 义务教育 | 45 | 20 | 学校 | 7 |
| 5 | 进城务工人员 | 43 | 21 | 社会工作 | 7 |
| 6 | 教育公平 | 39 | 22 | 新生代外来务工人员 | 6 |
| 7 | 流动人口 | 20 | 23 | 高考政策 | 6 |
| 8 | 社会融入 | 20 | 24 | 学前教育 | 6 |
| 9 | 家庭教育 | 19 | 25 | 流动儿童 | 5 |
| 10 | 教育 | 17 | 26 | 积分入户 | 5 |

(续表)

| 序号 | 关键词 | 出现频次 | 序号 | 关键词 | 出现频次 |
|---|---|---|---|---|---|
| 11 | 教育政策 | 14 | 27 | 异地升学 | 4 |
| 12 | 新型城镇化 | 11 | 28 | 政策执行 | 4 |
| 13 | 户籍制度 | 10 | 29 | 学习适应 | 3 |
| 14 | 教育融入 | 10 | 30 | 身份认同 | 3 |
| 15 | 外来务工人员子女 | 10 | 31 | 融合教育 | 3 |
| 16 | 异地中考政策 | 10 | 32 | 问题行为 | 3 |

在某种程度上，从表3-6可以看出改革开放以来我国城市新移民研究的热点主题。为了更清晰地把握随迁子女研究的研究内容，可将这些关键词聚类成若干主题。在新移民子女教育的研究方面：外来务工人员子女、随迁子女、流动儿童可聚类为新移民子女；外来务工人员、新生代外来务工人员、

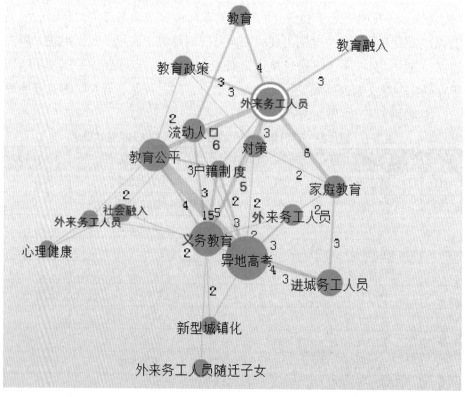

图3-6　随迁子女研究的高频关键词科学知识图谱

进城务工人员、流动人口可以聚类为新移民；受教育权和教育公平可聚类为教育公平；异地中考政策、政策执行、高考政策、异地高考、异地升学可以聚类为教育政策；义务教育、学前教育、学习适应可聚类为学校教育。此外，随迁子女的家庭教育也是学界的研究热点。

### 2．关于新移民子女研究的文献内容分析

关于新移民子女的研究，通过其关键词的聚类分析可以发现，其研究主题是新移民子女教育的研究，主要包括新移民子女教育公平、教育政策、学校教育和家庭教育的研究。

#### （1）新移民子女教育公平的研究。

随着社会的发展，关于社会公平的诉求日益成为社会政策必须回应的基本价值表达，被认为是社会公平重要基础的教育公平，也在这样的语境下开始频频进入各种教育政策化语言中。如2010年颁发的《国家中长期教育改革和发展规划纲要（2010—2020年）》多处提及"公平"，如提及"把促进公平作为国家基本教育政策……教育公平的主要责任在政府，全社会要共同促进教育公平"。自20世纪80年代以来，中国社会转型对教育最直接的影响之一是带来了庞大的进城务工人员子女群体的受教育问题。在原有的与户籍紧密关联的义务教育管理体制之下，随迁子女从农村进入城市后一度求学无门，于是"流动的孩子在哪儿上学"[①]这一问题被提出，并逐渐被推到聚光灯下，也成为最棘手的教育问题甚至社会问题，对随迁子女教育问题的讨论成为近些年教育公平议题之下最重要的实践问题之一。总的来说，随迁子女在城市入学面临着一些现实困境，主要表现为随迁子女教育的起点不公平、过程不公平和结果不公平三方面。

第一，起点不公平。起点不公平指的是随迁子女入学机会分配的不公平。目前，义务教育年龄段随迁儿童的在校率达到了98.7%。从就读的学校类型看，小学年龄段随迁儿童82.2%在公办学校就读，10.8%在有政府资助的民办学校就读。初中年龄段随迁儿童85.9%在公办学校就读，9.7%在有政府资助

---

① 李建平.流动的孩子在哪上学：流动人口子女教育探讨[N]. 中国教育报，1995-01-21（1）.

的民办学校就读。①但是仍然有少量适龄随迁儿童未能进入学校学习，较大部分进入了简易民办学校学习。研究表明，家庭经济条件极为有限、父亲受教育程度较低、转学情况普遍、外省户籍的学生一般进入民办学校就读。②与留在公办学校之外的随迁子女相比较，入读公办学校的随迁子女显然是幸运的，也往往被认为在他们身上已经实现了教育公平。然而，我们更需要考察那些有机会入读公办学校的孩子进入了哪些类型的学校。研究表明，大部分随迁子女进入的都是一些教学质量薄弱的学校，几乎不能进入优质学校就读。正如一所被民众认为是某市最好学校之一的小学校长所说："在我们学校，外来务工人员的孩子（随迁子女）很少……也不是我们不收，主要是我们本市自己的孩子都收不过来。"③

第二，过程不公平。过程不公平指的是随迁子女在受教育过程中所遇到的不公平。不变的户籍制度、城乡二元分治以及与之关联的义务教育分级管理、地方负责的管理体制，构成了进城务工人员随迁子女异地学校生活的宏观社会制度背景，也确立了随迁子女在流入地城市公办教育系统中与本地户籍儿童之间的基本关系架构，即"非成员"与"成员"关系。随迁子女作为"非成员"，则是溢出城市教育系统常态之外的部分，其教育需求本不是既有制度框架下地方城市教育服务刚性的义务教育对象，而且在义务教育后教育问题没有很好衔接解决的情况下，"两为主"政策并没有将随迁子女真正纳入流入地城市教育系统的核心考评体系与利益链条中。所有这些都会反映到学校日常生活中，影响随迁子女在学校场域的处境。由于家庭条件较差，他们的衣着、行为方式和价值观等相异于城市孩子，甚至有的学校还会将随迁子女单独分班，导致随迁子女在学校受到排挤和歧视，逐渐产生自卑心理，不利于其正常学习的开展和健康心理的养成。还有部分随迁子女入读外来务工人员子弟学校，经调查，仅上海就有13万名随迁子女入读市内519所外

① 国家统计局，2017年农民工监测调查报告[EB/OL]. http://www.stats.gov.cn/tjsj/zxfb/201804/t20180427_1596389.html.

② 罗云，钟景迅，曾荣光.进城务工人员随迁子女教育公平问题的分配正义与关系正义之考察[J].北京大学教育评论，2015，13（2）：146-167，192.

③ 同上.

来务工人员子弟学校，苏州也有将近5万名随迁子女在外来务工人员子弟学校就读，占随迁子女总数的三分之一。但这些学校硬件设施简陋，学习环境差，多数教师无证上岗，工作积极性不高，流动性大，师资力量薄弱，尤其缺乏音体美专职教师授课，课程安排随意，以语文、数学和外语为主，[①]这严重阻碍了新生代外来务工人员随迁子女的教育发展，导致其整个受教育的过程不公平。

第三，结果不公平。结果不公平主要是指随迁子女升学和学业成就方面的不公平。[②]某种程度上的起点不公平和过程不公平导致了结果不公平，再加上随迁子女家长的文化水平不高，对于随迁子女的学业成就和升学来说，更是雪上加霜。宁波市教育主管部门对该市6所外来务工人员子弟学校的教学质量进行抽样调查，结果发现该市公办学校学生的平均成绩为80分，及格率高达85%，而外来务工人员子弟学校学生的平均成绩则为69分，及格率仅为71%。[③]另外，"户籍管学籍"的升学制度致使大部分随迁子女在接受完义务教育之后不得不返回户籍所在地参加当地升学考试。但多数随迁子女学习成绩并不理想，导致他们当中的多数与更高层次的教育机会失之交臂。即便学习成绩较好的随迁子女回到家乡参加考试，一般情况下其所在的家乡也多为考试大省，录取分数较高，竞争大，机会少。相较于城市子女，新生代外来务工人员随迁子女教育结果不公平。

针对随迁子女在教育公平方面所面临的现实困境，学者从多个角度进行了剖析。在制度角度方面。首先，是受长期城乡二元户籍制度的后续影响。针对随迁子女，流入地政府会刻意制定本地区的就学接纳标准，设置高的入学门槛，有的要求随迁子女的父母出具各种入学所需证明，有的甚至以抢占教育资源为名，巧立名目设置高昂费用，让新生代外来务工人员知难而退，

① 石宏伟，孙静.新生代农民工随迁子女义务教育公平问题的制度研究[J].江苏大学学报（社会科学版），2015，17（3）：61-65.
② 孙河川，金蕊，黄明亮.英国2016年优秀学校督导评估指标研究[J].湖南师范大学教育科学学报，2017，16（6）：78-86，96.
③ 石宏伟，孙静.新生代农民工随迁子女义务教育公平问题的制度研究[J].江苏大学学报（社会科学版），2015，17（3）：61-65.

从而变相地拒绝随迁子女进入公办学校。①其次，义务教育制度本身存在不足。《中华人民共和国义务教育法》虽然已做出相关规定，明确义务教育是由国务院领导，实行地方负责和分级管理。但事实上，流入地政府往往优先安排本地区学龄儿童顺利入读公办学校，对于随迁子女的义务教育责任则是互相推诿、扯皮，新生代外来务工人员随迁子女就学难则成为现有义务教育管理制度中的"灰色地带"。再次，教育监督制度存在漏洞。主要表现为监督者与被监督者在本质上并没得以分离；公众监督、媒体监督失灵；随迁子女的父母监督意识和监督能力相对较弱。又次，教育评价制度不合理。在对随迁子女学业成绩的评价方面未能做到一定的关照和区别对待。②最后，随迁子女教育财政投入制度不完善。其主要表现为随迁子女财政教育经费投入不足。长期以来，我国在有限的教育经费中，将较大比重用于高等教育，导致义务教育经费投入不足，尤其是随迁子女的教育经费投入。随迁子女教育经费分担机制缺乏且不合理。在现行的"分税制"下，中央财力较高，但没有承担义务教育责任，县乡政府财力较弱，却承担了人数众多的义务教育责任，其财权与事权严重脱节；并且我国也缺乏专门的外来务工人员随迁子女义务教育资金预算制度。③此外，也有学者认为流入地政府作为主要责任人，其履责不力是造成随迁子女"上学难"的主要因素，流入地政府履责不力的主观因素包括责任划分的模糊性，导致了流入地政府的抵触性；预期收益的不确定性，抑制了流入地政府的主动性；管理的复杂性，降低了流入地政府的积极性；地区之间的竞争性，造成了流入地政府的排外性。

基于随迁子女为享受公平的教育所面临的现实困境和归因分析，学者们主要提出了以下解决办法：其一，以户籍改革破解流动限制；其二，构建全国电子学籍系统；其三，合理规划新型城市学校布局；其四，构建以需求

① 雷万鹏，汪传艳.农民工随迁子女"入学门槛"的合理性研究[J].教育发展研究，2012，32（24）：7-13.

② 石宏伟，孙静.新生代农民工随迁子女义务教育公平问题的制度研究[J].江苏大学学报（社会科学版），2015，17（3）：61-65.

③ 杨林，张敬聃.农民工随迁子女教育公平的财政实现机制探析[J].学术交流，2012（6）：80-83.

为本位的教育财政保障制度；其五，增强农村教育吸引力以缓解城市教育压力；其六，完善义务教育政策执行监督制度；其七，建立多元化的教育评价制度；其八，增加流入地政府自有收入；其九，合理划分政府间的责任；其十，完善流入地政府的政绩评价体系；其十一，规范和清理不合理的"入学门槛"。

**（2）新移民子女教育政策的研究。**

总的来说，随迁子女教育政策先后经历了"两为主"到"两纳入"再到"就学以居住证为主、经费保障三统一"的演变。[①]首先，2001年国务院颁发的《关于基础教育改革与发展的决定》中指出要"以流入地政府管理为主，以全日制公办中小学为主"解决流动儿童少年教育问题；2003年国务院办公厅转发了六部委《关于进一步做好进城务工就业农民子女义务教育工作的意见》，首次将外来务工人员子女纳入政策对象，提出了外来务工人员子女教育的"两为主"政策；2006年修订的《中华人民共和国义务教育法》以立法形式确立了"两为主"原则；2010年颁布的《国家中长期教育改革和发展规划纲要（2010—2020年）》将外来务工人员随迁子女教育问题纳入了国家发展战略且予以高度重视。其次，按照《国家新型城镇化规划（2014—2020年）》和《国务院关于进一步做好为农民工服务工作的意见》等文件要求，坚持"两为主"、完善"两纳入"解决农民工随迁子女入学问题，即以流入地政府为主、以公办学校为主，同时将常住人口纳入区域教育发展规划、将随迁子女教育纳入财政保障范围。最后，最近几年，国家陆续出台《国务院关于进一步推进户籍制度改革的意见》《国务院关于进一步做好为农民工服务工作的意见》《居住证暂行条例》《国务院关于统筹推进县域内城乡义务教育一体化改革发展的若干意见》等重要文件，确立了随迁子女"就学以居住证为主、经费保障三统一"的教育制度。"就学以居住证为主"即制定以居住证为主要依据的随迁子女义务教育就学政策；"经费保障三统一"即在城乡义务教育经费保障机制上，城乡统一"两免一补"政策、统一公用经费

---

① 单成蔚，秦玉友.农民工随迁子女义务教育入学条件分析：以25座大城市相关政策文本为例[J].四川师范大学学报（社会科学版），2017，44（5）：92-100.

基准定额、统一经费分担机制。具体来说，随迁子女教育政策方面的研究主要包括入学政策、异地中考政策和异地高考政策三个方面。

一是在入学政策方面。随迁子女入学政策主要有三类：其一，积分入学制。它是指当地政府或教育行政部门对外来务工人员提交的符合要求的材料进行累计积分，达到或高于积分要求的外来务工人员可以为未曾入读公办学校的适龄子女在居住地或工作地申请义务教育阶段起始年级学位，所在地教育行政部门根据当年能够提供给随迁子女的学位数量，按照申请人积分的高低排序安排随迁子女入学。规定积分入学的有上海、广州、深圳、苏州、佛山、东莞和厦门。其二，条款型入学政策。它是指携带适龄随迁子女的外来务工人员必须向居住地所在教育行政部门提交流入地大城市所要求的各项证明材料，才能申请报名登记入学。天津、重庆、武汉、成都、南京、杭州、哈尔滨、沈阳、西安、大连、宁波、无锡、长沙和济南采用条款型入学方式。其三，作为积分入学制与条款型入学政策的补充，部分城市和地区平行设立针对特殊人群子女的优惠政策，达到要求的外来务工人员子女成为"政策性照顾借读生"，递交规定的证明材料后在入学方面享受户籍生待遇。设定此类政策的城市多集中于广东省。[①]有学者对25座大城市对随迁子女入学要求的单项证明材料进行合并归类，共有三大类17项。[②]

其一，身份与社会关系证明与可随迁关系的官方凭证。身份与社会关系证明旨在证明儿童是否可随外来务工人员迁移，包括身份证、户口簿、出生证、计划生育证明、结婚证与当地无监护条件证明六项。其二，生活保障证件。即维持家庭基本生活的必要条件证明。具体入学条件中，与居住相关的证件包括暂住证、居住证、租赁合同和连续居住证明。其中，连续居住证明与租赁合同内涵相近，且对"连续"未有明确年限规定，但将频繁流动、不满规定年限的外来务工人员排除在外。合法、稳定的工作是外来务工人员在城市生活的另一基本保障，其证明材料包含劳动合同、社会保险和稳定的职业。其三，入校要求与信息基础，健康与学业衔接的保障。与随迁子女直接

---

① 单成蔚，秦玉友.农民工随迁子女义务教育入学条件分析：以25座大城市相关政策文本为例[J].四川师范大学学报（社会科学版），2017，44（5）：92-100.

② 同上.

相关的证明材料有预防接种证、幼儿园就读证、就学联系函和入学登记表。但是上述这些城市的随迁子女的入学政策暴露出一些问题。首先，证明材料种类繁多，部分条件意指不明；其次，必要入学条件缺乏，内在逻辑链条失全；最后，时限规定弹性不足，特殊群体未被考虑。故需要精简入学条件，增加必要性与替代性材料，适当提高时限弹性；加强入学政策宣传，保证政策信息易被获取，提供政策咨询；改善外来务工人员政策获取意识，提升基于政策的入学规划能力。

此外，在《国务院关于进一步做好为农民工服务工作的意见》中指出："要建立健全全国中小学生学籍信息管理系统，为学生学籍转接提供便捷服务；要求输入地政府合理规划学校布局，科学核定公办学校教师编制，加大公办学校教育经费投入，保障随迁子女平等接受义务教育的权利；要求公办义务教育学校普遍对随迁子女开放，与城镇户籍学生混合编班、统一管理；要求积极创造条件着力满足随迁子女接受普惠性学前教育的需求。"[1]

二是在异地中考政策方面。异地中考政策的设计和实施是一个综合性的工程，与当前的基础教育资源配置、户籍制度、高考制度密切相关，牵一发而动全身，执行难度大。[2]当前，异地中考制度实施起来仍然存在较大挑战。其一，国家对高中阶段教育投入比例偏低，面向随迁子女的专项扶贫资金更无从谈起。从国家对教育经费投入结构来看，与义务教育、高等教育相比，普通高中阶段教育经费投入水平相对偏低。此种投入比例结构失调在一定程度上制约了普通高中阶段教育的普及和发展以及对外地生源的吸纳能力，最终影响随迁子女异地中考的实施绩效。由于流入地高中阶段教育的非义务教育性质，这就需要随迁子女家庭承担一定费用，而大部分随迁子女家庭经济条件薄弱，难以支付流入地高中高额的借读费、择校费，随迁子女只能被迫放弃接受高中阶段教育或重返户籍所在地入学。因此个人分担普通高中教育成本的机制制约了大部分随迁子女的入学机会。其二，户籍制度的限制成为随迁子女异地中考的主要制度屏障。户籍制度的核心功能是把人口区分为城

---

① 杨颖秀.从"两为主"到"两纳入"：进城务工人员随迁子女义务教育政策的新突破[J].教育科学研究，2017（6）：21-25.

② 吴霓，朱富言.农民工子女异地中考政策研究[M].北京：教育科学出版社，2011：172-173.

镇人口和农村人口，并在此基础上实行差别化的社会福利政策，从而带来城乡教育的差异，而以户籍为基准的中考招生制度已不适应城镇化进程中流动人口子女异地升学的需求。以户籍登记地为标志，组织中考报名时直接将随迁子女排除在城市的高中阶段教育系统之外，这影响了随迁子女在城市平等享有高中阶段受教育的权利。其三，异地中考制度与高考制度不衔接。与当前各地已经开始出台实施异地中考制度相比，高考制度则基本未能放开，依然按照户籍地组织报名，两种招生制度尚未贯通。通过对全国范围内不同经济发展水平省市的异地高考政策分类比较发现，异地高考政策放开程度呈现出"两头紧、中间松"的怪圈，即经济最发达的京、津、沪、粤等一线省市的异地高考政策"没有实际性松动"；经济欠发达的新疆、西藏、青海等省市的异地高考政策基本上"没有实质性松动"；经济比较发达的辽宁、黑龙江、安徽、山东、福建、四川等十余个二线省份的异地高考政策开始松动，但仅为"有限松动"。无论是松动还是未松动，其政策设计的背后均折射出流入地政府本位利益的理性算计以及对本地户籍考生利益的地方保护主义倾向。[1]当前，高考制度以户籍地组织报名，致使外来务工人员随迁子女即使在城市能够顺利接受高中阶段教育，但要继续参加高考就仍必须回到户籍所在地，致使外来务工人员群体对异地高考的"准入条件"存在较多异议。

着眼当下，在教育体制没有根本变动、城市教育资源不足的背景下，应致力于推进异地中考的渐进式改革，采取过渡性措施来解决外来务工人员随迁子女义务教育后的教育问题，确保有效扶贫学位供给，增加随迁子女接受高中教育的机会。其一，按照"在本地居住年限加在当地连续受教育年限"的方法，适度扩大高中阶段"借读""借考""报名""报考"对象的范围。其二，适当扩大中等职业学校招生对象范围。[2]其三，通过扩容改造、新建或扩建公立普通高中的方式，提升公办学校的承载能力。其四，大力发展民办高中，扶持外来务工人员随迁子女民办高中规范化发展，确保其与公办

① 卢伟，褚宏启.教育扶贫视角下农民工随迁子女教育改革：如何实现入学机会均等与教育起点公平[J].中国教育学刊，2017（7）：57-62.
② 徐玲.宁波市异地中考政策执行状况的调查与分析[J].上海教育科研，2015（2）：36-39.

校法律地位平等。①政府通过"购买学位"的形式对公办学校给予经费支持，还要通过专项经费资助、师资研训全纳入等多种途径，提高民办校办学水平及其对随迁子女的教育质量，从而最大限度地满足随迁子女升入普通高中的教育需求。其五，加快推进外来务工人员随迁子女异地中考配套制度改革，尤其需要做好与我国高中阶段教育发展战略、异地高考政策、中小学生学籍管理制度、居住证制度的有效对接，②进而实现中、高考两种考试制度相互配套，保持组织方式的一致性，实现异地考试社会效益最大化。

三是在异地高考政策方面。长期以来，我国高考是与户籍紧密捆绑在一起的，考生必须在户籍所在地报考以及录取。近几年来，中央政府高度重视流动人口随迁子女高考问题，教育部等部委以及各地相关部门之间通过合作，协同调研各地实情，探讨随迁子女高考问题的破解策略。经各方多年努力，2012年终于成为异地高考政策的"破冰之年"，国务院办公厅转发四部委《关于做好进城务工人员随迁子女接受义务教育后在当地参加升学考试工作意见的通知》，其后各省纷纷出台相应报考政策，高考户籍限制总体呈现松绑态势。截至2014年，除西藏外，各地相继出台了异地高考政策，已出台的异地高考政策大致可以分为三类。③

第一类，发达地区的高门槛政策。人口流入聚集地的省市，特别是特大城市地区如北京、上海、广州等，异地高考政策除具有其他省市所具有的一般性条件外，还以随迁子女监护人的社保缴纳年限或积分为限定条件；个别地区还限定了异地考生报考志愿的批次，如仅开放高职院校的报考。这种高门槛的政策主要是针对巨大的人口压力而制定的。

第二类，落后地区的高门槛政策。这种高门槛政策往往是针对"高考移民"的压力而制定的。新疆、青海、甘肃等高考人数少且录取分数线较低的"高考洼地"的"异地高考"方案相对来说比较严格，为了防止"高考移

---

① 张珊珊.随迁子女异地中考问题探寻[J].中国教育学刊，2015（9）：12-15，20.

② 卢伟，褚宏启.教育扶贫视角下农民工随迁子女教育改革：如何实现入学机会均等与教育起点公平[J].中国教育学刊，2017（7）：57-62.

③ 褚宏启.城镇化进程中的户籍制度改革与教育机会均等：如何深化异地中考和异地高考改革[J].清华大学教育研究，2015，36（6）：9-16+52.

民"，这些地区大多有关于户口或居住证的限制。高考移民一直以来是一个复杂的问题，即部分考生采取迁徙户口甚至伪造户口与学籍的手段到高考录取分数相对低、录取率高的地区参加高考，这种行为大多是非法的、投机的，这种高考移民的目的地区大多是中西部地区教育相对落后、国家政策有倾斜的"高考洼地"。

第三类，大部分省市的"低门槛政策"。此类异地高考政策的规定以异地考生流入地的高中学籍或就读年限为主，其父母在该地有合法稳定的职业、住所即可；条件更为宽松的省份，仅对随迁子女在居住地的高中阶段学习年限有要求。由于此类省市通常有较高的高考录取分数线与众多的考生，高考竞争比较激烈，因此该地的异地高考政策不会吸引投机性的"高考移民"[1]。但这里的"低门槛政策"是打引号的，实际上这些门槛并不低，因为这些门槛还要以其他门槛为前提条件，要完全满足也不容易。有学者认为，相关"门槛"应紧紧围绕着随迁子女在当地考试和录取的需要进行设置，而非围绕其父母的工作性质、收入、住房等非直接相关条件。各地诸多"门槛"集中在流动家长身上，让随迁子女来承担流动家长自身应承担的责任，这在某种意义上成为对随迁子女的一种"歧视"，成为一种新的不公平。例如，部分地区企业长年不为众多进城务工人员在当地交社保，在这种情况下，将社保年限设定为随迁子女升学考试资格条件对进城务工家庭来讲非常不公平。[2]

由此，当前的异地高考需要进一步深化改革。具体举措是：第一，取消与考生户籍绑定的高考报名招生方式，以学籍代户籍，使高考与学籍捆绑、与户籍分离。这是改革的总体要求和基本方向。高考报考制度如果采用的是以户籍为主，附加学籍的方式，对本地户籍考生来说，户籍和学籍都是没有问题的；对参加"异地高考"的考生而言，一般都跟随父母在流入地上过一定年限的学，至少也上完了高中，所以他们的学籍问题是不大的，面临的主要问题就是户籍。在城镇化背景下，应该取消户籍对高考报名资格的限制，

---

[1] 张春雨，陈玺名.现行各地异地高考政策比较与分析[J].教育观察，2015（5）：6-7.

[2] 吴霓，朱富言.流动人口随迁子女在流入地升学考试政策分析[J].教育研究，2014，35（4）：43-52.

进一步建立健全以学籍为主的高考报考制度。[1]在高考户籍制度中，户籍实际上只是真正实现"分区定额"选才的一项工具，如果将来高考报名不再根据户籍，而且依然实行"分区定额"录取，就需要一个与户籍类似的控制工具，现在一些地区选择的就是通过"学籍"进行控制。一些省市异地高考方案绕开了户籍，不再对考生的户籍进行硬性规定，但将原先户籍的控制功能转移到了学籍上，这是一个很大的进步。第二，改革"根据考生户籍确定分省定额指标"的招生录取方式。户籍之所以与高考难以分离，主要原因在于各高校是根据考生户籍分省投放招生定额指标的，这引发了户籍人口与非户籍人口的利益冲突。笔者认为，当前国情下，出于维护教育秩序和考试秩序的考量，依然需要分省投放定额指标，但"如何定额"成为改革的切入点和关键点。建议不再像过去那样根据户籍学生的规模定额，而是根据流入地学籍学生的规模定额，以高考报名人数为基本依据确定招生名额，按照一定的比例适当增加流入地的招生规模，消弭户籍人口与非户籍人口在定额问题上的利益冲突。这样，就可以为"以学籍代户籍，使高考与学籍捆绑、与户籍分离"的异地高考改革顺利开展奠定重要基础。[2]第三，取消分省命题的考试方式，实行全国统一命题考试。在全国性人口流动的大背景下，分省自主命题的考试方式会导致试卷内容和分值都有所不同，分数折合的问题难以解决，导致招生高校很难对考试成绩进行省际比较，省际相互间也难以认证。而如果实行全国统一考试命题，在当前高考与户籍还没有完全分离的现实情况下，对"异地高考"的考生完全可以实行异地借考，回户籍所在地进行录取，既不会占用流入地的招生名额，也不会存在因考试内容不同而考虑分数折合的难题。[3]第四，中央政府加大对异地高考问题的宏观统筹力度。不应当把异地高考政策制定的权力下放给省级政府，不能把这个"皮球"踢给地方政府，应当由中央政府制定全国性政策，因为各省的政策往往更关注本省户籍人口的利益，而且教育部直属高校的招生名额不应被分配到各省，而应

① 张妍.教育公平视野下的异地高考问题研究[D].上海：上海师范大学，2014.

② 褚宏启.城镇化进程中的户籍制度改革与教育机会均等：如何深化异地中考和异地高考改革[J].清华大学教育研究，2015，36（6）：9-16，52.

③ 张妍.教育公平视野下的异地高考问题研究[D].上海：上海师范大学，2014.

该在全国范围内开放，不设置户籍限制，考生可以在全国各地进行报考，这样才能从整体和大局出发，更好地维护跨省流动外来务工人员子女的教育权益。[①]上述四项改革是相互关联甚至互为因果的，需要综合推进，单兵独进难以奏效。这四项改革可以为实现外来务工人员子女的教育机会均等、考试公平奠定较好的制度基础。

**（3）新移民子女学校教育的研究。**

随迁子女在学校教育方面的核心问题是他们的学校教育融合问题。

第一，流动子女进城教育存在激烈的利益博弈。由于我国针对流动子女教育的"两为主"政策与义务教育财政拨款的户籍属地原则不对称，导致了流出地政府与流入地政府试图通过博弈，寻求地方利益与社会公正问责间的平衡。一方面，由于流出地政府治理流动儿童教育问题上的投入不足，加快了流动子女随迁进城的步伐；同时流入地政府为确保城市优质教育资源不被稀释，被动地扮演着守门员的角色，而很难在入学与考试政策上给予流动人口随迁子女同户籍子女待遇。而另一方面，为防止被上级政府问责，流出地政府在学籍衔接等方面向流动儿童提供便利；同时流入地政府为维护地方社会稳定及政府公正形象，或默许民办外来务工人员子女学校的合法化，或将流动子女纳入城市生源不足的薄弱公办学校，或象征性地给予极少数流动子女就读城市优质公办学校的"恩惠"。根据郑杭生三元化社会利益划分及Mitchell三元利益相关者模型[②]，可将我国流动子女流入地教育概括为三纵三横利益格局（详见表3-7）。

表3-7　随迁子女学校教育的利益格局

| 类型 | 流入地城市强势群体 | 流入地城市边缘群体 | 半城市化外来务工群体 |
| --- | --- | --- | --- |
| 主体型相关者 | 优质公办教师 | 边缘公办教师 | 民办外来务工人员子女学校教师 |

① 褚宏启.城镇化进程中的户籍制度改革与教育机会均等：如何深化异地中考和异地高考改革[J].清华大学教育研究，2015，36（6）：9-16，52.

② MITCHELL R.Towards a theory of stakeholder identification and salience：defining the principle of who and what really counts[J].Academy of management review，1997，18（3）：39-46.

（续表）

| 类型 | 流入地城市强势群体 | 流入地城市边缘群体 | 半城市化外来务工群体 |
|---|---|---|---|
| 参与型相关者 | 优质公办校管理者 | 边缘公办校管理者 | 民办外来务工人员子女校管理者 |
| 监督型相关者 | 优质公办校学生家长 | 边缘公办校学生家长 | 民办外来务工人员子女学校家长 |

其中纵向利益相关者之间的博弈并非双向对称的经典博弈，而是错位循环式博弈。一方面，由于学校管理者利益权衡的关键是与家长息息相关的生源质量，而家长利益权衡的关键是学校师资水平，因此学校管理者争夺生源的博弈便转化为优质师资争夺战；另一方面，由于绩效工资缩小了学校间收入差距，因此教师利益权衡的关键则是与学校管理息息相关的工作压力及晋升机会。[①]总之，作为教育资源的重要载体的教师，是参与型（学校管理者）与监督型相关者（家长）博弈的出发点；而教师作为主体型利益相关者，其博弈的归宿是寻求市场机制与公平政策机制间的平衡。在绝对市场机制主导下，教师个体会选择马太效应式流动；但现实中因种种条件所限往往不能自由流动，其中部分教师便会呈现出较低组织承诺的"潜在流动"行为。而在绝对政策机制主导下，为了促进教育均衡，优质教师会被动地呈现逆马太效应式流动；但在现实中，这些教师往往会采取人在曹营心在汉的"浅表的象征性流动"来抵制实质性流动。横向利益相关者之间并非传统意义上力量对等的博弈关系，而是力量悬殊的利益博弈关系。从"二元社会结构"到"三元利益格局"的社会变迁中，城市优质学校教师、管理者及家长结成了稳定的既得利益共同体，不仅占有着有限的优质教育资源，而且拥有着绝对话语霸权；不仅半城市化的外来务工人员子女学校教师、管理者及家长无法公平享有教育资源，而且当地城市边缘的学校教师、管理者及家长也无法与之博弈争利。在博弈天平严重倾斜的状态下，完全依靠市场机制已无济于事，因而政府通过补偿机制调整倾斜的天平尤为重要，但政府介入往往在多方博弈

---

① 梁泳诗，赵敏.随迁子女的学校融合教育个案研究：基于沙因的组织文化理论[J].基础教育参考，2019（8）：18-21.

中举步维艰，最终还需借助社会机构等第三方力量。[①]

以上纵向错位循环式博弈与横向不对等博弈，直接导致了流动子女学校教育分化加剧；流动子女就读方式也分化为市场、政府及第三方驱动下的四种方式：民办外来务工人员子女学校集中就读、公办学校插班就读、公办学校集中就读、大学或名校的国有民办分校集中就读。一是在市场机制主导下，社会身份尚未城镇化的流动子女，大多集中就读于非流入地政府全额拨款的民办外来务工人员子女学校。这些学校大多因条件有限而面临合法性危机，但在缺少上级政府问责的条件下，流入地政府的博弈多为选择对合法性危机的默许及提供有限生均补贴；而民办外来务工人员子女学校举办者为追求市场机制下的利益最大化，往往是降低校舍与师资上的支出；纵向博弈中部分教师只能将民办外来务工人员子女学校当作临时选择，随时准备跳槽。事实上，有些学校因校舍简陋而存在安全隐患，多数学校师生数量比偏低，其教师课时量是公办学校的两倍但收入却只有公办教师的一半，[②]与城市公办学校学生相比，这些学校随迁子女的教育质量与公平面临严峻挑战。二是在政策机制主导下，流入地政府受城市既得利益群体的牵制，很难给予外来流动人口子女同流入地城市户籍子女同样公平地进入城市公办学校的权利；但中央政府为了加快城镇化建设，则通过行政问责敦促流入地政府落实外来务工人员随迁子女城市融入政策。在地方利益与上级问责的博弈中，流入地政府只能有条件地将随迁子女逐步纳入城市公办学校随班就读，但这往往因受流入地城市既得利益群体的抵制而流于形式。极少数例外进入优质学校随班就读的流动子女，因户籍标签下的地域文化及房产标签下的社会身份与流入地城市子女不同，易出现学习与心理适应障碍。这些障碍由于没有引起随班就读学校重视，正在演变为流动子女与城市师生的冲突，从而强化了流动子女对外部歧视的主观感知，进而成为其城市融入的障碍。虽然如此，随班就读毕竟为流动子女真正地融入城市迈出了革命性的一步。事实上，在政策机制主导下，外来务工人员流动子女多数集中在城乡边缘公办学校就读。与随

---

① 王强.流动子女学校教育分化与师资整合策略研究[J].教师教育研究，2014，26（2）：39-42.

② 王强.民办民工子女学校教师状况调查研究[J].中国教育学刊，2012（3）：33-36，70.

班就读相比，边缘学校集中就读则保守得多，但也可行得多。

第二，随迁子女学校教育融合存在着三种明显的"融合观"。[①]一是外来务工人员随迁子女学校教育融合的"物化观"。将融合仅仅视为一种物理的融合，忽视了融合中的精神与心理因素。这种融合主要关注两个层面：其一是学校层面，主要关注如何从制度、政策和经费等方面来推动外来务工人员随迁子女融入流入地公办学校接受义务教育；其二是班级层面，主要确保外来务工人员随迁子女与流入地儿童同班就读，不再把他们单独编班。但是这样一种融合仅仅是一种外在的融合，一种物理的融合，它忽视了文化与心理的融合，更忽视了精神的融合。这种融合完全无视外来务工人员随迁子女与流入地儿童以及教师具有不同的文化背景、生活与学习习惯、身份认同以及社会关系的认知。这种融合缺乏自身置入，"如果我们把自己置身于他人的某个处境中，那么我们就会理解他，也就是说，通过我们把自己置入他人的处境中，他人的质性，亦即他人的不可消解的个性才被意识到"[②]。融合需要将自身置于他人的处境，需要情感与理智的投入，需要了解他人的质性与不可消解的独特个性。由此可见，缺乏"自身置入"的融合仅仅是初步的、外在的。二是外来务工人员随迁子女学校教育融合的"同化观"。这意识到了外来务工人员随迁子女的文化背景、身份的差异，认为学校教育融合需要文化与身份的融合，但是认为外来务工人员随迁子女应单方面"融入"而非倡导双方对话的"融合"，这是一种城市教育价值观的强势输入，是一种城市文化中心主义的体现。在这种教育融合中，"城市人"以"主体"与"主人"的姿态出现，将外来务工人员随迁子女视为一种"他者"，认为教育融合就是要接受城市主流文化及价值观的灌输，认为他们是需要接受城市社会文化改造的"客体"，导致了外来务工人员随迁子女在教育融合过程中主体地位的缺失，只能被动接受强加给他们的文化与价值观。三是外来务工人员随迁子女学校教育融合的"福利观"。"福利观"认为外来务工人员随迁子女学校教育融合是一种"福利"而非"互惠"。这主要体现在两个方面：其

---

① 张光陆.解释学视角下外来务工人员随迁子女的学校教育融合：问题与对策[J].教育发展研究，2015，35（10）：53-58.

② 伽达默尔.真理与方法[M].洪汉鼎，译.上海：上海译文出版社，2004：396.

一，认为外来务工人员随迁子女学校教育融合是"城市人"的一种奉献和牺牲，认为是外来务工人员随迁子女在瓜分城市教育蛋糕，争抢城市教育资源，这种想法完全忽视了外来务工人员随迁子女的独特价值。其二，体现在对外来务工人员随迁子女的差别性与补偿性对待上，例如在课堂教学中实行分层教学，对外来务工人员随迁子女的教学、评价等方面给予特殊对待。这种贴"标签"式的教育容易强化外来务工人员随迁子女作为弱者的身份认同，并使其产生自卑感，不愿意与他人交往，不利于其身份与社会关系的重建。[1]

第三，随迁子女的学校教育形成了四大基本问题。①冲突型同学关系。主要表现为：一是生理型冲突。外来务工人员子女来自农村，容易被城市学生排斥和边缘化。二是心理型冲突。外来务工人员子女容易自我定位为课堂角色与社会身份方面的弱势群体，从而导致自我孤立、自我贬斥、自我封闭，不愿与城市同学融合，难以融入集体。由于外来务工人员子女难以获得城市同学的理解、尊重和接纳，校园里异质群体间的冲突难以避免会发生。②敏感型师生关系。外来务工人员子女处于社区寄居、学校随迁、城市流动的不稳定状态，难以成为某个学区、某所学校、某位教师的稳定教育对象，由此导致作为市民身份的教师与作为外来务工人员子女的学生之间在教学过程中的双重敏感：一方面，教师对外来务工人员子女敏感，体现为教师对此类教育对象的期望值不高。由于作为外来务工人员的学生父母工作物理强度较大、文化水平与社会地位较低，他们为生计而到城市打工，往往对随迁子女的教育重视不够、辅导不力或力不从心。另一方面，外来务工人员子女对教师敏感，体现为希望在老师身上平抑因冲突型同学关系导致的心理失衡，实现身份与尊严再平衡的心理补偿。他们视老师为父母，希望得到呵护与关爱，享受城市的"温暖"，同时又因具有基于身份落差而导致的本能自卑感，对老师的期望很容易内化为潜意识中的敏感，尤其在他们的期望难以尽如人意的时候。例如，他们会在教学活动比较中对教师职业行为的公正性提出质疑：老师对待"我们"与对待"他们"是一样的吗？他们一旦发现难以获得老师的公正对待和平等关爱，师生间往往会产生隔膜和距离感，彼此疏

---

① 王强.流动子女学校教育分化与师资整合策略研究[J].教师教育研究，2014，26（2）：39-42.

远，他们在城市学校学习就会感到茫然若失。③弱势型学习能力。"学习胜任是良好心理适应的重要预测因素。"①由于城乡之间的文化差异、市民与农民的身份差异，与城市学生相比，外来务工人员子女的学习能力处于一种相对弱势地位，主要表现在：由于外来务工人员子女与城市学生、与城市教师之间在学习交往、教学活动中存在着诸多不和谐因素，导致其在学习上难以得到同学和教师的理解和帮助，生活中得不到他们的关心和爱护，从而产生不满和失落感；外来务工人员子女向往和期待取得好的学业成就，希冀以成绩的优秀来弥补身份的弱势，但他们往往因事与愿违而自我强化作为弱势群体的认知倾向；外来务工人员子女生活不稳定，学习中缺乏外源性心理支持，在缺少积极引导、有效疏导与及时干预的情况下，他们往往会失去明确的学习目标和建设性的学习动力，最终成为城市校园里随遇而安、得过且过的弱势群体。④动态型前途发展受阻。在当下教育体制面前，外来务工人员随迁子女在城市接受教育的状况呈明显的"纺锤结构"：学前教育不容乐观，需回到户籍所在地参加中考。

第四，在解决随迁子女实现学校融合方面。学者指出真正的学校教育融合需要超越"物理性"的融合，走向心理与文化的融合，需要外来务工人员随迁子女的身份认同。随迁子女的身份认同是一个社会建构过程，具有复杂的层级体系，既包括对自己社会角色及其归属的认识，又包括对他人的交际方式、生活与学习方式、价值观以及语言等的认识。随迁子女的身份认同需要构建平等的交际环境、发挥关键他人的作用和实现城乡文化的对话。②具体策略为：①道德性学校文化的创设；②学校规范的制定需要外来务工人员随迁子女的参与；③校本课程的开发；④全人发展的评价体系的构建；⑤破除民办与公办教师身份分化的公派团队制及公助培训制；⑥培养城市教师对随迁子女城市融合的课程意识；⑦破除城市核心与边缘学校间教师分化的定期轮换制；⑧促进大学理论导师与名校实践导师整合的大学或名校集团制；

---

① LEUNG C.The social cultural and psychological adaptation of Chinese migrant adolescents in Australia and Canada [J]. Psychol，2001，36：8–19.

② 张光陆.学校教育融合视角下外来务工人员随迁子女的身份认同：基于交际人种志的研究[J]. 教育发展研究，2017，37（12）：78–84.

⑨增加投入，改善条件，为外来务工人员异地就业创造良好社会环境；⑩革故鼎新，不分畛域，消除对外来务工人员的制度性歧视，确保外来务工人员子女融入城市教育体系；⑪完善法规，建章立制，将外来务工人员随迁子女就学问题纳入机制化轨道；⑫统筹规划，科学布局，促进城乡协调发展，引导外来务工人员子女有序流动。

**（4）新移民子女家庭教育的研究。**

总的来说，新移民子女家庭教育面临着以下问题：其一，家庭精神生活匮乏，缺乏必要的学习氛围；其二，教养方式虽有所转变，教育行为仍以传统模式为主；其三，亲子关系疏远，亲子互动效果不佳；[①]其四，不重视子女的习惯养成，包括学习习惯和生活习惯；其五，教育内容失衡。多数家长只重视子女的智育、体育，而忽视德育、美育，忽视心理健康及法制教育。具体来说，关于新移民子女家庭教育的研究主要包括三个方面。

第一，在家庭教育环境方面。家庭环境是儿童最重要、最基本的成长环境，而家庭教育环境对儿童的成长发挥着愈发重要的作用。家庭教育环境包括家庭环境性因素和家庭教育性因素，并且对其学习投入有显著性影响。家庭环境因素包括父母工作状况、家庭经济状况、父母学历和居住环境；家庭教育性因素包括夫妻关系、亲子关系、学习辅导、管教方式和父母教育期许。[②]研究表明：①家庭经济条件对流动儿童学习投入具有负向显著影响，而家庭文化背景、家庭居住环境和夫妻关系对流动儿童学习投入均无显著影响；②亲子关系、父母教育期许和教育方式对流动儿童学习投入具有显著的正向影响；③相比于家庭环境性因素，家庭教育性因素对流动儿童学习投入的影响更为显著。故此，流动儿童家庭要更重视家庭教育性因素所带来的影响。流动儿童父母不应将孩子的不良学习表现和较低水平的学习投入归因于家庭经济条件差、父母文化程度低、居住环境恶劣等难以改变且是间接作用于流动儿童的外在因素，主动放弃对孩子的学习期望与要求，而更应该从各

---

① 薛伟芳，刘金新.基于融合视角的农民工随迁子女家庭教育研究[J].淮阴师范学院学报（哲学社会科学版），2014，36（4）：552-555，560.

② 赵敏，辜刘建，朱芷滢.流动儿童家庭教育环境与学习投入的关系模型建构及验证：基于广州大学城的实地调研[J].教育发展研究，2018，38（4）：8-15.

种直接作用于流动儿童的教育性因素出发，通过改进与流动儿童的亲子关系，提升对流动儿童的教育期许，提高自身的教育水平，促使孩子加大学习投入。

第二，在家庭教育行为方面。目前，新移民家庭教育行为在实践中主要有三种类型。一是干预性教育行为。这里的干预性教育行为是指家长为实现教育目的，对孩子的言行进行明确、有意识的规范。它包括正向鼓励、支持和负向约束、惩戒。这类家庭教育实践，表现出和学校教育规范诉求较强的一致倾向，特别是针对作业完成、学习习惯培养、荣誉感培养等。二是非干预性教育行为。失语与忽略状态的非干预性教育活动是指家庭教育对影响孩子身心健康的言行、环境没有进行有意识的规范、改变，而是任其保持现状或发展下去。非干预性教育行为又大致分两种情况："视而不见"的非干预性教育行为和"不视而在"的非干预性教育行为。三是情境性教育行为。情境性教育行为是基于教育的文化性、社会性、政治性、阶级性、实践性、生产性、创造性、选择性等诸多属性，在不同情境下，教育者有意识或者无意识进行的干预行为，从而形成对孩子的影响，建构出种种家校互动模式。这类教育活动强调对特定情境的依赖，比如物质基础、个人经历、教育理念等对具体教育行为的影响。因此，在限定与模仿中，情境性教育行为更能敏感地折射出社会文化要素对教育活动的制约。研究表明在干预性家庭教育行为方面，进城务工人员尽管目前的经济资本、社会资本、文化资本有限，但他们对子女教育有着强烈的期待，以看似简单的方式，延续着学校教育以及社会主流价值在为人处世、评价标准等方面的要求，显现出家庭教育的意识与动力。在非干预性家庭教育行为中，之所以不干预，或者是与家长对某项干预的必要性缺乏认知有关，或者是由于孩子作为教育主体，活跃在家校互动环节中，按照自己的安排，遮蔽了家校信息沟通的渠道和干预的可能。在随迁子女的家庭教育活动中可以看到，父母所携带的植根于农村的文化惯习，会在非干预性教育行为中，以规范缺失的方式，呈现给子女文化模仿的对象，从而实现惯习的代际传递。①

---

① 刘谦，冯跃，生龙曲珍.家庭教育与学校教育互动的文化机理初探：基于对北京市农民工随迁子女教育活动的田野观察[J].教育研究，2012，33（7）：22-28.

第三，在家校合作方面。家校合作是提升外来务工人员随迁子女公办校教育质量的重要途径。随迁子女公办校面对的合作对象是一个特殊的群体，这一群体的经济、文化资本较弱，流动性强，工作时间普遍较长，工作强度较大。而随迁子女公办校自身在城市教育中也处于弱势地位，开发合作资源的水平有限，双方的群体特征最终使合作面临障碍，[①]主要表现为：一是受限于外来务工人员随迁子女家长的客观条件、意愿与能力，家庭的合作主体功能缺位。因为受职业特性的影响，外来务工人员合作时间和空间非常有限；受文化资本的影响，外来务工人员合作能力低下。二是外来务工人员随迁子女公办校师资力量较为薄弱，教师的家校合作时间和精力非常有限；外来务工人员随迁子女公办校可利用的外部资源有限，合作方式较为单一。由此，推进其家校合作，需要制订适切、明确的目标；要有时间和空间的保障；提升家长进行家校合作的意愿和能力；采取有效的家校合作方式。

## 第三节　新移民情境下的师生关系及其研究

新移民情境下师生关系复杂，表现出以下特征：师生"类血缘"关系淡化，师生冲突普遍存在且日益凸显，但师生冲突本身具有可调和性与功能二重性；新移民情境下师生冲突是一个遵循自然规律的连锁反应，是一种"偏正"结构的冲突，发生根源是师生认知分歧、消极情绪与干涉行为；符合社会冲突螺旋升级的规律；存在主体行为、功能与发展三大悖论；且不单单是教育问题，更是社会问题。

---

① 张源源，刘善槐.农民工随迁子女公办校家校合作：动因、障碍与机制[J].教育理论与实践，2015，35（20）：12-14.

# 一、师生关系的概念与类型

## （一）师生关系的概念

### 1. 师生关系的内涵

教育活动是由教师和学生共同参与的活动，由于教师和学生都是能动的主体，因而教育活动是一种双边活动，是教师和学生互相影响、互相作用的活动。在师生互动的过程中，形成了变化和发展的师生关系。顾名思义，师生关系是指教师和学生之间因教学活动而形成的关系。近年来，在有关师生关系的理论研究中，我国学者对师生关系的概念下了多个定义。第一，师生关系是指教师和学生在教育教学活动过程中结成的相互关系，包括彼此所处的地位、作用和相互对待的态度等。[①]第二，师生关系是教师与学生在教育活动的展开过程中形成的最基本的人际关系。[②]第三，师生关系主要是师生在教育教学活动过程中所发生的直接交往和联系，包括彼此在教育教学中的地位、责任、作用和相互间的态度、情感等多个方面。[③]第四，师生关系是指教师和学生在教育教学过程中，通过相互影响和相互作用而形成和建立起来的一种特殊的人际关系。[④]第五，师生关系指学校教育中教师和学生之间的关系，是一种产生于教育教学过程中的特殊的人与人之间的关系。这是一种由伦理关系、社会关系、心理关系、教学关系、法律关系等构成的立体的、动态的人际关系。[⑤]第六，师生关系是教师和学生为实现教育目的，以其独特的身份和地位通过教与学的直接交流活动而形成的多性质、多层次的关系体系。其中以教育与自我教育、促进与发展的关系为最高层次，由它制约着师生之间的管理关系、人际关系、伦理关系等。[⑥]第六，关于师生关系的界定较

① 中国大百科全书出版社编辑部.中国大百科全书：教育卷[M].北京：中国大百科全书出版社，1985：320.

② 郭华.师生关系的社会学探讨[J].教育科学，2006（3）：55-57.

③ 王旭东.师生关系的理论和实践[M].南宁：广西教育出版社，2006：2.

④ 李瑾瑜.论师生关系及其对教学活动的影响[J].西北师大学报（社会科学版），1996（3）：62-66.

⑤ 邵晓枫.百年来中国师生关系思想史研究[M].成都：四川大学出版社，2009：1.

⑥ 姜智.师生关系模式与师生关系的构建[J].教育评论，1998（2）：27-29.

为科学，它指明了师生关系形成的条件、目的、方式，揭示了师生的主体地位、特殊作用及各种关系表现形式的内在层次结构，切中了师生关系的本质内涵。

该概念有以下四层含义：第一，师生关系是以教育与接受教育促进与发展的关系为核心的关系，它决定于教育活动质的规定性。教育活动是指在一定的师生关系维系之下师生的共同活动，受教育规律的制约。也就是说，构成教和学活动的承担者的教师和学生是按一定的教育目标、方式、组织形式和教育内容从事教和学。教师必须完成向学生传道、授业、解惑并促使学生增长知识才干的任务，同时必须教会学生怎样学习、怎样塑造自己人格品质的方法和技能，而学生必须接受教师的教育与指导，完成全面提高自己身心素质的任务。在这种教育活动中，师生都处于活动主体地位，构成教学活动的主体；学生的身心素质上升为客体，教师和学生通过教材内容及师生共同活动，作用于学生身心素质这个客体上，以促进学生身心素质的全面发展。教学活动中构建的这种教育与接受教育促进与发展的关系是其他社会活动和其他社会关系所不能代替的。

第二，师生关系是一种特殊的人际关系。一般的人际关系有一条重要原则：双方互惠，师生关系高于一般的人际关系。就构建师生关系的目的和影响作用而言，师生相互作用的终极目标是提高学生的身心素质，是一种向学生一方倾斜的不平衡关系。教师在教学活动中付出的代价是换取学生的发展和提高，而不是教师自身的某种利益，师生关系是在承认这个不平衡性的前提下，通过认知情感沟通和行为目标协调而形成的关系。同时，它又是以别无选择的必须相互接纳为前提的师生双方整个精神世界的碰撞和交流，既具有一般人际关系的情感基础，又具有一般人际关系无可比拟的崇高的目标指向和科学的交流方式。尽管师生之间也存在着一定的心理距离，但它必须首先服从于教育目标，遵循教育规律。

第三，师生关系是一种管理与接受管理、组织与自我组织的关系，它是建立在教学与管理的班级组织基础上的，表现出一定的组织约束性，但与一般的下级服从上级的管理关系和组织关系不同。现代教育管理理论特别强调师生双方应彼此尊重、配合及共同参与管理，要求教师必须抛弃传统的"管卡压"的专制管理方式和作风，改革过去那种把学生看作被控制对象、教师具有无上权威的状态，实施民主管理，培养学生的自我约束和自我管理的能力，变被动接受管理为主动参与管理，让学生成为各种活动的真正主人。因此，师生在这种共同参与的管理活动中建立的管理关系，是以师生之间的心理沟通、民主管理、促进学生自我发展为特征的。

第四，师生关系是一种超越代际的朋友式的尊师爱生的伦理关系，但它不同于一般的代际伦理关系。在家庭代际关系中，长辈对晚辈有支配权和管理权；在师生代际关系中，教师对学生的教育，不仅仅靠年龄和权力优势，更主要靠责任心、义务感和师生情来维系，其中师生之间尊师爱生的友情是达成教育目标的真正基础。教师既是长辈、教育者，又是学生的支持者和知心朋友；学生既是未成年人、受教育者，又是一个完整独立的人，他们更希望能与老师平等交流，像朋友一样相处。师生之间虽然存在着不平衡性和不平等性，但在尊重学生人格、把学生作为具有独立人格的个体和教育活动的主体这个基点上，师生是绝对平等的。师生双方都必须以自己完整独立的人格、真实的情感面对对方，并接纳对方的精神世界，在精神互换和共享中开展教育，达到超越代际的朋友式的尊师爱生的伦理关系境界。

综上，师生关系是师生为实现教育目标，以其独特的身份为主体地位，通过教与学的直接交流而形成的多性质、多层次的关系体系。它是以教育与接受教育和自我教育、促进与发展的关系为核心，以师生人际心理沟通关系为基础，以民主管理关系为调控手段，以超越代际的朋友式的尊师爱生的伦理关系为外在标志的一个有机的关系体系。

### 2. 师生关系的外延

概念的外延一般是通过与之相关的概念的辨析加以明晰的，而与师生关系概念紧密相关的两个重要概念分别为师生互动和师生交往。

（1）师生互动。

互动是指在一定社会背景与具体情境下，人与人之间发生的各种形式、各种性质、各种程度的相互作用和影响。它既可以是人与人之间交互作用和相互影响的方式和过程，也可以指在一定情境中人们通过信息交换和行为交换所导致的相互之间心理上和行为上的改变，①从而表现为一个包含互动主体、互动情境、互动过程和互动结果等要素的、动态和静态相结合的系统。作为一种特殊的人际互动，师生互动是指在师生之间发生的各种形式、性质和各种程度的相互作用和影响。②它是师生各自人际互动系统中的特殊的和主要的形式。那么，作为一种特殊的人际互动，师生互动的本质是什么？在教育学领域，研究者主要从师生互动中的师生间关系和师生互动是否具有教育性这两方面来理解和解释师生互动。

首先，师生互动是存在于师生间的人际互动。其互动主体是教师和学生，并且师生双方在互动中是同等重要、互为主体的。其次，师生互动是一种交互作用和相互影响的过程。师生互动不是教师对学生或学生对教师的单向、线性的影响，而是师生间双向、交互的影响。同时，师生间的这种交互作用和影响不是一次性的或间断的，而是一个链状、循环的连续过程，师生正是在这样一个连续的动态过程中不断交互作用和相互影响的。再次，师生互动包括师生间的一切相互作用。师生互动的具体情景可能是千变万化的，既可能是发生在有组织的教学活动中，也可能是发生在非正式的游戏、生活和交往活动中。其形式也可以是多种多样的，就教师而言，如与个别儿童、小组儿童和全体儿童交往，或是与儿童共同游戏、指导教学、对儿童表扬鼓励、要求示范等。内容也可能是丰富多样的，就教师而言，可能是对儿童知识的教育、情感的交流、行为的指导和社交能力的培养等。因此，师生互动从本质上讲，是一个发生在多情景中的、具有多种形式和多种内容的互动体系。

除此之外，为了能够更好地把握师生互动及其本质，需要明确其与师生关系的关系。一般我们习惯上将师生互动当作动态的关系状态和交往过程，而将师生关系理解为师生互动的结果和静态关系的体现，这实际上是狭义的师生关系。广义的师生关系是指在教育过程中师生双方通过交往和相互影响而形成的双边、互动的关系系统，它不仅包括师生互动的结果，还包括师生

---

① 邵伏先.人际交往心理学[M].重庆：重庆出版社，1988：12.

② 叶子，庞丽娟.师生互动的本质与特征[J].教育研究，2001（4）：30-34.

关系形成的过程、机制和影响因素等。而广义的师生互动也不仅包括师生双方交往和相互作用的过程，还包括相互作用的背景、内容、机制和结果等。因此，师生互动和师生关系在一定程度上是相互包容和共生的。

（2）师生交往。

交往在社会心理学里可称为"沟通"，它指大众或个体运用一定手段或形式把某种信息传送给他人的过程。[①]在伦理学中，指作为个体的自我与他人之间的关系。[②]在马克思和恩格斯看来，交往指一定历史时代不同社会主体之间的相互影响和相互作用，包括人与人之间的直接或间接的接触、交际，交换或交流物品，劳动及其他活动，以及信息、观念、情感等的活动。[③]可见，交往不仅是一个动态的活动范畴，它也是一个关系性范畴。没有交往，人与人之间不可能产生与发展真正全面的社会关系。人的交往不仅展开与实现着社会关系，而且它本身就是人与人之间的社会关系，就是人与人之间相互作用的方式。目前，在学界很少有对师生交往概念做出明确界定的，师生交往与师生关系两者的概念处于一种混合使用的阶段，有的学者也运用"师生交往关系"一词来表示师生关系，如把师生之间的交往关系看作教育中的一种最基本、最日常的关系。[④]有学者认为师生交往是作为师生之间信息交流、情感沟通的活动。[⑤]在社会学交换理论的启示下，师生之间的交往可以被看作一种交换活动。[⑥]师生交往指教师与学生之间的交往，可以理解为师生之间相互影响、互相作用等行为构成的活动。[⑦]

可见，师生交往的概念是从交往的本义中演化出来的，即师生交往可以被理解为师生间的信息传递过程和师生相互作用与影响的活动，师生关系则

① 时蓉华.社会心理学词典[Z].成都：四川人民出版社，1988：29-39.

② 朱贻庭.伦理学大辞典[Z].上海：上海辞书出版社，2002：58-67.

③ 金炳华.马克思主义哲学大辞典[Z].上海：上海辞书出版社，2003：25-36.

④ 陈亮，党晶.中小学师生交往关系的失真与重塑[J].课程·教材·教法，2018，38（6）：118-124.

⑤ 高成.师生交往的现实审视及其重构：基于生命哲学的视野[J].教育研究与实验，2016（4）：7-12.

⑥ 余清臣.论感恩教育的限度：以师生交往为例[J].教育学报，2009，5（4）：23-28.

⑦ 李阳杰.改革开放40年我国师生交往研究的回顾与展望[J].教师教育研究，2019，31（1）：101-106.

属于一种特殊的人际关系，故师生关系与师生交往有着明显的区别。但当师生交往为一种关系性含义时，师生关系与师生交往的含义则是一致的，而且师生关系是师生交往活动的结果或静态呈现。

### （二）师生关系的类型划分

#### 1. 以地位为依据划分

根据教师和学生在教学活动中地位的重要性划分，可把师生关系分为主体性、主体间性和他者性三类。

#### （1）主体性师生关系。

20世纪80年代中后期，教师和学生在教学过程中的地位问题，引起了学界的广泛讨论。从主体性视角对师生关系进行分析主要有这样几种观点：第一，教师为主体，学生为客体；第二，学生为主体，教师为客体；第三，教师和学生均为主体，即"双主体"。同时还有一些上述观点的"变种"，如认为在备课以及教学过程中教师是主体，而在学习过程中学生则是主体等，但实质上都没有超越以上三种观点。"教师为主体，学生为客体"是赫尔巴特教育学和凯洛夫教育学的基本主张，在他们看来，教师是教学活动的主宰，他不仅决定着教学内容的选择，也决定着教学方式的运用以及教学目标的设定。作为客体的学生是教师认识的对象和教学的对象，因此，教学活动始终是以教师为中心的活动，"教"构成了教学活动的核心，"学"是依附于教的。而"学生为主体，教师为客体"的观点是对教师主体论忽视学生地位的一种反抗，在他们看来，教师的教学活动虽然不可避免地由教师实施和主导，但在这一过程中，教师的所有认识活动和教学活动都必须以学生为中心，是服务于学生的，教学的目的必然是以学生的发展为取向，教学活动本质上是学生在教师帮助下进行的学习活动，因此，"教"是依附并服务于"学"的。"教师和学生双主体论"旨在矫正前两种观点的偏颇，将教学分割为"教"和"学"两个部分，在教授过程中教师作为主体，在学习过程中学生则担当了主体的角色。

讨论的结果是无论哪种形式的主体观，最终都使师生关系成为主体性原则下的规范和支配关系。主体总是体现出自身相对于客体的优先性，这种优先性是先于认识目的的优先性，因为主体总是事先假定了自我要达到的目的，并怀着这种目的将意识指向认识的对象。目的的优先性先验地要求客体向自我统一，无论这一客体是教师还是学生：对教师而言，使学生的发展沿着预设的道路，走向与事先预设的目的的合一状态；对学生而言，通过对自己发展路径的规划而期待教师能够依照这种规划进行教学和指导。正是在此意义上，主体性原则下的师生关系是以自我为中心并要求所有外物统一于自我的关系，它总是以物化的态度来认识客体，因为主体从来不会把客体当作和自身一样的具有思想和意识的人，而是将交往的他者视为与教学内容或环境一样的物化的存在，试图通过张扬自己的主体性而否定和湮没交往的他者的主体性，从而以自我的自由和自主使他者处于被动和依附的地位。[①]

　　如此，若是教师作为主体，便意味着学生处于教师支配下的依附地位，学生也就被当作教师认识的对象和教授的对象，其主体性被湮没，自由精神、自主能力被遮蔽，故不可能有任何的主体精神；相反，若是学生作为主体，则意味着教师必须按照学生的意愿放弃自己的部分或全部想法，初看起来，这似乎表明了教师对学生兴趣、爱好的尊重，但实质上却导致了教师对学生的放任，因为教师的被动行为并非基于对学生内心的关怀，而是作为一种依附性的物化存在对自身责任的放弃。双主体论看似平衡，但如前所析，教与学是同一行为的两个方面，是无法分割的一体化行为。双主体论不仅不能解决教师主体和学生主体的困境，反而使教师和学生都把对方当作认识的对象而形成一种对立的状态，它不仅不能克服教师的自我中心和学生的依附地位，而且还会把学生培养成以自我为中心的占有性主体，导致学生的自我中心化倾向以及教学过程中的形而上学思维，[②]形成主客体对立。如此看来，主体性原则下的师生交往最终要么使学生成为没有独立精神和自主意识的物化存在，要么使学生成为以自我为中心的占有性个体。

　　**（2）主体间性师生关系。**

　　主体性原则下教与学的关系是一种方法论上的个人主义，因为在这里所谓的师生关系已经演变为"人-物"关系，只是认识与被认识的关系，缺乏师

---

①　刘要悟，柴楠.从主体性、主体间性到他者性：教学交往的范式转型[J].教育研究，2015，36
　　（2）：102-109.

②　冯建军.教育的人学视野[M].合肥：安徽教育出版社，2008：38.

生之间的心灵交换，无论教师还是学生，均未把对方当作完整的人来对待，而只是将对方视为实现目的的工具。但事实上，学生和教师都是具有情感和理性能力的人，师生交往也不仅仅是认识与被认识的关系，而是包含着交往双方的情感共通、心灵交换和彼此理解的活动。显然，这些已超出了以主客二元为基础的主体性原则视域下的教学交往的功能空间。基于此，主体间性开始进入人们的视野。主体间性超越了主体与客体间的对立关系，主体把对方作为与自己同样的主体。因此，主体间性基于每个人都是主体，作为平等的主体交往，它意味着交往双方具有平等的人格，遵循共同的规则。相对于主体性而言，主体间性在实现主体之间的平等关系上是一个根本的进步。

主体间性分为外在主体间性和内在主体间性。[①]外在主体间性依然是单子式的主体性思维。因为外在主体间性是以自我为出发点，以个人利益为基础，在公正的制度下的主体间的一种互惠关系。正是由于外在主体间性在根源上没有突破个人主体的思维，所以在人与人的交往中就会带来问题。最明显的表现就是交往中的利己化倾向，金钱至上、唯利是图，人与人之间缺少关怀、同情和责任感，人际关系冷漠。人们之间赤裸裸的利益关系导致社会情感关系的离散化、对立化，最终导致公共性的丧失。

内在主体间性区别于胡塞尔、海德格尔基于先验自我的主体间性，伽达默尔的"视域融合"、马丁·布伯的"我-你"关系、哈贝马斯的交往行为等都使主体间性由外而内，从而建构起内在的主体间性。伽达默尔指出："真正的历史对象根本不是对象，而是自己和他者的统一体，或一种关系，在这种关系中同时存在着历史的实在以及历史理解的实在。"[②]因此，在历史理解中，不是主体与客体的二元分离，而是两个主体之间的相互进入：理解的主体就在历史之中，历史的真实亦在主体的理解之中，是主体间的交融和统一。马丁·布伯区分了人可能面对的两种关系，一种是"我-它"关系，一种是"我-你"关系。"我-它"关系是一种主客关系，是主体对客体的支配、占有和利用的关系，这是人对物的关系，不适用于人与人之间的关系。

---

① 冯建军.他者性：超越主体间性的师生关系[J].高等教育研究，2016，37（8）：1-8.
② 伽达默尔.真理与方法[M].洪汉鼎，译.上海：上海译文出版社，2004：387.

人与人之间的关系应该是"我-你"关系，而"我-你"关系是一种相遇式的关系，一种精神关系，这种关系不仅超越了"我-它"关系，而且超越了外在的主体间关系。首先，"我与你"作为同样的主体，具有平等的关系，我与你都是作为同样人格的人而存在，我与你同样作为目的而存在。其次，"我与你"的出发点不在"我"，也不在于"你"，而是你与我的关系。[①]再次，"我与你"不是一种外在的利益关系，而是一种内在的精神关系，是一种精神的相遇。所以，马丁·布伯把"我-你"关系视为人的本源性关系，因为真实的人生皆是相遇，人与人之间的交往不是利益的分割，而是精神上的交流，精神的共享、共有、共生。哈贝马斯认为，人与人之间是一种交往行为。他所谓的"交往"是指两个或两个以上具有语言能力和行为能力的主体之间以语言或符号为媒介，以言语的有效性要求为基础，通过对话而进行的知识、情感、观念、信息的交流，以达成主体间的相互理解。

外在主体间性是基于主体之间的利益关系而共在，每个人依然是一个封闭的单子式主体，只不过为了自己的生存，"不得不"与他人达成一种"共在"，因此，每个人都是作为利益主体、竞争主体而共在。这种共存需要借助于制度的保障，每个人作为一个契约主体，受契约的制约。一旦没有契约，主客体就可能恢复到主客对立的支配与被支配状态。在内在主体间性中，个人主体打开了自我封闭的"窗户"，充分地敞开自己的心灵世界，主体之间内心相互开放，在更深的层次上接纳对方、相互关怀、相互理解，进而形成一种心灵的共鸣与共生。虽然外在主体间性和内在主体间性都是主体间性，但其主体之间结合的程度是不同的。外在主体间的结合是表面的，主体骨子里面具有"为我性"，主体间的结合靠的是制度。内在主体间的结合是心理上的、情感上的，主体间的结合靠的是移情、对话、理解、关怀等精神交往，它会使交往进一步深化，从而生成一种更高层次的主体间性。[②]

**（3）他者性师生关系。**

主体间性，尤其是外在主体间性，从一开始就是一种平等与互惠的关

① 布伯.我与你[M].陈维纲，译.北京：生活·读书·新知三联书店，1986：57.
② 冯建军.从主体间性、他者性到公共性：兼论教育中的主体间关系[J].南京社会科学，2016（9）：123-130.

系。内在主体间性与外在主体间性相比，从关注物的利益转向关注人的精神，使人的精神具有了更多的开放性，但这种开放性依然是基于人与人之间完全的对称关系，即我要求你与我是相同的，我与你是一种对称的平等关系。对称的关系，既要求"我"回应"你"，也要求"你"回应"我"。如果只有"我"回应"你"，而"你"没有回应"我"，就构不成"我"与"你"的对称关系。所以，列维纳斯批判主体间性关系是一种向我回归的"唯我论"。[①]主体间性是同一性关系，它忽视了主体间的差异，在我与他者的同一性中，他者还原为我，"异"转化为"同"，消解了他者的差异性。主体间的对称性关系是一种理想的关系。在列维纳斯看来，"我"与"你"的关系依赖于"我"与"你"的相互回应。"我"关心"你"，也需要"你"关心"我"；"我"向"你"敞开心扉，也需要"你"向"我"敞开心扉。这种回应，如果不是"我"对"你"的要求，发生的可能性有，但并非总是如此。也就是说，"我"与"你"的关系是一个非常理想的境界，极有可能是，我关心了你，你没有关心我，我向你敞开了心扉，你没有向我敞开心扉；而我不能要求你以同样的方式回报我。"在列维纳斯看来，非对称的伦理关系反而更现实，因为我不能对他人有所要求，不可能强求他人与自己发生一种相互性的关系，我只能要求自己为他人负责。"[②]

他者性也反对主客对立的二元论，强调对他者的尊重，这一点与主体间性是相同的。但主体间性没有彻底矫正主体的"唯我论"，因此他者性理论试图通过重新理解自我，重新阐释人与人之间的关系，构建一种以对他者的责任为核心的伦理关系。其一，在他者性理论中，自我是作为他者的自我。在他者性理论看来，我不是我自己，我之所以成为我，是由于他者的存在，自我具有他者的属性。这样一来，对主体性的认识，就从自我转移到了他者身上。主体性的显现不是因为我占有了多少，而是由于我付出了多少。列维纳斯说："人类在他们的终极本质上不仅是'为己者'，而且是'为他者'。"[③]正是因为我与他者不是相互回应的互惠关系，我服从于他者，我

---

① 郭菁.列维纳斯对布伯对称的主体间性的批判[J].人文杂志，2014（11）：15-21.

② 同上.

③ 列维纳斯.塔木德四讲[M].关宝艳，译.北京：商务印书馆，2002：121.

才能成为一个真正的自我。我的主体性是通过为他者显现出来的。所以，他者性理论不同于主体性理论对"我"的认识，主体性理论是从我自身认识我，他者性理论是从他者认识我。"从'作为他者的自身'这一核心概念出发，我们将确立一种关于个体的全新观念。它将拆除'自我'与'他人'之间的墙壁与藩篱，把'自我'的存在及其生存意义与'他人'内在地关联在一起，使'爱他人'与'爱自己'结合为一个不可分割的整体"①。其二，他者具有绝对的差异性。主体间性把他者视为我的反射或我的影子，与我保持着同一性，成为同一性中的他者。他者性理论把他者就视为他者，一个绝对的他者。列维纳斯以"面貌"（face）隐喻他者。面貌作为一个完整的人，我们可以认识一个人，但看到的只是面貌的一部分，面貌还具有不可见的一面。我们认识到的可见的一面或者我们头脑中建构的他者的一面，都不足以构成面貌。"他者的面貌随时摧毁并摆脱他给我们留下的可塑的形象（image plastique）。"②面貌是一种外在的无限，包括可见的和不可见的。无论是可见的还是不可见的，他者的面貌都不具有同一性。也就是说，他者是完全异于"我"的，在我的世界之外的另一个存在，不能为我所左右。他者的独特性和差异性，是保证"他是他，不是我"的根本。正是因为他是他，不是我，因此在他者性理论看来，我与他的关系就不具有同一性。其三，我与他者是非同一的、非对称的伦理关系。他者性理论认为，自我的主体性是一种爱的付出，这种付出可以是双方的，但不一定必须要求得到回应、回报；单方面爱的付出，是伦理的体现。而且这种单方面的爱，不只是针对熟人间的"我们"，更是针对外在于我的"陌生人"。对待"我们"的关系，是基于亲情的自然关怀；对待"陌生人"的关系，则是一种伦理关怀。

## 2．以性质为依据划分

师生关系是一个复杂的关系体系，以性质为标准划分师生关系，有学者认为师生关系是由教学关系、心理关系、个人关系和伦理关系这四种关系组

①　贺来."陌生人"的位置：对"利他精神"的哲学前提性反思[J].文史哲，2015（3）：130-137，167-168.

②　孙庆斌.为"他者"与主体的责任：列维纳斯"他者"理论的伦理诉求[J].江海学刊，2009（4）：63-68.

成的动态系统。①也有学者将师生关系分为两大类型：师生之间的角色关系和人际关系。②师生之间的角色关系是为完成一定的教学任务而形成的，由师生在教育教学过程中所扮演的不同角色决定，不以教师和学生的主观态度为转移，受一定的社会角色的行为期待和客观条件所制约。师生之间的人际关系是师生双方在教育教学过程中为满足个体交往的心理需要而产生的心理关系，受师生个体间的情感所制约。笔者赞同师生之间实际上存在三重关系，即教学关系、社会关系，以及自然的人际关系，忽视其中任何一种关系都不能称其为完满的师生关系。③

（1）**教学关系。**

师生教学关系指为实现一定的教育目的，完成一定的教育任务，基于教育教学活动本身分工合作的需要而形成的师生之间教与学的工作关系。④教学关系是师生关系的核心，离开这个层面的关系，师生关系也就无从谈起。师生之间的教学关系，是为完成一定的教育任务而产生的关系，因此它具有工具性的目的。这种关系形式，并不随教师和学生的主观态度而转移，而是由客观的条件所决定的，并且在教师主导作用和学生积极主动性相互协调和促进中得到表现。师生之间的这种基本工作关系依据具体的教学任务、教学形式、教学方法的不同而表现为多种具体形态。例如，在讲授法中，教师是知识的传播者，学生则是知识的接受者，这样就形成了师生之间的讲课与听课的关系。在自学辅导教学法中，学生要独立学习、提出问题、完成作业，教师则主要起辅助学生学习、归纳总结、解答疑难的作用，这样就形成了教师辅导和学生独立学习相统一的教学关系。⑤

（2）**社会关系。**

在现当代，师生社会关系的主要标志是民主与平等。⑥不同社会形态赖以

---

① 李瑾瑜.论师生关系及其对教学活动的影响[J].西北师大学报（社会科学版），1996（3）：62-66.
② 石佩臣.教育学基础理论[M].长春：东北师范大学出版社，1996：464.
③ 陈桂生.略论师生关系问题[J].教育科学，1993（3）：5-9.
④ 王旭东.师生关系理论和实践[M].南宁：广西教育出版社，2006：2.
⑤ 赵敏.学校管理学[M].广州：广东高等教育出版社，2017（9）：122-124.
⑥ 陈桂生.略论师生关系问题[J].教育科学，1993（3）：5-9.

存在与发展的物质技术基础、文化传统不同，基本的社会关系不同，教育目的有别，因而师生关系的普遍形态、教师与学生角色地位的内涵也就不尽相同。封建制度下的师生关系，一般带有教师独断、学生盲从的特征，它同家长制的家庭内部关系一样，带有半人身依附的性质；以近代发达的商品经济与资本主义社会关系为背景的师生关系，趋向于使学生摆脱对教师的半人身依附关系，尊重学生的独立人格，谋求建立民主、平等的师生关系，唯那种师生关系或多或少带有商品交换关系的气息，师生之间的感情色彩淡化，加上教育系统本身种种条件的限制，师生关系中仍不免具有某种必要的或非必要的强制性。基于我国以公有制为主体的社会经济关系与人民民主的政治关系，客观上要求师生关系具有民主、平等的性质。师生之间民主、平等可谓理所当然，而所谓民主、平等的师生关系，从字面上看来是师生双方相互平等对待。

（3）人际关系。

师生人际关系也称为情感关系或心理关系，它是教师和学生人际交往和情感交流而自然形成的关系。这种关系主要表明师生之间的心理距离，表明师生关系的亲密度和融洽程度。它能把师生双方联结在一定的情感氛围和体验中，实现情感信息的传递和交流。可以说，人际关系是师生的"调节器"。①教育教学过程不仅是教师向学生传授知识、学生学习知识的过程，也是师生双方相互认识、交流情感的人际交往过程。故而，师生在交往过程中形成了一种以情感为特征的心理关系，贯穿于教育教学活动的整个过程。在这一过程中，师生通过实际交往，进行人格、精神和情感信息上的传递和交流，从而形成和建立人际情感关系。在交往中，师生双方如果产生积极肯定的情感体验，就能保持亲近的关系；相反，如果其中一方或相互之间产生消极否定的情感体验，则会产生疏远、淡漠甚至对立的关系。所以，在教学过程中，教师应成为学生的同伴，成为学生的朋友，成为学生心声的聆听者，与学生产生语言、情感、思想上的共鸣。在真诚的师生交往过程中，教师与学生就会相互理解、宽容，平等地对话与交流。学生可以充分发表自己独立

---

① 李瑾瑜.论师生关系及其对教学活动的影响[J].西北师大学报（社会科学版），1996（3）：62-66.

的见解，真诚地打开自己的心扉；教师可以发现学生思想的火花，包容学生的错误，真正平等地与学生进行心灵的交流。这样一来，师生之间的交往会形成一种平等、和谐的氛围，从而促进教学活动的顺利、高效进行。正如人本主义心理学家罗杰斯所说，真正有意义的学习是建立在正确的人际关系、态度和素养上的。师生之间的情感关系不应仅仅局限于在课堂教学活动过程中产生的情感关系，更应从课堂内延伸到课堂外，使师生之间的交往建立在更广阔的平台上，拉近教师与学生之间的距离，实现全方位的真诚交流和沟通。这种师生之间自然情感的真诚融汇所形成的情感约定关系，[①] 从教师来看，教师与学生之间有亲密、平淡和冲突三种关系；从学生来看，学生与教师之间一般有亲密、依赖、疏远（或冷漠）和冲突四种关系。

## 二、新移民情境下师生关系的基本特征

"情境"一词，虽在日常生活中运用广泛，但很少有人意识到它也可以作为一个学术概念进行研究。事实上，对"情境"一词的研究已有四十余年的历史，其具体的定义，在不同学科也不尽相同。1981年，美国逻辑学家巴威斯在《场境和情境》一文中首次使用这一概念，在逻辑学中，情境指由认知主体选择或区分的高度组织起来的客观世界的一部分，即某时某地某个体（或某些个体）具有某性质（或某关系）这样的事实（或若干这样的事实）构成一个情境，且情境的基本组成要素包括个体、关系（性质）和时空单位。例如，"此时你正在阅览室里读书"就构成一个情境。在心理学中，"情境"指影响到各种感知特征被知觉的环境，包括情感、行为和认知方面的各种信息或者指直接影响人的心理与行为的具体环境。

新移民情境指由于人口的大规模流动而造成的影响新移民认知、情感和行为的一种具体环境。这种环境最核心的特征是由于一种人口频繁的流动，人们四海为家，造成了人地关系渐行渐远、人地情感越来越淡漠。在这样一

---

① 周思旭.后现代主义的教育观及其对师生关系的建构[J].河南大学学报（社会科学版），2005
（6）：148-150.

种情境下，学校中的师生关系也在理论和实践中呈现出新的特征。

## （一）新移民情境下师生"类血缘"关系淡化，师生冲突凸显

随着经济的发展，信息与交通更为便捷，中国经历了历史上规模最大的移民浪潮，人口流动频繁，人们原来对"家"的概念已悄然发生嬗变，人们早已习惯了四海为家，甚至把地球也当成一个"村"。人们到其他地方就业、生活和学习的意愿越来越强，受到的经济约束与情感羁绊越来越小。换言之，我不喜欢这里，那我随时就可以离开这里到另外的地方去生活。这种观念与行为实质上使人地关系渐行渐远、人地情感越来越淡漠，间接地割断了人与人的长久联系与关系，取而代之的是一种"暂时性"关系，可以说人与人之间渐渐滑入了"人际交往原子化"的时代，它采用化学中的比喻：以前依靠分子凝聚在一起的人类，正在分裂为相互游离的更小的单位，即原子。中国是一个重人情的国度，人情是地缘关系与血缘关系的组合。那么，在师生关系上，中国传统社会在姻缘、血缘和地缘关系的影响下，形成了以血缘为基础的家庭亲戚、邻里朋友、同事和陌生人的"差序格局"。古代社会把教师放在"天地君亲师"的崇高位置，这也标示出教师有着与双亲一样的地位，"一日为师，终身为父"就是这种地位的写照。教师和学生是一种生存依赖、命运与共的"类血缘"关系，即教师和学生之间除了业缘关系之外，还夹杂了亲情关系。随着新移民社会的到来，传统社会中的血缘和地缘关系变得淡薄，曾经传统"差序格局"伦理关系的最外圈——业缘关系成为主导。人们摒弃了完全以亲疏尊卑来作为伦理取舍和道德判断的准则。师生关系在某种程度上，也渐次成为"路人偶遇型"关系，师生正在成为"最熟悉的陌生人"。简言之，在新移民情境下，师生情感越来越淡漠，关系越来越疏远，即师生"类血缘关系"逐渐淡化，"路人偶遇型"师生关系凸显，且师生之间以"类血缘关系"为基础的宗法伦理规范不再适用，而新的师生伦理关系尚未形成，因而在新旧师生伦理关系的交锋中，师生冲突日益突出。

## （二）新移民情境下师生冲突普遍存在，可调和，且具有功能二重性

师生冲突是普遍存在的，本质上是可以调和的，且具有功能二重性，故我们必须直面且正视师生冲突。人与人的交往似乎总少不了摩擦与矛盾，

人从受精卵开始到化为泥土的一生似乎都在与外界斗争，而斗争总与攻击相伴相生。同理，人进入学校后，会接受学校种种制度的约束，接受教师的主导，甚至受到同学的排斥，而作为自然人与社会人的自己似乎无时无刻地在与学校中的他人或环境斗争。简言之，冲突是普遍存在的，人总是处于冲突与和谐相统一的社会环境中，作为异质的两个行为主体的教师与学生之间更是避免不了冲突。但冲突如其他事物一样，有始也有终，有好也有坏，且总能在不同程度上被控制或被调和，特别是学生依赖着教师，教师也因学生而成为教师，故教师与学生是一对又爱又恨的矛盾体，二者之间充满了排斥力与吸引力，但他们之间的冲突与矛盾本质上是易调和的。综上，师生关系有两面，一面是和谐，另一面是冲突，师生冲突普遍存在，但我们必须正视冲突的积极影响，消除它的消极影响，甚至把消极影响转化为积极影响。

### （三）新移民情境下师生冲突为一种"偏正"结构冲突

师生交往的偏正结构是指在师生交往中教师处于主导地位，而学生处于相对被主导的地位的一种非对等的人际交往结构。[①]师生之间的交往关系在应然的状态下是对等的，诚如杜威指出的那样，"在民主学校里，教师和学生都是这个社会的成员，教师只是其中合作的学习者，不过是年长一些、比较有见识的学习者，其作用是帮助儿童学习民主参与的价值和能力。在地位上，教师和学生是平等的"[②]。杜威的民主精神固然可贵，但事实上，非对等性才是师生互动关系的现实表达。因为教师是知识的传授者，学生是知识的接受者，教师知之较多，学生知之较少，正是师生之间的这种知识势差构成了师生关系的基本前提，它又意味着二者地位、身份以及权力的差异。从一方面来看，教育者之所以在教育过程中处于主导地位，是由于教育者有目的的活动就是教育本身，而受教育者是作为教育对象加入教育过程的。[③]这种地位差往往会促成一种单边力量的萌生，此等力量常常竭力确保作为权威者的教师不管自己做得怎样，都要学生顺从自己。师生关系的此种表现形式的背

---

① 邵成智，扈中平.论师生关系的偏正结构[J].教育学报，2018，14（2）：12-18.

② 杜威.杜威教育论著选[M].赵祥麟，王承绪，译.上海：华东师范大学出版社，1981：12.

③ 陈桂生.教育原理[M].3版.上海：华东师范大学出版社，2012：12.

后存有一种偏正结构，因为只有在这样的结构中，才能确保师生互动的倾向性，即让师生关系尽可能地朝着有利于教师的方向发展。从另一方面来看，师生关系具有不可选择性，学生一旦进入学校，都会与教师发生关联，教师也都要与学生产生联系。但是，这种不可选择性在师生之间是存在差异的。当学生尚未进入教育过程时，教师已经制定或掌握了有关教育活动的规则，而学生则要不断适应教师制定或已然掌握的规则。[①]如此一来，教师在教育过程中必然占据优势，并处于支配地位。所以，处于长期而无选择的关系中，学生不得不自动退居偏位，教师自然居于正位，师生之间呈现出偏正结构的关系。简言之，在师生冲突中教师处于交往偏正结构的正位，教师能主导或控制师生冲突的方向，乃至强度。虽然学生身处交往结构的偏位，但教师一般不愿意与学生发生冲突，往往都是由于学生先做出了不符合教师期望的行为之后，教师干涉与介入才引发了师生冲突，即学生是引发师生冲突的先行因子。

### （四）新移民情境下师生冲突的发生根源是师生认知分歧、情绪消极与行为干涉

师生冲突发生的根源是什么？目前并没有定论。总的来说，学者们认为是教师与学生之间的差异引发了师生冲突，但这只是充分条件，并非必要条件。具体来说，师生冲突是一个多维多面的事物，从不同的视角看到的会有所不同，也会有不同的答案。从博弈论的视角看，它是师生利益博弈的结果；从社会学的视角看，它是师、生异质亚群体的碰撞；从文化学的视角看，它是大众文化与官方文化间的冲突；从知识社会学的视角看，它是师生知识权力的对抗；从教育学的视角看，它是学生的违纪行为与教师的处理不当之间的矛盾；从心理学的视角看，它是师生认知分歧、情绪（情感）消极与行为干涉的结果……我们认为师生冲突始终是教师与学生之间的冲突，不管是外界环境中的社会制度不完善、氛围不和谐，还是学校评价过于看重分数……如此种种，最终都需要作用在教师和学生身上，并且引起对方有分歧

---

① 郭华.师生关系的社会学探讨[J].教育科学，2006（3）：55-57.

性的认知、消极情绪（情感）、行为干涉时，师生冲突才会发生。换言之，教师与学生之间的认知分歧、情绪（情感）消极与行为干涉才是引发师生冲突最根源性的原因，教师权力控制、教学能力低下、教师知识不丰富、职业道德败坏、职业态度不端正……学生注意力不集中、学习懈怠、违纪行为、个性张扬、自我意识强……学校文化环境不好、家庭教育方式落后、社会制度不完善……都属于外围环境。

### （五）新移民情境下师生冲突符合社会冲突螺旋升级的规律

社会冲突螺旋升级模型认为冲突升级是源于行为和回应的一种恶性循环。冲突一方容易引起争议的行为推动了另一方做出类似的报复性或者防御性行为，这种回应进一步唤起了冲突一方容易引起争议的行为，完成一个循环，并且开启下一轮冲突。在冲突螺旋中，双方动机有一部分是出于报复的目的——因一方所制造的痛楚而惩罚另一方，也有一部分是出于防御或威慑的目的——使自己免受另一方所做各项准备活动的影响，给另一方以教训，并且让另一方觉得痛苦，以停止其令人恼怒的行为。冲突螺旋一旦开始往往难以停止，因为双方都认为，不报复对方就会被人看成是软弱的表现，这会招来对方变本加厉的烦扰行为。双方都认为坚定地维护己方自我防护的声誉迫在眉睫。此外，双方都愿意采取那种可能会打破这种循环的和解性措施。这是因为首先是冲突一方并不相信另一方会对自己的善意做出回报，而另一方也并不认为只要自己表达善意，冲突一方就会示好。其次是冲突一方担心己方采取和解性措施将意味着纵容另一方，并因此导致更加烦扰的行为的发生。最后是另一方通常会被对方视为"攻击者"，因而会因冲突螺旋上升而遭到谴责。师生冲突螺旋的结构变化模型如图3-7所示。

### （六）新移民情境下的师生冲突存在三大悖论

有效掌控师生交往天平的平衡，需正确处理存在于师生冲突中的三对悖论。[①]一是主体行为悖论——控制、规训与自主、创造。学校中教师的控制和

---

① 魏善春.教学冲突：缘起、悖论及合理应对：一种教育社会学的审视[J].中国教育学刊，2012（8）：59-63.

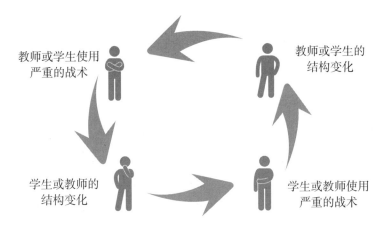

图3-7　师生冲突螺旋的结构变化模型 ①

规训行为与学生的自主发展和创造的欲求是一对悖论，也是构成师生冲突的主要表现形式。教师企图控制学生，学生渴望自主；教师需要行为规范去规训学生，学生要求自由去实现创造性的成果。制度化的学校教学使教师控制与规训的意图得以实现并无限放大，学生依照自己的性格和兴趣而实现自我选择和发展的机会被漠视。控制与规训使教师个体制度化的权威得以实现和满足，而来自教师个人真实魅力的感召权威在学生心目中却被逐渐消解，师生的移情能力、体察能力在教学中杳无踪影，教学生活离师生的世界越来越远。

二是功能悖论——破坏、对抗与教学艺术的实现。社会冲突论者对冲突的概念虽表述不一，但都把破坏和对抗看作冲突可预见的功能和结果。美国社会学家科塞（L.Coser）认为："冲突是有关价值、对稀有地位的需求、权力和资源的斗争，在这种斗争中，对立双方在目的上要破坏以至伤害对方"②。因此，在制度化的"支配-服从"关系的控制下，师生冲突必然导致师生情感上的对抗及观点上的异议乃至对教学有效性的破坏，这是一种对抗性的师生互动。师生冲突除具有破坏和对抗性功能外，还具有挑起矛盾的积

---

① 普鲁特，金盛熙.社会冲突：升级、僵局及解决[M]. 王凡妹，译.3版.北京：人民邮电出版社，2013：124.

② COSER L A.The functions of social conflict[M].London：Free Press，1964：49.

极功能，即其实课堂是呼唤并欢迎正向的师生冲突的。教师设置有价值的冲突并将其巧妙、艺术性地呈现出来，能够使课堂充满"情智"。

三是发展悖论——合理转化与"去冲突化"。既然冲突总是存在的，那么在师生交往过程中一味地追求没有冲突的交往将是一件极其困难的事情。教师应该思考并付诸实践的是如何应对师生交往过程中的冲突，有效化解教学冲突，提高教学的有效性。在现实的师生交往场域中，有些教师力求避免和排除师生冲突，有些教师在面对师生冲突的发生时采取敷衍和蒙混的策略，甚至有些教师对冲突发生过程中的学生主体极力打压或恩威并施。①根植于这种教学理解的教学实践，主体追求的是一种"去冲突化"交往。"去冲突化"可理解为"去除冲突、终了冲突"，这与教学冲突发展过程中的"合理化解、转化冲突"的方法和目标有本质区别，是一种悖论关系，二者不能同时存在于冲突发生的过程中。"去冲突化"师生交往从教师主体的局部利益出发，只考虑到交往过程中教师制度性权威的合法化存在，学生乖乖地扮演一种"受教育的""被规训的"角色。因此，师生交往过程中冲突的发生发展与教师"去冲突化"的欲求本身成为一种悖论。教师一边希望能够以自己的智慧圆满化解师生交往过程中的冲突，抓住冲突的契机促使自己在专业上成长，一边又担心因冲突的发生而影响自身在学生心目中的权威地位，企图将教学冲突扼杀在萌芽阶段。如在教学中，教师"去冲突化"教学实际上营造的是一种形式化和浅表化的和谐教学，损害了师生的共同利益，因忽视学生的探究热情而阻碍了学生创造性的发展；教师因追求教学过程表面的流畅，无视有价值的教学事件而错失专业水平提升的契机。

### （七）新移民情境下师生冲突是一个遵循自然规律的连锁反应

师生冲突是一个连锁反应，遵循由弱到强、由盛而衰的自然规律，我们需要审时度势，在关键节点控制住它、消解它。师生冲突由弱到强可分为隐性心理冲突、一般性冲突和对抗性冲突，而隐性心理冲突和一般性冲突多表现为程度轻、频率高和正功能的特点。简言之，冲突是新生之前的阵痛，预

---

① 王爱菊."去冲突化"教学及其批判[J].教育学报，2010，6（5）：33-42.

示着新的师生关系的到来，但我们须把这种阵痛消解在隐性心理冲突和一般性冲突阶段，把对抗性冲突赶在门外，以防止矛盾激化。

### （八）新移民情境下师生冲突不单单是教育问题，更是社会问题

师生冲突不单单是一个教育问题，更是一个社会问题，需要教师、学生、学校、家庭和社会全部参与、共同努力，形成内外互动、多元合力、协同共治的统一体予以治理。因为师生关系是一个综合体，是一个复杂的关系体系，它由师生教学关系、社会关系以及自然的人际关系构成。师生冲突则既可能反映在教学关系上，也可能反映在社会关系上，同样还可能反映在自然的人际关系上，即师生冲突的形式是多样的，引起师生冲突的原因是多方面的。作为师生交往的行为主体，教师和学生是身在学校中的社会人，他们处在整个社会关系体系之中，其身心、行为、关系必定受社会的文化因素、道德体系、政治制度和经济结构等制约。简而言之，师生关系在教学关系方面是表现为教学相长还是单向生长，在社会关系方面是表现为民主平等还是专制压榨，在自然人际关系方面是表现为冲突还是和谐，不仅由教师与学生直接决定，更受社会的其他因素影响。由此，师生冲突并不单单是一个简单的教育问题，更是一个社会问题，需要教师、学生、学校、家庭和社会协同共治，从而为师生交往营造出一片晴朗的天空。

## 三、新移民情境下师生关系的现实图景

教师与学生是师生关系的两个行为主体，教师所认为的与学生的关系，与学生所认为的与教师的关系是不一样的，故有必要分别调查教师与学生眼中的师生关系。总的来说，师生之间，亲密型师生关系是主要的，冲突型师生关系是次要的。

### （一）教师视角下的师生关系图景

因为师生冲突是一种异化的师生关系，故它又可称为冲突型师生关系。从结构来看，在学生眼中，学生与教师的关系一般分为亲密、平淡、疏远

（或冷漠）和冲突四种类型。①②③然而，因为身份所限，教师不会主动疏远或回避学生，所以通过研究发现，在教师眼中，教师与学生的关系一般分为亲密、平淡和冲突三种类型。

从师生关系的历史发展来看，传统的师生关系受等级观念、重义轻礼的价值取向以及师道尊严的观念影响，主要表现为一种权威-服从的支配型师生关系。改革开放以来，我国师生关系日益走向民主平等，开始注重生命与生命的联系，走向以人为本，但这并不与师道尊严相冲突，我们提倡合理的"师道尊严"，反对专制的"师道尊严"，即我们同时提倡"民主平等与尊师重道"。不管是支配型师生关系，还是民主平等型师生关系，教师与学生必然的关系既可以是亲密的，也可以是平淡的，还可以是冲突的。教与学相互依存，教师与学生同样是命运共同体。由此，教师与学生的关系理应是以亲密为主的，平淡和冲突则是相对较少的。

运用SPSS19.0对中小学师生关系的各个维度的总体水平进行分析发现：第一，目前的中小学教师与学生的关系主要是亲密（$M_{亲密}=4.09>3$），平淡和冲突水平不高（$M_{平淡}=2.18<3$；$M_{冲突}=1.19<3$）。第二，通过调查1669名中小学教师发现，有55.06%的教师与学生发生过心理冲突；有31.07%的教师与学生发生过一般性冲突；有13.79%的教师与学生发生过对抗性冲突。故目前教师与学生的关系主要是亲密的，而平淡和冲突的问题却不可忽视，尤其是教师与学生之间的心理冲突。详见表3-8。

表3-8　新移民情境中教师视角的师生关系均值

| 维度 | 样本数量N（个） | $M \pm SD$ |
|---|---|---|
| 亲密 | 1669 | 4.09 ± 0.513 |
| 平淡 | 1669 | 2.18 ± 0.569 |
| 冲突 | 1669 | 1.19 ± 0.533 |

注：SD为标准差。全书表格同，不另标。

① 王耘，王晓华，张红川.3—6年级小学生师生关系：结构、类型及其发展[J].心理发展与教育，2001（3）：16-21.
② 姚计海，唐丹.中学生师生关系的结构、类型及其发展特点[J].心理与行为研究，2005（4）：275-280.
③ 张野，李其维，张珊珊.初中生师生关系的结构与类型研究[J].心理科学，2009，32（4）：804-807.

### （二）学生视角下的师生关系图景

学生与教师既是学习共同体，又是命运共同体，学生依靠教师的引导成人成才，学生与教师的关系理应是亲密的。然而，学生与教师又是两个不同的异质体，在交往互动中充满了矛盾与冲突。由此，学生与教师的关系理应表现为一种亲密与冲突共存的状态，但有很多时候学生和教师既不亲密也不冲突，仅表现为一种中间态——回避，如"最熟悉的陌生人"般形同陌路，老死不相往来。故学生与教师的心理关系一般分为亲密、回避和冲突三种类型。

运用SPSS19.0对中小学师生关系的各个维度的总体水平进行分析，可以发现：目前中小学生与教师的关系主要是亲密（$M_{亲密}$=3.82>3），回避和冲突水平不高（$M_{回避}$=1.86<3；$M_{冲突}$=1.44<3）。但通过调查2980名中小学生发现，有16.747%的学生对教师心存不满；当老师批评学生的时候，有29.27%的学生心理会抵触。由此可见，学生与教师的心理冲突比较多。有14.19%的学生与教师发生过轻微争吵，有2.82%的学生发生过轻微的肢体冲突，有3.43%的学生与教师发生过激烈的争吵，有1.88%的学生与教师发生过激烈的肢体冲突（如拉扯等）。可见，尽管学生与教师的激烈冲突相对较少，但学生与教师一旦发生激烈的对抗性冲突，对师生双方的伤害都是很大的，由此可见，学生与教师的激烈冲突有必要引起重视。此外，有24.13%的学生不愿意与教师接触，有20.95%的学生在课下遇见教师会主动避开。学生不愿意和教师交流与接触，即使课下遇见也会主动避开，这无疑是学生与教师之间关系疏远的表现，更可能是学生与教师冲突的结果或正酝酿着与教师的正面冲突。综上，学生与教师的关系以亲密为主，但学生与教师的心理、一般性与对抗性冲突也是不少的。详见表3-9。

表3-9　新移民情境中学生视角的师生关系均值

| 维度 | 样本数量$N$（个） | $M\pm SD$ |
|---|---|---|
| 亲密 | 2980 | 3.82±0.903 |
| 回避 | 2980 | 1.86±0.911 |
| 冲突 | 2980 | 1.44±0.525 |

综上，不管是从教师来看，还是从学生来看，尽管目前师生关系是以亲密为主，但在新移民情境下，师生之间的冲突已然是普遍存在的，且仍在不断增加。

# 第四章

# 新移民情境下师生
# 冲突中的教师

新移民情境下师生冲突具有一种偏正结构，在师生冲突中，因为教师在很大程度上能主导师生的冲突强度与发展方向，所以学生多处于偏位。为此，本章基于教师的视角，通过调查数据的描述性分析、相关分析和回归分析，得到新移民情境下师生冲突的教师样态；证实了新移民情境下师生冲突的发生机理，并分析了其发生根源。

## 第一节　新移民情境下师生冲突的教师样态

新移民情境下师生冲突的教师样态主要表现在教师与学生冲突的强度、教师应对冲突的方式与师生冲突对教师的影响三个方面。其中教师与学生冲突的强度以隐性心理冲突为主，一般性冲突和对抗性冲突为辅；师生冲突发生时教师主要以协商的方式予以应对，且师生冲突在教师身上为正功能。

### 一、教师视角下的师生冲突强度

总的来说，虽然教师与学生之间总伴有冲突，但教师与学生的关系仍以亲密为主，而冲突则相对少一些。即使教师与学生发生冲突，也是以心理冲突为主，一般性冲突和对抗性冲突为辅。

#### （一）教师与学生冲突的强度较弱

笔者调查研究表明，教师与学生之间的冲突总体水平不高，其均值都小于3，但在隐性心理、一般性和对抗性冲突之中，主要为隐性心理冲突（$M_{隐性}=2.73$），其次为一般性冲突（$M_{一般性}=2.05$），最后为对抗性冲突（$M_{对抗性}=1.53$）。在被调查的1669名中小学教师中，有55.06%的教师与学生发生过隐性心理冲突；有31.07%的教师与学生发生过一般性冲突；有13.79%的教师与学生发生过对抗性冲突。从师生冲突本身的发展规律来看，绝大部分一般性冲突和对抗性冲突都是从隐性心理冲突发展而来的，而在冲突的发展过程中呈现"衰减"趋势，即冲突强度越强，冲突越少。因为在冲突的发展过程中，冲突会不断地被发现和不断地被解决。详见表4-1。

表4-1　教师与学生的冲突强度均值

| 维度 | 样本数量$N$（个） | $M$（均值） | SD |
|---|---|---|---|
| 隐性心理冲突 | 1669 | 2.73 | 0.856 |
| 一般性冲突 | 1669 | 2.05 | 0.925 |
| 对抗性冲突 | 1669 | 1.53 | 0.885 |

### （二）不同类型教师在冲突强度上有显著差异

运用SPSS19.0，分别以性别、学校类型、是否任职为班主任、所教年级、所教科目、教龄、职称和老家所在地为控制变量，以隐性心理冲突、一般性冲突和对抗性冲突为因变量，进行单因素方差分析。研究发现不同类型的教师与学生的冲突强度有显著差异。

#### 1. 男教师与学生的冲突更强

有调查表明，女教师和学生之间的冲突次数是男教师的1.5倍，尤其是女教师与男学生之间。[①]这是总体上男女教师与学生的冲突频率，但男女教师与学生间的冲突强度具体如何，不得而知。我们通过研究发现：第一，女教师与学生的隐性心理冲突多于男教师，但差异不显著（$M_女$=2.74，$M_男$=2.69，$P$=0.298>0.05）；第二，男教师与学生的一般性冲突显著多于女教师（$M_男$=2.15，$M_女$=2.02，$P$=0.008<0.05）；第三，男教师与学生的对抗性冲突显著多于女教师（$M_男$=1.67，$M_女$=1.48，$P$=0.000<0.05）。可见，男教师与学生的冲突强于女教师与学生的冲突。这可能与男女性格差异有关，女教师性格温婉，较有耐心，处理冲突的方式一般为说教，较易与学生发生语言摩擦；而男教师性格较为粗犷，耐心不强，攻击性较强，从而易与学生发生以语言摩擦、肢体对抗为主要形式的一般性冲突与对抗性冲突。详见表4-2。

表4-2 教师与学生冲突的性别差异

| 项目 | 男（N=457） | 女（N=1212） | F | P |
| --- | --- | --- | --- | --- |
| | $M \pm SD$ | $M \pm SD$ | | |
| 隐性心理冲突 | 2.69±0.880 | 2.74±0.840 | 0.684 | 0.298 |
| 一般性冲突 | 2.15±0.964 | 2.02±0.907 | 7.017 | 0.008 |
| 对抗性冲突 | 1.67±0.964 | 1.48±0.841 | 26.043 | 0.000 |

注：$F$为平均数差异检验值，$P$表示显著性水平；$P$<0.05则表示存在显著差异。全书表格同，不另标。

① 徐爱芬.中学师生冲突现象研究：以兰州市安宁区的部分中学为例[D].兰州：西北师范大学，2004：13.

## 2. 民办学校教师与学生的冲突更强

相较于公办教师来说，近年来部分省份在推进民办学校教师专业发展方面的政策针对性较强，[①]但从全国范围来看，仍表现出地区、学校及教师个体对专业发展的认识不足和能力建设有待提速的问题。[②]教师自身的专业认识与能力极大地影响着与学生的冲突。研究表明：第一，民办学校教师与学生的一般性冲突显著多于公办教师（$M_{民办}$=2.20，$M_{公办}$=2.04，$P$=0.038<0.05）；第二，民办学校教师与学生的对抗性冲突显著多于公办学校（$M_{民办}$=1.70，$M_{公办}$=1.51，$P$=0.015<0.05）。此外，在隐性心理冲突方面，虽然公办教师略多于民办教师，但这种差异并不显著。可见，民办学校教师与学生的一般性冲突与对抗性冲突都要显著多于公办学校，即民办学校教师与学生的冲突更强，故我们需要更加重视民办学校教师与学生之间的冲突。详见表4-3。

表4-3　教师与学生冲突的学校类型差异

| 项目 | 公办（$N$=1517） | 民办（$N$=152） | $F$ | $P$ |
|---|---|---|---|---|
| | $M \pm SD$ | $M \pm SD$ | | |
| 隐性心理冲突 | 2.73 ± 0.841 | 2.66 ± 0.946 | 1.929 | 0.361 |
| 一般性冲突 | 2.04 ± 0.907 | 2.20 ± 1.080 | 4.306 | 0.038 |
| 对抗性冲突 | 1.51 ± 0.855 | 1.70 ± 1.134 | 5.889 | 0.015 |

## 3. 班主任易与学生发生对抗性冲突

班主任是学校中全面负责一个班学生的思想、学习、健康和生活等工作的教师，是一个班的组织者、领导者和教育者，也是一个班中全体任课教师教学、教育工作的协调者。其相较于其他科任教师而言，与学生接触和交流更频繁，相较于其他教师更加权威，彼此间也更为了解。交流机会的增加使其与学生发生冲突的概率也增加，一些学生为了引起教师或者同学的注意，有时会故意违反班级纪律以挑战班主任的权威，由此班主任与学生冲突的概

① 赵敏，韩绮芸.教师团队自省、团队学习力与专业发展的互惠效应研究：以广州市5区14所中小学为例[J].教育研究与实验，2015（6）：40-46.

② 马艳丽，周海涛.民办学校教师队伍建设改革的新进展新诉求[J].中国教育学刊，2019（7）：19-23.

率理应增加。但正是因为班主任与学生之间交流与互动的增加，彼此更为了解与信任，所以两者之间的隐性心理冲突和一般性冲突理应少一些。研究发现：第一，虽然班主任教师与学生的隐性心理冲突和一般性冲突都强于其他科任教师，但差异并不显著（$P_{隐性}$=0.255>0.05，$P_{一般性}$=0.077>0.05），第二，班主任教师与学生的对抗性冲突显著多于其他科任教师（$M_{班主任}$=1.60，$M_{非班主任}$=1.49，$P$=0.014<0.05）。详见表4-4。

表4-4　教师与学生冲突的身份差异

| 项目 | 班主任（$N$=631） | 非班主任（$N$=1038） | $F$ | $P$ |
|---|---|---|---|---|
| | $M \pm SD$ | $M \pm SD$ | | |
| 隐性心理冲突 | 2.75 ± 0.860 | 2.70 ± 0.845 | 0.035 | 0.255 |
| 一般性冲突 | 2.10 ± 0.977 | 2.02 ± 0.890 | 3.316 | 0.077 |
| 对抗性冲突 | 1.60 ± 0.965 | 1.49 ± 0.831 | 14.542 | 0.014 |

可见，班主任易与学生发生对抗性冲突。这是班主任的工作性质所决定的，因为班主任是全班的第一责任人，负责解决全班学生的思想、学习、健康和生活等方面的问题，其他科任教师与学生发生冲突时，也会向班主任寻求帮助以介入冲突，这就更增加了班主任与学生发生冲突的概率。

### 4．小学、初中和高中教师与学生的冲突强度无显著差异

一般来说，由于初高中学生处于青春叛逆期和升学压力比较大的学习阶段，从而给教师的教学与管理带来更大的挑战，进而更易引起教师与学生之间的冲突。可研究发现，小学、初中和高中教师与学生的冲突水平虽有差异，但这种差异不显著（$P_{隐性}$=0.422>0.05，$P_{一般性}$=0.355>0.05，$P_{对抗性}$=0.808>0.05）。从均值来看，高中教师与学生的隐性心理冲突多于小学和初中教师；初中教师与学生一般性冲突多于小学和高中教师；小学、初中和高中教师与学生的对抗性冲突水平较为接近。

### 5．不同科目的教师与学生的冲突强度无显著差异

在中小学，基于语数英、物化生、政史地和音体美等科目的难易程度不同和对中小学生学习不同科目而有不同的学习要求，不同科目的教师与学生的冲突理应有所差异。比如物化生比音体美要难一些，且对学生的要求也

要高一些，所以教授这些科目的教师易与学生发生冲突。研究表明：语数英、物化生、政史地、音体美和其他类型教师与学生的冲突水平呈现递减的趋势，但它们之间并无显著差异（$P_{隐性}$=0.867>0.05，$P_{一般性}$=0.249>0.05，$P_{对抗性}$=0.119>0.05）。详见表4-5。

表4-5　教师与学生冲突的科目差异

| 项目 | 语数英<br>（N=1038）<br>M±SD | 物化生<br>（N=236）<br>M±SD | 政史地<br>（N=179）<br>M±SD | 音体美<br>（N=110）<br>M±SD | 其他<br>（N=106）<br>M±SD | F | P |
|---|---|---|---|---|---|---|---|
| 隐性心理冲突 | 2.73±0.88 | 2.74±0.78 | 2.67±0.79 | 2.68±0.95 | 2.73±0.74 | 0.317 | 0.867 |
| 一般性冲突 | 2.09±0.973 | 2.00±0.775 | 2.04±0.845 | 2.00±0.997 | 1.90±0.770 | 1.351 | 0.249 |
| 对抗性冲突 | 1.57±0.930 | 1.46±0.807 | 1.53±0.830 | 1.44±0.877 | 1.39±0.655 | 1.836 | 0.119 |

### 6．教龄为1~6年的教师与学生的冲突更强

教师教龄越长，教师与学生之间的冲突水平越低。因为随着教师教龄的增加，教师的教学能力越来越强，教学经验和教学知识储备也越来越丰富，与学生的认知、情感和行为等方面的冲突必定有所减少，且在与学生发生冲突时，其处理也能更为得心应手，以阻滞冲突的升级。研究表明：第一，不同教龄的教师与学生的隐性心理冲突有显著差异（P=0.000<0.05）。通过LSD多重比较发现，教龄为1~3年的教师与学生的隐性心理冲突显著多于教龄为7年以上的教师；教龄为4~6年的教师隐性心理冲突显著多于教龄16年及以上的教师。这点说明教龄1~6年的教师与学生的隐性心理冲突发生比较频繁，尤其是教龄1~3年的教师，教龄超过7年的教师与学生的隐性心理冲突就趋于稳定水平了，不再会显著减少了。第二，不同教龄的教师与学生的一般性冲突无显著差异（P=0.306>0.05），但是教龄超过7年的教师与学生的对抗性冲突会逐渐减少。第三，不同教龄的教师与学生的对抗性冲突无显著差异（P=0.113>0.05），但教龄超过11年的教师与学生的对抗性冲突会逐渐减少。

换言之，在教师教龄为1~6年这段时期内，易与学生发生隐性心理冲突和一般性冲突；在教龄为1~10年这段时期内，教师与学生的对抗性冲突会维持在高位水平，在11年以后才有所下降。根据教师专业发展的特点，可把教龄为1~3年的阶段称为调整磨合期、4~6年为适应发展期、7~10年为成

熟提高期、11～15年为"成名期"、16年及以上称为"成家期"。可见，消解教师与学生的隐性心理冲突与一般性冲突，尤其需要重点关注调整磨合期和适应发展期的教师；消解教师与学生的对抗性冲突则需要重点关注成熟提高期以前的教师。此外，处于成熟提高期的教师与学生的对抗性冲突并没有减少，反而有所增加。这是因为处于该阶段的教师处于职业发展的关键期，或许遇到了职业发展的瓶颈，他们因教学业绩提高不明显，出现心理学上的"平台状态"或"高原现象"，满足于自己的那点经验和技能，就此裹足不前，同时心烦意乱，进而影响到与学生的冲突水平。

**7. 初级和中级职称教师与学生的冲突更强**

目前我国中小学教师统一职称（职务）等级和名称。职务分为初级职务、中级职务和高级职务。初级设员级和助理级；高级设副高级和正高级。员级、助理级、中级、副高级和正高级职称（职务）名称依次为三级教师、二级教师、一级教师、高级教师和正高级教师。教师职称是其教育教学知识、能力和职业道德的体现，如高级教师的特点一般为能根据所教学段学生的年龄特征和思想实际，有效进行思想道德教育，积极引导学生健康成长，比较出色地完成班主任、辅导员等工作，教书育人成果比较突出；具有所教学科坚实的理论基础、专业知识和专业技能，教学经验丰富，教学业绩显著，形成了一定的教学特色；具有指导与开展教育教学研究的能力，在课程改革、教学方法等方面有着丰富的经验；等等。显然，职称越高的教师与学生的冲突越少或冲突强度越低。研究表明：教师职称不同，与学生的隐性心理冲突、一般性冲突和对抗性冲突都存在显著差异（$P_{隐性}$=0.000<0.05，$P_{一般性}$=0.007<0.05，$P_{对抗性}$=0.040<0.05）。经过LSD多重比较发现，只有在高级职称教师身上，教师与学生的隐性心理冲突、一般性冲突和对抗性冲突才会显著减少，中级教师与学生的冲突水平无显著变化。可见，教师与学生的冲突在不同职称教师身上表现是比较稳定的。此外，中级职称教师与学生的对抗性冲突水平并没有减少，反而有小幅度增加，这可能是因为该阶段的教师正处于教学技艺的积累与验证阶段，易采取强制的方式应对与学生的冲突，从而导致冲突发展为对抗性冲突。详见表4-6。

表4-6 教师与学生冲突的职称差异

| 项目 | 初级（N=555） | 中级（N=769） | 高级（N=345） | F | P |
|---|---|---|---|---|---|
| | M±SD | M±SD | M±SD | | |
| 隐性心理冲突 | 2.82±0.812 | 2.74±0.859 | 2.54±0.857 | 11.980 | 0.000 |
| 一般性冲突 | 2.11±0.907 | 2.07±0.954 | 1.92±0.874 | 4.916 | 0.007 |
| 对抗性冲突 | 1.55±0.842 | 1.57±0.932 | 1.42±0.839 | 3.231 | 0.040 |

## 8. 教师工作所在地与老家的距离越近，与学生的冲突越强

在新移民背景下，教师异地就职已成为普遍现象，且教师工作所在地与老家的距离远近不同，与学生的冲突强度有差异，总体表现为教师工作所在地与老家的距离越远，与学生冲突就越少或越弱。研究表明：第一，老家所在地远近不同，教师与学生的隐性心理冲突有显著差异（$P=0.022<0.05$），且经过LSD多重比较发现，老家所在地为外省的教师与学生的隐性心理冲突显著低于老家所在地为本省其他市、本市其他区县和本区县的教师（由于研究对象中境外教师只有8名，所以在此不做境外教师的比较）；第二，老家所在地远近不同，教师与学生的一般性冲突无显著差异（$P=0.333>0.05$）；第三，教师工作所在地与老家距离远近不同，与学生的对抗性冲突也有显著差异（$P=0.010<0.05$）。通过LSD多重比较发现，老家为本区县的教师在对抗性冲突上显著多于本省其他市和外省的教师，老家为本市其他区县的教师在对抗性冲突上显著多于外省的教师，由于境外的教师的样本只有8份，在此不做两两比较。换言之，老家为外省的教师与学生的对抗性冲突显著少于老家为本省的教师。

可见，教师工作所在地与老家的距离越远，与学生的冲突就越少或者越弱，尤其是老家为外省的教师。可能是因为这部分教师离老家距离越远，心里对学生就越为恭谨，在应对冲突时，尤其是与学生的对抗性冲突时，更为拘谨，生怕得罪学生，更怕与学生发生对抗性冲突。详见表4-7。

表4-7 教师与学生冲突的老家所在地差异

| 项目 | 本区县（N=553） | 本市其他区县（N=245） | 本省其他市（N=428） | 外省（N=435） | 境外（N=8） | F | P |
|---|---|---|---|---|---|---|---|
| | M±SD | M±SD | M±SD | M±SD | M±SD | | |
| 隐性心理冲突 | 2.74±0.893 | 2.82±0.853 | 2.75±0.816 | 2.61±0.824 | 2.92±0.611 | 2.875 | 0.022 |
| 一般性冲突 | 2.08±0.985 | 2.07±0.919 | 2.08±0.907 | 1.97±0.866 | 2.13±0.744 | 1.147 | 0.333 |
| 对抗性冲突 | 1.62±0.996 | 1.60±0.942 | 1.49±0.831 | 1.43±0.736 | 1.50±0.707 | 3.322 | 0.010 |

## 二、教师视角下的师生冲突应对方式

教师应对冲突的方式分为协商、不卷入和武力三种，其中协商包括第三方调解、退让和妥协；不卷入包括转移话题、等待、回避；武力包括身体攻击、讽刺、威胁。新移民情境下教师应对冲突的现实情况如何，不同类型的教师在应对与学生的冲突时是否有差异，对明晰教师应对冲突的方式有重要作用。

### （一）教师主要以协商的方式应对师生冲突

总的来说，新移民情境下，我国中小学教师应对与学生的冲突多倾向于选择协商的方式。经研究调查发现：第一，教师应对冲突的方式倾向于与学生协商（$M_{协商}$=3.63），其均值大于3；第二，教师选择不卷入的方式应对冲突也不在少数（$M_{不卷入}$=2.38），较少部分教师则选择武力方式（$M_{武力}$=1.97）。具体来看，当教师与学生发生冲突时，在协商维度，有84.48%的教师会找班主任或家长来调解，有62.49%的教师会选择主动让步，满足学生的要求，有97.6%的教师会选择尊重和参考学生的意见；在不卷入维度，有53.81%的教师会选择转移话题，有60.34%的教师会选择主动回避，避免冲突升级，有23.37%的教师会选择不发表任何意见；在武力维度，有16.9%的教师会选择责罚学生，有46.37%的教师会选择强制学生听从自己的安排，有19.17%的教师会对学生进行讽刺或挖苦。

可见，当教师与学生发生冲突时，绝大部分的教师都会与学生进行协商，并尊重和考虑学生的意见，甚至主动做出妥协与让步，但在这个过程中，教师选择回避与学生的冲突基本在一半左右，仍有约五分之一的教师对学生会进行讽刺、挖苦或责罚，有约一半的教师会强制要求学生听话。由此，当师生冲突发生时，教师采取的方式虽非常民主，却是一种强制性的民主，且消极回避现象同样比较普遍。详见表4-8。

表4-8　新移民情境下中小学教师态度均值表

| 维度 | 样本数量N（个） | M（均值） | SD |
|---|---|---|---|
| 协商 | 1669 | 3.63 | 0.68 |
| 不卷入 | 1669 | 2.38 | 0.95 |
| 武力 | 1669 | 1.97 | 0.81 |

## （二）不同类型教师在应对冲突方式上差异分析

因为不同教师面对的冲突情境不一样，且不同教师应对与学生的冲突的态度和习惯均有差异，故不同类型的教师应对冲突的方式理应有所差异。运用SPSS19.0，分别以性别、学校类型、是否任职为班主任、所教年级、所教科目、教龄、职称和老家所在地为控制变量，以协商、不卷入和武力为因变量，进行单因素方差分析。研究发现：不同类型的教师在应对师生冲突时有显著性差异。

### 1. 男性教师倾向于不卷入或武力解决冲突

从男女教师的性格特点来看，男教师较多地被认为是勇敢、果断、独立、暴躁和攻击性强的；而女教师较多地被认为是感情丰富、温柔和有耐心的。事实也如此，研究发现：第一，男女教师在协商维度上无显著差异（$P=0.644>0.05$），即冲突发生时男女教师选择协商解决冲突的方式是无显著差异的；第二，在不卷入维度上，相对于女教师来说，男教师更倾向于主动回避与学生的冲突（$P=0.000<0.05$）；第三，在武力维度上，男教师更倾向于运用武力解决师生冲突（$P=0.001<0.05$）。可见，在师生冲突中，男教师确实表现得更为暴力一些，但男教师也容易回避冲突。换言之，在师生冲突中，男教师会先忍让学生，但冲突依然未解决的话，男教师就倾向于采用武力的方式，而女教师则情况相反。这就是为什么女教师与学生的冲突多，男教师与学生的冲突强。因为女教师不会对学生做出忍让，而男教师面对冲突时则更多地运用武力。详见表4-9。

表4-9　教师应对冲突方式的性别差异

| 项目 | 男（$N=457$） | 女（$N=1212$） | $F$ | $P$ |
|---|---|---|---|---|
|  | $M \pm SD$ | $M \pm SD$ |  |  |
| 协商 | $3.64 \pm 0.706$ | $3.63 \pm 0.667$ | 1.888 | 0.644 |
| 不卷入 | $2.52 \pm 0.998$ | $2.33 \pm 0.927$ | 6.313 | 0.000 |
| 武力 | $2.09 \pm 0.861$ | $1.94 \pm 0.775$ | 4.828 | 0.001 |

### 2. 不同学校类型教师的冲突应对方式无显著差异

虽然民办学校教师更倾向于采用不卷入和武力的方式解决师生冲

突，但这种差异是不显著的（$P_{协商}$=0.285>0.05，$P_{不卷入}$=0.093>0.05，$P_{武力}$=0.241>0.05）。可见，不同学校类型教师选择何种方式应对师生冲突无显著差异。详见表4-10。

表4-10　教师应对冲突方式的学校类型差异

| 项目 | 公办（$N$=1517） | 民办（$N$=152） | $F$ | $P$ |
| | $M \pm SD$ | $M \pm SD$ | | |
| --- | --- | --- | --- | --- |
| 协商 | 3.62 ± 0.676 | 3.75 ± 0.697 | 1.146 | 0.285 |
| 不卷入 | 2.37 ± 0.933 | 2.50 ± 1.111 | 2.826 | 0.093 |
| 武力 | 1.97 ± 0.786 | 2.05 ± 0.947 | 1.378 | 0.241 |

### 3. 班主任教师往往以"先礼后兵"的方式直面师生冲突

班主任是全班教学与管理工作的协调者，同时也负责协调各个科任教师与学生的矛盾，经常以"救火队员"的身份出现，即其他科任教师与学生出现冲突时，很多时候都由班主任出面调解。换言之，班主任与学生的冲突更多，甚至面对的冲突强度更大。研究发现：第一，在协商维度上，相对于其他科任教师来说，班主任更倾向于运用协商来解决师生冲突（$P$=0.004<0.05）；第二，在不卷入维度上，班主任与其他科任教师无显著差异（$P$=0.684>0.05）；第三，在武力维度上，班主任运用武力解决冲突要更显著一些（$P$=0.009<0.05）。可见，班主任往往以"调解员"的方式出现在其他科任教师与学生之间的冲突中，班主任首选采用的方式是尊重学生，运用协商的方式调解，一旦调解不成功，班主任就更倾向于运用武力解决师生冲突，而并不会选择不卷入的方式回避师生冲突。由此，班主任解决师生冲突的方式是"先礼后兵"，这比较符合班主任的工作特点，这也解释了班主任为何容易与学生发生对抗性冲突。详见表4-11。

表4-11　教师应对冲突方式的身份差异

| 项目 | 班主任（$N$=631） | 非班主任（$N$=1038） | $F$ | $P$ |
| | $M \pm SD$ | $M \pm SD$ | | |
| --- | --- | --- | --- | --- |
| 协商 | 3.69 ± 0.695 | 3.59 ± 0.666 | 8.204 | 0.004 |
| 不卷入 | 2.37 ± 0.990 | 2.39 ± 0.926 | 0.165 | 0.684 |
| 武力 | 2.04 ± 0.840 | 1.94 ± 0.775 | 6.939 | 0.009 |

### 4．学段越低的教师越倾向于选择协商的方式解决师生冲突

由于学生学段越高，越调皮，个性越强，就越难管教，所以学段越低，教师更倾向于选择协商的方式解决冲突。研究发现：第一，在协商的应对方式上，小学、初中和高中教师之间有显著差异（$P_{协商}=0.000<0.05$）。经过LSD多重比较分析后发现，小学教师显著多于初中教师，且显著多于高中教师，初中教师显著多于高中教师。可见，学段越低的教师越倾向于选择协商的方式解决师生冲突。第二，在不卷入和武力的应对方式上，虽然呈现出学段越高，教师越倾向于选择不卷入和武力方式，但这种差异是不显著的（$P_{不卷入}=0.095$，$P_{武力}=0.257$，均大于0.05）。

### 5．语数英科目教师更倾向于选用协商的方式应对师生冲突

教师所教的科目不同，应对师生冲突的方式也会有所不同，因为各科的教学目标或考核方式是不一样的。研究发现：第一，在协商的应对方式上，不同科目的教师有显著差异（$P=0.001<0.05$）。经过LSD多重比较分析后发现，语数英教师比物化生教师更倾向于协商的应对方式（$P=0.002<0.05$），也比政史地教师更倾向于采用协商的应对方式（$P=0.002<0.05$）。第二，教师在不卷入和武力的应对方式上，不存在显著差异（$P_{不卷入}=0.652>0.05$；$P_{武力}=0.135>0.05$）。可见，语数英科目教师更倾向于选用协商的方式应对师生冲突。详见表4-12。

表4-12　教师与学生冲突的科目差异

| 项目 | 语数英（N=1038） | 物化生（N=236） | 政史地（N=179） | 音体美（N=110） | 其他（N=106） | F | P |
|---|---|---|---|---|---|---|---|
| | $M \pm SD$ | $M \pm SD$ | $M \pm SD$ | $M \pm SD$ | $M \pm SD$ | | |
| 协商 | 3.68 ± 0.687 | 3.53 ± 0.650 | 3.51 ± 0.655 | 3.63 ± 0.667 | 3.54 ± 0.648 | 4.841 | 0.001 |
| 不卷入 | 2.38 ± 0.974 | 2.39 ± 0.925 | 2.44 ± 0.925 | 2.26 ± 0.934 | 2.37 ± 0.835 | 0.615 | 0.652 |
| 武力 | 1.99 ± 0.833 | 1.98 ± 0.743 | 2.00 ± 0.764 | 1.79 ± 0.774 | 1.97 ± 0.698 | 1.758 | 0.135 |

### 6．教师教龄不影响教师应对师生冲突

一般来说，随着教师教龄的增加，处理师生冲突会越来越有经验，也更游刃有余，或者教师越年轻脾气越暴躁，也就更倾向于选用武力的方式，越

年长越稳重，则更倾向于选用协商的方式，或处于成熟提高期（7~10年）的教师因家庭与事业而压力更大，进而更容易倾向于选用武力的应对方式。但研究发现，虽然教师越来越有应对冲突的经验与知识，且越来越稳重，但当冲突发生时，教师的教龄对教师如何应对冲突的影响并不显著（$P_{协商}$=0.344>0.05，$P_{不卷入}$=0.113>0.05，$P_{武力}$=0.116>0.05）。可见，教师的教龄不会对教师选择何种方式来应对冲突产生明显的影响。

### 7. 中、高级教师更倾向于不卷入的冲突应对方式

教师职称是教师教学能力的重要反映，教师职称越高则选择更为平和的冲突应对方式的可能性越大。研究发现，第一，教师在协商的应对方式上无显著差异（$P$=0.332>0.05），表明不管教师职称高低，教师应用协商解决师生冲突的方式是一样的。第二，教师在不卷入的应对方式上存在显著差异（$P$=0.040<0.05），经过LSD多重比较分析后发现，中级教师和高级教师显著多于初级教师（$P$=0.016<0.05）。换言之，在师生冲突发生时，中级和高级教师比较倾向于主动回避学生或者主动忍让学生。第三，不同职称的教师在武力的应对方式无显著差异（$P$=0.328>0.05），由此可见，不同职称的教师在协商和武力的应对方式上差异不明显，而在不卷入的应对方式上，中、高级职称教师倾向性更高。详见表4-13。

表4-13 教师应对冲突的职称差异

| 项目 | 初级（N=555） | 中级（N=769） | 高级（N=345） | F | P |
|---|---|---|---|---|---|
| | $M \pm SD$ | $M \pm SD$ | $M \pm SD$ | | |
| 协商 | 3.65 ± 0.644 | 3.63 ± 0.688 | 3.58 ± 0.709 | 1.103 | 0.332 |
| 不卷入 | 2.30 ± 0.874 | 2.42 ± 0.981 | 2.42 ± 0.993 | 3.226 | 0.040 |
| 武力 | 1.97 ± 0.766 | 2.00 ± 0.832 | 1.93 ± 0.792 | 1.115 | 0.328 |

### 8. 老家越近的教师越倾向于武力解决师生冲突

在新移民背景下，教师工作所在地与老家的距离越远，教师与学生的冲突就越弱，尤其是省外的教师。研究发现：第一，老家所在地不同的教师，在协商的冲突应对方式上无显著差异（$P$=0.824>0.05）；第二，老家所在地不同的教师，在不卷入的冲突应对方式上也无显著差异（$P$=0.232<0.05）；第三，老家所在地不同的教师在武力的冲突应对方式上有显著差异

（$P$=0.005<0.05），而且经过LSD多重比较分析后发现，老家为本区县的教师显著多于本市其他区县的教师（$P$=0.037<0.05），也显著多于老家为外省的教师（$P$=0.000<0.05）；老家为本省其他市的教师显著多于老家为外省的教师（$P$=0.21<0.05）。可见，在武力的冲突应对方式上，呈现出老家越近，越倾向于运用武力解决师生冲突。这可能是因为教师老家越近，越觉得自己是本地人或当地人，给予了教师应对冲突的极大自信，因此不怕与学生之间发生冲突。详见表4-14。

表4-14　教师应对冲突的老家所在地差异

| 项目 | 本区县（$N$=553） | 本市其他区县（$N$=245） | 本省其他市（$N$=428） | 外省（$N$=435） | 境外（$N$=8） | $F$ | $P$ |
|---|---|---|---|---|---|---|---|
| | $M \pm SD$ | $M \pm SD$ | $M \pm SD$ | $M \pm SD$ | $M \pm SD$ | | |
| 协商 | 3.64 ± 0.701 | 3.58 ± 0.644 | 3.64 ± 0.672 | 3.64 ± 0.679 | 3.63 ± 0.327 | 0.379 | 0.824 |
| 不卷入 | 2.46 ± 1.022 | 2.33 ± 0.883 | 2.33 ± 0.934 | 2.36 ± 0.908 | 2.29 ± 0.825 | 1.398 | 0.232 |
| 武力 | 2.06 ± 0.871 | 1.93 ± 0.742 | 2.00 ± 0.803 | 1.87 ± 0.730 | 2.25 ± 0.707 | 3.757 | 0.005 |

## 三、教师视角下的师生冲突功能

师生冲突本身是中性的，其结果可以是积极的，也可以是消极的，即师生冲突在教师身上既可以体现为正功能，也可以体现为负功能。

### （一）师生冲突对教师的影响主要表现为正功能

在教育教学实践中，大部分师生冲突是可控的，并不威胁到师生的核心价值和利益，所以大部分师生冲突都体现为正功能，只有当少数极端或暴力事件发生时，师生冲突才表现出更多的负功能。

本研究运用SPSS19.0对中小学教师师生冲突的正负功能进行分析发现：师生冲突对大多数教师的影响是积极的，消极影响是少数的，即师生冲突在教师身上更多的是正功能（$M_{正功能}$=3.64>3），负功能（$M_{负功能}$=2.01<3）比较少。具体来说：当师生冲突发生时，第一，在师生关系方面，有89.15%的教师认为冲突后更了解学生了，和学生的关系更为亲密；第二，在身心健康方面，有57.4%的教师认为冲突后对学生的不满释放了，心理压力降低了；第

三，在教学管理方面，有93.52%的教师认为冲突后更加注重学生的意见与需求了；第四，在自我认识方面，有97.42%的教师认为冲突有利于自我反思，并不断进步；第五，在教学成效方面，有93.52%的教师认为冲突有利于教学质量的提高。可见，绝大部分教师认为冲突可以促进自我认识，推动自我进步，提高教学成效，注重教学民主，释放冲突心理压力，即绝大部分教师认为冲突对他们来说是体现为正功能的。为何这么多教师认为师生冲突对他们的影响是积极的，这主要是因为大部分师生冲突都是隐性心理冲突或一般性冲突，对抗性冲突较少。但是一旦对抗性冲突发生，对教师的影响则更多体现为消极的，如教育极端或暴力事件。详见表4-15。

表4-15　新移民情境下中小学师生冲突功能均值表

| 维度 | 样本数量$N$（个） | $M$（均值） | SD |
|---|---|---|---|
| 正功能 | 1669 | 3.64 | 0.77 |
| 负功能 | 1669 | 2.01 | 0.80 |

### （二）师生冲突对不同类型教师的影响差异

不同的教师对师生冲突的认识、态度和应对方式不同，则师生冲突对不同教师的影响也必然存在差异。

#### 1. 师生冲突对男女教师的影响无显著差异

一般来说，女教师与学生的冲突要更多一些，而男教师与学生的冲突要更强一些，因为男教师更多选择不卷入和武力的方式应对与学生的冲突。那么，男教师与学生冲突更强的话，冲突对教师来说理应正功能更弱，负功能更强。研究发现：师生冲突对男女教师的正向影响（$P_{正功能}=0.058>0.05$）与负向影响（$P_{负功能}=0.085>0.05$）均不显著，甚至冲突的正功能与负功能在男教师身上还要体现得更强一些。可见，对男教师来说，师生冲突对他们的影响要么体现为很积极，要么体现为很消极。这和男教师应对冲突的方式有关，男教师更多地应用不卷入的方式应对冲突，所以其积极影响体现得更强一些，同时男教师会更多地应用武力的方式应对师生冲突，则此时消极影响体现得更强一些。详见表4-16。

表4-16　师生冲突对教师影响的性别差异

| 项目 | 男（N=457） | 女（N=1212） | F | P |
|---|---|---|---|---|
| | M±SD | M±SD | | |
| 正功能 | 3.69±0.761 | 3.61±0.775 | 3.610 | 0.058 |
| 负功能 | 2.07±0.857 | 1.99±0.783 | 2.976 | 0.085 |

### 2. 师生冲突对不同学校教师的影响无显著差异

虽然民办学校教师与学生的冲突比公办教师更强，但是师生冲突对民办学校教师与公办学校教师的影响并无显著差异（$P_{正功能}$=0.053>0.05；$P_{负功能}$=0.309>0.05），甚至师生冲突对民办教师的正向影响要和负向影响都稍微明显一些，这可能是因为民办教师更倾向于以不卷入或武力的方式应对师生冲突。详见表4-17。

表4-17　师生冲突对教师影响的学校类型差异

| 项目 | 公办（N=1517） | 民办（N=152） | F | P |
|---|---|---|---|---|
| | M±SD | M±SD | | |
| 正功能 | 3.62±0.768 | 3.75±0.807 | 3.737 | 0.053 |
| 负功能 | 2.00±0.786 | 2.07±0.974 | 1.036 | 0.309 |

### 3. 师生冲突对班主任有更多的负向影响

班主任教师与学生之间的冲突更多表现为对抗性冲突，他们往往直面师生冲突，先协商，不会不卷入，最后选择武力。所以研究发现，师生冲突对班主任的正向影响不显著（P=0.056>0.05），但对班主任的负向影响显著强于其他科任教师（P=0.044<0.05）。这也是班主任往往感到压力比较大或比较累的原因之一。详见表4-18。

表4-18　师生冲突对教师影响的身份差异

| 项目 | 班主任（N=631） | 非班主任（N=1038） | F | P |
|---|---|---|---|---|
| | M±SD | M±SD | | |
| 正功能 | 3.68±0.800 | 3.61±0.754 | 3.660 | 0.056 |
| 负功能 | 2.06±0.826 | 1.98±0.791 | 4.056 | 0.044 |

#### 4．师生冲突对初高中教师的影响更多表现为负向

初高中教师面对的师生冲突情境一般要严峻得多。研究发现：第一，师生冲突对小学、初中和高中教师的正向影响有显著差异（$P=0.001<0.05$），经过LSD多重比较分析后发现，师生冲突对小学教师的正向影响显著强于初中教师（$P=0.031<0.05$），且显著强于高中教师（$P=0.000<0.05$），初中教师与高中教师之间则无显著差异（$P=0.194>0.05$）。这说明对初高中教师来说，师生冲突对他们的影响更多是负向的，因为小学生年龄较小，有一定的"向师性"，且冲突不会很强烈，而初高中时期的学生处于青春叛逆期，容易生气，发生冲突后容易对教师造成不好的影响。第二，师生冲突对小学、初中和高中教师的负向影响也是显著的（$P=0.024<0.05$），经两两比较后发现，只有高中教师的负向影响显著强于小学教师（$P=0.007<0.05$）。综上，师生冲突对教师的负向影响在高中教师身上表现最为明显。

#### 5．师生冲突对语数英教师的正向影响显著强于物化生教师

研究发现：第一，在师生冲突对教师的正向影响上，语数英的教师比物化生的教师更为显著（$P=0.024<0.05$），即当师生冲突发生时，对语数英教师的正向影响更为明显。其他科目组的教师相互之间则不存在显著差异，如物化生教师与音体美教师在冲突的正向影响上不存在显著差异（$P=0.084>0.05$）。第二，在师生冲突的负向影响上，各科目组教师之间不存在显著差异（$P=0.478>0.05$）。详见表4-19。

表4-19　师生冲突对教师影响的科目差异

| 项目 | 语数英（$N=1038$） | 物化生（$N=236$） | 政史地（$N=179$） | 音体美（$N=110$） | 其他（$N=106$） | $F$ | $P$ |
|---|---|---|---|---|---|---|---|
| | $M \pm SD$ | $M \pm SD$ | $M \pm SD$ | $M \pm SD$ | $M \pm SD$ | | |
| 正功能 | $3.68 \pm 0.795$ | $3.55 \pm 0.701$ | $3.60 \pm 0.825$ | $3.71 \pm 0.678$ | $3.46 \pm 0.651$ | 3.437 | 0.008 |
| 负功能 | $2.00 \pm 0.834$ | $2.05 \pm 0.753$ | $2.06 \pm 0.781$ | $1.90 \pm 0.729$ | $2.02 \pm 0.746$ | 0.875 | 0.478 |

#### 6．师生冲突对教龄为1~3年教师的影响主要为负向

随着教师教龄的增加，一般认为师生冲突的正向影响越来越明显，负向影响越来越不明显。研究发现：第一，在师生冲突的正向影响上，各个教

龄阶段的教师都认为冲突具有很好的正向影响，但他们之间并不存在显著差异（$P=0.608>0.05$），这说明并不是教龄越长，教师越认为冲突具有正向作用。第二，师生冲突的负向影响在各个教龄阶段教师身上的差异是显著的（$P=0.009<0.05$），经过LSD多重比较分析后发现，教龄为1～3年的教师其负功能显著多于教龄为7～10年的教师（$P=0.012<0.05$），也显著多于教龄为11～15年的教师（$P=0.036<0.05$），也显著多于教龄为16年及以上的教师（$P=0.01<0.05$），其他教龄阶段的教师则不存在显著差异，说明对1～3年教龄的教师来说，感受到冲突的负向影响是最为强烈的，虽然4～6年教龄的教师感受到冲突的负向影响有轻微下降，但这种水平的下降不显著，教龄1～3年称为"调整磨合期"。可见，师生冲突的负向影响对调整磨合期的教师更为显著，需更加关注该阶段教师的心理健康问题。

### 7. 师生冲突对不同职称教师的影响不显著

虽然随着职称的升高，师生冲突对教师的正向影响越来越大（$M_{初级}=3.60<M_{中级}=3.65<M_{高级}=3.66$)，负向影响越来越小（$M_{初级}=2.04>M_{中级}=2.02>M_{高级}=1.94$)，但这种差异不显著（$P_{正功能}>0.370$，$P_{负功能}=0.175>0.05$）。可见，尽管教师职称不同，但师生冲突对不同职称的教师的影响不显著，也就是说师生冲突对教师职称高低的影响很小。详见表4-20。

表4-20　师生冲突对教师影响的职称差异

| 项目 | 初级（$N$=555） | 中级（$N$=769） | 高级（$N$=345） | $F$ | $P$ |
| --- | --- | --- | --- | --- | --- |
| | $M \pm SD$ | $M \pm SD$ | $M \pm SD$ | | |
| 正功能 | $3.60 \pm 0.770$ | $3.65 \pm 0.751$ | $3.66 \pm 0.820$ | 0.995 | 0.370 |
| 负功能 | $2.04 \pm 0.790$ | $2.02 \pm 0.815$ | $1.94 \pm 0.803$ | 1.745 | 0.175 |

### 8. 师生冲突对不同老家所在地教师的影响不显著

虽然教师工作所在地与老家距离越远，与学生冲突就越少或越弱，但是师生冲突对不同老家所在地教师的正向影响不显著（$P=0.512>0.05$），负向影响也不显著（$P=0.163>0.05$）。也就是说，不管教师是新移民还是本地居民，师生冲突对他们的影响基本是一样的。详见表4-21。

表4-21 师生冲突对教师影响的老家所在地差异

| 项目 | 本区县 (N=553) | 本市其他区县 (N=245) | 本省其他市 (N=428) | 外省 (N=435) | 境外 (N=8) | F | P |
|---|---|---|---|---|---|---|---|
| | M ± SD | M ± SD | M ± SD | M ± SD | M ± SD | | |
| 正功能 | 3.66 ± 0.769 | 3.66 ± 0.740 | 3.58 ± 0.788 | 3.64 ± 0.779 | 3.75 ± 0.720 | 0.820 | 0.512 |
| 负功能 | 2.06 ± 0.864 | 1.96 ± 0.756 | 2.03 ± 0.792 | 1.95 ± 0.768 | 2.25 ± 0.563 | 1.635 | 0.163 |

## 第二节 基于教师的新移民情境下师生冲突的发生机理

新移民情境下，从教师来看，教师的地方感、职业态度、观念和权威是引发师生冲突的重要因子，其中教师的地方感是引发师生冲突的背景性因素，教师职业态度是引发师生冲突的关键性因素，教师观念是引发师生冲突的基础性因素，教师权威是引发师生冲突的决定性因素。

### 一、教师地方感：引发师生冲突的背景性因素

一棵老树、一间老屋、一出家乡戏，或是一泓碧水……每个地方都有自己的根脉、灵魂和风韵，每个地方的人也有着独特的地方记忆，每个人心中都有一个寄托着自己深深情感的地方。人有丰富的情感，而人的情感除了施于人之外，也多用在地上。①自古以来，中国一直都不缺少描写人地情感的精美诗句，如苏轼的"日啖荔枝三百颗，不辞长作岭南人"，杜甫的"白日放歌须纵酒，青春作伴好还乡"，马致远的"枯藤老树昏鸦，小桥流水人家，古道西风瘦马。夕阳西下，断肠人在天涯"……真正将地方情感纳入学术研

---

① 唐晓峰.还地理学一份人情[J].读书，2002（11）：59-64.

究领域则始于20世纪中期的Lynch①、Fried②等人。随后几十年里，学术界不断涌现出地方感、地方依恋、地方认同以及地方依赖等概念，③并渐渐成为人文地理、环境心理学、景观设计学、脑神经科学、社会学、人类学等多个学科领域关注的话题。特别是地方感，已被认为是改变世界的十大地理思想之一。④在新移民情境下，教师地方感是引发师生冲突的背景性因素。

## （一）教师地方感影响师生冲突的理论依据

人类生存与生活在一定的空间中。究其本质，作为社会性动物的人类是空间性的存在者，"他们总是忙于进行空间与场所、疆域与区域、环境和居所的生产"①。由此，人类生产实践活动的介入，纯粹的地理空间已有相当一部分逐渐变成了"人化"的人文空间，不再是空洞和毫无意义的空间存在，地球上几乎每一处自然空间都已被人文化，大地被人类开垦和发展成若干农业区、工业区、林业区、畜牧区、渔业区，以及乡村和城市等生活区，这些地理空间的功能各有不同，但对人类的意义却不言而喻，包括桥梁、铁路、公路及航线等将广阔无垠的地理空间既进行切割又紧密连接在一起。⑥可见，自然界中纯粹的地理空间已经实实在在地被人文化了，被赋予了存在的表象和语义，具有丰富的人文内涵，蕴含着某种价值与意义。⑦空间被人文化之后就变成了"地方"。人类生活就是穿梭于地方与空间的辩证运动，地方是具有既定价值的安全中心，代表着真实与安定，代表着向往与自由，空间和时间一样，构成人类生活的基本坐标。二者对立统一，在人的生存中相

---

① 唐文跃.地方感研究进展及研究框架[J].旅游学刊，2007（11）：70-77.
② HIDALGO M C, HERNÁNDEZ B. Place attachment: conceptual and empirical questions[J]. Journal of environmental psychology, 2001, 21（3）: 273-281.
③ 朱竑，刘博.地方感、地方依恋与地方认同等概念的辨析及研究启示[J].华南师范大学学报（自然科学版），2011（1）：1-8.
④ SUSAN H. Ten geographic ideas that changed the world[M]. New Brunswich: Rutgers University Press, 1997: 1.
① 迪尔.后现代都市状况[M].李小科，等，译.上海：上海教育出版社，2004：5.
⑥ 徐汉晖.空间、地方感与恋地情结的文学抒写[J].湖北社会科学，2017（11）：119-125.
⑦ 包亚明.现代性与空间的生产[M].上海：上海教育出版社，2003：83.

辅相成、缺一不可，因为人类生活就是庇护与冒险，依附固守与自由的辩证运动。①

地方是人文地理学的核心概念之一，也是一个极为复杂的地理学概念。在中文辞典中，"地方"一般指空间的一部分，即区域或部分，该区域都是人为划分的结果，即我们一般意义上理解的地方是人文化的空间，地方是承载个人意识的，当我们能区分生活世界中的不同空间时，这时候地方就出现了。可见，地方是人们对世界的一种主观态度和情感体验，而非冰冷生硬的空间存在。人文地理学家爱德华·雷尔夫（Edward Relph）在20世纪70年代指出："地方是通过对一系列因素的感知而形成的总体印象，这些因素包括环境设施、自然景色、风俗礼仪、日常习惯，对家庭的关注以及其他地方的了解。"② 可见，地方的概念至少包含三个层面：一是作为地理环境的地方，它是地球表面的一个点；二是作为人类活动的地方，它是日常工作和生活的空间场所；三是作为精神体验和心理想象的地方，它是能让人产生依恋感与归属感的空间存在。由此，地方作为人类工作与生活的载体，它不仅是人的避难与呵护场所，而且是血缘关系及其他社会关系的纽带，更是人心灵的栖息地。③换言之，地方既是一个物质形态的空间地点，也是一个包蕴人类情感的主观场景和心理空间，而且地方是动态而非静止的，是开放而非封闭的，是独特而非普遍的。实际上，一个地方的动态性、开放性、独特性与地方的自然条件及人文活动紧密相关，"正是人类实践中形成的文化、语言促成了地方的意义"。④由于地方与人类的历史活动密不可分，所以在人与地方环境长期相互作用的过程中，地理空间会反作用于人类，并赋予人类一种特殊的空间体验，在这种特殊的空间体验的基础之上，且当地方被人类熟悉了，并赋予了一定的价值和意义的时候，人真正的"地方感"就产生了。⑤正如人文

---

① 宋秀葵.段义孚的地方空间思想研究[J].人文地理，2014，29（4）：19-23，51.

② 王志弘.流动、空间与社会[M].台北：田园城市文化事业有限公司，1988：144.

③ 段义孚，宋秀葵，陈金凤.地方感：人的意义何在？[J].鄱阳湖学刊，2017（4）：38-44，126.

④ 邵培仁，杨丽萍.媒介地理学：媒介作为文化图景的研究[M].北京：中国传媒大学出版社，2010：100.

⑤ 蔡文川.地方感环境空间的经验记忆与相像[M].高雄：丽文文化出版社，2009：10.

地理学家段义孚所说：“如果说空间感是因为人的移动或迁移而形成的，地方感是因为人们迁移或移动的终止而形成，当某一个点（locality）能满足人们的生存需要，人们停留在那里，使得那个点成为感觉价值中心，地方感的形成就得以可能。”①

有学者指出，地方感指的是“人们在地方经历中的情感和知觉”②。它包含了人们对地方价值功能的一种情感上的认可和欲望上的依附，它所体现的是人在情感上与地方之间的一种深切的联结。③简言之，地方感体现为人的身心对地方的依赖与依恋。从产生的过程来看，地方感是人与地方不断互动的产物，是人以地方为媒介产生的一种特殊的情感体验，经由这种体验，地方成了自我的一个有机组成部分，其意义不能脱离人而存在。④从人本主义的角度来看，地方暗示的是一种“家”的存在，是一种美好的回忆与重大的成就积累与沉淀，且能够给予人稳定的安全感与归属感。⑤段义孚将广义的地方感分为根植性（rootedness）与地方感（sense of place），其中根植性体现的是一种心理上的情感依恋与满足；而地方感表现的则是社会层面上身份的建构与认同的形成，对能够使人产生强烈的情感体验的地方，人们往往有强烈的依恋感，而这种情感上的依恋又逐渐成为“家”这一概念形成过程中最为关键的元素。⑥可见，人的地方感灌注着丰沛的主观情感，它的主要标识是“人情”，人情让地方染上了感性的色彩，具备了生命的温度，地方则给予了人们“家”一般的幸福、温暖与归属感。我们是与大地紧密相连的生物，就肉体性的存在而言，我们需要在自己所居的地方感到心满意足；作为具体

① TUAN Y F. Space and place：the perspectives of experience[M].Minneapolis：University of Minnesota Press，2001：138.

② JORGENSEN B S, STEDMAN R C. Sense of place as an attitude：lakeshore owners attitudes toward their properties.[J]. Journal of environmental psychology，2001，21（3）：233-248.

③ 朱竑，刘博.地方感、地方依恋与地方认同等概念的辨析及研究启示[J].华南师范大学学报（自然科学版），2011（1）：1-8.

④ STEELE F. The sense of place[M].Boston：CBI Publishing，1981.

⑤ 张中华，张沛，王兴中.地方理论应用社区研究的思考：以阳朔西街旅游社区为例[J].地理科学，2009，29（1）：141-146.

⑥ 段义孚.空间与地方：经验的视角[M].北京：中国人民大学出版社，2017：32.

存在的社会性的人，我们需要一些赖以养育和支撑并感到亲切的地方，如家和四邻、社区和亲属；作为政治性的人，我们需要寻找一种归属感，它不仅存在于家或四邻、还存在于更大的实体——城市或州之中，其中的大多数人是熟人和因客观的市场运作、政府机构以及共同的公民身份联系在一起的陌生人。[①]简言之，人们的生存与发展离不开地方感。

地方感是把人与地方联结起来的桥梁，反映的是一种人地情感，它能促进人的身份认同，缓解人的身份危机，建立人地情感联结，尤其当人们对所在的地方产生感情之后，对地方会倍加珍惜与爱护，[②]在生活和工作中的行为表现得更加负责和积极，[③]甚至还能重塑人的生活方式与生活态度，如城市郊区的乡村景观被称为城市居民对乡村的情感依恋的寄托。[④]反之，人若无地方感则会失落无主，无地方感的移民或原居民会产生一种无家可归的"失根式"消极地方感，如无根之萍、无源之水，这会给人带来消极的情感体验，如地方疏远、地方厌恶或地方恐惧等，[⑤]引起人的消极情绪，影响人的工作与生活。同理，对教师来说，无地方感或消极的地方感会影响教师的职业行为或职业体验，如消极的地方情感体验会让教师感到压抑、郁闷或焦虑等，进而促使教师逃离所在的地方，甚至远离目前所从事的职业，或在面对师生冲突时以粗暴的方式应对。简言之，无地方感或者消极的地方感会影响教师与学生的冲突，但这种影响具有辅助性、背景性。

① 段义孚，宋秀葵，陈金凤.地方感：人的意义何在？[J].鄱阳湖学刊，2017（4）：38-44，126.

② 万基财，张捷，卢韶婧，等.九寨沟地方特质与旅游者地方依恋和环保行为倾向的关系[J].地理科学进展，2014，33（3）：411-421.

③ PARK D C, COPPACK P M . The role of rural sentiment and vernacular landscapes in contriving sense of place in the city's countryside[J]. Geografiska Annaler: series B, human geography, 1994, 76（3）：161-172.

④ VASKE J J, KOBRIN K C. Place attachment and environmentally responsible behavior[J]. Journal of environmental education, 2001, 32（4）：16-21.

⑤ 李如铁，朱竑，唐蕾.城乡迁移背景下"消极"地方感研究：以广州市棠下村为例[J].人文地理，2017，32（3）：27-35.

## （二）教师地方感影响师生冲突的数理确证

运用SPSS19.0数据分析软件以及使用皮尔逊积差相关的方法得出教师地方感与师生冲突应对方式、冲突强度、正负功能的相关矩阵，以考察新移民情境下地方感对师生冲突应对方式、冲突强度以及正负功能的影响作用，结果如表4-22所示。

表4-22　地方感与应对方式、冲突强度、正负功能相关矩阵

| 维度 | 地方感 | 应对方式 | 冲突强度 | 正功能 | 负功能 |
|------|--------|----------|----------|--------|--------|
| 地方感 | — | | | | |
| 应对方式 | 0.052* | — | | | |
| 冲突强度 | −0.108** | 0.438** | — | | |
| 正功能 | 0.310** | 0.199** | −0.006 | — | |
| 负功能 | −0.224** | 0.467** | 0.646*** | −0.185** | |

注：“*”代表在0.05水平上显著相关；“**”代表在0.01水平上显著相关；“***”代表在0.001水平上显著相关。

从相关矩阵内可以看出，教师地方感与师生冲突的应对方式、冲突强度、正功能与负功能显著相关。具体表现为：第一，地方感与教师应对师生冲突的方式显著正相关（=0.052*），说明教师地方感越强，教师越倾向于采用激烈的应对方式。第二，地方感与师生冲突强度显著负相关（=−0.108**），说明教师地方感越强，师生冲突强度越弱。第三，地方感与师生冲突的正功能显著正相关（=0.310**），说明教师地方感越强，师生冲突对教师的影响越倾向于积极的方面。第四，地方感与师生冲突的负功能显著负相关（=−0.224**），说明教师地方感越强，师生冲突对教师的消极影响越不明显。从相关性系数来看，均小于0.4，为弱相关，这也证明了教师地方感是影响师生冲突的背景性因素。地方感强的教师，其在师生冲突发生时将更加激进地应对。地方感主要是了解在新移民情境下教师对工作地的认同程度、了解程度、依赖程度等，其反映了教师对工作地的归属感与熟悉程度。地方感强的教师有一种"扮演角色"的心理定势，即当教师更熟悉本地的各种资源时，自己有更多的选择权，从进化心理学角度而言，人们在舒适安全的环境下会放松警惕，做出更偏向于本能的反应。在对本地更熟悉的情况下，当面对冲突的应激源

时本能地做出维护自己权益的反应。人会本能地去适应和配合环境，因为个体在这个环境中担任某个角色，则证明这个角色适合这个环境，如果个体更加卖力地扮演这个角色，则证明个体会更适应这个环境，其地方感会进一步提高。而人会更加卖力地"扮演"自身角色的功能就是自主倾向于本能的反应的过程。所以就中国传统的师生关系而言，教师处于要求的上位，符合教师角色的行为会表现得更加权威与富有命令性（攻击性），所以高地方感教师会更加激进地应对师生冲突。

综上，教师地方感越强，越倾向于用武力的方式解决师生冲突，但师生冲突的强度越弱，正功能越明显，负功能越不明显。

实际上，教师的地方感也会影响教师的职业态度。研究发现，教师地方感与教师职业态度间有显著的正相关关系，在教师地方感因子中，地方性知识、地方依赖、地方依恋对教师职业态度的决定系数分别为0.167、0.251、0.327（如图4-1所示），均呈显著性相关。教师的地方感源于对教育教学实践地的感性体验。这种在长期的教学活动中生成的地方感，进一步融汇为对教师职业甚至教育事业的情感性能量。王惠珍、李斌强提出，教师在支教地区受到当地的人文熏陶后，对当地的教育发展能够更加感同身受，同时也"增强了他们对教育事业的使命感和责任感"[①]。方琦也意识到地方感的培育对人责任意识与积极态度养成的重要性，呼吁教育者以积极的教学态度引导学生树立绿色发展的地方意识。[②]新移民浪潮下人对地理空间的体验和认知会外化为对人、事、物的言语表述和情绪行为。对教师而言，地方感外化行为的对象更多的是学生，新移民文化伴随教师的空间体验的表达与抒发渗透到教育领域。对此有教师谈道："我对所工作的地方有比较深的感情，我和同事都觉得，冥冥之中自己对这里和这里的人和物有种正向的、积极的态度……我们很清楚自己的教学行为将会影响我们的学生；学生是这里的希望和未来，我们非常愿意投入自己的热情与精力教育好这片土地上的未来建设者。"教师在建构自身地方认知、产生本土情感联结时，会将其潜移默化

---

① 王慧珍，李斌强.论师范生顶岗实习支教与道德实践[J].忻州师范学院学报，2015，31（4）：5-8.
② 方琦.地方意识在地理教育中的渗透[J].地理教学，2016（10）：7-10，21.

地迁移至教育教学活动中。假设教师一方或其所从事职业必须面对的另一方——学生及其家庭，或者教师与学生两方均非原籍居民，他们选择从原生地"移民"至学校所在地，出于生命的本能将对学校所在地产生一种有别于原生地的情感，并对所定居之处的物质环境、精神环境、制度环境等均有要求。若环境满足教师的需求时，教师将对教学活动所在地产生浓厚的地方依赖情感。由此可见，教师地方感会影响教师职业态度。

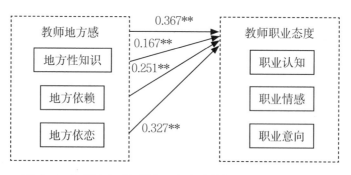

图4-1　教师地方感与教师职业态度的相关关系模型及路径

### （三）教师地方感的现实状况

总的来说，新移民情境下中小学教师地方感良好（$M_总=4>3$），即说明大部分教师对自己生活的地方有着较深的感情，但部分教师地方感却有待提高，尤其是新移民教师。从各维度来看，教师地方性知识、地方依赖和地方依恋各个维度均值都大于3，说明目前中小学教师对自己所生活的地方比较熟悉，承认地方也能满足他们生活与发展的需要，在情感上也很依恋地方；其中地方依恋均值最高（$M_{依恋}=4.11$），其次为地方依赖（$M_{依赖}=3.89$），最后为地方性知识（$M_{知识}=3.84$），表明很多教师即使对地方不熟悉，在功能上也不依赖地方，但他们却对地方有着较为深厚的感情。详见表4-23。

表4-23　新移民情境下中小学教师地方感均值

| 维度 | 样本数量N（个） | M（均值） | SD |
|---|---|---|---|
| 地方性知识 | 1669 | 3.84 | 0.843 |
| 地方依赖 | 1669 | 3.89 | 0.814 |
| 地方依恋 | 1669 | 4.11 | 0.822 |

实际上，中小学教师地方感仍有很大的提升空间。本调查研究发现：第一，在地方性知识方面。有28.4%的中小学教师对所生活城市的自然景观的了解低于"比较了解"这一水平；有36.49%的中小学教师对城市的历史文化达不到比较了解的水平。地方性知识是教师形成地方感的基础，它反映出教师对所在城市的熟悉程度。那么，数据显示中小学教师的地方性知识有待进一步提升。

第二，在地方依赖方面。有32.42%的中小学教师认为所在城市达不到他们物质生活和精神生活的水平；有28.16%的中小学教师认为自己达不到熟练运用城市公共交通的满足水平。一个城市满足教师生活的需求的程度，反映着教师对城市的功能性依赖，数据显示教师的地方依赖依然不够，即中小学教师对地方的依赖也有进一步提升的空间。

第三，在地方依恋方面。从认知层面上的地方认同来看，有21.57%的中小学教师对自己属于所在城市的一分子的认定达不到比较好的水平，有29.72%的中小学教师"比较不会"为所在城市而感到自豪。中小学教师对所在城市的认同是地方依恋在认知水平上的一个重要反映，它象征着教师能否通过人地互动实现社会化，关乎着教师能否通过地方来构建自身在当地社会的位置与角色，即是否把自身定义为该地方的一分子。通常来说，地方认同感强的人会产生一种自我尊敬感，即会因为生活在这片土地而感到自豪。[①]那么，从调查数据来看，中小学教师在认知上的地方依恋有待进一步提高。从情感层面来看，在所在城市的生活感到舒适、安心和安全，有23.43%的中小学教师达不到"比较符合"水平。也就是说，这些教师对地方的依恋还远远达不到根深蒂固的程度。从意向层面来看，关于教师想一直在这座城市生活下去，不想离开，有25.47%的教师低于"比较符合"水平，则关于是否愿意出一份力使所在城市变得更好，有13.81%的中小学教师低于"比较符合"水平。说明有一部分教师还是想离开所生活的城市，并不愿意去建设所生活的城市，也就是说教师在意向层面的地方依恋不够。可见，部分教师地方性知

---

① LALLI M .Urban related identity : theory， measurement and empirical findings[J] .Journal of environmental psychology， 1992（12）：285-303 .

识、地方依赖和地方依恋都还不够，即部分教师地方感有待进一步提升。详见表4-24。

表4-24 新移民情境下中小学教师地方感情况

| 题目 | 完全<br>不符合 | 比较<br>不符合 | 一般符合 | 比较符合 | 完全符合 |
|---|---|---|---|---|---|
| 1. 您了解这座城市的自然景观（如旅游景点等） | 20<br>（1.2%） | 70<br>（4.19%） | 384<br>（23.01%） | 721<br>（43.2%） | 474<br>（28.4%） |
| 2. 您了解这座城市的历史文化（如节庆、城市发展故事等） | 27<br>（1.62%） | 99<br>（5.93%） | 483<br>（28.94%） | 709<br>（42.48%） | 351<br>（21.03%） |
| 3. 这座城市可以满足您物质生活和精神生活的需求 | 30<br>（1.79%） | 105<br>（6.29%） | 406<br>（24.33%） | 720<br>（43.14%） | 408<br>（24.44%） |
| 4. 您能熟练地运用这座城市的公共设施 | 16<br>（0.96%） | 84<br>（5.03%） | 370<br>（22.17%） | 694<br>（41.58%） | 505<br>（30.26%） |
| 5. 您觉得自己是这座城市中的一员 | 34<br>（2.04%） | 75<br>（4.49%） | 251<br>（15.04%） | 557<br>（33.37%） | 752<br>（45.06%） |
| 6. 您为自己生活在这座城市而感到自豪 | 24<br>（1.44%） | 80<br>（4.79%） | 392<br>（23.49%） | 594<br>（35.59%） | 579<br>（34.69%） |
| 7. 在这座城市生活，您感到舒适和安全 | 31<br>（1.86%） | 65<br>（3.89%） | 295<br>（17.67%） | 635<br>（38.05%） | 643<br>（38.53%） |
| 8. 您愿意留在这座城市一直生活下去，不想离开 | 31<br>（1.86%） | 98<br>（5.87%） | 296<br>（17.74%） | 566<br>（33.91%） | 678<br>（40.62%） |
| 9. 您愿意出一份力使这座城市变得更好 | 20<br>（1.2%） | 24<br>（1.44%） | 187<br>（11.2%） | 607<br>（36.37%） | 831<br>（49.79%） |

具体来看，地方感实质上是人对地方的一种情感，因情感都带有主观色彩，且每个人的经历不一样，情感感受更有所区别，故不同类型的教师地方感有一定的差异。如有的教师热爱其所生活的城市，有的教师对所生活的城市的爱表现得更为热烈，有的教师却厌恶其所生活的城市。因此地方感因人而异。

### 1. 男教师地方性知识显著比女教师多

研究表明：男教师地方性知识显著多于女教师（$P=0.000<0.05$），说明男教师对地方的物质文化和精神文化更为了解和熟悉；男女教师在地方依赖（$P=0.756>0.05$）和地方依恋上无显著差异（$P=0.971>0.05$），说明男女教师对地方的功能性依赖和情感性依恋无显著差异。详见表4-25。

表4-25　教师地方感的性别差异

| 项目 | 男（$N$=457） | 女（$N$=1212） | $F$ | $P$ |
| --- | --- | --- | --- | --- |
| | $M \pm SD$ | $M \pm SD$ | | |
| 地方性知识 | $3.96 \pm 0.872$ | $3.80 \pm 0.827$ | 13.083 | 0.000 |
| 地方依赖 | $3.88 \pm 0.852$ | $3.89 \pm 0.800$ | 0.097 | 0.756 |
| 地方依恋 | $4.12 \pm 0.858$ | $4.11 \pm 0.808$ | 0.001 | 0.971 |

### 2. 高中教师地方感显著低于小学教师和初中教师

研究发现：其一，小学、初中和高中教师之间的地方性知识无显著差异（$P=0.439>0.05$），这说明不管是小学、初中还是高中教师，他们对地方特有文化的了解基本是一样的。其二，小学、初中和高中教师之间的地方依赖有显著差异（$P=0.037<0.05$）。经过LSD多重比较分析后发现，小学教师地方依赖显著强于高中教师（$P=0.027<0.05$），初中教师地方依赖显著强于高中教师（$P=0.022<0.05$），小学教师与初中教师之间则无显著差异（$P=0.889>0.05$）。这说明高中教师地方依赖比初中教师低，也比小学教师低，这可能是因为高中教师对精神生活和物质生活的追求要强烈一些，要求可能也更高一些，所以对现居城市的地方依赖没有初中和小学教师那么强。其三，小学、初中和高中教师地方依恋有显著差异（$P=0.000<0.05$）。经LSD多重比较分析后发现，小学教师地方依恋显著强于高中教师（$P=0.000<0.05$），初中教师地方依恋显著强于高中教师（$P=0.000<0.05$），小学教师与初中教师之间则无显著差异（$P=0.576>0.05$）。这说明高中教师地方依恋显著低于小学教师和初中教师，原因可能是高中教师所承受的职业压力过大所致，这影响到了教师对城市的不认同，情感上感到不舒适，行为上更想逃离所在的城市去其他地方生活。

### 3. 教师教龄越长地方感越强

由于中国人具有安土重迁的传统文化习惯，故教师教龄的长短在一定程度上反映了其在所居城市生活时间的长短，不过要排除一部分流动的教师，即不断更换教学地方的教师。但对于中小学教师来说，流动性不是那么大，很大一部分教师都是在某个城市教了一辈子的书。

地方感受居住或生活时间长短影响，居住或生活时间越长，地方感则越强。①②③研究发现，不管是地方性知识、地方依赖还是地方依恋，教师教龄越高，其水平越高。

其一，在地方性知识方面，不同教龄的教师地方性知识有显著差异（$P=0.000<0.05$）。经过LSD多重比较分析后发现，教龄为1～3年的教师地方性知识显著低于教龄为4～6年的教师（$P=0.003<0.05$）；显著低于教龄为7～10年的教师（$P=0.000<0.05$）；显著低于教龄为11～15年的教师（$P=0.000<0.05$）；显著低于教龄为16年及以上的教师（$P=0.000<0.05$）；教龄为4～6年的教师只会显著的比教龄为16年及以上的教师少（$P=0.01<0.05$）；教龄7～10年、11～15年和16年及以上的教师之间无显著差异。可见，教师教龄越长，地方性知识越多，但是只要教师教龄在6～16年之间，其地方性知识只会缓慢增加，并不会陡然增加。

其二，在地方依赖方面，不同教龄的教师之间存在显著差异（$P=0.000<0.05$）。经过LSD多重比较分析后发现，教龄为1～3年的教师显著低于教龄为11～15年的教师（$P=0.019<0.05$）；显著低于教龄为16年及以上的教师（$P=0.000<0.05$），其他组教龄教师之间无显著差异。可见，教师的地方依赖随着教龄的增加而不断增加，但到了11年教龄的时候教师的地方依赖便不会显著增加了。换言之，对教龄低于11年的教师来说，地方依赖的增强是

① 满谦宁，刘春燕，黄涛燕，等.城市化对社区居民地方感的影响研究[J].江西科学，2018，36（3）：419-423.

② 庞娟，何元庆，孙金岭，等.民族地区居民旅游发展态度及资源保护行为影响因素研究[J].贵州财经大学学报，2018（3）：102-110.

③ 黄嘉玲，何深静.非洲裔移民在穗宗教场所地方感特征及其形成机制：基于广州石室圣心大教堂的实证研究[J].热带地理，2014，34（3）：308-318.

很重要的。

其三，在地方依恋方面，不同教龄的教师之间存在显著差异（$P=0.000<0.05$）。经过LSD多重比较分析后发现，教龄为1~3年的教师地方依恋显著低于教龄为4~6年的教师（$P=0.018<0.05$）；显著低于教龄为7~10年的教师（$P=0.005<0.05$）；显著低于教龄为11~15年的教师（$P=0.000<0.05$）；显著低于教龄为16年及以上的教师（$P=0.000<0.05$）；教龄为4~6年的教师显著低于16年及以上的教师（$P=0.005<0.05$）；教龄为7~10年的教师也显著低于教龄为16年及以上的教师（$P=0.002<0.05$）。综上，教龄为1~3年的教师地方依恋是最低的，但会随着教龄的增加而增加。到11年教龄的时候，教师的地方依恋就不会显著增加了。可见，教师建立稳定的地方依恋一般需要11年及以上的教龄。

### 4．教师职称越高地方感越强

教师职称越高，除了反映教学知识丰富与能力强之外，也反映了教师专业发展的顺利程度与职业的成功体验，更在一定程度上反映出教师在某地方生活的时间长短。居住与生活时间与地方感呈正相关，故从理论上讲，教师职称越高，地方感越强。经研究发现：其一，教师职称越高，教师地方性知识越丰富，且初级、中级和高级职称教师地方性知识存在显著差异（$P=0.000<0.05$）。经LSD多重比较发现，初级职称教师地方性知识显著低于中级职称教师（$P=0.000<0.05$），且显著低于高级职称教师（$P=0.000<0.05$）；中级职称教师地方性知识显著低于高级职称教师（$P=0.009<0.05$）。可见，教师职称越高，地方性知识越丰富。其二，教师职称越高，地方依赖越强，且初级、中级和高级教师地方依赖存在显著差异（$P=0.000<0.05$）。经过LSD多重比较后发现，初级教师地方依赖显著低于中级教师（$P=0.010<0.05$），也显著低于高级教师（$P=0.000<0.05$），中级职称教师和高级职称教师之间无显著差异（$P=0.067>0.05$）。这说明教师职称升级到中级以后，其地方依赖就不会显著增加了，也就是说中高级教师对地方的功能性需求无显著差异，但初级教师对地方的功能性需要比较强烈。其三，教师职称越高，地方依恋越强，且初级、中级和高级教师地方依赖存在显著差异（$P=0.000<0.05$）。经LSD多重比较发现，初级职称教师地方依恋显著低于中级职称教师（$P=0.000<0.05$），且显著低于高级职

称教师（ $P=0.000<0.05$ ）；中级职称教师地方依恋显著低于高级职称教师
（ $P=0.019<0.05$ ）。这说明随着教师职称的升高，教师地方依恋显著增加。综
上，虽然教师职称达到中级以后地方依赖就无显著增加了，但教师地方性知
识和地方依恋随着职称的升高仍会显著增加。也可以说，教师职称越高，其
地方感越强。详见表4-26。

表4-26　教师地方感的职称差异

| 项目 | 初级（ $N=555$ ） | 中级（ $N=769$ ） | 高级（ $N=345$ ） | $F$ | $P$ |
|------|------|------|------|------|------|
| | $M \pm SD$ | $M \pm SD$ | $M \pm SD$ | | |
| 地方性知识 | $3.64 \pm 0.901$ | $3.90 \pm 0.784$ | $4.04 \pm 0.805$ | 28.219 | 0.000 |
| 地方依赖 | $3.79 \pm 0.848$ | $3.91 \pm 0.798$ | $4.00 \pm 0.777$ | 7.677 | 0.000 |
| 地方依恋 | $3.94 \pm 0.861$ | $4.16 \pm 0.789$ | $4.29 \pm 0.783$ | 21.122 | 0.000 |

### 5. 教师老家距离越远教师地方感越差

调查中，将教师老家所在地由近及远分为本区县、本市其他区县、
本省其他市、外省和境外五个地方，由于境外样本太少，此处不作比较
分析。研究发现：其一，老家所在地不同的教师地方性知识有显著差异
（ $P=0.000<0.05$ ）。通过LSD多重比较发现，老家为本区县的教师地方性知
识显著多于老家为本省其他市的教师（ $P=0.000<0.05$ ），也显著多于老家
为外省的教师（ $P=0.000<0.05$ ）；老家为本市其他区县的教师显著多于老
家为本省其他市的教师（ $P=0.000<0.05$ ），也显著多于老家为外省的教师
（ $P=0.004<0.05$ ）。可见，以市为分水岭，教师老家距离越远，其地方性
知识越弱。这也说明只要教师跨市移民，则其具备所居城市的地方性知识
就显著少于本地教师。其二，老家所在地不同的教师地方依赖有显著差异
（ $P=0.020<0.05$ ）。通过LSD多重比较发现，老家为本区县的教师地方依赖显
著强于老家为外省的教师（ $P=0.020<0.05$ ），老家为其他地方的教师，地方依
赖差异不显著。这说明以省为范围，省内教师地方依赖显著强于省外教师。
其三，老家所在地不同的教师地方依恋有显著差异（ $P=0.005<0.05$ ）。通过
LSD多重比较发现，老家为本区县的教师的地方依恋与老家为本市其他区县的
教师之间不存在显著差异（ $P=0.921>0.05$ ），其他组别的教师地方依恋都存在
显著差异。换言之，以市为范围，老家为市内的教师地方依恋不存在显著差

异，而市内教师、本省其他市教师和外省教师两两之间存在显著差异，且老家距离越远，地方依恋越弱。综上，教师老家距离越远，教师地方感越弱，其主要原因是教师老家距离越远，教师对所居地了解得越少，生活习惯和行为方式与所居地差异越大，越不容易去认同当地的文化生活，则教师到所居地生活适应起来越困难，所以地方感相对就越弱。详见表4-27。

表4-27　教师地方感的老家所在地差异

| 项目 | 本区县（N=553） | 本市其他区县（N=245） | 本省其他市（N=428） | 外省（N=435） | 境外（N=8） | $F$ | $P$ |
|---|---|---|---|---|---|---|---|
|  | $M \pm SD$ | $M \pm SD$ | $M \pm SD$ | $M \pm SD$ | $M \pm SD$ |  |  |
| 地方性知识 | 4.03 ± 0.806 | 3.92 ± 0.863 | 3.68 ± 0.831 | 3.73 ± 0.838 | 3.56 ± 0.863 | 14.259 | 0.000 |
| 地方依赖 | 3.94 ± 0.799 | 3.94 ± 0.821 | 3.86 ± 0.806 | 3.82 ± 0.829 | 3.25 ± 0.802 | 2.932 | 0.020 |
| 地方依恋 | 4.20 ± 0.822 | 4.19 ± 0.805 | 4.05 ± 0.816 | 4.04 ± 0.819 | 3.80 ± 1.214 | 3.731 | 0.005 |

由以上数据可知，女教师，高中教师，教龄短、职称低、老家远的教师的地方感相对弱一些，对他们的地方感的培养应成为重点。

## 二、教师职业态度：引发师生冲突的关键性因素

态度由认知、情感和意向构成，教师职业态度则由教师职业认知、职业情感和职业意向构成。认知是情感的基础，情感能够引发行为结果。教师职业态度影响教师的职业行为，而教师应对与评价师生冲突正是教师的一种重要职业行为，且教师如何应对师生冲突在于教师与学生冲突的强度，教师如何评价师生冲突则在于冲突对教师的影响是积极的还是消极的。可见，教师的职业态度影响教师的职业行为，即教师职业态度影响教师应对师生冲突的方式，影响教师与学生冲突的强度，影响师生冲突对教师的影响。教师职业态度是教师做好本职工作的最能动、最关键的因素，换言之，教师职业态度对师生冲突的这种影响也是关键性的，即教师职业态度是影响师生冲突的关键性因素。

### （一）职业态度影响教师应对与评价师生冲突的理论依据

一般来说，态度是行为的内在依据，行为是态度、认识的外部表现。教师的职业行为受职业态度的影响和支配，教师往往根据态度做出一定的判断和决策，进而落实到行为上，通过行为来影响教育效果。[1]所谓职业是指"个性的发挥，任务的实现和维持生活的连续性的人类活动"[2]，教师是肩负培养年轻一代的神圣使命，承担人类科学文化传承任务的专业人员。教师职业行为则是由这样的专业人员在社会分工条件下所从事的借助文化培养人并实现文化承续与发展的连续性活动。[3]教师职业态度则是指教师对自己职业所持有的评价和行为倾向[4]，它包括教师对学生、班级以及学校中和自己职业有关的一切方面（包括学校管理人员、课程安排、教学计划等）所持有的评价和行为倾向，包括教师对学生、工作、同事和自身发展的心理倾向。[5]可见，教师职业态度也包括对师生冲突的评价与行为倾向，这种行为倾向指教师应对师生冲突的倾向。同时研究也表明：教师的职业态度直接影响教师的职业行为[6]。而从教师的职业行为来看，应对与评价师生冲突是教师职业行为不可或缺的一部分。

简言之，态度影响个体对行为的选择，使某种行为的出现成为可能，而教师职业态度是指教师对其所从事的职业所持的价值评价、情感反映和行为倾向，它是教师对其职业的内在的、稳定的心理预期和准备，对教师职业行为具有指导性和动力性影响，决定其职业行为的方向、方式和结果，[7]而职业行为则包括教师对师生冲突的应对与评价，即教师职业态度将直接影响教师

① 傅建霞.中小学体育教师职业态度与职业行为相关分析[J].教育与职业，2006（20）：69-71.

② 近藤大生.职业与教育：职业指导论[M].宇欣，译.北京：春秋出版社，1989：12.

③ 王梅.论教师职业的内在价值[J].教育研究，2000（9）：60-65.

④ 耿文侠，冯春明.中小学教师职业态度与职业行为的调查与思考[J].教育研究，2000（7）：51-54.

⑤ 李霞.信念、态度、行为：教师文化建构的三个维度[J].教师教育研究，2012，24（3）：17-21.

⑥ 王国栋，牛田盛.中小学教师职业态度调查与分析[J].南阳师范学院学报（社会科学版），2003（4）：100-102.

⑦ 姜文义.教育定理心理学[M].沈阳：辽宁大学出版社，1999：118.

对师生冲突的应对与评价。

为此，本研究对新移民情境下的教师职业态度的现实状况进行了问卷调查。发现大部分教师职业态度良好，只有少部分中小学教师职业态度不够端正。运用SPSS19.0对中小学教师职业态度各个维度的总体水平进行分析可以发现：教师职业认知、职业情感和职业意向的均值都大于3（$M_{职业认知}$=3.88，$M_{职业情感}$=3.95，$M_{职业意向}$=4.13），表明在新移民情境下教师职业态度良好，只有少数教师职业态度不端正。其中教师职业意向均值最高，其次为教师职业情感，最后为教师职业认知，表明中小学教师更想任教从教，并希望不断地取得进步，获得个人专业发展，但对教师这一职业的认识与感情却有待提高，即中小学教师职业态度普遍表现为高意向、中情感、低认知。那么，这少部分中小学教师职业态度不端正主要表现为职业认知消极、职业情感淡漠与职业意向不稳定。从教师的视角来看，这正是引起师生对抗性冲突的关键性因素。

**1. 教师职业认知消极**

认知成分主要发挥着认识态度对象的作用，没有主体难以做出价值判断，更没有态度可言。教师要坚定教育信念，具有职业责任感和荣誉感，具备为教育事业献身的决心，肯定教学的意义及其重要性，这在教育工作中都是至关重要的因素。教师只有自身能够意识到自己职业的荣誉感和重要性，才能激发出潜力，全心全意为国家教育事业作贡献。教师职业认知是指广大教师对其职业的特性及重大社会价值的一种认同或评价。它是教师形成积极职业情感，产生正确职业心理倾向的基础，也是教师职业态度端正与否的基础因素，对教师在工作中的责任感及情感投入，以及对职业行为和职业态度均会产生很大的影响。教师对职业认知越深，便越能够了解该行业的职业信息，从而对自己的职业选择及定位产生积极的影响。教师如果对职业了解不深，则会在自己的工作中表现得迷茫和懈怠。本调查发现：第一，一部分教师职业价值认知消极。3.14%的教师认为教师在社会发展中的作用比较不大或完全不大；5.01%的教师认为从事教师职业比较没有或者根本没有成就感；2.66%的教师认为教书是一件比较没有或完全没有意义的事；2.17%的教师认为教师对学生的成长比较不重要或完全不重要。教师对其职业重要性与成就感的认知表征着教师对其职业价值的认知，决定着教师是否愿意在其所从事的职业上付出时间与精力。第二，教师职业社会认知令人担忧。25.53%的教师认为社会地位不高；14.66%的教师认为教师前景比较不好或完全不好；16.96%的教师认为从事教师比较不会或完全不会受到别人尊重。可见，目前还是有一部分教师认为自己从事教师职业不重要，认为工作没有价值与意义，一部分教师对教师职业关于社会方面的认知更为消极，有更多的教师认为其社会地位不高、前景不好，还不被人尊重。

### 2．教师职业情感淡漠

情感是情的感受，是人对客观事物的态度体验，是人的需要是否得到满足而产生的一种内心感受、心理反应，如喜欢、愤怒、恐惧、爱慕、厌恶、悲伤、忧郁等。人是万物之灵，有血有肉有情感。情感是人类生命的本质力量，是人类创造力的源泉。缺乏情感的人犹如没有发动的机器，只有冰冷的外壳，缺乏生机和活力。一般来说，从事任何职业的劳动者都具有相应的职业情感，这既是工作的动力，也是职业熏陶的结果。教育与其他职业的不同之处在于，它的主客体都是鲜活的、有思想的人，情感是连接他们的纽带，也决定着教育的功效。[①]教师职业情感是教师在从事教育教学的过程中产生的具有稳定性的态度体验，它以职业认知为基础，即对教师职业有正确的认识，则会产生积极的职业情感，反之，则产生消极的职业情感。它主要表现在热爱教育事业、能与周围的人或物和谐相处和对学生的关怀爱护等方面。[②]教师职业情感是教师职业态度的核心，发挥教师职业情感的积极性是教师的基本职业要求。

对教师来说，热爱学生，是教师最宝贵的职业情感，是一切优秀教师最为珍惜的一笔财富。教师不能够只成为教书的工具，而应该作为一个有感情的人对学生进行积极的引导、教育，将自己的知识传授给下一代，使他们能够更好地生活，为祖国作贡献。具体来说，教师职业情感主要包括教师对职业本身的情感与教师对生活环境方面的情感。本调查发现：第一，在教师对职业本身的情感方面，有3.92%的教师比较不喜欢或完全不喜欢教师职业；有

---

① 张意忠.论教师职业情感的生成与培育[J].高等教育研究，2010，31（5）：56-61.
② 赵碧玫.论教师的职业态度[J].六盘水师范高等专科学校学报，2005（4）：58-59.

3.5%的教师认为自己的性格与兴趣不适合做一名人民教师；有5.67%的教师认为不喜欢或完全不喜欢教师的形象；当听见别人说教师坏话时，有19.37%的教师心理上比较不会或完全不会有反应。第二，在教师的生活环境方面，有2.83%的教师比较不喜欢或完全不喜欢与学生待在一起；有8.87%的教师比较不喜欢或完全不喜欢学校的人际氛围；有14.54%的教师对教学条件感到比较不满意或完全不满意。可见，一部分教师对自己所从事的职业的热爱程度有待进一步提升，还有一部分教师对自己所处的教学环境的情感也有待进一步提升。

### 3. 教师职业意向不稳定

简单地说，意向指的是个体心理的打算或倾向。教师职业意向则指教师在职业发展方面的心理倾向，它分为继续保持、职业流动和职业上进三个方面。由此，教师职业意向包括继续担任教师、积极进取和更换职业三个方面，[①]它决定着教师是否继续从事教师职业，还是转行。本调查发现：第一，在更换职业意向方面，有3.92%的教师比较不愿意或完全不愿意敬业乐教，为教育事业奉献终身；有13.88%的教师因成为一名教师而比较后悔或完全后悔；若再有一次选择机会，有10.32%的教师会考虑不做教师。第二，在继续担任教师与积极进取方面，有2.05%的教师比较不愿意学习国内外先进的教学方法与思想；有2.05%的教师比较不愿意或完全不愿意学习新知识，或继续深造。可见，有相当一部分教师想要舍弃或逃离教师这个职业，也有部分教师消极怠慢，不愿进步或进取。

此外，教师教的学段越高，职业态度越低，即小学教师职业态度强于初中教师，初中教师则强于高中教师。研究发现：第一，中小学教师职业认知存在显著差异（$P=0.000<0.05$）。经过LSD多重比较分析后发现：小学教师职业认知显著高于初中教师（$P=0.000<0.05$），也显著高于高中教师（$P=0.000<0.05$）。这说明在职业认知方面小学教师最强，最低为高中教师。换言之，小学教师认为教师更有价值、有地位，更受人尊敬，高中教师则是最累的。第二，中小学教师职业情感存在显著差异（$P=0.000<0.05$）。

---

① 田婷婷.中牟县初级中学体育教师职业态度研究[D].开封：河南大学，2015.

经过LSD多重比较分析后发现：小学教师职业情感显著高于初中教师（$P=0.023<0.05$），且显著高于高中教师（$P=0.000<0.05$），初中教师显著高于高中教师（$P=0.036<0.05$）。这说明小学教师对学生、学校更为满意，也更热爱学生和学校一些。第三，中小学教师职业意向也存在显著差异（$P=0.000<0.05$）。经过LSD多重比较分析后发现：小学教师职业意向显著高于初中教师（$P=0.011<0.05$），也显著高于高中教师（$P=0.000<0.05$），初中教师与高中教师之间则无显著差异（$P=0.134>0.05$）。这说明小学教师更愿意任教从教。究其原因，在于小学无升学压力，教师教学压力相对较小，而初、高中教师教学压力更大一些，教师职业情感和职业意向也就相对差一些。从中小学生的身心特点来看，小学生对教师的依恋性强，信任教师并依赖教师，师生关系相对融洽，而中学生正处于青春期，逆反心理强烈，难以管理，所以导致中学教师职业态度相对差一些。

教师老家距离的远近不会影响教师的职业态度，也就是说，即使教师老家是外地的，也不会影响教师的职业态度。研究发现：新移民情境下教师职业认知、情感与意向在老家所在地上无显著差异（$P_{认知}=0.389>0.05$，$P_{情感}=0.178>0.05$，$P_{意向}=0.204>0.05$）。但在职业情感和职业意向上，教师老家距离越远，其职业情感和职业意向水平越高。可见，在一定程度上，新移民教师职业态度是要强于非新移民教师的，即新移民教师更珍惜教师这份职业，更加热爱学生与校园。详见表4-28。

表4-28　教师职业态度的老家所在地差异

| 项目 | 本区县<br>（N=553）<br>M±SD | 本市其他区县<br>（N=245）<br>M±SD | 本省其他市<br>（N=428）<br>M±SD | 外省<br>（N=435）<br>M±SD | 境外<br>（N=8）<br>M±SD | F | P |
|---|---|---|---|---|---|---|---|
| 职业认知 | 3.89±0.750 | 3.94±0.640 | 3.83±0.703 | 3.89±0.654 | 3.82±0.238 | 1.032 | 0.389 |
| 职业情感 | 3.92±0.640 | 3.92±0.554 | 3.94±0.604 | 4.01±0.558 | 4.07±0.439 | 1.575 | 0.178 |
| 职业意向 | 4.10±0.750 | 4.12±0.671 | 4.11±0.740 | 4.20±0.675 | 3.98±0.688 | 1.486 | 0.204 |

## （二）职业态度影响教师应对与评价师生冲突的数理确证

运用SPSS19.0数据分析软件，采用多元回归的方法探究职业态度与师生冲突中应对方式、冲突强度、正负功能等四个因素的相关关系及其程度，并根据逐步回归的方式构建出变量间的路径模型。研究发现：教师职业态度与师生冲突应对方式、冲突强度、正负功能之间存在显著的因果关系，即教师职业态度越强，教师应对冲突的方式越缓和，冲突强度越弱，冲突对教师来说更多地表现为正功能。反之，教师职业态度越弱，教师应对冲突的方式越激烈，冲突强度越强，冲突对教师来说则更多地表现为负功能。具体如下：

### 1. 职业态度与应对方式、冲突强度、正负功能的相关关系

将教师职业态度、应对方式、冲突强度和正负功能进行相关关系分析，发现除冲突强度与正功能之间无显著相关外（$F=-0.006$），其余各因素间在显著性水平为0.001上均显著相关。具体为：第一，教师职业态度与冲突应对方式（$F=-0.397***$）、冲突强度（$F=-0.181***$）、负功能（$F=-0.319***$）显著负相关，与正功能（$F=0.464***$）显著正相关；第二，冲突应对方式与冲突强度（$F=0.434***$）、负功能（$F=0.576***$）显著正相关，与正功能（$F=-0.349***$）显著负相关；第三，冲突强度与正功能无显著相关（$F=-0.006$），与负功能显著正相关（$F=0.646***$）；第四，正功能与负功能显著负相关（$F=-0.185***$）。可见，教师职业态度分别与师生冲突的应对方式、正功能与负功能之间存在密切的关系，且应对方式，冲突强度与正、负功能之间同样存在千丝万缕的联系。详见表4-29。

表4-29　教师职业态度与应对方式、冲突强度、正负功能的相关矩阵

| 项目 | 职业态度 | 应对方式 | 冲突强度 | 正功能 | 负功能 |
|---|---|---|---|---|---|
| 职业态度 | — | | | | |
| 应对方式 | -0.397*** | — | | | |
| 冲突强度 | -0.181*** | 0.434*** | — | | |
| 正功能 | 0.464*** | -0.349*** | -0.006 | — | |
| 负功能 | -0.319*** | 0.576*** | 0.646*** | -0.185*** | — |

注：*代表在0.05水平上显著相关；**代表在0.01水平上显著相关；***代表在0.001水平上显著相关。

### 2. 职业态度与应对方式、冲突强度、正负功能的多元回归分析

使用输入回归法（enter regression）对各因素之间的关系进行回归分析以构建路径模型，明晰教师职业态度与师生冲突的应对方式、冲突强度、正功能、负功能之间的因果关系；并运用逐步回归法（stepwise regression）探寻教

师职业态度三个维度，即教师职业认知、职业情感与职业意向对师生冲突应对方式、冲突强度、正功能与负功能的影响机理。

第一，职业态度、应对方式、冲突强度对正、负功能的回归。用职业态度、应对方式、冲突强度三个因素分别对正功能、负功能进行多元回归，其回归方程都显著（$P$均等于0.000，在0.001水平上显著相关）。研究发现：其一，把正功能作为效标变量时，教师职业态度、冲突强度与应对方式对正功能的回归系数均显著，预测（回归）系数最高为职业态度（$\beta$=0.388），其次是应对方式（$\beta$=-0.275），最后为冲突强度（$\beta$=0.183），决定系数（$R^2$）为0.274，回归模型整体性检验的$F$值为210.48（$P$=0.000<0.05），因而教师职业态度、冲突强度与应对方式可有效解释正功能27.4%的变异量。其二，把负功能作为校标变量时，教师职业态度、冲突强度与应对方式均对负功能的回归系数显著，预测系数最高的为冲突强度（$\beta$=0.487），其后依次为应对方式（$\beta$=0.324）、职业态度（$\beta$=-0.102），决定系数（$R^2$）为0.533，回归模型整体性检验的F值为636.24（$P$=0.000<0.05），因而教师职业态度、冲突强度与应对方式可有效解释正功能53.3%的变异量。详见表4-30。

表4-30　职业态度、应对方式、冲突强度对正负功能的回归

| 项目 | 正功能（$R^2$=0.274, $F$=210.48***） | | | | 负功能（$R^2$=0.533, $F$=636.24***） | | | |
|---|---|---|---|---|---|---|---|---|
| | $B$ | SE | $\beta$ | $P$ | $B$ | SE | $\beta$ | $P$ |
| 职业态度 | 0.104 | 0.006 | 0.388 | 0.000 | −0.036 | 0.006 | −0.102 | 0.000 |
| 冲突强度 | 0.111 | 0.014 | 0.183 | 0.000 | 0.384 | 0.015 | 0.487 | 0.000 |
| 应对方式 | −0.164 | 0.015 | −0.275 | 0.000 | 0.252 | 0.015 | 0.324 | 0.000 |

注：$B$为非标准化系数，$\beta$为标准化系数；拟合程度为调整后的$R^2$；***代表在0.001水平上显著，SE代表标准误差。

第二，职业态度、应对方式对冲突强度的回归。以冲突强度为效标变量，以教师职业态度与应对方式为自变量，进行多元回归分析，研究发现：用职业态度、应对方式分别对冲突强度进行多元回归，回归模型具有统计学意义上的显著，决定系数（$R^2$）为0.187，回归模型整体性检验的$F$值为193.11（$P$=0.000<0.05），因而，教师职业态度与应对方式可有效解释冲突强度18.7%的变异量。但职业态度对冲突强度的回归系数不显著

（$P$=0.663>0.05），这说明职业态度虽然与冲突强度显著相关，但把应对方式考虑进去后，教师职业态度与冲突强度便无直接关系，而是通过应对方式间接影响的。其中预测系数（$\beta$）的正负可表明其因素影响的方向，应对方式预测系数$\beta$=0.430，即应对方式得分越高，其冲突强度越强。详见表4-31。

表4-31　职业态度、应对方式对冲突强度的回归

| $R^2$=0.187，$F$=193.11*** | $B$ | SE | $\beta$ | $P$ |
|---|---|---|---|---|
| 职业态度 | −0.005 | 0.011 | −0.010 | 0.663 |
| 应对方式 | 0.424 | 0.024 | 0.430 | 0.000 |

注：$B$为非标准化系数，$\beta$为标准化系数；拟合程度为调整后的$R^2$；***代表在0.001水平上显著，SE代表标准误差。

第三，教师职业态度对应对方式的回归。用职业态度直接对应对方式进行一元回归，得到的模型显著（$P$=0.000<0.05），决定系数（$R^2$）为0.157，回归模型整体性检验的$F$值为311.35（$P$=0.000<0.05），因而，教师职业态度可有效解释冲突应对方式15.7%的变异量，其预测系数（$\beta$）为−0.397，即教师职业态度越好，教师应对冲突的方式越缓和。详见表4-32。

表4-32　职业态度对应对方式的回归

| $R^2$=0.157，$F$=311.35*** | $B$ | SE | $\beta$ | $P$ |
|---|---|---|---|---|
| 职业态度 | −0.179 | 0.010 | −0.397 | 0.000 |

注：$B$为非标准化系数，$\beta$为标准化系数；拟合程度为调整后的$R^2$；***代表在0.001水平上显著。

### 3. 职业态度与应对方式、冲突强度、正负功能的路径模型

结合表4-39～表4-41进行三次多元回归分析，我们可以知道职业态度作为自变量，正负功能作为因变量，应对方式、冲突强度同时具备自变量与因变量的双重身份，即被职业态度影响的同时被正负功能影响。我们以自变量为起点，因变量为终点，其标准化回归系数作为路径系数构建路径模型。其中，每一个因变量终端的$R^2$代表此因变量被多个自变量的解释程度。结果如图4-2所示。

职业态度是如何作用于师生冲突中教师的应对方式、冲突强度以及正负功能的，可从上述路径分析中得到结果。研究表明，教师职业态度会通过三

条路径最终影响师生冲突的正负功能。路径一：职业态度→应对方式→冲突强度→正负功能；路径二：职业态度→应对方式→正负功能；路径三：职业态度→正负功能。从第一条路径来看，职业态度的好坏能显著影响应对方式（$\beta=-0.397$，$R^2=0.157$），进而影响冲突强度（$\beta=0.430$，$R^2=0.187$），再分别影响正功能（$\beta=0.183$，$R^2=0.274$）与负功能（$\beta=0.487$，$R^2=0.533$）；从第二条路径来看，职业态度先影响应对方式，然后分别直接影响正功能（$\beta=-0.275$）与负功能（$\beta=0.324$）；从第三条路径来看，职业态度分别直接影响正功能（$\beta=0.388$）与负功能（$\beta=-0.102$）。

可见，教师职业态度与师生冲突应对方式、冲突强度、正负功能之间存在显著的因果关系，即教师职业态度越强，教师应对冲突的方式越缓和，冲突强度越弱，冲突对教师来说更多地表现为正功能。反之，教师职业态度越弱，教师应对冲突的方式越激烈，冲突强度越强，冲突对教师来说则更多地表现出负功能。

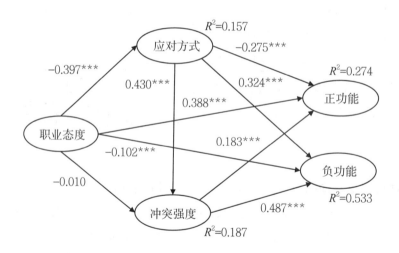

注：***代表在0.001水平上显著。

图4-2 职业态度与应对方式、冲突强度、正负功能的路径分析模型

### 4．应对方式及冲突强度的中介效应检验

从理论上看，应对方式和冲突强度皆为职业态度与正负功能的中介变量，且冲突强度为应对方式与正负功能的中介变量，经路径分析可得到职业态度对冲突强度的路径系数（$a$）不显著，按照学界关于中介效应的判断标

准，<sup>①</sup>冲突强度不能作为职业态度与正负功能的直接中介变量。如下为剩余两个中介变量假设的检验。

从路径分析中，我们不难看出应对方式在职业态度对正功能、负功能及冲突强度在应对方式与正功能、负功能的关系中，$c$、$a$、$b$、$c'$四个关键统计指标都显著，由此可认为应对方式在职业态度与正负功能间存在部分中介效果，冲突强度在应对方式与正功能、负功能间存在部分中介效果。但若要确认两者的中介效应存在，则需要进行Sobel'$t$检验。

Sobel'$t$检验，即Sobel在1982年推导出了样本估计量的标准误一阶与二阶泰勒展开估计值，使中介效应使用$t$检验来判断。其$t$检验公式：
$t=\dfrac{b_a \times b_b}{\sqrt{Sb_b^2\hat{b}_a^2 + Sb_a^2\hat{b}_b^2}}$，$b_a$、$b_b$ 分别为自变量对中介变量直接效果系数与中介变量对因变量的直接效果系数，$b_a$、$b_b$ 为其各自直接效果的估计数，$s\hat{b}_a^2$、$s\hat{b}_b^2$为两者直接效果系数的方差。

第一，应对方式作为教师职业态度与冲突正负功能的中介检验。其中职业态度对正功能的Sobel检验$t$=7.628（$P$=0.000<0.01）；职业态度对负功能的Sobel检验$t$=−14.334（$P$=0.000<0.01），两者均达到显著水平，证明中介效应显著，应对方式为职业态度与正负功能间的中介变量。见表4-33。

表4-33 应对方式中介检验

| | 正功能 | | | | | 负功能 | | | |
|------|--------|-------|---------|-------|------|--------|-------|---------|-------|
| | coeff | SE | $T$ | $P$ | | coeff | SE | $t$ | $P$ |
| $c$ | −0.208 | 0.014 | 15.223 | 0.000 | $c$ | −0.112 | 0.008 | −13.737 | 0.000 |
| $a$ | −0.179 | 0.010 | −17.645 | 0.000 | $a$ | −0.179 | 0.010 | −17.645 | 0.000 |
| $b$ | −0.117 | 0.014 | −8.473 | 0.000 | $b$ | 0.414 | 0.017 | 24.619 | 0.000 |
| $c'$ | 0.104 | 0.006 | 16.686 | 0.000 | $c'$ | −0.038 | 0.008 | −4.956 | 0.000 |

注：coeff为非标准化系数。

第二，冲突强度作为应对方式与正负功能的中介检验。其中应对方式对

---

① 温忠麟，张雷，侯杰泰，等.中介效应检验程序及其应用[J].心理学报，2004（5）：614-620.

正功能的Sobel检验t=-12.113（P=0.000<0.01）；应对方式对负功能Sobel的检验t=-4.764（P=0.000<0.01），两者均达到显著水平，证明中介效应显著，冲突强度为应对方式与正负功能间的中介变量。详见表4-34。

表4-34　冲突强度中介检验表（应对方式）

| | 正功能 | | | | | 负功能 | | | |
|---|---|---|---|---|---|---|---|---|---|
| | coeff | SE | T | P | | coeff | SE | t | P |
| c | −0.208 | 0.014 | 15.223 | 0.000 | c | 0.447 | 0.016 | 28.759 | 0.000 |
| a | 0.428 | 0.022 | 19.652 | 0.000 | a | 0.428 | 0.022 | 19.652 | 0.000 |
| b | 0.108 | 0.015 | 7.125 | 0.000 | b | 0.385 | 0.015 | 26.072 | 0.000 |
| c' | −0.254 | 0.015 | −17.011 | 0.000 | c' | 0.283 | 0.015 | 19.432 | 0.000 |

注：coeff为非标准化系数。

### 5. 结论与讨论

教师职业态度是解决师生冲突的重要抓手。教师职业态度是教师的自身修养、人品与知识的集中体现，它会影响教师各项教育教学工作，特别是与学生相处的相关事项，而教师与学生相处也无法完全避免冲突的发生。研究发现，教师职业态度能有效干预教师与学生之间发生的冲突，而教师职业态度成为解决师生冲突的重要抓手主要体现在以下三方面：

第一，具有积极职业态度的教师倾向于利用平和方式解决师生冲突。职业态度越积极的教师在师生冲突发生时越能更好地用平和的方式解决问题。通过逐步回归验证了职业态度会影响师生冲突这个整体，并会不同程度地按其发生的三个过程产生影响，教师职业态度首先影响的就是教师对待师生冲突的方式，结果表明职业态度量表得分越高，应对方式量表得分越低（$\beta$=−0.397，P<0.001），即职业态度较好的教师懂得更多专业知识，有更高的自我修养，因此在师生冲突发生时偏向于控制自己采用较为平和的应对方式，反之，职业态度较差的教师在师生冲突发生时偏向于本能地做出较为激进的反应。以认知心理学家费斯廷格（Festinger）的认知不协调理论去解释，人们偏向于使自己的行为与其态度相匹配以消除心理因外界事件产生不协调所带来的焦虑。一个拥有良好职业态度的教师能更好地了解身为人师所应有的社会形象与行为期许，当师生冲突发生时，教师会本能地希望用简单粗暴的方式去解决，但因有较好的职业态度限制使其不能做出违反教师社会期许

的行为，这种不协调促使其改变自己的应对方式，以较为理性、平和的方式解决冲突，并消除粗暴应对方式与良好职业态度间的不协调。

第二，教师职业态度通过应对方式干预冲突强度。职业态度不直接作用于冲突强度，而是经应对方式间接作用于冲突强度。研究发现在将应对方式作为协变量加入后，职业态度对冲突强度的作用效果不显著（$\beta=-0.010$，$P=0.663$），而应对方式对冲突强度的影响较大（$\beta=0.430$，$P<0.000$）。这与目前研究师生冲突的应对方式较多使用的Thomas五因素模型的解释较为类似，即不同应对方式会让冲突向不同方面发展。比如教师用竞争型的应对方式，会使冲突双方只考虑自己，忽视对方的需要，对对方伤害比较大，冲突强度较为强烈。应对方式与冲突强度就像"父与子"之间的关系，应对方式是否激进很大程度上决定了冲突强度是否强烈。因此，在处理学校中的师生冲突时，要想显著地减少冲突过于激烈带来的麻烦，不仅要让教师端正自己的职业态度，更重要的是组织教师学习科学、理性解决冲突的应对方式。

第三，拥有良好职业态度的教师能迅速调整自我并在冲突中反思学习。职业态度越积极的教师越能从冲突中反思学习。职业态度有差别地影响正负功能，职业态度能更好地解释师生冲突发生后教师从中获得的正向影响（$\beta=0.388$，$P<0.001$），而对负向影响的解释相对较低（$\beta=0.183$，$P<0.001$）。研究的结果不仅证实了科塞所提出的冲突具有负向和正向双重功能，而且解释了态度对两种功能作用的差异。正功能指的是教师在冲突中受到推动个人发展、维系师生关系的积极影响。对教师职业充满憧憬、认同和信任相比于对此职业不那么热衷、甘心付出的教师，更能从正向及积极的角度去反思一次冲突的过程，并从中吸取教训和经验，把一个负向事件更多转向为正向的收获。负功能指的是教师在冲突中受到的阻碍教学进程、降低教学成效、破坏师生关系，甚至斩断师生联系的消极影响。很多时候冲突必定给教师带来不少心理上的负担、情绪上的压力，这些负向的影响类似于本能地直接作用于教师身心上，不过多地受意识或态度的左右，是负性事件发生后自动化的加工，而态度只能解释负向影响非自动化加工的部分（有较长时间间隔），比如事后对待学生的管理（如题项：您更倾向于运用您的权威对学生进行严格管理）。

因此，学校在师生冲突发生后要密切留意教师的心理状态，即使是职业态度较好的教师也必定因冲突事件产生负面情绪、心理压力，若有必要，需对教师进行心理咨询和辅导。而处理师生冲突先要端正职业态度，端正职业态度关键在于提升职业情感。

教师职业态度是解决师生冲突的重要抓手，职业态度能显著地影响师生冲突的各个部分，职业态度越高，应对方式越平和、冲突强度越缓和、教师在冲突事件中受到的正向影响越多，也能最大程度地避开负向的影响。换言之，只要教师的职业态度得到良好的提升，师生冲突的情况就能得到很好的处理。那么我们应该如何科学地牢牢把握住这三个抓手呢？为更好地端正教师职业态度，详见职业态度下各维度对师生冲突各个部分的影响，其情况如图4-3所示。

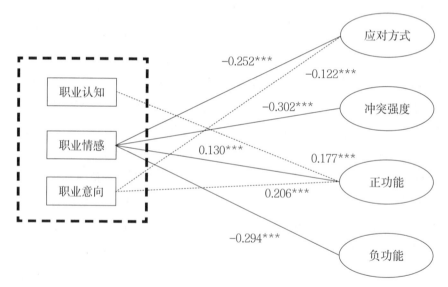

注：***代表在0.001水平上显著相关，图中只显示统计学意义上（$p<0.05$）显著的回归系数。

图4-3　职业态度下各维度与应对方式、冲突强度、正负功能影响

从图中不难发现，职业情感是职业态度中影响师生冲突的最关键的影响因素。

# 三、教师观念：引发师生冲突的基础性因素

观念是存在的反映，它是客观事物在人脑中的一种能动反映，[①]教师教育观念和教育行为之间存在一致性，教育行为受教育观念的影响和支配，教师往往根据其观念做出一定的判断和决策，并进而落实到行为上，通过行为来影响教育效果和学生发展。在教育教学中，教师不可避免地要面对师生冲突，而如何应对与评价师生冲突也是教师的一种教育行为。因为教师的教育行为是指教师在实际教育中所表现出的行为、教育方法、措施与手段的总和。综上，教师的教育观念是教师教育行为的内在依据与基础，而应对与评价师生冲突是每一个教师所必须面对的教育行为，故教师的教育观念是影响师生冲突的基础性因素。教师的教育观念有很多，但能引发师生冲突的教育观念必然是与学生密切相关的观念，不外乎学生观、教学观和师生冲突观等三种观念。其中学生观指教师对什么是学生与什么样的学生是好学生所持的观点；教学观指教师对教学是什么、学生应该学到什么程度以及学生如何学好这三方面所持的观点；师生冲突观指教师对师生冲突是什么所持的观点。

## （一）教师的学生观对师生冲突的影响

学生观指学生在教师脑中的能动反映，具体而言，就是教师对学生是什么的认识与理解。学生观决定着在师生交往中教师将如何对待学生，是教师与学生发生交往行为的基础和依托。那么，教师对学生的基本看法至少包括两个层面：一是学生是什么，二是什么是好学生。

第一，关于学生是什么的问题。一是从心理来看，在教师的眼里，学生更多的时候还只是个长不大的孩子，尽管他们的身高可能超过了教师，这时的教师对学生就会缺乏尊重，也会忽略很多本身他们所应得的权利。具体来说，在教师的潜意识里，教师更乐意以一种居高临下的姿态爱护学生，而不是像对待其他成年人一样去尊重他们，也就不会过多地考虑他们应得的各种受法律所保护的权利。而介于未成年人和成年人之间的青少年学生，恰恰

---

① 马克思，恩格斯.马克思恩格斯选集[M].北京：人民出版社，1995：112.

处在最重视、最渴望来自成人世界的尊重的"小大人"时期，因为他们总是强烈地感觉到自己已经不是孩子了，这样就会引发一些非常不应该的、且或明显或隐晦的师生间的小矛盾。而且教师和学生都有自己的想法，对学生批评教育时，教师总以为自己是对的，只是学生不理解自己的良苦用心。认为现在批评学生，是为学生的未来负责，等学生长大以后自然就会理解自己的良苦用心。这样一来教师就屡屡忽视了学生的权利。二是从知识来看，很多教师认为知识是绝对客观和不可置疑的，是专家的创造和恩赐，学生在他们看来就是知识的贫乏者和等待输入者；学生在教师眼里是齐一、平面化的，"他们是谁"并不重要，重要的是他们都是心智未成熟的、等待教师传递知识并加以塑造的"半成品"。由此，教师所要做的就是控制教学的环境和流程，将事先选定的知识用尽量高效的方式迅速、大量地传递给学生，而至于学生本人如何看待知识本身则是无关紧要的。教师普遍借助纪律或其他的外在措施来鞭策学生努力学习。教师认为教学中出现冲突是让人不能容忍的，是对教学过程的打断。

第二，关于什么是好学生的问题。毫无疑问，好学生的评判标准理应与学校的教育目标相一致，即德智体美劳全面发展的人。但在具体教育实践中，教师都有自己所认为的好学生标准。调查显示，一般来说，在教师的心目中，好学生一定是那些考试成绩优秀、遵守纪律、老实听话的学生，坚持原则、不折不扣贯彻执行教师要求的学生。然而，对于这一标准，学生的态度如何呢？经观察发现，班级中受学生群体欢迎的往往是两种人：一种是成绩优秀，不担任什么班级职务，性格随和、与人为善；另一种是成绩平平，但聪明、好动、风趣、乐于助人，且在班级中具有一定的号召力。对于教师宠爱的班干部，学生们则"敬而远之"[①]。由此可以看出教师与学生的评价标准存在诸多差异，教师一旦发现学生与自己的价值观念和行为方式不一致，就运用教师的权威去进行训导，师生之间就不可避免地发生冲突。

此外，若学生出现问题行为时，教师会因为对学生的错误认识而对学生产生认识偏差，认为他们是"坏学生"，进而引发师生冲突。问题行为是

---

① 王琴.学校教育中师生冲突研究[M].郑州：河南人民出版社，2010：111-112.

儿童和青少年在发展过程中常见的各种有碍其心理发展的行为，它可以分为外向的攻击性行为和内向的退缩性行为。攻击性行为具有捣乱、破坏等扰乱他人的特点，如不守纪律、打架、逃学、偷窃等；退缩性行为具有消极、依赖、服从的特点，如羞怯、缺乏信心、容易紧张、神经过敏、孤僻等。有学者曾对学生的问题行为进行了专门研究，如威克曼（Wickman）曾列出学生表现出的50种问题行为，让教师按问题的严重性来排序。结果发现，教师认为严重的是那些与异性恋爱、偷窃、打架、不服从管教等攻击性行为，却认为不爱交往、抑郁、容易沮丧等退缩性行为不那么严重。①从儿童的人格发展来看，情绪是否稳定、是否有良好的人际关系预示着儿童将来出现心理障碍的可能性，但教师工作的特点导致他们更加注意那些违反纪律、破坏公共秩序的行为。大桥正夫指出："教师着眼于自己认为有碍于学业成绩和班级管理的干扰性行为，而不能确切地把握更为严重的不适应行为，这是教师在认识学生问题行为时容易出现的偏差。"②

由于教师对学生的问题行为的看法有误，导致教师在对学生的行为进行归因时容易出现两类偏差：一类归因偏差是教师容易把学生出现的问题归结于学生自身的因素，而不是教师方面的因素。尤其是那些刚刚走上工作岗位的教师，当班上学生的学习成绩不如己意时，往往认为是学生的能力差，却很少认识到这与自己的教学态度和教学方法也有关联。这一类归因偏差的危害在于教师把问题的责任推给了学生，在教育之前就已放弃了教育者应负的责任。另一类归因偏差是教师对优秀生和后进生的归因不一样。优秀生做了好事或取得好成绩时，教师往往归结为能力、品质等内部因素；而当后进生干了好事或取得好成绩时，却往往被教师归结为心血来潮、任务简单或运气好等外部因素。③相反，当优秀生出现问题时，教师往往归因于外部因素；当后进生出现问题时却多被归因于内部因素。毫无疑问，这一类归因偏差对于后进生的发展是极为不利的。因此，树立正确的学生观，关键是要理解学生，了解学生身心发展的规律，避免学生观出现偏差。

---

① 张大均.教育心理学[M].北京：人民教育出版社，1999：130-431.
② 大桥正夫.教育心理学[M].钟启泉，译.上海：上海教育出版社，1980：118.
③ 靳玉乐，张家军.论理解型师生关系的建构[J].教育研究，2004（11）：57-62.

综上，在心理上学生是长不大的孩子，在知识上学生是知识的待输入者，所以成绩优秀、听话的学生是好学生，是受教师欢迎的学生。然而这样的学生观使教师往往会忽略学生的权利与个别差异，缺乏对学生的尊重与认同，对学生区别对待，知识上容不下学生质疑，一旦发生冲突就采取镇压的方式。在这样的情境下，作为有独立思想的人，试问学生怎能不与教师产生冲突呢？

### （二）教师的教学观对师生冲突的影响

教师的教学观念就是教师对"教学是什么""学生应学到什么程度""如何做"等方面所具有的整体的认识和理解。由此，教学观可以分为教学本质观、教学目标观和教学方法观，且教师如何看待教学以及要求学生掌握到什么程度都会直接显现到教师的教学方法上。教学观念对教师的教学有着指导和决定的作用，是教师教学行为的依据。

第一，关于教学是什么的问题。教学是筛选、传播、积累和发展知识的重要途径，知识则是教学的重要内容，教学和知识之间有着密切的相互关联。知识并非客观存在的实体，不是一成不变、万世不易的，它是人类在历史发展过程中主观建构的产物，教学则是知识参与和指导下的实践活动，具有历史性和情境性。教师如何理解知识，即其对关于"知识是什么""如何获得知识"等问题的看法，对其如何理解教学具有决定性的影响作用，教师的知识观与教学观具有内在逻辑上的一致性，有什么样的知识观就有什么样的教学观，二者统一于教学实践活动过程中。譬如，苏格拉底认为知识是先验地存在于人的心灵中的，教师的作用不在于给学生以知识，而是通过启发等方式帮助学生自己一步步归纳出知识，所以他坚持采用"产婆术"进行教学。

经典的知识观有三种：一是斯金纳的行为主义，他认为知识是固定不变的，教师的教学通过解释、论证、指导实践而得以实现，教师是知识输出者，学生则是知识接受者；二是安德森的认知主义，他认为知识是固定不变的，教师的教学通过有效地应用各种记忆策略而得以实现，教师扮演的是指导者的角色，学生同样是接受者的角色；三是皮亚杰和维果茨基的建构主义，他们认为知识是不断变化的，可通过个体在社会世界中建构所得，教师是学生的指导者、促进者与学习伙伴，建构主义者倡导情境教学、支架式教学和随机访问教学等以学习者为中心的教学策略与模式，以最大限度地促进学习者与情境的交互作用。如果我们认为知识是来自某种高高在上的权威，教室看起来就会像是专制政府。如果我们认为知识是由个人突发奇想而确定的虚构故事，教室看起来就会像是无政府的混乱状态。如果我们认为知识产生于相互问询的复杂过程，教室看起来就会像是一个资源丰富、相辅相成的共同体。然而在很多教师的意识中，知识是由专家创造和恩赐的，他们自己不可能成为知识的创造者和发现者，充其量只能是知识的享受者和传播者，他们所能做的就是努力领会和还原专家们的意图并忠实地将其传递给学生。这样的教师在教学中必然是以课本为圣经、以自己对课本的解读为圭臬的，教学中可以容许甚至鼓励探讨和交流，但探讨和交流的目的只是更牢固地记住所传授的知识。在这样的课堂里，教学冲突当然是教学中的"意外"，会耽误教学的进程，应尽量减少，一旦发生则必须迅速地予以解决。更重要的是，师生冲突无疑是对教师权威的冲撞，即使可以原谅也是不可轻视的，应坚决地予以排除和遏制。与此相反，如果教师认为知识并非来自权威，而是交流和建构的产物，那么教学中"专家"就会退场，课堂成为师生表现自我的舞台，是交流与探讨的论坛，任何新异独特的想法即使听起来很荒诞也会受到尊重和欢迎，师生冲突则不仅被宽容，还往往被认为是思想火花发生碰撞和生成知识与智慧的契机。①

　　第二，关于学生应学到什么程度的问题。学生应把知识掌握到什么程度其实是教学目标的问题。教学目标则至少在两方面可能引发师生冲突，一是教师把教学目标简单地看成是"高分数"，甚至把分数与学生的品性挂钩，对学生产生评价偏差，进而引发师生冲突。无疑，在现实的学校教学活动中，学生的成绩和学校的升学率仍是许多学校衡量教师业绩，以及教师评职称、发放奖金、评先评优的主要依据，这就使教师对学生的关注视角主要集中在学生的学业成绩上。教师希望学生能取得越来越高的分数，分数好，才是真的好。因此，不少教师无视学生的差异，对每个学生都寄予了很高的期

---

① 王爱菊.走向主体间性的生存：教学冲突研究[D].济南：山东师范大学，2010.

望，在教学目标的确定、过程的要求、目标的达成等多方面都可能与学生的实际情况相去甚远。一些在学业完成上有困难的学生就被贴上了"不好""笨蛋"的标签，因而教师对这些学生产生一种潜在的歧视心理。如果犯了同样的错误，成绩好的学生受到的批评往往是较为隐晦的，教师目光满含期待；而成绩差的学生受到的批评总是较为公开的，教师目光充满愤怒和气恼。这就导致学业落后学生的不满，他们在一定的条件下就会和教师起冲突，而教师有时还不明所以。[①]二是教师为学生制订过分的"高目标"，学生因难以达到而深感气馁，甚至产生心理问题，进而引发师生冲突。在市场经济条件下，学校教育也不可避免地带有明显的功利主义的倾向。各个学校将提高升学率作为提高学校知名度的主要手段。学校领导把目光盯在考试分数上，教师的全部精力也放在提高分数上。为了分数，学校管理者把学生的时间安排得非常紧凑，学生几乎没有属于自己的时间。学校规章制度的制定只见限制、约束、对权利的剥夺，而看不见理解、尊重和信任，不考虑学生身心发展的各种需要，缺乏民主性，学生缺少正确的渠道和机会对学校的管理提出建议和要求，学生身心压抑、心理紧张。所以教师和学生就不可避免地背上了沉重的升学压力的包袱，教师表现为急躁、易怒，学生则表现为厌烦、逆反。由此，在这种高压的环境里，师生冲突的发生也就在所难免。

第三，关于如何教学生的问题。受我国传统文化的影响，在教学与管理中，教师依然坚持倾向于权力权威型的教学方法。[②]从传统来看，在教学中运用权力权威管控学生这一方法年深月久。

人类社会的发展，曾经有过漫长的专制时期，如奴隶社会、封建社会，这种历史时期对社会关系的调控主要表现为权力的专制式调控。这种情况下孕育了具有时代性特点的师生关系的权力模式。在教育过程中，教师被赋予了至高无上的权力，在师生关系上处于绝对支配的地位。在中国，历史上家国合一的文化特点，使师生关系被一种家族亲缘关系的伦理基础所代替，讲究一日为师，终身为父。而"父父子子"的伦理文化无疑论证了教师地位的

① 张平果.师生隐性冲突之研究[D].合肥：安徽师范大学，2010.
② 赵敏.学校场域是中华优秀传统文化传承的重要载体[J].教育发展研究，2017，37（Z2）：3.

至高无上和权力的绝对合理性。"一日为师，终身为父"，既然是父亲，对子女的打骂自然天经地义。在家庭中，有"棍棒底下出孝子"之说，在学校里，也有"教鞭子下面出人才"之言。因此，在历史上，"藤杖"学生及其他各种惩罚学生的现象是常见的。深厚的历史文化根基使这种陈旧的师生观具有很大的历史惯性，使它在教育中世代流传，直到现在仍有所表现。有的教师虽然执教于现代社会，但视这种师生观为理所当然，并且把它"自觉"地传递给后继者。一个刚来学校工作的师范毕业生，向一位教师请教如何当好班主任，这位教师爽快地指点他，"必须有威严，不能给学生好脸色看，调皮捣蛋的学生必须狠治，如果学生不怕你，那你什么事也做不好"[①]。从伦理观念来看，有的教师认为，把学生交到自己手里，对他们严格要求和管理，甚至批评打骂，是为了尽到教师的责任，是为了学生好，是由于恨铁不成钢。这种"宁给好心，不给好脸"的做法，其出发点未必是善良的，在他们看来，这就是对学生的"爱"，用消极语言批评学生只是教育方式问题，而不是什么人道问题。这就是有的人说的"打是疼，骂是爱，不打不骂才是恨"的伦理观念。当然不可否认这种做法的动机是好的，但行为过程及其结果却不一定是被希望的。因为在这样的伦理观念中，教师并没有把学生当作和自己一样平等的人，并没有把学生当作和自己一样有尊严和权利的个体。在这种基础上所产生的爱，具有局限性，是一种无视人格尊严和平等的爱。

综上，当教师认为学生是知识接受者时，教师采用知识灌输的教学方式，学生则坚持认为自己既是知识的接受者，更是知识的建构者，追寻民主的学习方式，教师与学生产生分歧，师生冲突就发生了；当教师的教学目标观功利化，过度追求高分数，甚至把学习分数和学生品性联系起来，学生分数达不到，对教师的评价不认同时，师生产生分歧，进而引发师生冲突；权威型的教学方法大行其道，"宁给好心，不给好脸"的伦理观念依然盛行，然而学生却难以接受和理解，从而导致师生分歧产生，进而引发师生冲突。

---

① 曹三及.中学教师批评教育口语调查研究[D].兰州：西北师范大学，2007.

### （三）教师的师生冲突观对师生冲突的影响

长期以来，由于受各种历史的、现实的主客观因素的影响，我国教育界对师生冲突产生了一种"惧怕"心理。多数教育工作者把师生冲突看成是对学校教育教学秩序的破坏，是教师实施教学计划和教学管理的失败，甚至把师生冲突看作是组织崩溃的前兆。因此，在我国的学校教育中，不少教育者对师生冲突持"全盘否定"的态度。师生冲突被看成是与"和谐""秩序""纪律"相对立的关系，被认为是反常的、越轨的、病态的，具有严重破坏性和分裂性的不正常现象，严重威胁着学校教育教学活动，必须彻底根除。概括起来，这种师生冲突观主要包含了三层含义：师生冲突是一种不正常现象，师生冲突是消极有害的，师生冲突必须被彻底消除。迄今，这种师生冲突观仍然存在我国的教育界，尤其在教育实践界占据主导地位，我们称这种师生冲突观为"传统的师生冲突观"。[①]现代师生冲突观认为师生在交往的过程中随时都可能发生冲突，即使和谐的师生关系中也潜伏着冲突的危机。师生冲突和师生合作一样，都普遍存在于学校教育教学活动中。师生冲突并不是对和谐与统一的否定，师生冲突和师生合作是不同的，但它们都是正常现象。师生冲突对于学校教育教学活动不仅仅只有消极的、不利的影响，同时也起着积极的、建设性的作用。这种师生冲突观包含了两层含义：一是师生冲突是一种自然的、不可避免的正常现象；二是师生冲突具有二重性，即师生冲突既有消极的、破坏性的一面，也有积极的、建设性的一面。

实际上，教育教学过程并非线性的连续过程，而是内含各种矛盾、冲突和抵触的，是复杂的非连续过程。当前，师生冲突已非教育教学过程中的"意外事件"，而是教育教学过程中的"平常事"。中国人向来崇尚"以和为贵"，通常视冲突为不正常、不健康和令人厌烦的状态，从而排斥冲突，以致长期以来对冲突缺乏一种理性的审视和全面的认识。在教育教学实践中，"师生冲突"也往往被看成是一个负面的词语，被当作教学的破坏力量和消极因素对待，总是与师生之间激烈的对抗联系在一起，让人联想到教学

---

① 崔丽娟.初中阶段师生冲突的归因分析及应对策略研究[D].重庆：西南大学，2009.

混乱、情绪激动、理智失控，甚至诋毁、辱骂、身体攻击等。在很多教师的心目中，教学要想顺利地进行就意味着必须排除和避免教学冲突，理想的教学似乎应该是没有教学冲突的连续过程，出现了教学冲突，就说明教师在教学中的地位受到威胁与挑战，是教师缺乏教学控制力和无能的表现。植根于这种理解的教育教学实践，通常表现出强烈的去冲突化倾向，表现出对教学冲突的极力逃避或排斥，以及对所谓的稳定教学秩序的极力追求。①

去冲突化教学并非某种特殊的不当教学类型，而是当前很多教学过程中共同存在的行为倾向和行为方式。去冲突化教学的现实表现包括：忽略与排斥隐性教学冲突；敷衍与排除显性教学冲突。具体来说，忽略与排斥隐性教学冲突表现为：教师对冲突采取"视而不见、听而不闻、对而不应"的态度，远之，避之，拒之，弃之。如此一来，隐性教学冲突通常会被迫一直"隐"下去。因为在去冲突化教学过程中，对于隐性冲突，教师是不会花时间去"倾听"和"读懂"的。他们可能并不缺乏觉知隐性冲突的敏感，但却缺乏一种正视它的存在并采取适当应对行动的勇气、信心与智慧。因为一旦用心去"听"或"读"，势必要进一步去"问"，势必使隐性冲突外化为显性冲突，势必导致预设教学进程的中断，甚至可能把教学推向一个不可知、不确定的去处，教学将远离他们的控制与预定的节奏，而这正是他们十分担心和忌讳的。所以，多一事不如少一事，少一事则不如无事。敷衍与排除显性教学冲突则表现为：敷衍塞责，不了了之；虚与委蛇，转移话题；游辞巧饰，蒙混过关；恩威并施，三缄其口；打击压制，杀一儆百。

上述种种去冲突化的措施所具有的共同问题在于，这些措施并未真正地解决教学冲突，而只是回避冲突或排除冲突，冲突仍然存在，悬而未决。这些措施与其说是解决了冲突，不如说是搁置了冲突，冲突的"解决"带来的不是轻松与和谐，而是不满与紧张或是无奈与灰心，甚至是为将来更激烈的冲突埋下种子。这些去冲突化的方式基于这样的教育教学过程：教师与学生之间虽有互动和交流，但这种互动和交流是不对等的，它的主动权完全被控制在教师手中，除非学生努力揣测并说出教师期望的"正确答案"，否则互

---

① 王爱菊."去冲突化"教学及其批判[J].教育学报，2010，6（5）：33-42.

动和交流就随时面临被阻止、被压制的危险。这样的互动与交流实质上是一种控制与规训，一种机械灌输和强制塑造，它不允许学生向教师说"不"，教学蜕变成教师向学生单方面输出和强加信息的过程，徒具相互交往的形式而丧失了相互交往的内涵，教学过程中的不确定性和生成性被反对和排斥，学生的主体性被遮蔽，教师的创造性丧失，从而教学表现出"反教学性"，由此，师生冲突便产生了。

## 四、教师权威：引发师生冲突的决定性因素

古代汉语中的"权威"一词主要是指权势，"权威"的英文是authority，最初是从拉丁文autoritas派生出来的。它原义是指威信、作者、创始人、财产权或所有权。目前，学者多将权威理解为使人信服与顺从的力量和威望。权威和权力有所区别：第一，权威是使对象自愿服从的能力，而权力则是一种可以改变对方行为的强制力量。[①]第二，权威是具有合法性的权力，即获得认可的权力，而权力既包括合法权力，也包括非合法权力。[②]第三，权威是使对方信从的影响力，它强调对象的自愿服从，但这种服从更多的是基于服从者对理性力量的认同，而不是基于他对权力的接受。换言之，作为一种使对方信从的影响力，权威的基础不是权力，与权力不存在一种必然联系。可见，权威与权力均属于关系性概念，是主体与客体的相互作用。权威与权力的共同特征是使人服从，但权威是对方的自愿服从，这个是权威的本质属性。权威的主要基础是权力，把权威界定为合法性的权力，确实抓住了权威的实质。权威也与权力一样，均是使人顺从的力量，但权威导致的顺从还须经过对象的理性判断，它不像权力那样直接。如果说权力是一种直接的强制力，那么权威则是一种间接的影响力。从这个意义上说，权威是一种使对象因信服而顺从的影响力。对于教师与学生来说，教师要求学生信服与顺从则是以学生的理性判断为基础的，即以学生同意为基础，并非教师强迫服从。

---

① 俞可平.权力与权威：新的解释[J].中国人民大学学报，2016，30（3）：40-49.
② 俞可平.政治学教程[M].北京：高等教育出版社，2010：45.

可见，教师管控学生更多的是依靠权威而非权力。

从人类社会发展历史来看，"人类社会的绵延与发展的推动力始终都是社会控制和个人创造性之间的矛盾，它们之间的矛盾也可表述为社会权威与个人间的矛盾，其中社会控制的目的是让个人的创造性在不损害社会的前提下自由发挥"①。也就是说，社会存在则社会权威与个人之间的矛盾也必然存在，并且社会权威限制与控制着个人。从权威的本质来看，它是"客体对事物客观必然性的获得、认同和选择"②。换言之，客体获得事物客观必然性将获得权威，同时也会承认与服从其他获得事物客观必然性的客体。此时，权威则表现为一种支配与被支配的主从社会关系。学校属于社会的重要组成部分，师生关系则隶属于社会关系。由此，在学校场域中教师权威下的师生关系也是一种支配与被支配的主从社会关系，即教师通过权威主导着与学生的关系。正如吴康宁教授所言："教师权威实质上代表的是一种师生之间的关系，主要表现为教师对学生的控制管理及学生对教师的依赖和服从。"③所以，教师权威是引发师生冲突的决定性因素，即学生不再对教师依赖或服从时，师生冲突必然发生。

学生在16岁之前，不管其自身意愿如何，都必须进入学校进行学习，都得接受教师的指导。教师对学生进行知识的传递和价值观念的引导，学生却希望随心所欲，表现自己的个性，教师为了维持纪律，促进学生学习，必须依靠自身的权威对学生进行适当的控制。正是因为教师权威具有让学生信服与顺从的作用，进而控制着学生的一言一行，以至于师生关系在某种程度上体现为一种制度化的"服从—支配"关系。④那么，当教师权威过于集中或者被滥用时，就会引发学生逆反心理，甚至抵抗；当教师权威消散时，教师对学生则起不到管束作用，教师便会争夺权威或重建权威，也易引发师生对抗。教师滥用权威学生不会认同与信从，教师因权威消散而不得不重建权威，从而导致师生间的权威争夺。总之，教师与学生之间总是在进行权威的

① 罗素.权威与个人[M].肖巍，译.北京：中国社会科学出版社，1990：3-4.
② 薛广洲.权威论[M].北京：中国社会科学出版社，2013：21-38.
③ 吴康宁.教育社会学[M].北京：人民教育出版社，1998：68-70.
④ 陈奎熹.教育社会学研究[M]台北：师大书苑，1991：16-17.

博弈。当教师的权威不被学生认同或信从时，教师的权威就会遭到挑战，但教师作为自身权威的维护者与教学秩序的维护者，此时教师对学生的约束就可能从精神的监督转变为命令、训斥、体罚等强制性手段，而对学生不良行为进行惩罚只会挫败学生的权力和效能感，导致学生封闭自我或产生捣乱及对抗行为。①

简言之，学校生活中，教师是传统、合法与权威的载体，习惯于自上而下的、压制的、理性至上的运作方式。学生作为现代权力观的拥护者，反对权力被独占，要求共享权力，对理性独尊、丧失人文关怀的压制性权力充满反感。由此，一旦教师滥用权威，或权威合法性消解时，这两种力量就会相互碰撞而致使权威分布失衡，从而引发师生冲突，且教师权威是引发师生冲突的决定性因素。

## （一）教师滥用权威对师生冲突的影响

当教师把权威变成一种"威权"或"霸权"时，教师就是在滥用权威。教师权威分为合法权威、传统权威和魅力权威，而教师滥用权威，一般指的是教师对合法权威的滥用，尤其是制度权威。此时，教师权威的含义就与教师权力的含义相等同了，均指教师对学生的强制影响力。教师权威的滥用会伤及学生情感、忽视学生的权力，而当学生没有权力时，就等于促进了他们的暴力而不是控制了暴力，②甚至践踏学生的自尊。正如苏霍姆林斯基所述："教师权威是一把'手术刀'，使用它可以进行最细致且令人难以觉察的手术，但它也可能刺痛学生。"这种刺痛学生的方式一般都是通过规训实现的，是一种对学生的强制和支配。"规训"的本义是指权力干预、训练和监视肉体的技术，制造知识的手段。③此处规训是指教师控制、支配和使用学生的手段，如命令、训斥、体罚等强制性手段。很多时候教师为了保持外在的权威，常常借助命令、强迫、指示等权力手段威逼、强压学生服从，甚至采取

---

① 王琴.从教师权威的消解与重构看师生冲突的化解[J].中国教育学刊，2018（7）：88-93.

② MAY R.Power and innocence：a search for the source of violence[M].New York：W.W. Norton，1972：23，137，137-138，148.

③ 福柯.规训与惩罚[M].刘北成，杨远婴，译.北京：生活·读书·新知三联书店，1999：28-39.

侮辱、恐吓、体罚等暴力手段逼使学生就范，从而滑向教师权威主义。其主要表现为传播固定的知识，强迫学生机械记忆，而不是积极引导学生发现知识；在知识的传递过程中不容学生质疑，并进行打压；对学生滥施权威，目的是让学生服从自己；不根据学生的差异性引导学生，缺乏因材施教。教师的权威主义会伤及学生情感，引起学生不满；忽视学生权力，引起学生抵制；践踏学生自尊，致使学生反抗。

### 1. 权威滥用伤及学生情感，学生不满

教师滥用权威时，一般都会变得专制和武断，并以规训的方式控制与支配学生，甚至会向学生发泄情绪以维护自己的权威。那么，这时教师要么忽视学生的情感表达，要么伤及学生的情感，然后学生则会心怀不满或形成消极情感。在学校场域中，教师滥用权威时，不仅存在打手板、罚站、罚跪、罚抄写等体罚现象，冷淡、漠视、孤立等隐性心理惩罚也不在少数。由此可能适得其反，不仅没有帮助学生成长与进步，反而遭到学生的反感与厌恶，降低其学习兴趣，给学生心灵造成巨大创伤。这种非人道的不当惩罚，将教师变成冷冰冰的惩罚机器，极大地挫伤学生的学习激情和个人情感，造成学生极大的不满。[①]如访谈中有学生提到：

学生1：因为和同学打架，班主任老师就骂我是垃圾，还叫其他同学都不要跟我玩。

学生2：有一次我期末考试没考好，本来自己就很难过，老师还打了我，我现在还伤心。

学生3：因为课文没背出来，被老师罚抄四遍课文。那篇课文特别长，非常难抄写，我感到很苦恼很郁闷。

学生4：当老师在上课时，有同学问我问题，我转头告诉他应该怎么做，老师看见了便走过来抓着我的头往墙上撞。还有一次老师上课时，我拿本子出来，老师觉得我在做小动作，便让我罚站，我当时觉得委屈死了，觉得自己再也不会喜欢这个老师了。

---

① 裴培.伦理学视域下扣小学教育惩罚问题探究[D].杭州：杭州师范大学，2012.

如此种种，不胜枚举……可见，教师以"权威者"的身份主宰一切，专制地选择交往的内容和交往的方式，压制学生学习的热情、探索的好奇心，随意地对学生做出评价和奖罚，而学生只能洗耳恭听、静候发落。一旦学生有不满的情绪或抵触心理，教师就会因感到自己的权威受到挑战而认为失去了尊严，并会采用一些偏激的方法对待学生。教师的严厉、专制和冷酷，甚至言语的讽刺挖苦、神情的蔑视，都严重地耗散了学生对教师的感情，学生在内心深处只有畏惧和抵触。

**2．权威滥用忽视学生权力，学生抵制**

传统权力观将权力视为单向度的，掌握权力的人凭借手中的资源对被统治者实施自上而下的控制、支配，从而构成了线性的统治与被统治的关系。现代权力则没那么简单，"权力以网络的形式运作在这个网上，个人不仅流动着，而且他们总是既处于服从的地位，又同时运用权力"①。权力构成一张网，无处不在，无时不有，毛细血管似的渗透在社会生活的各个方面，进入人们的肌体，嵌入人们的话语、言行和态度之中，融入生活的每一个细节。在这张网上，每个人都被卷入权力运动，既是权力控制和支配的对象，又是实施权力、使用权力的行动者。现代权力所具有的网络化、去中心化特征，表明普通民众拥有的权力是不可被忽视的，它们是社会权力运动的重要组成部分，是保证和维系社会平衡的重要力量。也就是说，一个社会如果只维护中心力量，突出中心而忽略边缘，就容易导致社会失衡，引发社会矛盾，激起社会冲突。

在学校场域中，教师、学生都是权力的端点，师生双方同时具有施与者和接受者的双重身份。学生不仅是教师权力的接受者，有义务听从教师的管理，服从教师的指挥，接受教师的批评；学生也是权力的施与者，有权力参与学校管理，监督教师言行，质疑学校所有的规则。但是长期以来，我们的学校体制是以传统权力模式搭建的，自上而下运作，关注中心权力，忽视边缘权力。学校和教师的权力受到保护，而学生的权力被挤压，被排斥，造成教师与学生的权力失衡，教师与学生的权力不匹配。②其现实表现是学校出

---

① 福柯.必须保卫社会[M].钱翰，译.上海：上海人民出版社，1999：28.

② 田国秀.学校师生冲突的成因分析与对策研究[M].北京：首都师范大学出版社，2012：188-189.

台了五花八门的管理措施、滴水不漏的纪律规则、严惩不贷的惩戒办法，教师凭借这些条条框框，对学生看管检查、扣分惩罚、横加指责。学生不但不知道这些条条框框出自何处，依据是什么，甚至在受到惩罚、遇到指责的时候，无处申诉，无从解释。长此以往，学生定会积蓄大量的不满与愤怒，开始顶撞教师，违反教学纪律，以消极逃避的方式来表达消极情绪，引发师生冲突。

教育是一个传统力量相当顽固的领域，教育管理、教育运行基本遵从传统的权力模式。校长是最高权力长官，是权力发散的中心。相对学生而言，教师是权力的中心，学生是学校中最底层、最边缘、最微观的部分。学生的需要、学生的呼声常常被忽略，导致学生的利益受损。[①]师生冲突的发生常常是在教师使用权力、学生表达需要和捍卫权力的时候，如果学生对学校的纪律规则和管理要求言听计从，学生的态度与权力将无从表达。相反，当学生表现出一定的批判精神和反抗言行时，往往是学生对学校管理与规定或教师知识权威的质疑与不满的表现。由此，教育者必须意识到学生作为权力关系中的一方必然参与权力的运作，其权力需要被正视。因为良性的权力运作应该是师生双方承担责任、接受监督、彼此克制、相互接纳，不良的权力运作则是只要权力、不担责任、压制对方、放纵自己，结果一定是斗争、冲突与不和谐。

### 3. 权威滥用践踏学生自尊，学生反抗

自尊是指人对自我行为的价值与能力被他人与社会承认或认可的一种主观需要，是人对自己尊严和价值的追求，是人类所特有的、决定人之所以是人的核心内在品质，它的本质是人通过对象而实现的自我保护的精神欲求。[②]在人类的社会生活中，自尊构成个体人格的核心，是个体生命存在状态的机源。由于自尊的存在，人作为个体存在才可能具有价值和意义，人才能成为真正意义上的人，即自尊是个体发展的基本力量[③]。可见，自尊对人的生存

---

① 田国秀.必须保卫社会[M].钱翰，译.上海人民出版社，1999：190.

② 张向葵，丛晓波.自尊的本质探寻与教育关怀[J].教育研究，2006（6）：15-20.

③ 张向葵，吴晓义.自我尊重：学校教育不容忽视的心理资源[J].教育研究，2003（1）：53-57.

与生活的重要性。自尊是在关系世界中生成的，同时，拥有真正自尊的人又生成新的关系世界。自尊对于人的本体论意义是通过人对生活世界的理解与建构来实现的，自尊的现实品质是通过选择与言说生活来表达的。只有在关系世界中，人才会拥有自我保护的真实内涵，拥有真实自尊的人才会更主动地建构和谐的生活世界。在学校，教师是学生生活世界中的重要他人，与教师的关系是影响学生自尊的重要因素。如果学生遇到了以真诚、关怀和理解态度对待自己的教师，例如，教师关注与尊重每位学生的情趣、需要与尊严，从来不惩罚、训斥学生，不用指责、挖苦的语言与学生对话等，就会使学生在课堂中如沐春风。然而，当教师以权威者的身份出现，并以规训的方式责备与训诫学生，甚至给学生贴标签以"污名化"学生，如"笨蛋""蠢猪""狗东西"，等等，以责备、训诫、辱骂为表现形式的权威滥用就会伤及学生的自在、自为、自由和自尊，引起学生对自我生命本然性的自我关注，重新评定自我存在的价值与合理性，唤起学生自我保护意识，进而做出相应的自我保护言行。这个过程其实就是以规训打破学生自我认识的平衡，带给学生消极的自我情感体验，引发学生自我保护的过程。而这时学生的自我保护言行往往是带有反抗性或攻击性的，对教师来说，这些言行更是一种挑战与威胁，由此，师生之间你来我往，冲突便发生了。研究表明，教师的"愤怒责备"和"讥笑嘲讽"容易引起学生消极的情绪体验，伤及学生自尊，进而伤及师生关系，引发师生冲突。[①]

### （二）教师权威消释对师生冲突的影响

教师依靠权威管控学生，但教师权威是建立在学生认同的基础上的，因为只有学生认同，他们才会自愿信服与顺从教师，而教师这种让学生信服与顺从的影响力往往是建立在传统、感召力和法理的基础上的。[②]故教师权威分为传统权威（traditional authority）、合法权威（rational-legal authority）和魅

① 魏冰思.透视课堂：中小学教师批评行为及其对师生关系与学生自尊的影响研究[D].苏州：苏州大学，2015.
② 霍伊，米斯克尔.教育管理学：理论·研究·实践[M].范国睿，译.北京：教育科学出版社，2007：197-199.

力权威（charismatic authority）。传统权威是在长期的传统因素影响下形成的权威，即来自权威者在行使权威过程中所建立起的一种信念，人们服从于传统的神圣的权力职位，拥有这一职位的人承袭了因传统惯例而形成的权威，它又被称为"继承权威"或"世袭权威"。学生能服从教师的权威，是因为在他们之前，父母、祖父母都是这样做的。合法权威又被称为"法理权威"或"法定权威"，指正式制度所赋予教师的权威，它主要表现为一种角色权威或职位权威，主要包括教师的知识权威和制度权威。魅力权威又称为"感召权威"，指因具有个人魅力而产生的权威，它主要来自教师非凡的个人领导力，与教师的个人素质和个性特征密切相关。①然而，如今的教师权威正遭受着前所未有的尴尬境遇，教师的言行对于学生不再具有绝对的权威性。教师传授的知识、信息及规范、准则等，也不再被学生认为总是正确的。传统中学生对教师的信任感已经在减弱，一些学生不再像他们的长辈年幼时那样，认为教师是最可信赖的人②，即教师传统权威走向没落，合法权威也时常被消解，魅力权威更是逐渐隐退。但不管权威如何消散，教师都必须担负起通过约束学生而维护教学秩序的责任，而当教师以现代的弱势权威者身份出现时，对学生的约束作用就会不明显，甚至没作用。面对这种无奈的情境，教师更加来势汹汹，学生更加得寸进尺，于是师生冲突就发生了。有研究表明："教师权威合法性的消解是冲突关系产生与恶化的关键。"③

### 1. 教师传统权威没落，学生质疑

传统社会向现代社会的转型，伴随的是教育理念的更新与多元价值的冲击，致使教师的传统权威逐渐没落，教师从神坛走向大众，学生不断质疑教师的传统权威。

第一，从教育理念来看，教育理念的更新对教师的传统权威地位带来冲击。当前教育领域大力推行素质教育，学校办学体制日益多样化，市场在教育资源的配置中起着越来越重要的作用。在激烈竞争的办学环境下，人们提

---

① 黄明亮，赵敏.全媒体时代师生关系的解构与重构：基于教师权威的视角[J].中小学德育，2019（5）：20-23.

② 戚玉觉，姚本先.师生交往中教师权威消解修正[J].当代教育科学，2004（14）：28-30.

③ 汪昌华.中小学师生冲突关系的形成机制与消解策略[J].教育研究，2016，37（2）：127-133.

出"教育即服务"的办学观念，这一观念对教师的传统权威带来了极大的挑战。"教育即服务"要求教育在制度、目标、措施与方法层面真正做到"一切为了学生，为了一切的学生，为了学生的一切"，真正做到为了学生的全面发展，公正地对待每一个人，向他们提供最合适的教育，帮助他们实现自己的人生价值。在中国传统社会中，教师的形象经历了由生活化、伦理化向神圣化转变的过程，将其摆到了"天地君亲师"的位置。而且所谓"一日为师，终身为父"，传统社会正是把教师的职业特色归纳到血缘关系范畴，并逐渐形成社会习俗，浸润到人们的日常生活和文化意识中，渐渐形成教师强大的传统权威。由此，教师也就拥有了至高无上的教化权威，这种权威是建立在以控制与服从为机制的教师与学生的纵向人格隶属关系之上的，在外力的威慑下，教师高高在上，学生则唯唯诺诺。[①]而目前，教师全心全意地为学生服务着，教师在人们的心目中逐渐变成一个普通的职业。

第二，价值观念的多元化同样对教师传统权威带来挑战。从本质上来说，权威是对事物现象客观必然性的认同，而认同必须建立在权威受体对于权威主体意志的理解和评判基础之上。在学校，教师的职责是对学生进行主导价值观念的灌输。在传统社会中，意识形态高度集中，教师代表社会向学生提出要求，教师推崇和倡导的就是学生追求和选择的，学生发自内心认可教师、信任教师、自愿服从教师。现代社会是开放的社会，不同的主体在理想信念、利益追求和目标选择等方面有所不同，必然带来价值评判标准的多重性。价值观念的多元并存、纷繁复杂的社会现象和社会舆论必然对学生产生影响，使他们的价值取向呈现多元化的特征，影响学生对教师传授的主导价值观念的认同及教师传统权威的认可。

此外，当前学校评价也伤害到了教师的传统权威，甚至教师师德的好坏，家长与学生的评价占50%。目前，一些地区已经开始了教育工作社会满意度调查，采取入户调查、随机采访家长和社会各界人士等方式，测评民众对学校的满意度，把民众对教育的看法作为改进教育教学的重要依据之一。

---

① 阳荣威，卢敏.后喻文化时代师生关系解构与重构[J].中国教育学刊，2013（3）：64-66.

**2．教师合法权威消解，学生抵制**

教师的合法权威分为制度权威和知识权威。惩戒权的立法缺失与学生观念的变化挑战着教师的制度性权威，知识信息化时代的到来则加速了教师知识权威的弱化。[①]教师无惩戒权，如同司机开车不踩刹车一样危险。

第一，观念的变化挑战着教师的制度性权威。教师的制度性权威源于制度所赋予教师的权力。教师权力对学生具有一定的支配性，为教师预先设定了一定的权威，使教师具有强制学生做什么和不做什么的力量。它为教师制定纪律和一系列的奖惩措施提供了途径，并为教师把学生的行为纳入规范化的轨道奠定了基础。《中华人民共和国教师法》第八条规定：教师具有"制止有害于学生的行为或者其他侵犯学生合法权益的行为，批评和抵制有害于学生健康成长的现象"的义务。换言之，教师具有一定的批评教育权。然而，由于立法的缺失，教师是否具有惩戒学生的权力以及应该有多大的惩戒权仍存在较大的争议。

其一，对于教师来说，惩戒权是教师的一项重要权力，是教师基于特定职业所依法享有的管理学生的权力。此项权力不仅关涉学生、家长、学校，还涉及教育行政部门、社会等各个方面，极为复杂。由于我国教师惩戒权的立法缺失，教师在当下的教育实践中面临严峻的问题，即惩戒权的行使困境——教师行使惩戒权的正当行为屡遭质疑和批评。有调查表明[②]：教师行使惩戒权的外在环境不容乐观，教师精神压力很大。有68.2%的教师表示有"不敢惩戒学生，怕惹麻烦"的想法，只有23.6%的教师表示没有此种想法，另有8.2%的教师表示"说不清"。教师严厉批评学生时，最担心的因素是学生有偏激行为，占到41.1%；其次是家长有偏激行为，所占比例为38%；此外，管理部门、社会舆论因素分别为5.4%和5.2%。具体到教学管理实践中，有75.4%的教师表示偶尔惩戒学生，3.3%的教师表示经常惩戒学生，而有21.3%的教师表示没有惩戒过学生。可见，在中小学教师中，因承受过重的精神压力，不敢惩戒学生的现象已经相当严重。此外，教师在惩戒学生过程中，遇到的一个突出问题就是如何区分惩戒与体罚、变相体罚，很多教师对此也是模棱两

① 彭涛，魏欢.师生冲突中教师权威的旁落与重塑[J].太原师范学院学报（社会科学版），2016，15（2）：111-115.
② 刘冬梅.中小学教师惩戒权的调查与思考[J].教师教育研究，2016，28（2）：96-100.

可。调查发现，只有39.5%的教师表示能准确区分惩戒与体罚、变相体罚，33%的教师表示不能准确区分，另有27.5%的教师表示不清楚，这样就给教师惩戒权的行使带来很大阻碍。此外，近几年来社会舆论对教师惩戒权步步紧逼，同样给教师造成了巨大的舆论压力，致使广大教师行使惩戒权的频率大大降低。尤其在一些处于义务教育阶段的农村学校，很多教师为了避免不必要的麻烦，对学生的不轨行为选择性失明、偏向性失聪。[①]可见，教师行使惩戒权面临巨大的压力，这些压力主要来自学生的反抗，而且惩戒权的行使边界不清更是给予了学生质疑与反对教师实施惩戒权的正当理由。所以，惩戒权的立法缺失给教师带来了极大阻碍，伤害了教师的制度性权威。

其二，对学生来说，随着学生主体地位的提高、个性意识的觉醒，学生开始质疑并反对教师的制度性权威。其典型的表现是很多学生认为教师不该管束他们，更不能批评教育他们。否则，师生冲突就发生了。

第二，随着时代的变迁、知识观的更迭，以及在教育信息化、智能化的快速发展下学生获取知识渠道的拓宽，教师不再是学生学习的支配者，也不再是知识的绝对代表者，而是学生学习的辅助者、学生迷思的协商者和学生情感的陪伴者。由此，教师绝对知识权威的合法性逐渐消解，教师与学生之间的教学界限逐渐融合，致使师生的工作关系日渐模糊，学生质疑教师所教的知识这一现象层出不穷。

其一，从知识观来看，传统的教师知识权威来自传统的课程体系所信奉的客观主义知识观。[②]它认为知识是普遍性的、外在于人的且可以通过掌握这些知识的人来进行传授的真理。因此，正是在这个意义上，英国教育社会学家麦克·F. D.杨认为："在传统的知识体系中，教师在知识传递的环境中具有最大限度的控制权和监测权。"[③]所以，在以传授知识为主的传统教学中，教师成了强有力的知识边界的看守人，成了学生获取知识信息的源头。在教学

---

① 张忠涛.教师惩戒权：让"滥用"与"不用"回归"正常用"[J].中国教育学刊，2015（7）：48-51，56.

② 鲍传友.消解与重构：新课程情境中的教师权威[J].湖南师范大学教育科学学报，2004（5）：32-35.

③ 杨.知识与控制[M].谢维和，朱旭东，译.上海：华东师范大学出版社，2002：22.

过程中，需要给学生传授什么样的知识，怎样和如何在学生中分配知识，教师几乎是权力的绝对所有者。在这种教学场域里，教师实际上成了知识的化身。学生要学习知识，必须向教师求教。同时，由于传统的知识存在形态、信息传播方式以及教师教学方式的相对贫乏和固定，促成了教师在教育教学活动中的中心地位，因而其知识权威形象从来就没有受到过质疑。而信息时代确立了新的知识观，人们视知识为一种探索的行动或创造的过程，从而摆脱了传统知识观的钳制，走向对知识的理解与建构。在知识建构过程中，个体与知识不是分离的，而是构成一个共同的世界。①这种知识观否定了把学习知识看成是在教师主导下的纯粹的认知活动，强调学生的个体知识在教学过程中的参与，通过与教师知识在教学中的相遇和互动，学生的个体知识不断得以丰富。在师生知识交互作用的过程中，教师已经不再是传统教学中知识边界的看守人，不再掌握知识分配的权力，而是承认学生的个体知识在教学中的合理存在和积极作用，因而也在根本上消解了传统教学中教师的绝对知识权威角色。

其二，从学生获取知识的方式与渠道来看，信息技术改变了人类的学习方式，并拓宽了人类获取知识的渠道，给教师的知识权威带来极大挑战。②随着信息技术的不断进步，智能化的综合网络遍布社会各个角落，学生可以轻松获取包括价值、规范、态度和生活方式等方面的各种知识。社会从所谓的"前喻时代"迈向"后喻时代"，教师原有的知识经验对学生来讲已没什么优势可言。即使是学科知识的学习，学校教师也不再是唯一的来源渠道。由此，"师不必贤于弟子，弟子不必不如师"的现象很是常见。在信息时代，学生可通过网络慕课和各种手机学习App随时随地地获取新知识。一般来说，教师相对于学生来说，虽然阅历更丰富、经验更充足、知识储备更充沛，但是学生可以通过网络去听世界各个国家的名校名师的公开课，教师在这些名师面前也一样需要学习。而且，由于时间、兴趣及适应能力等多方面原因，学生对于这些校外学习资源的接触与接受常常要先于教师、多于教师、优于

---

① 钟启泉，崔允漷.新课程的理念与创新[M].北京：高等教育出版社，2003：38.
② 王琴.从教师权威的消解与重构看师生冲突的化解[J].中国教育学刊，2018（7）：88-93.

教师。学生的批判意识越来越强，如果教师在传递知识方面出现差错，他们不会再保持沉默，而是敢于向教师提出疑问，据理力争。

### 3．教师魅力权威隐退，学生不满

教师的魅力权威取决于教师的人格魅力，它是通过长期的教育实践形成的，表现为在性格、气质、能力、道德品质等方面独特的感染力、影响力与号召力。

教师人格魅力的力量是巨大的，对学生有强烈的感染力和凝聚力，可以给学生以震撼人心的影响和冲击。沛西•能就指出："教师具有优秀的能力和知识，又有充分发展的人格，他自己是环境中的一个经常的和最重要的因素，他对在他周围成长着的儿童起着同样决定性的影响，因为这种影响采取间接的暗示和示范的形式，而不采取教训和命令的形式。"[1]陶行知说，教师应当意识到和感受到每一个孩子的命运都由他负责，学校正在培养的学生的理想、健康和幸福，都取决于教师的精神素质和教师的思想的完美性。教师的一言一行都会对学生产生潜移默化的影响，且无时无刻不在影响学生的成长、成人、成才。"教师的人格对学生的影响是任何教科书，任何道德箴言，任何惩罚和奖励制度都不能代替的一种教育力量。"[2]教师的人格魅力是影响教师权威的重要精神力量。一个爱岗敬业、热爱学生、关心学生、具有高尚道德的教师无疑会受到学生的爱戴和敬重，也必然会在学生中拥有教师权威。[3]可以说，教师是否具有人格魅力决定了教师在学生面前是否具有魅力权威，而且教师的魅力权威对学生的影响是最为深刻与久远的，甚至影响学生的一生。

近年来，中小学教师职业道德失范现象偶有发生，而教师道德失范就是教师缺乏个人魅力的完美例证，同时也象征着教师魅力权威的隐退。如当前中小学教师廉洁从教意识薄弱，利用上班时间或业余时间有偿补课，发展第二职业，教师利用职权趁机敛财，接受学生及家长的礼品；教师爱岗敬业精神下滑，把家长变成自己的助教，给家长留作业；不当惩戒行为依然存在；

---

① 能.教育原理[M].王承诸，赵瑞瑛，等，译.北京：人民教育出版社，1992：112.
② 沈萍霞.教师权威的困境与出路探索[D].西安：陕西师范大学，2012.
③ 赵敏.教师制度伦理与教师个体道德辨析[J].岭南师范学院学报，2017，38（1）：25-30.

对学生缺乏尊重，差异对待。有调查表明，[①]学生与学生家长对于教师有偿补课的现象也充满了矛盾，他们一边渴求教师为学生补课以提高学习成绩，另一边却对此怨声载道。教师道德失范，致使教师的美好形象破灭，教师魅力权威的合法性也随之遭到前所未有的冲击与质疑。

综上，教师权威关乎着学生对教师是否认同，意味着师生教学关系是否存在，决定着师生冲突是否发生。若教师滥用权威则会伤及学生情感、忽视学生正当权力以及践踏学生自尊，学生会对教师不满、抵制与反抗，从而师生冲突发生；若教师合法权威消解以及魅力权威隐退，学生可能会质疑、抵制与不满，从而也会导致师生冲突发生。

## 第三节　基于教师的新移民情境下师生冲突的根源探究

根据人际冲突理论可知，师生冲突是人际冲突的一种表现形式，师生认知分歧、情绪消极与行为干扰则是师生冲突发生的根源。一般来说，师生间的认知分歧会引起认知冲突，情绪消极会引起情感或情绪冲突，行为干扰会引起行为冲突，其中认知冲突最内隐、最深刻；情绪冲突最持久、最广泛；行为冲突最外显、最激烈。从教师来看，教师的教育观念、职业态度、权威与地方感会引起教师认知错位、情绪消极与行为失范，进而才会引发师生冲突。为此，可以说教师认知错位是师生冲突的内隐性根源，教师情绪消极是师生冲突的中间性根源，教师行为失范则是师生冲突的外显性根源。

### 一、教师认知错位：师生冲突的内隐性根源

教师与学生对事物的认识都有自己独特的看法，而且知识储备、身份

---

① 王伟.中小学教师职业道德失范研究[D].镇江：江苏大学，2016.

地位、角色使命以及生活经验的不同在教师与学生之间形成了一堵妨碍双方达成认知一致的"高墙"。由此，他们对很多事情的看法与认识自然存在差异，难以产生情感共鸣，达成共识。特别是中小学生，这个时期的学生以自我为中心，对教师的言行很敏感，加之他们的认知加工能力的局限性，若教师总把自己的认知结果强加于学生身上，那么认知冲突自然就发生了。"认知冲突"主要是指教师与学生在对环境、他人、事件及自身行为的看法、信念、知识和态度等认识成分之间产生的分歧而引发的冲突。这种冲突是以内隐的形式表现出来的，但是发展到一定的时期，冲突会以情绪、语言和行为的形式表现出来。[①] 一般来说，从教师来看，师生认知分歧主要表现为教师的知识认知异位、角色认知偏差与价值认知差异三方面。

### （一）教师的知识认知异位

教师的知识认知异位既包括教师与学生在知识点方面的认知异位，也包括教授知识方法或学习知识方法方面的认知异位。前者会因为师生对知识在量与质方面的认知产生分歧，进而产生认知冲突；后者会因为教师运用了学生不认同的教学方法，或学生采取了教师不认同的学习方法，导致师生产生分歧而引发认知冲突。

第一，在知识的量和质方面。一般来说，教师会有相应的知识目标，即教师教学后，学生理应掌握多少知识，掌握到何种程度，教师都会有一定的标准。然而每个学生掌握知识的多少与程度是有个别差异的，而且学生也许会有自己的标准，如自己不想学习，不在乎掌握多少知识；又如自己特别想学习，教师教授内容却满足不了自己的学习要求。所以，这时候教师和学生就会因为知识的量与质产生分歧，学生达不到教师的标准，教师会生气，教师达不到学生的学习需求，学生同样会不满。特别是在网络化时代的今天，很多学生在课堂发言和作文写作中喜欢使用网络语言，而教师则强调要使用规范化的语言，由此也会产生分歧。如果说，前一种类型的冲突还可以借助外力即更高层次的权威来予以解决的话，那么后一种类型的冲突则复杂得多，原因在于，在老师看来不是知识的东西恰恰被学生奉为重要知识。

---

① 武永江.探究师生认知冲突，实现良性师生互动[J].教育科学论坛，2006（6）：65-67.

第二，在教授知识的方法和学习知识的方法方面。这里存在两种情况：一是教师运用了学生不认同的教学方法，而教师却认为正确。当下教师和学生在教师的教学方法上存在的最大的分歧是：教师认为采取灌输的教学方法简单高效，而学生却认为民主参与的教学方法更有利于自己投入学习，也更有利于自己有兴趣地掌握知识。由此，教师和学生就教师的教学方法产生了分歧，若教师仍运用灌输的教学方法，自然会引起学生心中的不满，进而引发师生冲突。二是学生采取了教师不认同的学习方法，而学生却对此津津乐道。学生学习的两种基本方式是记忆和理解。然而，在教学实践中，有的学生认为记忆是他们掌握知识的最适合的方法，而教师却要求他们通过理解掌握知识；有的学生认为理解是他们掌握知识的最合适的方法，而教师却强调记忆。这时教师和学生自然会就如何学习产生认知分歧，最后引发师生冲突。

### （二）教师的角色认知偏差

教师角色认知偏差是指教师对自身角色和学生角色的认识所产生的偏差。简单地说，指教师对教师是什么、学生是什么的认识产生了偏差，而教师角色认知偏差也会引发师生认知冲突。

第一，教师对自身角色产生的认知偏差，学生不认同，师生产生认知分歧，进而引发认知冲突。改革开放以来，教师在学生学习生涯中所扮演的角色要求是在不断变化的，由此需要教师对自己的角色不断做出调整。首先，从知识来看，在古代，教师如圣贤，他们是"礼的化身、道的代表、德的典范"。如今，教师不再是"道"的绝对代表了，即教师不再是知识的绝对拥有者了，而更多的是知识的阐释者和知识的共有者。所以，教师就不得不对自己的角色做出调整，由原来的知识的传递者转变为学生学习的领航者和共同学习者。然后，从权力权威来看，以前教师更多的是权威，在学生面前有着绝对的知识权威和道德权威，可随着教学民主的实施、知识的来源渠道更加多样，教师知识权威逐渐消退，道德权威逐渐凸显。[1]可见，教师在学生面前不再是一位绝对的权威者了，当教师仍然认为自己在学生面前是一位权威

---

[1] 蔺海沣，赵敏，杨柳.新生代乡村教师角色认同危机及其消解路径[J].中国教育学刊，2019（2）：70-75.

者时，教师角色认知就产生了偏差，这时学生会不认同，师生认知冲突就产生了。最后，从教学实践来看，在新修订的《中小学教师职业道德规范》中规定，教师是一位"爱国守法、爱岗敬业、关爱学生、教书育人、为人师表和终身学习"的师者。[①]然而，教学实践中的教师却很难做到真正的爱岗敬业和关爱学生。

第二，教师对学生角色产生的认知偏差，学生不接受，师生产生认知分歧，进而引发认知冲突。如今的学生具有鲜明的个性色彩，教师必须重新认识学生，否则教师与学生就会产生角色认知分歧。在心理方面，当下的学生权力意识明显增强，民主意识显著提高；自我意识增强，集体意识减弱；公关意识增强，诚信意识减弱；竞争意识增强，心理承受能力减弱；个性色彩突出，控制能力缺乏。[②]可见，教师若认为学生还是过去那个听话的乖学生，认为学生集体意识那么强、那么谦让和诚信，教师与学生就产生了认知分歧，因为学生本身却是爱竞争、个性强、情绪多变、逆反心理严重、控制能力差和偏执的。在师生关系方面，学生的主体地位不断得到重视和体现，师生的亲密度下降。若教师仍然忽视学生的主体地位，仍然认为和学生关系亲密，而学生却不断地在与教师相处中争取更多主动权，甚至主动疏远与教师的关系，并认为与教师之间本来就不会有亲密的关系，这时教师和学生的认知分歧就产生了。

### （三）教师的价值认知差异

价值是一种主体需求是否得到满足的主观判断，"指人们（个体或群体）在行动时所应该坚持和体现的正确原则，同时也是人们评价其他人行为'好坏''对错'或'高尚与低俗'的重要标准"[③]。个体对价值的看法随着个体经验的发展成熟而发展成熟。[④]由此，教师和学生由于人生阅历和经验的

---

① 教育部.中小学教师职业道德规范[EB/OL].[2023-2-21] http://www.moe.gov.cn/jyb_xwfb/xw_zllssj/moe_183/tnull_38633.ht.

② 于家明."90后"青年群体特点及教育对策探析[J].中国青年研究，2010（1）：56-58，116.

③ 石中英.关于当前我国中小学价值教育几个问题的思考[J].人民教育，2010（8）：6-11.

④ 拉思斯.价值与教学[M].谭松贤，译.杭州：浙江教育出版社，2003：24.

不同，他们之间必然存在着明显的价值认知差异，教师价值认知差异会造成师生认知分歧，进而引发师生认知冲突。教师与学生的价值认知差异主要包括三个方面[①]：其一，在时间上表现为传统价值和现代价值之间的认知差异；其二，在空间上表现为一元价值和多元价值之间的认知差异；其三，在哲学上表现为手段性价值和目的性价值之间的认知差异。

第一，关于传统价值和现代价值之间的认知差异。一般来说，教师作为成熟的社会人，其社会存在具有较强的时代延续性，他们的思维常常具有传统保守的特征，所以教师对学生的价值观的教育往往是滞后的。而青少年则很少有过去经验的束缚，保守思想较少，往往急于超过前人，摆脱束缚，自己来构建自己的价值体系。于是教师是传统价值的化身，学生却是现代价值的代言人，教师所宣扬的现代价值往往使学生理解不了，然后师生间价值认知差异就产生了。这就是我们通常所说的"代沟"。当代沟出现的时候，教师和学生的价值观念之间就形成了一层无形的障碍。教师不能理解学生的价值选择和价值追求，学生也不能接受教师的价值准则和信念，彼此因互不理解而产生信任危机，由于教师和学生被阻隔在时代的两端而无法有效沟通和交流，师生价值认知冲突自然就产生了。比如，当教师教育学生要学会无私奉献的时候，有许多学生会用"竞争""效率""效益"进行反驳。

第二，关于一元价值和多元价值的认知差异。教学本身就是负载价值的活动，一般而言是教师代表社会向学生传递社会主流价值观的活动。所以社会主流价值观是教学场域中的主导价值观。但是，社会主流价值观并非教学场域中唯一的价值观。人的价值观受到多种因素的影响，包括家庭、大众传媒、同辈群体等，教育只是其中的一个因素而已。所以，进入教学场域中的教师并非一定是社会主流价值观的代表者，也不仅仅只是社会主流价值观的代表者，他们还有与他们的成长背景和生活史相关的特定价值观，学生也并非一张等待被渲染的白纸，而是带着虽未稳定成型但确定的且已经存在的价值观进入教学场域的。这样一来，教学过程就不是社会主流价值观一元主导，而是多元价值观参与其中并相互博弈的过程。在相互博弈的过程中，当

---

① 李政. 中学课堂师生价值观冲突事件研究[D].郑州：河南大学，2014.

教师要求学生放弃自身的价值取向而遵循教师的价值观念时，如果学生对教师教导的价值观念不认可、不顺从，师生价值认知冲突就容易发生。[①]最为普遍的情况是教师把自己的教学价值观强加于每位学生身上，即教师认为自己的教学是很重要的，每一位学生都需要认识到它的重要性；还有很多教师过分夸大学生的学习价值，并认为对每一个学生都适用，即教师认为学习是学生重要的甚至唯一的出路，但很多学生却不那么认为。如在教学实践中，教师的出发点是"我为了你好""我今天管你是对你的明天负责"，而学生的出发点是"你凭什么管我""我今天都过得不开心，还要明天做什么"，两相对比可以发现，教师和学生之间的"好"与"不好"，"幸福"与"不幸福"存在极大的价值鸿沟。双方的理解不同、思维方式不同，故对事件的归因也不同。因此，如今教师常常感慨"学生难管，老师难当"，进入"管也不是，不管也不是"的两难境地。因价值认知分歧而导致的师生冲突有：学生和教师在探讨问题时，两者的关注点往往不同；或教师在课堂上强调某个重点时，学生却不以为然；或学生常常不认同教师的判断并据理力争；或教师与学生因判断事物的标准不同而争执；等等。

第三，在手段性价值和目的性价值之间的认知差异方面。手段性价值和目的性价值是在同一价值系列中进行的，其中价值主体直接目的的实现即为目的性价值，而在实现目的的过程中所用到的条件或媒介则具有手段性价值。[②]教师与学生往往因为手段性价值和目的性价值不同而产生认知分歧。如在考试时，若剩下很少的时间，却还剩下一道大题和一道选择题没有做。教师问学生是先做分值大的大题还是分值小的选择题，教师希望学生先做更容易拿到分数的选择题，不料却有学生回答说应该先做大题，理由是大题获得的分数更高。教师和学生所做选择的最终目的是不同的，所以在这里教师和学生就存在一个目的性价值认知分歧。又如为了评上优秀班集体，教师鼓励学生认真学习，保持纪律和卫生。大部分学生都按照教师的要求取得了不错的成绩，而有的学生因为一向成绩差，为了取得一份好的成绩，不惜铤而走

---

① 王爱菊.教学冲突的类型学考察[J].现代教育管理，2011（8）：73-77.

② 赵敏，蔺海沣.校本教研共同体建构：从"共存"走向"共生"[J].教育研究，2016，37（12）：112-119.

险考试作弊。教师和学生的目的是相同的，都是为了取得好成绩，但是达成目的的方法却不一样，这里教师和学生就存在一个手段性价值认知分歧。

此外，教师和学生往往在道德价值、功利价值和权力价值上也会产生认知差异，进而引发冲突。如教师教育学生养成勤俭节约的美德，学生会以"超前消费，及时行乐"加以反驳。勤俭节约是一种道德价值，而超前消费是一种功利价值。教师教育学生要遵守纪律和校规，学生则认为要展现自己的个性。个性是为了实现权力价值，在这里教师和学生的冲突是道德价值和权力价值的冲突。

## 二、教师情绪消极：师生冲突的中间性根源

情绪是人对客观事物的态度体验及相应的行为反应。情绪是以个体的愿望和需要为中介的一种心理活动，由主观体验、外部表现和生理唤醒三个部分组成。主观体验是个体对不同情绪状态的自我感受，是情绪的心理内容。情绪的外部表现称为表情，是情绪状态发生时身体各部分的动作量化形式，包括面部表情、姿态表情和语调表情。生理唤醒指情绪产生的生理反应。[1] 教师作为教学的引导者，其情绪状态对学生、教学乃至师生关系具有重要影响。教师的情绪可以是积极的，也可以是消极的。积极情绪是指人的需要得到满足时产生的愉快、积极的情绪体验，对人体的生命活动具有良好的促进作用；消极情绪是指人的需要不能得到满足时产生的不愉快、消极的情绪体验。[2]与积极的教学情绪相比，消极的教学情绪下的教师身心不能完全投入课堂，不能认真地对待教学和学生。在教育教学过程中，教师的消极情绪能直接引发与促使冲突升级。

情绪能对行为产生影响，它不断增强，直到战胜自我约束并引发冲突[3]。当我们受到攻击或者察觉到我们的身份或目标受到威胁时，我们就会产生情

---

① 彭聃龄.普通心理学[M].北京：北京师范大学出版社，2004：436.

② 樊艳萍.调节中学教师课堂不良情绪的路径选择[J].学理论，2011（11）：344-345.

③ 普鲁特，金盛熙.社会冲突：升级、僵局及解决[M].王凡妹，译.3版.北京：人民邮电出版社，2013：125.

绪。①通常，冲突中的人们会感受到不同层面的情绪。第一，导致冲突产生的导火线事件在本质上是带有情绪色彩的；第二，在冲突的发展过程中，情绪也是不断变化的，或增强或减弱，因为情绪往往是处于即时状态的，一旦冲突开始减弱，激烈的情绪也自会消退；第三，处于冲突中的人们经历的情绪或好或坏、或积极或消极、或愉快或悲伤、或有用或无用……这都取决于人们自己对情感的评价；第四，人们在遇到要紧事时会变得情绪化，因为当重要的身份或者关系受到威胁时，情绪就会成为全局的一部分，我们可以规范表达情绪的方式，却永远不能要求自己或别人"别动情绪"；第五，情绪交流有助于定义一段关系，表达出的情绪是什么样，关系就被定义成什么样。可见，情绪总能引致冲突，而冲突又反过来使情绪增强或消减。总之，冲突与情绪是相伴相生的，且处于冲突中的人们的情绪不仅是不断变化的，也是有好有坏的。那么，情绪究竟是如何引发冲突或致使冲突愈演愈烈的呢？该问题蕴含着两个基本问题：一是情绪如何引发冲突；二是情绪如何使冲突升级。其实大多时候情绪会使冲突升级，少数时候情绪才会引发冲突，并且情绪引发冲突和使冲突升级的机理是有区别的。

情绪是人对客观事物的态度体验和相应的行为反应，它包括直接作用于人的感官的具体情境及对情境的解释或评估、主观体验、表情、神经过程及生理唤醒等内容。②"需要是情绪产生的基础，对刺激环境的认知是情绪产生的直接原因。个体对刺激情境的判断、评估不同，会引起不同的情绪体验，符合、满足需要的刺激环境会引起个体积极的情绪体验；不符合、妨碍需要得到满足的刺激环境会引起个体消极的情绪体验"。③若刺激的环境是由冲突的另一方所造成的，那么此时双方其实已经身陷冲突中了。所以，这时人们的消极情绪只涉及如何使冲突升级的问题。导致教师产生消极情绪的因素有很多，但课堂中的因素是影响教师情绪的直接刺激因素，如学生违反教学纪律，不完成作业，或由于惰性不专心听讲等可控因素造成的学业不良等。

---

① 威尔莫特，霍克.人际冲突：构成和解决[M].曾敏昊，刘宇耘，译.7版.上海：上海社会科学院出版社，2011：237.

② 彭聃龄.普通心理学[M].北京：北京师范大学出版社，2004：436.

③ 同上书，438.

因为学生是教师消极情绪的直接感受者和承受者，课堂中教师的消极情绪会直接作用于学生，并会以压倒性的力量影响学生的情绪，引起学生的情绪变化，尤其是对那些"场依存型"的学生而言，最后这些变化又会再次作为新的影响因素导致教师产生消极情绪。由此，这就形成了一个师生消极情绪交互作用的循环机制，这就是所谓的"镜子效应"，即在人际交往互动过程中，你以什么样的态度和行为方式对待别人，别人也会以同样的态度和行为方式回应你。这种循环机制其实是通过情绪的动机功能、信号功能和感染功能对教师和学生的行为和活动发生作用的。情绪的动机功能指情绪能激发人的认知和行为的动机，教师通过情绪可以诱发和唤醒学生的已有经验；信号功能指情绪是人的思想意识的自然流露，师生双方都可以通过情绪表现来捕捉对方传递的信息并给予反馈；感染功能指情绪是可以相通的，师生之间的情绪可以互相感染、相互作用。① 师生消极情绪的相互强化其实就是师生冲突不断升级的根本原因所在。因为冲突中的人的消极情绪会遮蔽他们的理智，随着情绪不断被卷入冲突之中，冲突一方或双方在心理上产生了敌对的态度和知觉，这种敌对的态度和知觉让彼此失去信任，并认为对方对自己的福祉持无所谓或反对的态度。这时候冲突各方往往将那些贬损性的特点加诸于另一方，并认为另一方以自我为中心、道德败坏，甚至是恶魔般的敌人（在极端情况下），这时冲突自然就升级了。同时，随着情绪的不断卷入，冲突各方的消极情绪战胜了自我约束，在行为上他们便会倾向于采取激烈的冲突应对方式。研究表明：个体处于积极情绪下，更倾向于选择合作性冲突管理方式；处于消极情绪下，更倾向于选择竞争性冲突管理方式。② 换言之，处于消极情绪中的教师在与学生发生冲突后容易选择武力的方式介入冲突，从而使冲突走向升级。

若刺激环境与冲突一方没有任何关系，而是由其他因素所造成的消极情绪，那么这时人们的消极情绪向另一方宣泄或表达时便会引发冲突。如在师生互动中，当教师把生活、工作或家庭压力所造成的消极情绪迁移或发泄在

---

① 李森，钟巧平.论教师教学情绪与课堂有效性[J].当代教师教育，2011，4（1）：62-66.

② 潘晓云.个体情绪对冲突管理方式倾向性的影响研究：以实验法为例[J].河南社会科学，2009，17（6）：133-137.

学生身上时，学生会觉得受到不公正的对待，即自己没有理由成为教师的出气筒或受气包，由此会产生极度的委屈与不满，进而引发师生冲突。

### （一）愤怒

尽管冲突有其他的情绪特点，愤怒却是和冲突关系最为密切的情绪。[①]愤怒是警钟，是驱动器，是兴奋剂——感到愤怒的人通常会感到被赋予了力量，当愤怒被直接表达出来时，愤怒直指的那个人就受到了警告——改变或自食其果。古人曾称愤怒为"道德情绪"，因为它是建立在诋毁或威胁我们的评判之上的。当我们的核心价值受到攻击或威胁时，我们会自然而然地感到愤怒。所以当人们受到重大攻击时，产生报复的欲望是可以理解的。问题是，当我们愤怒时，我们会夸大这种攻击，并寻求报复，然后将自己带入一个无意义的冲突中。简言之，愤怒是当我们的核心价值受到攻击与威胁时，我们身体所感受到的、不可避免的情绪，但它会让对方更为愤怒，其结果多半是引发冲突，也有可能是对方接受愤怒而作出改变。

教师的愤怒在教育教学中是极为常见的一种消极情绪，一般是因学生干扰教学或学生违背教师愿望而引起的。愤怒的感受程度有一个范围，根据愤怒的强烈程度，即按照教学被干扰的程度以及违背愿望的大小可以分为不满、生气、恼怒、激愤、愤怒和暴怒。[②]一般来说，教师都能凭借自身的教育智慧调控情绪，尽量不把自己的愤怒情绪在学生面前表现出来，以免影响课堂教学。但教师在日常的教学工作中会面临着不可回避的挫折和烦恼，当认为自己的权威受到挑战和教学目标受到阻挠或者对抗时，教师自然容易产生愤怒，情绪失控，表现出失去常态、失去理智的言行，轻则对学生大声呵斥、严厉批评、横眉瞪眼，重则讽刺挖苦学生，当众摔砸课本教具，甚至对学生实施攻击性行为。当教师对学生表现出生气和恼怒的情绪时，学生会有明显的情绪性扰乱现象，且教师的攻击性情绪表现与学生的不端品行之间呈

---

① 威尔莫特，霍克.人际冲突：构成和解决[M].曾敏昊，刘宇耘，译.7版.上海：上海社会科学院出版社，2011：235.

② 郭德俊，刘海燕，王振宏.情绪心理学[M].北京：开明出版社，2012：28.

现显著正相关。①由此可见，教师表现出来的生气、恼怒甚至暴怒等消极情绪极易导致学生产生负面情绪体验，引发学生的害怕与恐慌，对教师产生恐惧、回避等情感态度，有意识地疏远教师，不配合教师的教育教学工作。教师的言语暴力和攻击性行为更会引发师生间的冲突，导致学生的逆反心理和抵触行为，使课堂气氛紧张，师生矛盾尖锐，甚至产生对抗。

### （二）恐惧

恐惧是和冲突相关联的最重要的情绪之一，大部分满含怒气的交流中都隐藏着恐惧，恐惧也是一种与愤怒相连的情绪，恐惧使人们感到脆弱，故人们将之转化为愤怒以增强自己的力量。②恐惧的产生源于害怕，当我们害怕某事时会有两种选择：一是直接面对而将加强恐惧情绪，进而产生愤怒；二是不直接面对而逃避恐惧。在第一种情况下，便会引发交往双方的冲突。恐惧催生师生冲突是不难理解的，比如某同学不交作业，而教师呵斥了他，而学生却用攻击性语言对教师予以了回应。教师为何会因学生不交作业而呵斥他？其原因是教师害怕不及时矫正学生的错误行为而导致其他同学也不交作业。为何学生却用攻击性语言回应教师呢？其原因是学生在面对教师的呵斥时，害怕同学因此取笑他。可见，在师生冲突中总是伴随着恐惧的，恐惧则在一定程度上催生了师生冲突。

### （三）悲伤

一般情况下，教师为了完成教学目标，在课堂教学过程中基本都会用积极的情绪去感染学生，表现出高昂的情绪状态：精神饱满、神采飞扬、激情四溢，用生动形象的语言展示教学内容，使学生在轻松愉快的课堂气氛中接受教育，师生情感交流顺畅，关系融洽。然而，因社会各界对教师的过高期望以及教师自身面临的工作和个人问题，有时也会使教师感到无助、灰

① LEWIS R. Classroom discipline and student responsibility：the students' view[J]. Teaching & teacher education，2001，17（3）：307-319.
② 威尔莫特，霍克.人际冲突：构成和解决[M].曾敏昊，刘宇耘，译.7版.上海：上海社会科学院出版社，2011：237.

心、沮丧、抑郁、悲伤，导致生活缺乏激情，情绪低落，甚至沉溺于悲伤的情绪中无法自拔。教师的这种消极情绪会以压倒性的力量影响学生的情绪状态，尤其是"场依存型"学生。金忠明等人认为，悲伤情绪多表现为抑郁、忧郁、自怜、寂寞、沮丧、绝望以及病态的严重抑郁情绪。[1]教师将这些消极情绪带到教室，会导致教师在课堂上教学语言苍白，语调低沉，说话有气无力，讲解含糊不清；表情过于严肃而缺乏活力，呆板而僵硬；体态语言减少，与学生缺乏眼神交流，教学形式单一，内容枯燥，气氛沉闷，缺乏活力等，表现出多种由于悲伤情绪得不到适当宣泄和表达而产生的压抑、沮丧和绝望等，导致课堂教学缺乏激情。教师的消极情绪不仅影响教师自身的身心健康，导致其产生各种疾病和心理障碍，而且会影响学生的心理健康，使学生情绪低落、精神不振、昏昏欲睡，削弱学生的学习动机和学习兴趣，甚至讨厌学习、讨厌教师，阻碍师生之间的沟通，形成冲突型的师生关系。

## （四）厌恶

厌恶情绪通常是由一种令人嫌恶的物质或情境所引起的，并且会导致个体的拒绝行为，它混合着轻蔑、反感、轻视、排拒、冷漠、讽刺，甚至憎恨、仇视等多种情绪。在教育教学过程中，教师的厌恶情绪不仅表现为教师厌恶工作，对职业缺乏兴趣和激情，表现出冷漠、排斥的态度，只管教不管学，上课来下课走，不关心学生的心理状况，不愿意与学生打交道，对学生不闻不问，漠视学生的学习与发展，更多地表现为对待后进生的不公平态度。教师对这些学生漠不关心，情感冷漠，缺乏热情，将他们不良的表现归咎于学生自身，而不考虑从根本上解决问题，嫌弃这些学生，讨厌与他们交流，放大他们的不良表现，对他们失去信心和耐心，严重者甚至侮辱学生的人格，伤害学生的自尊心，导致学生产生憎恨、反抗心理，甚至产生抵触行为，导致学生失去生活的勇气，心智失常，引发厌学、逃学、犯罪等严重后果，造成师生关系的僵化、生硬、冷漠，形成异化。[2]有研究显示，教师不同

---

① 金忠明，林炊利.走出教师职业倦怠的误区[M].上海：华东师范大学出版社，2006：32.
② 郑志婷，佟雪峰.教师消极情绪对师生关系的影响及对策[J].苏州教育学院学报，2014，31（5）：93-97.

的期望水平会导致师生之间产生不同的师生交互作用模式，进而产生所谓的自我预言效应，[1]即教师表现出来的不同情绪态度和行为反应会导致表现好的学生越来越优秀，表现差的学生越来越糟糕，学生会根据教师的反应不自觉地强化自身的表现。由此可见，教师对所谓的"差生"表现出来的消极情绪会使学生产生自卑心理，从而对教师封锁自己的内心世界，不愿意向教师敞开心扉，甚至会产生"师源性"心理伤害，阻碍师生间的情感交流，形成冲突型师生关系。

当然，这也并不意味着课堂就一味地排斥消极情绪，不允许出现消极情绪，因为企图消灭消极情绪也是不可能的。消极情绪本身就具有警示的作用，即教师可通过适当的消极情绪来对学生进行管理。只是这里的消极情绪，应该是有控制的。例如，很多教师会有这样的体会，完全的消极情绪对有效课堂教学或维护师生关系没有帮助，但有时候来一点"假消极情绪"反而是更有效的。"假消极情绪"是指教师在某些课堂情境中，假装表现出生气、愤怒等消极的情绪，以针对某些特殊的情境，对学生起到警示作用，让学生感受到他们的某些行为可能会引发教师的不满。有些教师会使用这种策略来帮助管理课堂，但前提是知道自己只是在假装且这种情绪是可控的。

## 三、教师行为失范：师生冲突的外显性根源

教师行为失范指师生交往中教师行为的不恰当、不适宜，而正是这些不恰当和不适宜的行为引发了师生冲突。因为学生关于教师行为的认知直接影响其应对师生冲突的方式，学生对教师行为动机和行为表现的消极评价是导致学生采用不成熟应对方式或消极应对方式的主要原因。当学生认为教师很少有不适当行为，并觉得教师的行为动机是善意或并非别有用心时，学生的应对方式是积极的；而当学生认为教师不适当行为过多，并觉得教师的行为动机是别有用心时，学生更倾向于以消极方式应对，而学生是积极应对或消

---

① ROULLET P, MELE A, AMMASSARI-TEULE M . Research on the self-fulfilling prophecy and teacher expectations[J]. Behavioral neuroscience，1983，111（5）：976-984.

极应对决定着师生冲突的走向。教师易引发师生冲突的失当行为一般有教师批评教育失当、对待学生不公正、对学生不信任三种。

### （一）批评教育失当

这里讨论的不是教师是否应该批评学生的问题，而是教师批评得当与不得当的问题。师生之间存在差异，教师对学生的引导及批评是好的教育，且是必不可少的教育。关于教育的本质以及教师批评的必要性，柏拉图在《理想国》的洞穴之喻中有非常好的说明。柏拉图说，人类生活于一个黝黯的大洞穴之中，每个人都是身体受到束缚而只能观看投射在洞壁上的影像的囚徒，只有教育才可使我们摆脱束缚，最终走上通向真理的道路。而对于"教育是什么"，柏拉图给出了不同于现代的解释：教育是一种使灵魂转向的技艺。在这里，柏拉图赋予了教育者一种"批评"和"引导"的责任。具体来说，一方面灵魂自身具有属己的本质；另一方面，灵魂自身本质的实现不是必然的，它既可以向善，也可以向恶。灵魂的这两方面性质决定了教育是一种"引导"，一种在尊重灵魂基础上的"批评式引导"，驱除教师的批评就意味着灵魂自身可以自动向善，但这就有违灵魂的本质，意味着教育的丧失。[①]

教育需要批评，没有批评和惩戒的教育是不完整的教育，但批评也需要艺术和技巧。教育批评是指教师对学生、同学对同学的错误或缺点进行否定性评价，以唤起对方的觉悟，使之自觉地克服缺点、改正错误。教师普遍认为对学生批评教育是教师负责任的体现，其目的在于引导学生健康成长，并且大多数教师开展批评教育时能够做到一视同仁，考虑到保护学生的自尊心。[②]但当前中小学教师在教育教学实践中还存在不会批评学生的现象，即教师批评学生的方式方法不妥，进而造成学生对教师的不满和引发师生冲突。教师不会批评学生主要表现为权威-挖苦型、支配-挑战型、冷漠-孤立型[③]、

---

① 孔令新.师生关系的反思：从班主任的批评权谈起[J].教育学术月刊，2011（8）：68-70.

② 丁梅娟，李琼，曾晓东.中小学教师如何看待批评教育的调查研究[J].中国教师，2012（19）：33-36，69.

③ 张麟.中学师生冲突角度的教师角色探究[D].大连：辽宁师范大学，2009.

专制-体罚型、威胁-恐吓型、妄言断定型、侮辱-谩骂型与肢体-攻击型[①]等八种类型。

### 1. 权威-挖苦型

权威-挖苦型主要表现在学生质疑教学或书本知识而产生的师生冲突中，教师角色表现为把自身所讲授的内容和书本看作知识的权威，权威意识很强，不喜欢被质疑，对学生的疑问不耐烦、不正面解释，甚至打击其积极性；严格按照教学安排的时间走，不随具体情况灵活调整。在言语方面表现为挖苦多，鼓励赞赏少，缺乏引导学生思考的行为和言语。教师一般使用嘲笑性的语言和轻蔑的眼神对学生进行讽刺挖苦。挖苦的显著特点是教师的语调并不激烈、高昂，往往是用看似"轻描淡写"的语气和看似"开玩笑"的言辞对学生进行心理羞辱。如"你没有病吧""还从××学校来的呢，怎么这么笨""你要是能考上大学，太阳从西边出来了"等。简言之，教师做出这类行为的第一反应就是维护教学的权威性，并伴随着对学生的挖苦。

课上，教师在讲一道应用题的解题方法，但思路有些不清楚，学生也表明没听懂。这时座位靠前的一个女生（班长）站起来问教师她的另一种计算方法行不行。教师在了解了女生的方法后，说"太麻烦了，最好不这么做"。女生有些不甘心，继续解释自己的思路。教师收起本来就不多的笑容，有些不耐烦地说，"没有时间了，还有几道题没讲呢，你先坐下，别老自己去搞所谓的创新，告诉你怎么做就怎么做"。女生没说话，只是慢慢地坐下，有些不情愿的样子。

案例中这个学生对教师的质疑、挑战本没有恶意，教师却表现出一个权威者的角色，也许是为了赶课程的原因，不但没有表扬该女生，还嫌她啰嗦。

### 2. 支配-挑战型

支配-挑战型教师主要表现为规定学生的学习内容，运用规则来约束学生的思考，用权力迫使学生接受他们对知识的定义与诠释，也就是说，教师处

---

① 孙彩霞. 中小学教师语言暴力问题研究[D].郑州：河南大学，2008.

于一种支配性的话语霸权地位，用警示、挑战的言语提醒学生注意学习内容和学习行为，对没有达到教师要求的学生，就缺少耐心和爱心。如教师在课堂教学中，用"你是老师还是我是老师""我说你错了，你就是错了""老师讲话时不许插嘴""竟敢跟老师顶嘴，反了你了"等语言对敢于质疑自己的学生进行压制；用"没有举手谁让你发言了""不准讲话""听我说""我说行就行，我说不行就是不行""不会就别举手"等语言剥夺学生的话语权利；用"好了！别说了""你这是在钻牛角尖""闭嘴""坐下"等言语和不耐烦的口气打断学生的发言；还有在课余时间命令、支配学生时从不说"请"和"谢谢"，有时甚至说"出去"。

如历史课上，教师讲新课之前例行提问。点名叫起座位靠后的一名男生，这个男生低着头站起来，没出声，试图在书上找出答案，大约过了几十秒，他还没找到，就站在那里试图回想一下，这时，教师有些急了："会不会得吱个声啊。你是占用大家的时间，知道不，大家都可恨你了，下回，大家一起打他。"男生索性抬起头说道："我不会。"老师立刻斥责道："不会不早说，站着吧。"男生就无奈地站那儿了。教师又说道："其他人也听着，历史的东西没背就是不会，都别耽误时间，如果讲课时间不够，学不完，考试可别怨我。"

可见，该历史教师在与男生的交锋中处于绝对的支配地位，男生乃至全班学生都处于一种被支配地位。

### 3. 冷漠-孤立型

冷漠-孤立型教师主要表现为自尊心过强，不考虑学生的想法和需要，因而表现得古板、小气、缺少大度和幽默的品质；表情始终严肃，经不起学生的玩笑话；用冷漠固执的语气、语调、言语和不委婉的教育方式回应学生。特别是对"屡教不改"的学生，失去教育的耐心和信心，放弃"教书育人"的神圣使命，对学生"弃置"不顾。如教师对待所谓的"差生""坏学生"采取"冷面伤人、孤立一旁"的态度：要么把学生安排在教室的角落里，不管不问；要么对学生视而不见，甚至没有任何眼神交流；要么鼓动其他学生不理这些所谓的"坏学生"。

如下午第一节课上，教师正在黑板上讲解。一个高个子女生把胳膊撑在课桌上，身子斜倚着桌子没抬头，不知是否在听课。教师在讲台处环顾着下面，看见这一情景就说："×××，你别趴桌子，是不是想睡啊。"该女生："我没趴呀。"因为教师的语气有点冲，那位自尊心很强又很倔强的女生就始终没动。教师："你是不是骨头有点软啊，我老是看你这样。"女生被激怒了，把手里的笔重重地放在桌子上，表示抗议。教师很生气，但又不想在其他人面前和她继续争执下去，就继续上课，从前排学生至后挨个儿提问读课本，但到了该女生这儿，就跳过不提问。

可见，有些教师以冷漠的态度而不是从关心的角度来纠正学生的一些不良行为，结果形成紧张的冲突气氛。这不是教师作为引导者、教育者身份应有的胸怀，也没有在学生面前树立好示范榜样。

### 4. 专制-体罚型

专制-体罚型的教师行为一般发生在学生违反课堂规范引发的师生冲突中，教师采取指令性的言语和斥责的方式应对冲突，同时语气语调表现得高亢和霸道。这种类型的教师将其意念强加于学生身上，要求学生即刻无条件地接受自己的一切命令，对与自己发生冲突的学生进行罚站、拉扯，以证明自己能够控制课堂。教师不是引发学生遵从课堂规范的内在动机，而是运用外在压力，即体罚的方式来强制要求学生服从。常见的体罚方式为抄作业、操场跑圈、扫地、罚站等。

某课堂上，教师要求做黑板上的题目，坐在最后一排的一个小个子男生，好像对数学一点儿也不感兴趣，就在那里随便画些什么。教师在过道中巡视学生的做题情况，走到该男生这里时，一把抓起画画的那张纸，看到上面画着动漫中的巨人。教师抖着画生气地说："数学那么差，也不想着努努力，你以为画个巨人你就能长成巨人吗，我看够呛。"有几个同学哄笑。这个男生对教师后面的话和同学的坏笑很敏感，瞥了教师一眼，把画纸狠狠揉成一团，就往书桌里一扔，但没扔进，掉到地上。教师更加严厉地说："捡起来。"男生没动。教师急了，用手推了一下男生的脑袋，说："你听见没？"男生厌烦地用手拦教师的手，说："别碰我。"这让教师更加生气，用手指着该男生厉声说："你要么上后面站着要么回家，别上课了。"男生立即拎起书包从教室的后门出去，下午课也没上。

课堂上当学生违反了教师或学校规定的纪律、规范，干扰了教学的正常秩序时，实际上师生之间的潜在冲突就已经发生了。教师采用专制和体罚的形式来维持纪律和管控学生往往适得其反，会激化和学生之间的矛盾。

### 5. 威胁-恐吓型

威胁-恐吓型教师在管教学生的过程中，使用"成人吓唬小孩"和"教师威慑学生"的方式对学生进行恐吓、威胁。如对"不服管教"的"调皮捣蛋"的学生用"再不听话叫警察把你抓走""叫政教处、校长开除你""回头再找你算账""咱们家长会上见"等"送监开除"式威胁和"秋后算账"式报复进行威胁打击；用"别跟我耍花招，我治你们的法儿多着呢""我的眼神厉害得很，你们干啥坏事都逃不过我的眼睛"等类似"窥探、监视"的语言恐吓威胁学生。

预备铃响后，按照惯例，学生应该进行课前诵读。有的学生却在外面跳皮筋，教室内有人在乱走动，读书声也很不整齐。教师很生气，对全班学生说："不要读了！有没有哪个人刚才没听到预备铃的？没有是不是？既然都听到了，你们刚刚在干吗！铃声什么意思，还需要老师解释一遍吗？从明天开始，谁要是还像今天这样，这节课你就不用上了！"

在教师管教学生的过程中，运用威胁和恐吓的方式较为常见，这种类型的教师行为方式并不一定带有猛烈的语调，但却能够使学生对教师的权力感到神秘难测，从而产生"害怕"和"恐惧"的心理，进而引发师生冲突。

### 6. 妄言断定型

妄言断定型教师主要表现为看不到学生发育发展的个体差异性和未来的不可预知性，对某一段时间"成绩落后""屡教不改"的学生进行片面、武断的判定。如用"天生就是个蠢材""一辈子没有出息""你就不是上大学的料""你就不是学××科的料"等话语对学生的智力妄言断定；用"我看你这辈子完蛋了""我看你早晚会进监狱""你已经无可救药了""你这样下去，以后顶多就是个扫马路、拿大勺的"等语言对学生的前途信口开河。

高一化学课堂上，四名学生因在课堂上私下嘀咕被教师发现了，于是被教师叫到教室后面罚站。下课后，教师把四名学生叫到办公室训斥道："你们再这样发展下去，以后怕是要进监狱啊！"

听到班主任教师这样评价和预言自己的未来，学生心里极为不满，但也默默忍受了。这种类型的语言失当往往是教师以居高临下的权威者的态度肆意评价学生，带有很大的"绝对真理"式的判断语气和失望的表情，对学生有极强的误导性，使学生心理极易产生抵触和不满。

### 7. 侮辱-谩骂型

侮辱-谩骂型教师针对学生的落后、过错不是就事论事、对事不对人，而是就事论人、对人不对事，用"笨蛋""白痴""弱智""蠢猪""人渣""败类"等带有人格贬低的言语侮辱谩骂学生；甚至用"你爸妈是近亲结婚吧，要不怎么会生了你这个白痴""有娘生没娘养""有其父必有其子"等带有人格侮辱的语言对学生进行连带家长的人身攻击。这种类型的行为往往既有激烈的语调，还有谩骂、嘲弄的口气，也有明显侮辱学生人格的言辞内容。

上几何课时，教师讲"两点之间，线段最短"。教师说："这个定理看起来简单，但你们没有真正搞懂。""狗也搞得懂！"H同学声音虽不是很大，但班上学生都能听得到。教师愤怒地质问他："你骂谁是狗？"H同学说"老师你虽然懂这个定理，可狗也懂。不信，你手里拿一个肉包子让狗闻一闻，往远处一抛，狗是直着跑过去还是绕弯跑过去。"课堂内学生哄堂大笑。教师简直无法容忍H同学的挑衅，气愤地把书摔到讲桌上："狗东西，你究竟想干什么？"H同学丝毫不示弱，回骂道："狗急了咬人。"教师只好叫班长把政教处的老师喊来把H同学叫走。①

---

① 杜志强.教师权力策略：基于师生冲突的案例剖析[J].教育与现代化，2009（2）：70-75.

在上述案例中，处于冲突中的教师和学生都失去了理性，但教师作为成年人却未能控制好情绪，面对学生的起哄与顶嘴首先骂学生为"狗东西"，进而激化了师生冲突，致使学生也对教师进行谩骂。

### 8. 肢体-攻击型

肢体-攻击型教师的行为与体罚学生的行为有所不同。体罚学生一般是让学生做一些体力劳动或运用惩罚器材对学生进行惩戒，以达到惩罚效果的惩戒方式，教师与学生无肢体的直接接触。肢体攻击行为则是教师与学生肢体有直接接触且带有攻击性的行为。在学校中这些行为方式一般包括推搡，拉扯，扇耳光，甚至拳打脚踢，等等。这类行为主要表现在师生冲突的发生过程之中，即教师只要有对学生有肢体攻击的行为，则师生冲突就必然存在。教师肢体攻击行为引发的师生冲突一般具有强度高和时间急的特征，对学生造成的生理伤害比较大。

廖同学上课时把橡皮擦捏碎了，扔给前面的同学玩，然后听到同学说长沙话，觉得很好玩，就一直在笑。廖同学的动作被教师发现了，教师要求廖同学认真上课，但廖同学没有忍住笑声。教师走过来，朝廖同学的桌子踢了几脚，当时桌子碰到了他的肚子和小腿，他感觉很痛，就站起来质问教师："你踢什么踢？"教师走到他面前，准备要打他，他就迎上去，用手扇了教师一耳光，这时教师搬起桌子来打他，桌子撞到了教室窗户的玻璃，导致玻璃裂开了缝。随后，教师又抓着廖同学的右手砸向玻璃，玻璃完全碎了，廖同学手臂受伤。[①]

在上述案例中，教师采用肢体攻击的行为方式管教和惩罚学生，引发和激化了师生的矛盾，遂产生了师生之间的激烈冲突。

---

① 华声在线.师生起冲突，小学生打了女副校长一耳光[EB/OL].[2023-2-12]. http://news. szhk.com/2012/06/14/282814472567474.html.

### （二）对待学生不公正

教师对待学生不公平或不公正会让学生自行进行不公平的比较。所谓不公平的比较指个体之间通过相互比较而判断自己是否受到了公平或公正对待的心理过程，若个体感受到了不公平或不公正的对待，他们就会产生一种相对剥夺感，进而引发冲突。相对剥夺感会产生两种效果：其一，相对剥夺感会提醒冲突各方更注重自己的切身利益；其二，相对剥夺感往往伴生沮丧感和愤怒感。由此，因不公平比较而产生的相对剥夺感会引发师生冲突。生活中常见的例子是很多人见不得别人比自己好，如别人工资比自己高，自己心里就不高兴。不公平的比较引发冲突的原理为一是一方认为自己只要努力就可以做得和另一方一样好，而自己却遭受了贬低而产生相对剥夺感；二是一方认为自己应该和另一方获得同样的结果，然而实际上自己获得的结果却不一样，因而产生了相对剥夺感。[①]

在师生交往中，由不公平的比较而导致的师生冲突有两种基本表现形式，一是教师对学生不公平，学生之间主动相互比较，遭受不公平对待的学生产生了相对剥夺感而引发冲突；二是教师要求学生做的事情，教师自己却未能做到，学生会与教师进行比较而产生相对剥夺感，进而引发冲突。可见，不管师生冲突是通过学生与学生之间相互比较而发生，还是学生与教师之间相互比较而发生，其触发因素都是教师。我们把学生与学生之间相互比较而产生的师生冲突称为"同伴比较型冲突"，把学生与教师之间的相互比较而产生的师生冲突称为"师生比较型冲突"。

#### 1. 同伴之间的不公平比较

在师生冲突中，由教师对待学生不公平或不公正，学生之间相互比较而引发的冲突较为普遍。[②]其中最典型的例子有两类，一是教师喜欢好学生，讨厌坏学生；喜欢成绩好的学生，不喜欢后进生或成绩差的学生。由于我们所谓的"坏学生"和"后进生"受到了贬低式的不公平对待，这时他们会与所

---

① 普鲁特，金盛熙.社会冲突：升级、僵局及解决[M].王凡妹，译.3版.北京：人民邮电出版社，2013：151.

② 黄明亮，赵敏.社会冲突发生论视角下师生冲突的发生与消解[J].中小学德育，2019（2）：18-22.

谓的"优等生"和"好学生"进行相互比较，并且他们认为自己并不差，并坚定认为只要自己努力便也能取得好的成绩，他们不应受到不公平的对待。所以，这时他们便产生了相对剥夺感，心里便也会对教师产生心理抵触和不满的隐性心理冲突。如一位学生所言："老师总是管着我们，这也不能干，那也不能干，感觉没有自由。而且老师有时会不分青红皂白就开骂，也不听我解释，让我觉得心里不舒服，不能因为我是差生就觉得我总犯错吧，这对我不公平。而且老师很少表扬我们这些差生，可能在老师眼里，我们没有什么地方值得表扬的吧。其实，我也有优点啊，不过老师看不到，那些好学生老师才喜欢。"二是教师对具体教学事件处理不公平或不公正。如小明和小红在物理课堂上打闹，因为物理老师回头只看见了小明同学，而未能看见小红同学，所以就只对小明同学做出了惩罚，即叫小明走出教室，而未对小红同学做出惩罚。于是小明同学觉得教师处事不公继而与物理老师发生了争执，并且双方都不退让。最后物理老师做出了停课的决定。从该案例中可以看出，小明同学就是认为自己应该和小红同学获得同样的结果，然而未能如他所愿，这就是因不公平的比较而发生师生冲突的典型例证。

**2．师生之间的不公平比较**

"学高为师，身正为范"，教师一直都是学生学习的榜样。教师为人师表，以身作则、身体力行和言行一致是教师要坚守的基本准则，是教师必须遵守的道德规范。它要求教师严格自律，要求学生做到的，自己首先必须做到，而且要做得更好。以身作则、为人师表是教师的本色。然而，尽管多数教师知道要为人师表，最好能"俯首甘为孺子牛"，但是教师也很难摆脱人性固有的弱点，不能做到诸事都身体力行，对学生和对自己有双重标准。有的教师要求学生升国旗时要行注目礼，而自己常在一边笑嘻嘻地高谈阔论；有的教师要求学生讲究卫生，自己却在课堂抽烟；有的教师要求学生上课认真听讲，自己参加各种学习的时候却不是"溜号"就是睡觉……如此现象，不一而足。古人云："善为师者，既美其道，又慎其行。"如果教师在学生面前总是当"语言的巨人，行动的矮子"，整天"美其道"，而不"慎其行"，学生自然会与教师进行比较而产生相对剥夺感，进而引发师生冲突。正如孔子所说："其身正，不令而行；其身不正，虽令不从。"教师身不正，学生便不会顺从教师的心意，不顺从的行为其实就蕴含了冲突的意味。

### （三）猜疑：不信任学生

猜疑是指一方认为另一方对己方的利益充满敌意或漠不关心，尤其是形势不明时的猜疑会使人感到威胁，从而引发冲突。[①]猜疑的反面是信任，显然在师生冲突的发生过程中，教师和学生之间缺乏信任是引发师生冲突的重要原因。[②]信任包括三个维度：能力、善意和正直。[③]所以，在中小学校，部分教师不信任学生主要表现在以下几方面：首先，不信任学生的学业能力，即教师不认可学生的学习技能和能力，不允许学生自主做出决策，不相信学生有足够的能力来应对当前的学习任务。教师按照自己习得的学习方式来设计学生的学习方案。其次，不信任学生的个性，即教师不相信学生的个性具有相对稳定性、可塑性和发展性。部分教师通过在班级内安排"小间谍"等手段来监视学生，让学生始终处在他律之中。最后，不信任学生的道德品质。尽管有些教师对学生的道德情感及其表现出来的行为特征都很熟悉，但可能并不真正理解它，以致在思想道德教育过程中，对某些学生的道德发展持怀疑态度，即不相信他们的道德在总体上是朝着好的方向发展，忽视学生的内心体验和道德发展的渐进性和反复性，进而引发师生冲突。如发生在上海市华灵学校的案例中，因一位教师给不同学生送不同的礼物而让一位外地学生认为他偏心，导致这位外地学生和教师之间发生了冲突。可见，这位外地学生是不信任这位教师的，也就是说外地学生和这位教师之间产生了猜疑。而事实上却不是那位外地学生所认为的那样，正如这位教师自己所说："我心里十分难过：原本送礼物就不是一定要做的事，现在好事儿变成坏事儿了。好心想为每个学生挑选适合的礼物，从没想过有什么高低贵贱、上海外地之分。可见，学生心中的这位教师偏心的观点是不成立的，而是学生在猜疑、不信任教师的基础上得到的结果，这一结果引发了师生之间的冲突。

---

① FLACK M J，KELMAN H C．International behavior：a social-psychological analysis[J]．American sociological review，1965，35（3）：546．

② 肖冰果，许建．师生信任在提高教学质量中的应用研究[J].大学教育，2017（4）：168-169，181．

③ SCHOORMAN F D，MAYER R C，DAVIS J H. An integrative model of organizational trust：past，present，and future[J]. Academy of management review，1995，20（3）：709-734．

# 新移民情境下师生冲突中的学生

新移民情境下的师生冲突中，学生是第二主角，很多冲突往往是因为学生有错在先（如违纪等），教师干涉在后引起的。为此，本章基于学生的视角，通过调查数据的描述性分析、相关分析和回归分析，得到新移民情境下师生冲突的学生现况，揭示了新移民情境下由于学生原因而产生的师生冲突的发生机理，并分析了基于学生的师生冲突的发生根源。

## ◎ 第一节　新移民情境下师生冲突的学生样态

新移民情境下，学生与教师的冲突以隐性心理冲突为主，一般性冲突和对抗性冲突为辅。在师生冲突发生时，学生主要以协商的方式予以应对，且师生冲突在学生身上更多地表现为正功能。

### 一、学生视角下的师生冲突强度

学生与教师冲突的强度是观测或度量师生冲突的核心指标之一，它度量着学生与教师冲突的强弱，甚至决定着师生冲突的功能。

#### （一）学生与教师的冲突主要为心理冲突

从师生冲突的强度来看，它分为以心理情绪抵触与不满为表征的隐性心理冲突，以轻微语言争辩、轻微肢体摩擦为表征的一般性冲突，以及以激烈语言争吵、肢体对抗强烈为表征的对抗性冲突。进一步研究发现，学生与教师之间的冲突总体水平不高，其均值都小于3，但在隐性心理、一般性和对抗性冲突之中，隐性心理冲突居多（$M_{隐性}$=1.86），其次为一般性冲突（$M_{一般性}$=1.33），最后为对抗性冲突（$M_{对抗性}$=1.12）。这是由于人趋利避害的本性、中国尊师重道的传统和学生的向师性，当学生与教师发生矛盾时呈内卷化倾向，即我们常说的"闷"在心里。由此，学生与教师的冲突理应是以隐性心理冲突为主，辅之以一般性冲突，最后为对抗性冲突的。从冲突的演化过程来看，对抗性冲突多由一般性冲突升级而来，而一般性冲突多由隐性心理冲突升级而来。在冲突升级的过程中，其本身是在被不断消解的，即冲突升级时，冲突强度表现为一种衰减趋向，即冲突越强烈，发生的频率越小。

具体来看，在2980名中小学生中，有16.74%的学生对教师心存不满；当教师批评学生的时候，有29.27%的学生心理会抵触。由此，学生与教师的隐性心理冲突相对较多。有14.19%的学生与教师发生过轻微争吵，有2.82%的学生与教师发生过轻微的肢体冲突，有3.43%的学生与教师发生过激烈的争吵，有1.88%的学生与教师发生过激烈的肢体冲突（如拉扯、推搡等）。可见，学生与教师的激烈冲突相对较少。此外，有24.13%的学生不愿意与教师接触，有20.95%的学生在课下遇见教师会主动避开。学生不愿意和教师交流与接触，即使课下遇见也主动避开，这无疑是学生与教师之间关系疏远的表现，还可能是学生与教师冲突的结果，更可能会酝酿新的师生冲突。

综上，学生与教师的冲突主要是隐性心理冲突，其次为一般性冲突，最后为对抗性冲突。学生与教师的冲突强度不管是弱，还是强，都需要引起我们的重视。详见表5-1。

表5-1　新移民情境下学生与教师冲突的强度均值

| 维度 | 样本数量$N$（个） | $M \pm SD$ |
| --- | --- | --- |
| 隐性心理冲突 | 2980 | 1.86 ± 0.874 |
| 一般性冲突 | 2980 | 1.33 ± 0.629 |
| 对抗性冲突 | 2980 | 1.12 ± 0.453 |

### （二）不同类型的学生与教师冲突的强度不同

运用SPSS19.0，分别以学生性别、学校类型、班级身份、学段、父母老家位置为控制变量，以隐性心理冲突、一般性冲突和对抗性冲突为因变量，进行单因素方差分析。研究发现不同类型的学生与教师冲突的强度有显著差异。

#### 1. 男生与教师发生的冲突较强

大量的研究证明男女学生与教师之间的冲突存在着差异，[①]即男生与教师之间的冲突显著多于女生与教师之间的冲突，但此前还未有研究证明男生与教师发生的冲突更强。我们通过调查研究发现男生与教师之间的隐性心理冲突、一般性冲突和对抗性冲突都要强于女生。具体来看：第一，在与教师的隐性心理冲突方面，男生显著多于女生（$P=0.000<0.05$）；第二，在与教师的一般性冲突方面，男生显著多于女生（$P=0.000<0.05$）；第三，在与教师的对

---

① 周琴，李振玉，刘瑞.农村初中师生显性冲突调查研究[J].牡丹江师范学院学报（哲学社会科学版），2017（6）：140-144.

抗性冲突方面，男生显著多于女生（$P=0.000<0.05$）。可见，男生与教师发生的冲突较强，这可以从两方面来解释：其一，这主要和男女性格特点有关，男生相较女生而言，性格较为刚硬，且有较强的好动、好奇、好斗与好胜心理，男生更倾向于在某些问题上坚守自己的看法，不轻易让步，与教师的争辩相对多一些，对各种规范的约束更加抵触，行为更易越轨，其行为与教师的期望、要求常常相悖，容易出现师生的对峙、冲突。女生则比较温顺，听话，守规矩，善解人意，且情感比较丰富，心理比较成熟，其行为多与教师的期望相一致，女生在与他人发生观点冲突时更倾向于从多角度考虑问题，寻求对双方有益的处理方式，因此与教师的争辩较少，故而与教师发生冲突的情况少些。其二，与女生相比，男生更容易违反纪律。比如在上课期间不注意听讲、扰乱课堂秩序、看与授课内容无关的书、乱讲话等。更有甚者，打架斗殴、旷课、迟到早退、考试交头接耳、作弊。这些纪律问题容易诱发师生之间的冲突。详见表5-2。

表5-2　学生与教师冲突的性别差异

| 项目 | 男（$N=1485$） | 女（$N=1495$） | $F$ | $P$ |
| --- | --- | --- | --- | --- |
| | $M \pm SD$ | $M \pm SD$ | | |
| 隐性心理冲突 | $1.93 \pm 0.922$ | $1.79 \pm 0.817$ | 20.466 | 0.000 |
| 一般性冲突 | $1.41 \pm 0.710$ | $1.25 \pm 0.522$ | 51.088 | 0.000 |
| 对抗性冲突 | $1.15 \pm 0.524$ | $1.08 \pm 0.365$ | 16.181 | 0.000 |

### 2. 民办学校学生与教师的冲突更强

在民办学校中的学生主要有两种类型：一是办学质量较好的学校，这类学校的学生家庭条件较好，大多数孩子都是在非常优越的环境中长大的，见多识广、独立性强、自我主义严重，常常以自我为中心，以自我价值和观念为唯一，对外界事物和他人存在不切实际的要求，往往很难管理，[①]因此产生师生冲突似乎成了家常便饭，这也是大多数民办学校面临的现状。二是办学质量较差的学校，这类学校中的学生家庭条件一般，甚至家庭困难，学生学

---

① 赵敏，韩绮芸.民办特色学校建设的几个基本问题[J].教育导刊，2014（10）：40-44.

习投入力度不够，对教师的尊重程度也不够，当教师纠正学生不当行为时，学生会觉得教师是故意刁难他们，易与教师发生冲突。研究发现：第一，在学生与教师的隐性心理冲突方面，民办学校学生与公办学校学生之间不存在显著差异（$P=0.498>0.05$）；第二，在学生与教师的一般性冲突方面，民办学校学生显著多于公办学校学生（$P=0.022<0.05$）；第三，在学生与教师的对抗性冲突方面，民办学校学生显著多于公办学校的学生（$P=0.000<0.05$）。可见，民办学校学生与教师发生的冲突更强，需要更加重视民办学校学生与教师之间的冲突。详见表5-3。

表5-3　学生与教师冲突的学校类型差异

| 项目 | 公办（N=2892） | 民办（N=88） | F | P |
| | $M \pm SD$ | $M \pm SD$ | | |
|---|---|---|---|---|
| 隐性心理冲突 | 1.86 ± 0.870 | 1.92 ± 0.972 | 0.459 | 0.498 |
| 一般性冲突 | 1.32 ± 0.619 | 1.48 ± 0.879 | 5.265 | 0.022 |
| 对抗性冲突 | 1.11 ± 0.430 | 1.30 ± 0.911 | 15.275 | 0.000 |

### 3. 非班干部与教师的冲突相对更强

班干部作为促进教师与学生沟通的桥梁，与教师接触的机会较多，沟通也更多，彼此间也更为了解，而且班干部作为教师的好帮手，应更好地规范自己的言行，从而获得老师和同学们的认可。由此，班干部与教师较不容易产生冲突。而非班干部与教师的交流沟通相对少一些，与教师的感情相对也疏远一些，有冲突也不能及时解决，而且很多非班干部没有对自己严加要求，故更容易产生不良行为，进而与教师发生冲突。研究发现：第一，在学生与教师的隐性心理冲突方面，非班干部显著多于班干部（$P=0.000<0.05$）；第二，在学生与教师的一般性冲突方面，班干部与非班干部之间不存在显著差异（$P=0.714>0.05$），说明班干部、非班干部与教师发生的轻微言语争辩与轻微行为对抗基本是相同的；第三，在学生与教师的对抗性冲突方面，非班干部显著多于班干部（$P=0.042<0.05$）。可见，非班干部与教师的隐性心理冲突、对抗性冲突都显著较多，这就意味着非班干部与教师的冲突相对更强。详见表5-4。

表5-4　学生与教师冲突的身份差异

| 项目 | 班干部（N=1343） | 非班干部（N=1637） | F | P |
|------|------|------|------|------|
| | M ± SD | M ± SD | | |
| 隐性心理冲突 | 1.77 ± 0.846 | 1.93 ± 0.890 | 24.378 | 0.000 |
| 一般性冲突 | 1.32 ± 0.604 | 1.33 ± 0.648 | 0.134 | 0.714 |
| 对抗性冲突 | 1.10 ± 0.423 | 1.13 ± 0.475 | 4.132 | 0.042 |

### 4. 高中生与教师的冲突强度最强

一般来说，小学生比较听话，有向师性，与教师的冲突较少，初高中阶段是学生个体身体发育和性成熟时期，这一时期同时也是心理从幼稚走向成熟的时期，探索自我同一性成为这个时期发展的主要任务。学生在生理迅速发育的同时，心理发展的速度相对缓慢。这种身心发展的失衡，以及教师对这种发展变化的不适应，造成这一时期师生冲突会大量增加。第一，在学生与教师的隐性心理冲突方面，小学生、初中生和高中生之间存在显著差异（P=0.000<0.05）。经过LSD多重比较后发现，初中生与教师的隐性心理冲突显著少于小学生（P=0.041<0.05），也显著少于高中生（P=0.000<0.05），小学生与高中生之间无显著差异（P=0.911>0.05）。可见，在隐性心理冲突方面，初中生反而比小学生少，也比高中生少。第二，在学生与教师的一般性冲突方面，小学生、初中生和高中生之间存在显著差异（P=0.013<0.05）。经过LSD多重比较后发现，初中生显著少于高中生（P=0.004<0.05），小学生与初中生无显著差异，小学生与高中生也无显著差异。可见，初中生一般性冲突较少。第三，在学生与教师的对抗性冲突方面，小学生、初中生和高中生之间存在显著差异（P=0.002<0.05）。经过LSD多重比较后发现，初中生显著少于高中生（P=0.001<0.05），小学生与初中生无显著差异，小学生与高中生也无显著差异。可见，初中生对抗性冲突较少。综上，初中生与教师的冲突强度既弱于小学，也弱于高中。这可能是因为小学的抽样样本数量为四、五、六年级的小学生，他们和初中学生相差不是很大，而且这部分样本只有139份，与初中或高中样本数量比起来明显过少，故数据显示初中学生与教师的冲突强度还弱于小学生。但是，初中学生与教师冲突的强度弱于高中生是可以理解的，因为高中生学习压力大于初中生，且性格可能更为叛逆。故可

以肯定的是：高中生与教师的冲突最强。详见表5-5。

表5-5 学生与教师冲突的学段差异

| 项目 | 小学（N=139） | 初中（N=2160） | 高中（N=681） | F | P |
|---|---|---|---|---|---|
| | M ± SD | M ± SD | M ± SD | | |
| 隐性心理冲突 | 1.97 ± 1.067 | 1.82 ± 0.867 | 1.98 ± 0.839 | 10.45 | 0.000 |
| 一般性冲突 | 1.37 ± 0.906 | 1.31 ± 0.594 | 1.39 ± 0.665 | 4.325 | 0.013 |
| 对抗性冲突 | 1.17 ± 0.615 | 1.10 ± 0.413 | 1.16 ± 0.525 | 6.300 | 0.002 |

### 5. 父母老家所在地远近对师生冲突强度的影响不显著

父母老家所在地的位置在一定程度上代表了学生作为一名新移民，若以本区县为地域范围标准，在流动距离跨越区县就属于新移民。那么，学生父母老家所在地为本市其他区县、本省其他市、外省和境外的学生就属于新移民子女，且表明了移民距离是越来越远的。研究发现：第一，在学生与教师的隐性心理冲突方面，不管父母老家所在地在哪儿，他们之间都无显著差异（$P=0.132>0.05$）；在学生与教师的一般性冲突方面，不管父母老家所在地在哪儿，他们之间也无显著差异（$P=0.238>0.05$）。第二，在学生与教师的对抗性冲突方面，父母老家为本区县、本市其他区县、本省其他市、外省和境外的学生之间存在显著差异（$P=0.014<0.05$）。但经过两两比较之后发现，父母老家为境外的学生分别与本区县、本市其他区县、本省其他市和外省的学生之间有显著差异，其他组别之间无显著差异。这说明父母老家为境外的学生与教师的对抗性冲突明显强于其他学生，但由于父母老家所在地为境外的学生样本数据只有16名，不具有代表性，故这里只比较父母老家为本区县、本市其他区县、本省其他市和外省学生之间与教师的对抗性冲突，即他们之间无显著差异。综上，不管学生父母老家所在地在哪儿、有多远，学生与教师的隐性心理冲突、一般性冲突和对抗性冲突都无显著差异，即父母老家所在地远近对师生冲突的影响不显著，即使是外地学生，他们与本地学生相比，和教师的冲突强度也无显著差异。详见表5-6。

表5-6　学生与教师冲突的老家所在地差异

| 项目 | 本区县 (N=915) | 本市其他区县 (N=359) | 本省其他市 (N=727) | 外省 (N=963) | 境外 (N=16) | F | P |
|---|---|---|---|---|---|---|---|
| | M±SD | M±SD | M±SD | M±SD | M±SD | | |
| 隐性心理冲突 | 1.89±0.861 | 1.87±0.860 | 1.86±0.897 | 1.81±0.865 | 2.25±1.211 | 1.769 | 0.132 |
| 一般性冲突 | 1.33±0.654 | 1.32±0.601 | 1.34±0.639 | 1.31±0.597 | 1.65±0.961 | 1.382 | 0.238 |
| 对抗性冲突 | 1.13±0.499 | 1.11±0.416 | 1.11±0.459 | 1.10±0.397 | 1.47±0.957 | 3.135 | 0.014 |

## 二、学生视角下师生冲突的应对方式

在师生冲突中，彼此应对冲突的方式，在一定程度上决定着冲突的走向。学生应对冲突的方式分为协商、不卷入和武力三种。其中协商包括第三方调解、退让和妥协；不卷入包括转移话题、等待、回避；武力包括身体攻击、讽刺、威胁。新移民情境下学生应对冲突的现实情况如何，不同类型的学生在应对与教师的冲突时是否有差异，对明晰学生应对冲突的方式有重要作用。

### （一）学生主要以协商的方式应对冲突

总的来说，新移民情境下，我国中小学生应对与教师的冲突是倾向于选择协商的方式的。笔者自行编制了师生冲突应对方式调查问卷（学生卷），通过纸质问卷的形式，调查了2980名中小学生，运用SPSS19.0对中小学生应对方式各个维度的总体水平进行分析发现：第一，学生应对冲突的方式倾向于与教师协商（$M_{协商}$=3.34），其均值大于3；第二，选择不卷入的方式应对冲突的学生也不在少数（$M_{不卷入}$=2.16），较少部分学生则选择武力（$M_{武力}$=1.23）。详见表5-7。

具体来看，第一，在协商方面，当学生与教师发生冲突时，有21.04%的学生完全不会或比较不会倾向于和教师协商，78.96%的学生一般会比较倾向于与教师协商；有32.75%的学生完全不会或比较不会倾向于与教师讲道理、摆事实以说服教师，有67.25%的学生则倾向于通过讲道理说服教师。第二，在不卷入方面，当与教师发生冲突时，有35.98%的学生一般倾向于不发表意见，有36.85%的学生一般倾向于主动回避。第三，在武力方面，5.53%的学生会讽刺或威胁教师，有6.36%的学生会情不自禁地与教师发生肢体冲突。可见，尽管学生倾向于以协商的方式应对与教师的冲突，但学生主动回避，不会发表意见的也较多，当然也不乏学生会以武力的方式应对师生冲突。详见表5-7。

表5-7　学生应对师生冲突的详细情况表

| 题目 | 完全不符合 | 比较不符合 | 一般符合 | 比较符合 | 完全符合 |
|---|---|---|---|---|---|
| 1.和老师发生矛盾时，我和老师协商，共同解决矛盾 | 289（9.7%） | 338（11.34%） | 760（25.5%） | 681（22.85%） | 912（30.61%） |
| 2.和老师发生矛盾时，我讲道理、摆事实，说服老师 | 477（16.01%） | 499（16.74%） | 765（25.67%） | 606（20.34%） | 633（21.24%） |
| 3.和老师发生矛盾时，我不发表意见 | 1301（43.66%） | 607（20.37%） | 579（19.43%） | 272（9.13%） | 221（7.41%） |
| 4.和老师发生矛盾时，我主动回避 | 1327（44.53%） | 555（18.62%） | 609（20.44%） | 239（8.02%） | 250（8.39%） |
| 5.和老师发生矛盾时，我讽刺、威胁老师 | 2606（87.45%） | 209（7.01%） | 111（3.72%） | 21（0.7%） | 33（1.11%） |
| 6.和老师发生矛盾时，我情不自禁地与老师发生肢体冲突 | 2546（85.44%） | 244（8.19%） | 114（3.83%） | 36（1.21%） | 40（1.34%） |

### （二）不同类型学生在应对冲突方式上的差异分析

因为不同的学生面对冲突的情境不一样，且不同的学生应对与教师冲突的态度和习惯都有差异，故不同类型的学生应对冲突的方式理应有所差异。运用SPSS19.0，分别以学生性别、学校类型、班级身份、学段和老家所在地为控制变量，以协商、不卷入和武力为因变量，进行单因素方差分析。

### 1. 男生更倾向于使用不卷入和武力的应对方式

性别是影响学生应对师生冲突的重要因素。研究表明，第一，在协商方面，中小学男女学生无显著差异（$P=0.317>0.05$）；第二，在不卷入方面，男生显著多于女生（$P=0.005<0.05$）；第三，在武力方面，男生显著多于女生（$P=0.000<0.05$）。可见，当师生冲突发生时，男生更倾向于要么回避冲突，要么运用武力予以应对，这也说明了为什么男生与教师冲突更强。产生这一现象的原因可能是女生较男生更为感性、温顺，更能从感情上体谅教师，更能包

容教师的不适当行为。男生较女生容易冲动，遇到问题不能冷静面对，更多地采用消极的方式应对，从不理睬到武力相向、寻机会报复。详见表5-8。

表5-8　学生应对师生冲突的性别差异

| 项目 | 男（N=1485） | 女（N=1495） | F | P |
|---|---|---|---|---|
| | M±SD | M±SD | | |
| 协商 | 3.36±1.165 | 3.32±1.119 | 1.000 | 0.317 |
| 不卷入 | 2.22±1.178 | 2.11±1.125 | 8.021 | 0.005 |
| 武力 | 1.27±0.691 | 1.19±0.535 | 14.042 | 0.000 |

### 2. 民办学校学生更倾向于使用武力的应对方式

民办学校学生一般性冲突和对抗性冲突比公办学校要多、要强。研究发现：在应对方式上，民办学校与公办学校学生在协商上无显著差异（P=0.180>0.05）；在不卷入上也不存在显著差异（P=0.334>0.05）；在武力上，民办学校学生则显著多于公办学校学生（P=0.002<0.05）。这可能是由民办学校的学生特点所决定的，民办学校学生要么是娇生惯养的"小王子"或"小公主"，个性与自我意识强，易与教师发生武力冲突；要么是学习成绩差的、自我放弃的学生，教师纠正他们的问题行为时，他们却认为教师是故意刁难，易与教师发生武力冲突。这还可能是由在民办学校的抽样样本过于少，而样本缺乏一定代表性所导致的，即刚刚好那一所学校的学生更倾向于武力应对与教师的冲突，故这一结论还有待后续的研究再次加以验证。详见表5-9。

表5-9　学生应对师生冲突的学校类型差异

| 项目 | 公办（N=2892） | 民办（N=88） | F | P |
|---|---|---|---|---|
| | M±SD | M±SD | | |
| 协商 | 3.34±1.141 | 3.18±1.189 | 1.796 | 0.180 |
| 不卷入 | 2.16±1.153 | 2.28±1.173 | 0.935 | 0.334 |
| 武力 | 1.22±0.605 | 1.43±0.945 | 9.212 | 0.002 |

### 3. 非班干部倾向于使用不卷入与武力的应对方式

班干部与教师隐性心理冲突和对抗性冲突较少。大部分学生能以积极方式应对与教师的纠纷、批评或教师教学要求过高等问题，班干部不成熟应对或消极应对这些问题的人数比非班干部要少一些。研究发现：第一，在协商方面，班干部显著多于非班干部（*P*=0.000<0.05）；第二，在不卷入方面，非班干部显著多于班干部（*P*=0.000<0.05）；第三，在武力方面，非班干部显著多于班干部（*P*=0.013<0.05）。可见，班干部倾向于以协商的方式应对与教师的冲突，非班干部却倾向于以不卷入和武力的方式应对。总体看来，学生干部作为班级管理者之一，他们更有主人翁意识，更能明确自身的责任，相比非学生干部，能够更全面、客观地看待问题。也有可能教师在处理学生纠纷中偏袒的一方多是学生干部，所以学生干部更多地以积极方式应对，非班干部则以消极的不卷入或武力方式应对与教师的冲突。详见表5-10。

表5-10　学生应对师生冲突的身份差异

| 项目 | 班干部（*N*=1343） | 非班干部（*N*=1637） | *F* | *P* |
|------|------|------|------|------|
| | *M*±SD | *M*±SD | | |
| 协商 | 3.48±1.120 | 3.22±1.147 | 41.270 | 0.000 |
| 不卷入 | 2.08±1.129 | 2.32±1.169 | 13.572 | 0.000 |
| 武力 | 1.20±0.580 | 1.25±0.648 | 6.200 | 0.013 |

### 4．初中生倾向于协商，高中生则倾向于使用不卷入和武力的应对方式

研究发现：第一，在协商上，小学生、初中生和高中生有显著差异（*P*=0.005<0.05）。经过LSD多重比较后发现，初中生比高中生更倾向于选择协商的应对方式（*P*=0.001<0.05）。第二，在不卷入上，小学生、初中生和高中生有显著差异（*P*=0.008<0.05）。经过LSD多重比较后发现，高中生比初中生更倾向于选择不卷入的应对方式（*P*=0.003<0.05）。第三，在武力上，小学生、初中生和高中生有显著差异（*P*=0.018<0.05），进一步比较后发现仅高中生比初中生更倾向于选择武力的应对方式（*P*=0.007<0.05）。若把协商看作积极的冲突应对方式，把不卷入与武力看作消极的冲突应对方式，那么，初中生倾向于更积极的冲突应对方式，高中生则倾向于更为消极的冲突应对方式，如不卷入和武力的应对方式。这也解释了初中生与教师的隐性心理冲突、一般性冲突和对抗性冲突比小学生和高中生都要少的原因。值得注意的是，在武力上小学生竟然比初中生更倾向于选择武力的应对方式，而和高中生水平相当。可见，当下小学生也很难管教。详见表5-11。

表5-11 学生应对师生冲突的学段差异

| 项目 | 小学（N=139） | 初中（N=2160） | 高中（N=681） | F | P |
|------|------|------|------|------|------|
| | M ± SD | M ± SD | M ± SD | | |
| 协商 | 3.29 ± 1.366 | 3.38 ± 1.166 | 3.22 ± 1.001 | 5.317 | 0.005 |
| 不卷入 | 2.09 ± 1.117 | 2.13 ± 1.165 | 2.29 ± 1.106 | 4.853 | 0.008 |
| 武力 | 1.27 ± 0.715 | 1.21 ± 0.601 | 1.28 ± 0.649 | 4.016 | 0.018 |

**5．学生老家越远越倾向于使用协商，越近越倾向于使用不卷入和武力的应对方式**

老家所在地既反映了学生是否为移民，也反映了移民的距离。研究发现：第一，在协商方面，相较于老家为本区县的学生，学生老家为本省其他市的学生更倾向于协商（P=0.000<0.05）；学生老家为外省的学生也更倾向于协商（P=0.004<0.05）。第二，在不卷入方面，不管学生老家所在地是哪儿，他们之间都不存在显著差异（P=0.948>0.05）。第三，在武力方面，相较于学生老家为外省的来说，老家为本区县的学生更倾向于武力（P=0.003<0.05）。虽然其他组别之间冲突应对方式的行为倾向之间无显著差异，但研究结果表现为学生老家越远，越倾向于协商的冲突应对方式；学生老家越近，越倾向于不卷入或武力的冲突应对方式。详见表5-12。

表5-12 学生应对师生冲突的老家所在地差异

| 项目 | 本区县（N=915） | 本市其他区县（N=359） | 本省其他市（N=727） | 外省（N=963） | 境外（N=16） | F | P |
|------|------|------|------|------|------|------|------|
| | M ± SD | M ± SD | M ± SD | M ± SD | M ± SD | | |
| 协商 | 3.22 ± 1.092 | 3.34 ± 1.119 | 3.45 ± 1.134 | 3.37 ± 1.194 | 3.12 ± 1.218 | 4.564 | 0.001 |
| 不卷入 | 2.15 ± 1.099 | 2.14 ± 1.169 | 2.19 ± 1.166 | 2.16 ± 1.191 | 2.28 ± 1.016 | 0.182 | 0.948 |
| 武力 | 1.27 ± 0.672 | 1.25 ± 0.657 | 1.22 ± 0.599 | 1.19 ± 0.560 | 1.41 ± 0.664 | 2.643 | 0.032 |

## 三、学生视角下的师生冲突功能

在教育教学实践中，学生与教师的冲突普遍存在，但都是以心理冲突为主，大部分师生冲突不会威胁到学生的根本利益和价值，频度和强度也是相对可控的，且有相对成熟的由教师和学校设置的调节机制。由此，师生冲突对学生的影响主要是正向的，因为不同的学生对冲突的理解与认识有所不同，而冲突对他们的影响正是学生对冲突认识与理解的一种反映，所以，对于不同的学生来说，师生冲突的影响也是有差异的。

## （一）师生冲突对学生主要表现为正功能

师生冲突对学生来说，同样既有正向的影响，也有负向的影响。在正向影响方面能够推动学生个人发展且有利于师生关系的维系；在负向影响方面它会阻碍学生学习进程，降低学习成效，破坏与教师的关系，影响学生的心理健康，甚至出现问题行为。所以，不管冲突对学生是正向影响，还是负向影响，对学生的影响至少包括与教师的关系、身心健康、学习效果和行为习惯这四个方面。第一，师生冲突本身就是师生关系的一种，即冲突型师生关系。冲突发生首先影响的是师生关系。如有的学生因为与教师有冲突，主动回避教师，讨厌教师；有的学生与教师发生冲突后，关系更加亲密了。第二，师生冲突一方面有利于释放学生积攒的怒气或怨气，进而使学生内心感到更加愉悦，另一方面也会致使学生心理不健康，如研究表明师生冲突会引发学生生理功能紊乱，身体不适，出现饮食障碍、睡眠障碍、肌肉紧张性疼痛、植物神经功能紊乱等；心理功能下降，如记忆力、注意力、思维能力下降等；过分压抑造成学生产生心理紧张、烦恼、易激怒、焦虑等负性情感；情感迁移泛化，迁怒于他人，形成抑郁状态等。[①]第三，学习是学生在学校的基本任务之一，学习效果则是反映学生学习情况的有效标准。那么，学生学得好与不好很大程度上取决于教师，更受学生与教师关系的影响。如某个学生因为不喜欢某位教师而不学习某学科；反之，有的学生因为喜欢某位教师而努力学习。可见，与教师的关系是冲突的还是亲密的将直接影响到学习效果。第四，发生师生冲突后，从学生行为来看师生冲突的功能是有极大研究价值的。因为在大多数情况下，师生冲突发生后对学生的心理造成极大的影响，易导致学生产生问题行为，如不听课、不完成作业、逃学等。轻者将情

---

① 贾晓波.心理健康教育与教师心理素质[M].北京：中国和平出版社，2000：52，201，207.

绪转移到学业中而荒废学业，不思进取；重者学生会自我遗弃，甚至产生一系列反社会行为，如抽烟、喝酒、偷窃和吸毒等。同时，师生冲突也能调节学生的行为，使学生积极地自我检视和反思，从而改正自己不合适的语言和肢体行为，甚至改变自己的坏习惯。那么，在新移民情境下的教学实践中，师生冲突到底是正向的，还是负向的，值得我们去探究。

笔者以师生关系、身心健康、学习效果和行为习惯四个方面为主要内容，自编了师生关系调查问卷（功能部分），调查了全国各地2980名中小学生。研究发现，师生冲突对于学生来说，正向影响要稍微多一些（$M_{正功能}$=3.47>3），负向影响相对少一些（$M_{负功能}$=1.87<3）。具体来看：第一，在师生关系方面，55%的学生认为冲突发生后与老师的关系更亲近了，只有22.45%的学生认为冲突后与教师的关系疏远了。第二，在身心健康方面，47.98%的学生认为冲突后压力变小了，有35.74%的学生认为冲突后心情低落。第三，在学习效果方面，16.18%的学生认为冲突后学习成绩下降了。第四，在行为习惯方面，有68.32%的学生认为冲突使自己的行为习惯变得更好了。总的来说，虽然师生冲突对学生来说正向影响居多，但可以看到，很大比率的学生因为冲突情绪低落、与教师疏远并且学习成绩下降。

## （二）师生冲突对不同类型学生的不同影响

不同类型的学生对师生冲突的认识、态度和应对方式不同，则师生冲突对不同学生的影响也必然是存在差异的。运用SPSS19.0，分别以学生性别、学校类型、班级身份、学段、父母老家位置为控制变量，以正功能和负功能为因变量，进行单因素方差分析。

### 1. 师生冲突对男女学生的影响无显著差异

师生冲突发生后对男女学生都会产生一定影响，虽然男生与教师的冲突更强且多，女生与教师的冲突要弱和少一些，且男生爱对抗，女生面对师生冲突更倾向于"闷"在心里，理论上来说，冲突对男生的正功能要弱一些，负功能要强一些。但研究发现冲突对男生的正向影响与冲突对女生的正向影响无显著差异（$P$=0.251>0.05），冲突对男生的负向影响与冲突对女生的负向影响也无显著差异（$P$=0.720>0.05）。详见表5-13。

表5-13　师生冲突对学生影响的性别差异

| 项目 | 男（N=1485） | 女（N=1495） | F | P |
|---|---|---|---|---|
| | M±SD | M±SD | | |
| 正功能 | 2.84 ± 1.224 | 2.79 ± 1.207 | 1.318 | 0.251 |
| 负功能 | 1.86 ± 0.997 | 1.87 ± 0.897 | 0.129 | 0.720 |

### 2. 师生冲突对公办与民办学校学生的影响无显著差异

因民办学校学生与教师的冲突更多且更强，故师生冲突发生时，可能造成冲突对民办学校学生正向影响更小，而负向影响更多。研究发现：冲突对公办学校学生的正向影响更大（$M_{民办}=2.61<M_{公办}=2.81$），负向影响更小（$M_{民办}=2.01>M_{公办}=1.86$），但这种差异不显著（$P=0.138>0.05$）。可见，师生冲突对公办学校和民办学校学生的影响是差不多的。详见表5-14。

表5-14　师生冲突对学生影响的学校类型差异

| 项目 | 公办（N=2892） | 民办（N=88） | F | P |
|---|---|---|---|---|
| | M±SD | M±SD | | |
| 正功能 | 2.81 ± 1.224 | 2.61 ± 1.242 | 2.310 | 0.129 |
| 负功能 | 1.86 ± 0.934 | 2.01 ± 1.034 | 2.204 | 0.138 |

### 3. 师生冲突对班干部更多的是正向影响，对非班干部更多的是负向影响

班干部与教师发生的冲突相对于非班干部来说，更少且更弱一些。由此，班干部学生在与教师发生冲突时，对他们来说更多的是积极的影响（$P=0.000<0.05$）；对于非班干部来说，冲突的消极影响则更为明显一些（$P=0.000<0.05$）。详见表5-15。

表5-15　师生冲突对学生影响的身份差异

| 项目 | 班干部（N=1343） | 非班干部（N=1637） | F | P |
|---|---|---|---|---|
| | M±SD | M±SD | | |
| 正功能 | 2.97 ± 1.258 | 2.67 ± 1.181 | 44.262 | 0.000 |
| 负功能 | 1.81 ± 0.927 | 1.90 ± 0.944 | 57.602 | 0.000 |

### 4. 师生冲突对高中生正向影响弱，负向影响强

正常来说，初高中学生处于青春叛逆期，性格古怪，且有升学压力，

他们更容易与教师发生对抗性冲突，进而会受到更多负向影响。研究发现：第一，师生冲突对小学生、初中生和高中生的正向影响有显著差异（$P=0.000<0.05$）。经过LSD多重比较发现，冲突对小学生的正向影响显著高于高中生（$P=0.001<0.05$），冲突对初中生的正向影响显著高于高中生（$P=0.000<0.05$），小学生和初中生之间无显著差异（$P=0.373>0.05$）。可见，对于小学生和初中生来说，与教师的冲突更多的是正向的影响。第二，师生冲突对小学生、初中生和高中生的负向影响有显著差异（$P=0.000<0.05$）。经过LSD多重比较发现，冲突对高中生的负向影响显著强于初中生（$P=0.000<0.05$）。可见，冲突对于高中生来说负向影响更为显著。综上，冲突对高中生正向影响弱，负向影响强。详见表5-16。

表5-16　师生冲突对学生影响的学段差异

| 项目 | 小学（$N=139$） | 初中（$N=2160$） | 高中（$N=681$） | $F$ | $P$ |
|------|------|------|------|------|------|
| | $M \pm SD$ | $M \pm SD$ | $M \pm SD$ | | |
| 正功能 | $2.83 \pm 1.333$ | $2.92 \pm 1.261$ | $2.46 \pm 1.000$ | 38.546 | 0.000 |
| 负功能 | $1.90 \pm 1.209$ | $1.80 \pm 0.912$ | $2.05 \pm 0.930$ | 18.454 | 0.000 |

### 5. 学生老家所在地越远，冲突对他们的正向影响越强，负向影响越弱

父母老家所在地反映了学生移民的距离，移民远近影响着学生与当地社会融合的难易程度，进而在一定程度上影响学生的思维和行为方式，甚至影响他们对师生冲突的态度与看法。如有的外地学生认为师生冲突对他们的影响是积极的，他们可以有效地化解；有的本地学生却认为与教师的冲突对他们的影响是消极的，他们极力地避免或者极力地抗争。由此，学生移民距离有可能会影响师生冲突对他们的影响。研究发现：第一，对于老家所在地为本区县、本市其他区县、本省其他市、外省和境外的学生来说，师生冲突对他们的正向影响是有显著差异的（$P=0.000<0.05$）。经过LSD多重比较发现，对老家为本区县的学生来说，与教师的冲突正向影响显著低于本省其他市的学生（$P=0.001<0.05$），显著低于老家为外省的学生（$P=0.000<0.05$）。本市其他区县的学生显著高于本省其他市的学生（$P=0.002<0.05$），显著高于外省的学生（$P=0.000<0.05$）。此处，由于老家所在地为境外的学生样本只有16份，不具有代表性，不参与比较分析。可见，若学生老家所在地是

本省其他市或外省的，师生冲突对他们的正向影响更为显著。第二，对于老家所在地为本区县、本市其他区县、本省其他市、外省和境外的学生来说，师生冲突对他们的负向影响是有显著差异的（$P=0.019<0.05$）。经过LSD多重比较发现，老家为外省的学生，冲突对他们的负向影响显著低于老家为本区县的学生（$P=0.006<0.05$），显著低于老家为本市其他区县的学生（$P=0.005<0.05$）。可见，若学生老家所在地是外省的学生，师生冲突对他们的负向影响更不显著。综上，学生老家所在地越远，冲突对他们的正向影响越强，负向影响越弱。详见表5-17。

表5-17　师生冲突对学生影响的老家所在地差异

| 项目 | 本区县（$N=915$） | 本市其他区县（$N=359$） | 本省其他市（$N=727$） | 外省（$N=963$） | 境外（$N=16$） | $F$ | $P$ |
|---|---|---|---|---|---|---|---|
| | $M \pm SD$ | $M \pm SD$ | $M \pm SD$ | $M \pm SD$ | $M \pm SD$ | | |
| 正功能 | 2.67 ± 1.131 | 2.63 ± 1.179 | 2.87 ± 1.244 | 2.96 ± 1.291 | 2.64 ± 1.195 | 9.259 | 0.000 |
| 负功能 | 1.91 ± 0.895 | 1.95 ± 0.988 | 1.85 ± 0.975 | 1.79 ± 0.923 | 2.02 ± 1.050 | 2.938 | 0.019 |

## 第二节　基于学生的新移民情境下师生冲突的发生机理

新移民情境下，从学生来看，学生的地方感、学校适应、伦理观念、规则意识与自我意识是引发师生冲突的重要因素，其中学生地方感是引发师生冲突的背景性因素，学生的学校适应水平是引发师生冲突的关键性因素，学生伦理观念是引发师生冲突的基础性因素，学生的规则意识与自我意识是引发师生冲突的决定性因素。

### 一、学生地方感——引发师生冲突的背景性因素

在城市化、工业化和市场化的时代背景下，移民已然是一种必然趋势或

必然现象，①如今大城市外来人口不再是乡村移民的天下，城镇背景的外来人口所占比例日益扩大。②可见，在当下的移民群体中乡村移民仍然是主要组成部分，但镇城移民或城城移民越来越多。换言之，不管是农村还是城镇，移民已然是一种普遍现象。我们是与大地紧密相连的生物，当我们进入一个新的城市，便是进入了一个新的空间，空间作为人类生活的容器，当它被熟悉并赋予意义时，就变成了"地方"，地方是一个能抓住我们注意力的安稳的对象，是一个凝聚了价值观念并且能够栖居的对象，是价值和养育支持的焦点。③我们对空间会形成空间感，对地方同样会形成地方感。如果空间感因人的迁移而形成，地方感则是因为人们迁移中止而形成。当某一个点能满足人们的生存需要，人们停留在那里，使那个点成为感觉的价值中心，④地方感则得以形成。人的地方感灌注着丰沛的主观情感，它的主要标识是"人情"，人情让地方染上了感性的色彩，具备了生命的温度；地方则给予了个体家一般的归属。⑤换言之，地方感表征着人对地方的情感联结，因为地方是人们既定价值的安全中心，能给予人精神和心理上的稳定和安全。反之，个体若生活在无地方感的空间，则容易失落无主，进而产生一种漂泊感，如同无根之萍和断线的风筝，这种漂泊感会极大地降低他们对所生活地方的忠诚度，⑥使学生想逃离城市，逃离学校，这势必影响学生的学习生活，甚至引发师生冲突。

① 俞可平.新移民运动、公民身份与制度变迁：对改革开放以来大规模农民工进城的一种政治学解释[J]经济社会体制比较，2010（1）：1-11.

② 周大鸣，杨小柳.从农民工到城市新移民：一个概念、一种思路[J].中山大学学报（社会科学版），2014，54（5）：144-154.

③ TUAN Y F.Space and place：the perspective of experience[M].Minneapolis：University of Minnesota Press，2001：29.

④ 王健，李子卿，孙慧，等.地方感何以可能：兼评段义孚 Space and Place：The Perspectives of Experience 一书[J].民族学刊，2016，7（5）：15-20，101-102.

⑤ 徐汉晖.空间、地方感与恋地情结的文学抒写[J].湖北社会科学，2017（11）：119-125.

⑥ 蔡文川.地方感环境空间的经验记忆与相像[M].高雄：丽文文化出版社，2009：10.

## （一）中小学生地方感影响师生冲突的数理确证

学生的地方感是学生与地方的一种情感联结，本质上是一种情感。若学生憎恨或厌恶所生活的城市，时刻想逃离所生活的城市，即表明学生有着消极的地方感。那么，这种消极的地方情感势必引致学生产生一些其他的消极情绪，如不高兴、悲伤或沮丧。当学生带着这些消极情绪进入学校、进入课堂时，就会大大增加与教师的冲突。研究发现，学生的地方感确实影响学生与教师的冲突。

第一，地方感与师生冲突强度显著负相关（$r=-0.266$，$P<0.01$），说明学生地方感越强，学生与教师的冲突强度越低。

第二，地方感与学生应对师生冲突的方式显著相关。地方感与协商显著正相关（$r=0.352$，$P<0.01$），与不卷入显著负相关（$r=-0.161$，$P<0.01$），与武力显著负相关（$r=-0.166$，$P<0.01$），说明学生地方感越强则学生越会倾向于选择协商的方式去应对与教师的冲突，而不是不卷入和武力的方式。

第三，地方感与师生冲突的功能显著相关。地方感与正功能显著正相关（$r=0.306$，$P<0.01$），与负功能显著负相关（$r=-0.216$，$P<0.01$），说明学生地方感越强，师生冲突对学生的作用更多是积极的影响，而不是消极的影响。详见表5-18。

表5-18 地方感与师生冲突强度、应对方式与功能的相关矩阵

| 项目 | 地方感 | 地方性知识 | 地方依赖 | 地方依恋 | 强度 | 协商 | 不卷入 | 武力 | 正功能 | 负功能 |
|---|---|---|---|---|---|---|---|---|---|---|
| 地方感 | — | — | — | — | — | — | — | — | — | — |
| 地方性知识 | 0.805** | — | — | — | — | — | — | — | — | — |
| 地方依赖 | 0.878** | 0.650** | — | — | — | — | — | — | — | — |
| 地方依恋 | 0.902** | 0.534** | 0.688** | — | — | — | — | — | — | — |
| 强度 | -0.266** | -0.148** | -0.189** | -0.282** | — | — | — | — | — | — |
| 协商 | 0.352** | 0.273** | 0.306** | 0.326** | -0.194** | — | — | — | — | — |
| 不卷入 | -0.161** | -0.097** | -0.106** | -0.175** | 0.279** | -0.149** | — | — | — | — |

（续表）

| 项目 | 地方感 | 地方性知识 | 地方依赖 | 地方依恋 | 强度 | 协商 | 不卷入 | 武力 | 正功能 | 负功能 |
|------|--------|-----------|----------|----------|------|------|--------|------|--------|--------|
| 武力 | -0.166** | -0.080** | -0.109** | -0.189** | 0.423** | -0.011 | 0.228** | — | — | — |
| 正功能 | 0.306** | 0.227** | 0.272** | 0.285** | -0.168** | 0.436** | -0.135** | -0.189** | — | — |
| 负功能 | -0.216** | -0.131** | -0.179** | -0.131** | 0.480** | -0.161** | 0.371 | 0.288 | -0.122** | — |

注：**表示$P<0.01$。

综上，学生地方感越强，学生与教师的冲突强度越低，应对冲突的方式越缓和，越偏向于积极影响。

## （二）中小学生地方感的现况

新移民情境下中小学生地方感良好，即大部分中小学生热爱他们所生活的地方。从各个维度来看，学生地方性知识、地方依赖和地方依恋的均值都大于3，说明中小学生对所生活的地方比较熟悉，地方能满足他们生活与学习的需要，他们认同并依恋该地方。其中地方依恋均值最高（$M_{依恋}$=4.02），其次为地方依赖（$M_{依赖}$=3.87），最后为地方性知识（$M_{知识}$=3.69），表明即使学生对地方熟悉度不够，但他们却对地方有着较为深厚的感情。详见表5-19。

表5-19　中小学生地方感均值表

| 维度 | N（样本数量） | $M \pm SD$ |
|------|--------------|-----------|
| 地方性知识 | 2980 | 3.69 ± 1.040 |
| 地方依赖 | 2980 | 3.87 ± 0.987 |
| 地方依恋 | 2980 | 4.02 ± 0.806 |

实际上，尽管中小学生总体上地方感良好，但仍有很大的提升空间。研究发现：第一，在地方性知识方面，有12%的学生不太了解或根本不了解自己所生活城市的自然景观与旅游景点；有15.3%的学生不知道或根本不知道自己所生活城市的历史文化。可见，地方性知识是地方感形成的基础，中小学生的地方性知识仍有很大的提升空间。第二，在地方依赖方面，有10.4%的学生认为自己所生活的城市满足不了或根本满足不了他们生活与娱乐的需要，有10.53%的学生认为他们不能或根本不能熟练地使用自己所在城市的公共设

施，如交通设施等。可见，中小学生的地方依赖也有很大的提升空间。第三，在地方依恋方面，有8.39%的学生认为在所生活的城市比较没有或根本没有归属感；有8.69%的学生不会或根本不会因为所生活的城市而感到自豪；有27.79%的学生很想离开现在所生活的城市。可见，中小学生对所生活的城市的认同感与依恋感同样有很大的提升空间。可见，目前中小学生的地方感良好，但也有很大的提升空间。

## 二、学生学校适应——引发师生冲突的关键性因素

中小学生非睡眠时间的三分之二都在学校度过，学校是除了家庭以外中小学生生活与成长最重要的场所，而能否适应学校生活是评价中小学生师生关系的关键指标，[①]故中小学生学校适应性是影响师生冲突的关键性因素。

### （一）学生学校适应影响师生冲突的理论依据

学校适应指学生通过自身与个体、活动、环境相互作用以使自己正确认识和接纳自己、与教师和同学的关系融洽、顺利完成各项学习任务、积极参加课余活动、遵守学校规则制度和融入学校文化的动态过程，它包括学生的个体适应、活动适应和环境适应。师生关系是教育关系中一种最基本的人际关系，也是促进学生社会化最重要的关系，它贯穿着教育的始终，直接关系到学生的健康成长。大量的研究表明：师生关系对学生学校适应有着重要的正向影响，即师生关系越好，学生学校适应水平越高。[②]为此，可以推论得出学生学校适应对师生关系也是有正向影响的，即学生学校适应得越好，师生关系就越和谐，师生冲突就越少。任何事物的影响作用是相互的，即师生关系对学生学校适应有正向影响，也就等同于学生学校适应对师生关系有正向影响。首先，学生学校适应的基础就是学生的个体适应，它包括了学生与

---

① ECCLES J S, ROESER R W . Schools as developmental contexts during adolescence[J]. Journal of research on adolescence, 2011, 21（1）：225-241.

② 刘万伦，沃建中.师生关系与中小学生学校适应性的关系[J].心理发展与教育，2005（1）：87-90.

老师关系的适应，学生适应与教师的关系，说明师生关系是和谐的，不适应与教师的关系则说明师生关系是冲突的。其次，学生学校适应的核心是活动适应，它包括学生对课堂教学活动与课余活动的适应。显然，学生适应课堂教学活动，便能适应教师的教学方法和内容，能顺利完成各项学习任务；反之，则不容易或不能适应教师的教学方法或内容，不能顺利完成学习任务，届时学生便会对教师心生不满或产生消极情绪或拒绝学习，如若教师进行干涉，学生将会反抗，师生关系易走向冲突。同理，学生不能适应课余活动，便不会积极参加或不参加课余活动，也易引发师生冲突。最后，学生学校适应的关键是环境适应，它关乎学生能否适应学校的物质环境、制度环境和学校文化，若学生不适应物质环境，便容易破坏它，如践踏草坪、乱涂乱画、破坏公物等；若学生不适应制度环境，便容易违反规则；若学生不适应学校文化，便会感到与学校格格不入，无所适从。在这种情况下，教师一旦进入到学生的领域进行干涉时，师生关系便会恶化，甚至产生冲突。综上，学生学校适应对师生关系有着关键性的影响，而师生冲突是师生关系的一种基本类型，故学生学校适应对师生冲突有关键性的影响。

### （二）学生学校适应影响师生冲突的数理确证

运用SPSS19.0数据分析软件使用皮尔逊积差相关的方法得出学生学校适应与师生冲突应对方式、冲突强度、正负功能的相关矩阵，以考察新移民情境下学生学校适应对师生冲突应对方式、冲突强度以及正负功能的影响作用，结果如表5-20所示。

表5-20　学校适应与师生冲突强度、应对方式与功能的相关矩阵

| 项目 | 1 | 2 | 3 | 4 | 5 | 6 | 7 | 8 | 9 | 10 |
|---|---|---|---|---|---|---|---|---|---|---|
| 1 | — | — | — | — | — | — | — | — | — | — |
| 2 | 0.845** | — | — | — | — | — | — | — | — | — |
| 3 | 0.909** | 0.678** | — | — | — | — | — | — | — | — |
| 4 | 0.893** | 0.605** | 0.725** | — | — | — | — | — | — | — |
| 5 | −0.411** | −0.346** | −0.351** | −0.390** | — | — | — | — | — | — |
| 6 | 0.386** | 0.373** | 0.344** | 0.314** | −0.194** | — | — | — | — | — |
| 7 | −0.221** | −0.240** | −0.188** | −0.171** | 0.423** | −0.149** | — | — | — | — |
| 8 | −0.197** | −0.170** | −0.167** | −0.184** | 0.279** | −0.011 | 0.228** | — | — | — |

（续表）

| 项目 | 1 | 2 | 3 | 4 | 5 | 6 | 7 | 8 | 9 | 10 |
|---|---|---|---|---|---|---|---|---|---|---|
| 9 | 0.391** | 0.326** | 0.357** | 0.352** | -0.168** | 0.436** | -0.135 | -0.026 | — | — |
| 10 | -0.333** | -0.327** | -0.273** | -0.289** | 0.480** | -0.161** | 0.371** | 0.288** | -0.122** | — |

注：**表示$P<0.01$；1代表学校适应，2代表个体适应，3代表活动适应，4代表环境适应，5代表冲突强度，6代表协商，7代表不卷入，8代表武力，9代表正功能，10代表负功能。

第一，学校适应与师生冲突强度显著负相关。相关分析表明师生冲突强度与学校适应显著负相关（$r=-0.411$，$P<0.01$，两者为中度相关），说明学生学校适应水平越高，学生与教师的冲突强度越低。具体来说，学生个体适应、活动适应与环境适应都与师生冲突强度显著负相关（$r_{个体}=-0.346$；$r_{活动}=-0.351$；$r_{环境}=-0.390$）。

第二，学校适应与学生应对师生冲突的方式显著相关。学校适应与协商显著正相关（$r=0.386$，$P<0.01$），与不卷入显著负相关（$r=-0.221$，$P<0.01$），与武力显著负相关（$r=-0.197$，$P<0.01$，两者低度相关）。换言之，学生学校适应水平越高，学生越会选择协商的方式解决与教师的冲突，而不是选择不卷入和武力的方式。

第三，师生冲突的正功能与学校适应显著正相关（$r=0.391$，$P<0.01$，两者为低度相关），师生冲突负功能与学校适应显著负相关（$r=-0.333$，$P<0.01$，两者低度相关）。换言之，学生学校适应水平越高，师生冲突对学生来说更多表现为正功能，而不是负功能。

综上，学生学校适应正向影响师生冲突，即学生学校适应水平越高，学生与教师的冲突强度越低，越倾向于选用协商的应对方式，更多表现为正功能。故提高中小学生的学校适应水平有利于减少师生冲突，使师生关系更为和谐。

### （三）中小学生学校适应的现况

运用SPSS19.0对中小学生学校适应以及各维度的总体水平进行分析，中小学生学校适应总体均值为3.98，大于3，说明在新移民背景下中小学生学校适应水平处于中等偏上。在各个维度上，中小学生活动适应最好，其均值为

4.00；个体适应和环境适应均值分别为3.95和3.99，表明中小学生个体适应和环境适应水平都比较高，但学生个体适应水平明显低于活动适应与环境适应水平，说明学生更适应学校的环境，乐于参加学校的各项活动，但与自己、同学和教师相处起来有更多的问题。以个体适应、活动适应和环境适应的均值为标准，找出低于均值水平的测项，以判断中小学生到底在哪些方面适应还不够。

第一，在个体适应中，学生对教师的教学方法与风格（M=3.96），以及同学的行为习惯（M=3.85）的适应水平还不够，比较不清楚自己的优点（M=3.74），相对不够自信（M=3.82）。第二，在活动适应中，学生对课程内容（M=3.82）、学习任务（M=3.99）和学校的各项活动（M=3.89）的适应水平还不够。第三，在环境适应中，学生对学校的生活条件（M=3.55），学校的各项设施设备（M=3.81）和校服校歌（M=3.82）的适应水平还不够。

此外，运用SPSS19.0以学生性别、班级身份、学段和老家所在地为控制变量进行单因素方差分析，研究发现如下。

### 1. 男生个体适应更强，女生则环境适应更强

中小学生学校适应与性别有关。研究表明：第一，男生个体适应水平显著高于女生（$P=0.034<0.05$），说明在学校男生更能适应教师的教学与管理，和同学相处得更为融洽，也更能清楚和接纳自己的优缺点，更自信。第二，男女学生的活动适应水平无显著差异（$P=0.771>0.05$）。第三，女生的环境适应水平显著强于男生（$P=0.010<0.05$），说明女生更能适应学校生活条件、校规校纪、规章制度，更认同学校的文化。详见表5-21。

表5-21　中小学生学校适应的性别差异

| 项目 | 男（N=1485） | 女（N=1495） | F | P |
|---|---|---|---|---|
| | M±SD | M±SD | | |
| 个体适应 | 4.00±0.686 | 3.95±0.642 | 4.494 | 0.034 |
| 活动适应 | 4.00±0.764 | 4.00±0.712 | 0.085 | 0.771 |
| 环境适应 | 3.95±0.842 | 4.03±0.762 | 6.613 | 0.010 |

### 2. 班干部更能适应学校生活

一般来说，班干部是教师和学生之间的桥梁，与教师和学生相处较多，在其他同学面前更有示范作用，在教师面前表现得更听话，参加活动更积

极，故班干部与教师、同学以及学校环境之间理应更为适应。研究表明：第一，班干部个体适应显著强于非班干部（$P=0.000<0.05$）；第二，班干部活动适应显著强于非班干部（$P=0.000<0.05$）；第三，班干部环境适应显著强于非班干部（$P=0.000<0.05$）。综上，班干部学校适应强于非班干部，即班干部更能适应学校生活。详见表5-22。

表5-22　中小学生学校适应的身份差异

| 项目 | 班干部（$N=1343$） | 非班干部（$N=1637$） | $F$ | $P$ |
| --- | --- | --- | --- | --- |
|  | $M \pm SD$ | $M \pm SD$ |  |  |
| 个体适应 | $4.07 \pm 0.634$ | $3.89 \pm 0.678$ | 57.345 | 0.000 |
| 活动适应 | $4.14 \pm 0.687$ | $3.88 \pm 0.759$ | 91.295 | 0.000 |
| 环境适应 | $4.11 \pm 0.759$ | $3.89 \pm 0.825$ | 57.602 | 0.000 |

### 3．学段越高，学生学校适应水平越差

学生的学校适应水平表征学生对学校一切的适应情况，包括学习、生活以及与教师和同学的关系。随着学生学段的升高，学习压力越来越大，学生越来越独立，学生学校适应水平理应有所下降。研究表明：第一，中小学生在个体适应上存在显著差异（$P=0.000<0.05$）。经LSD多重比较后发现，小学生个体适应显著强于高中生（$P=0.000<0.05$），初中生个体适应也显著强于高中生（$P=0.000<0.05$）。第二，中小学生在活动适应上存在显著差异（$P=0.000<0.05$）。经LSD多重比较后发现，小学生活动适应显著强于初中生（$P=0.034<0.05$），也显著强于高中生（$P=0.000<0.05$）；初中生活动适应显著强于高中生（$P=0.000<0.05$）。第三，中小学生在环境适应上存在显著差异（$P=0.000<0.05$）。经LSD多重比较后发现，小学生环境适应显著强于高中生（$P=0.000<0.05$），初中生环境适应也显著强于高中生（$P=0.000<0.05$）。综上，总体来看，小学生学校适应更强，其次为初中生，最后为高中生。这可能是由初高中生学习压力变大，个性更加独立所致。详见表5-23。

表5-23　中小学生学校适应的学段差异

| 项目 | 小学（$N=139$） | 初中（$N=2160$） | 高中（$N=681$） | $F$ | $P$ |
| --- | --- | --- | --- | --- | --- |
|  | $M \pm SD$ | $M \pm SD$ | $M \pm SD$ |  |  |
| 个体适应 | $4.01 \pm 0.691$ | $4.01 \pm 0.652$ | $3.71 \pm 0.583$ | 58.678 | 0.000 |
| 活动适应 | $4.21 \pm 0.721$ | $4.15 \pm 0.716$ | $3.70 \pm 0.702$ | 79.353 | 0.000 |
| 环境适应 | $4.27 \pm 0.703$ | $4.15 \pm 0.716$ | $3.43 \pm 0.834$ | 4250.224 | 0.000 |

### 4.老家所在地越远，学生适应水平越高

一般来说，学生跟随父母从老家到另外一个地方生活与学习会经历种种不适应，如当地的气候、饮食或文化，但研究表明这种不适应并不会延伸到学生的学校生活中，反而是学生老家所在地越远，学生越能适应学校生活，即学生移民距离越远，其学校适应水平越高。研究表明：第一，老家所在地不同，中小学生个体适应有显著差异（$P=0.000<0.05$）。经过LSD多重比较后发现，老家为本区县的学生个体适应显著低于老家为本省其他市（$P=0.000<0.05$）的学生，也显著低于老家为外省的学生（$P=0.000<0.05$）；老家为本市其他区县的学生个体适应显著低于老家为外省的学生（$P=0.000<0.05$）。第二，老家所在地不同，中小学生活动适应有显著的差异（$P=0.000<0.05$）。LSD多重比较后发现，老家为本区县的学生活动适应显著低于老家为本省其他市（$P=0.000<0.05$）的学生，也显著低于老家为外省的学生（$P=0.000<0.05$）；老家为本市其他区县的学生活动适应显著低于老家为外省的学生（$P=0.001<0.05$）。第三，老家所在地不同，中小学生环境适应有显著差异（$P=0.000<0.05$）。LSD多重比较后发现，老家为本区县的学生环境适应显著低于老家为本省其他市（$P=0.000<0.05$）的学生，也显著低于老家为外省的学生（$P=0.000<0.05$）；老家为本市其他区县的学生活动适应显著低于老家为外省的学生（$P=0.000<0.05$）。总之，中小学生老家所在地距离越远，学校适应水平越高，即新移民子女学校适应水平高于当地学生。详见表5-24。

表5-24　中小学生学校适应的老家所在地差异

| 项目 | 本区县（$N=915$） | 本市其他区县（$N=359$） | 本省其他市（$N=727$） | 外省（$N=963$） | 境外（$N=16$） | $F$ | $P$ |
| --- | --- | --- | --- | --- | --- | --- | --- |
| | $M \pm SD$ | $M \pm SD$ | $M \pm SD$ | $M \pm SD$ | $M \pm SD$ | | |
| 个体适应 | 3.87 ± 0.646 | 3.93 ± 0.658 | 4.01 ± 0.673 | 4.07 ± 0.656 | 3.55 ± 0.873 | 13.737 | 0.000 |
| 活动适应 | 3.87 ± 0.741 | 3.95 ± 0.704 | 4.05 ± 0.723 | 4.11 ± 0.731 | 3.56 ± 1.112 | 15.283 | 0.000 |
| 环境适应 | 3.80 ± 0.838 | 3.87 ± 0.811 | 4.08 ± 0.757 | 4.15 ± 0.748 | 3.64 ± 1.184 | 28.100 | 0.000 |

可见，高年级学生、非班干部以及老家为本地的中小学生更需要提高自己的学校适应水平。

## 三、学生伦理观念——引发师生冲突的基础性因素

学生的伦理观念是学生行为的先导，一样会直接支配或决定学生的行为，一样会直接决定学生如何应对或评价与教师的冲突，可以说学生的伦理观念是影响师生冲突的基础性因素。在师生冲突中，主要是学生的知识观与教师观在影响着师生冲突。

### （一）学生的知识观对师生冲突的影响

学生的知识观主要包括知识是什么以及知识有什么用，即知识本质观与知识价值观。这里主要讨论学生知识价值观如何引发师生冲突。市场化下知识改变命运的观念退位，这导致学生不再重视知识，进而也不再重视学习，教师出于职责会干涉学生的学习以唤起学生重新学习知识的欲望，以提高学生对学习的重要性的认知，若学生仍不以为然，则师生就容易发生认知冲突；若学生抵制教师的干涉行为，则易引致师生行为冲突。

读书自古以来就是知识分子孜孜不倦的高雅追求。然而，这种以读书为人生品位的观念已经发生变化，取而代之的是"读书无用论"的观点。[①]改革开放之后，在经济快速增长浪潮的击打之下，金钱成为衡量人的价值标准，拜金主义悄然占据了很多人的价值观念，"读书无用论"的思潮席卷而来。目前，"读书无用论"的观点不仅没有消退，反而有流行的趋势。经济的快速发展在带给人们高质量生活水平的同时，也带来了一些负面的影响。此外，大学生就业民工化已经出现，越来越不明朗的毕业生就业形势以及收入条件，更是为"读书无用论"的滋长提供了养料。"读书无用论"的再次产生是人们对高等教育所能带来的价值的怀疑的结果。受教育者寄希望于高等教育，以求获得与高投入相对应的高回报，即希望通过读书能在将来拥有一份收入不菲的工作，能习得一身本领，能得到他人的羡慕和尊重，能拥有较高的社会地位。然而，当曾经的天之骄子不再被投以羡慕与赞誉的眼光时，当期盼的经济回报和自身素质增值都无法满足时，不免会产生对高等教育价

---

① 刘宇红，程成.新"读书无用论"的反思[J].高教探索，2012（5）：144-146.

值的怀疑。尤其是农村家庭，若要满足学生接受高等教育的需求，家庭的经济负担会很重，还不如初高中毕业后就打工挣钱来得实在。所以，在"读书无用论"价值思潮下，很多学生在初高中其实就放弃了学习，放弃了知识。由此，不学习的学生在学校必然会造成对自身角色的认知错位，会忽略教师的存在，轻视教育的功能，产生大量的违纪行为，教师便会进行行为干涉，进而引发师生冲突。

### （二）学生尊师重道伦理观念隐退对师生冲突的影响

教育民主化下过度追寻自由与平等使学生尊师重道的伦理观念隐退，教师害怕得罪学生，学生则与教师分庭抗礼。

长久以来，在"以人为本"理念影响下，民主、平等的师生关系也得以推行。伴随素质教育、新课改的推进，新型师生角色观、师生关系观获得了广泛的认同。诸如，教师是学生的合作者、促进者，教师是平等中的首席等道理可谓家喻户晓。应该说，师生关系出现的新变化是一种好的景象，它有助于实现师生真正的人格平等，实现师生关系中社会关系属性和人际关系属性的真正融合，也有利于打破教师的知识垄断地位，培养学生对知识的热爱和批判创新精神。伴随改革开放的日益深入，西方思潮冲击更加复杂，价值观多元化更加盛行，个体自由被推至空前的高度，人本主义诉求稍有不慎就会变成盲目的，甚至是"矫枉过正"的不合理主张。随着主体意识、自我意识的增强，一些中小学生还习惯了动不动就拿"个人权利""自由选择"等来"恐吓"教师，轻则赌气告状，重则出逃、轻生。教师不愿管理、不敢管理学生的现象成为普遍，教师履行教书育人职责常处于万般无奈的境地。

师之为师，根本在于教师有着高贵的灵魂德性，有着对善恶真假的判断力，有着对世界与人的爱和责任。学之为学，根本在于学生虽然有着一颗爱好和求知之心，但其灵魂德性还未成为一种现实，对善恶真假尚缺乏判断力，对世界的爱和需要承担的责任还需要培育，所以学生需要向教师学习。师在上与生在下的这种差异，意味着二者是不对等的，同时也意味着学生要对教师敬畏和尊重。反之，如果否认这种差异，强调教师与学生天然的平等，教师就不为教师，即放弃了灵魂的高贵和卓越，下降为世俗社会的迎合者。同样学生也不为学生，即放弃了自身灵魂德性的上升，过起了一种没有善好约束的自由选择的生活。

## 四、学生规则意识与自我意识——引发师生冲突的决定性因素

规则是人们在日常生活、学习、工作中必须遵守的、科学的、合理的、合法的行为规范和准则。[①]在学校生活中，处处都有规则。有了规则的约束和指导，每个学生都生活在不超越底线的自由状态中，生活在和谐与秩序中。学生规则意识是指学生对规则的认知、认同、尊重和信仰，并自觉遵守规则的愿望和习惯。它是人类社会自身发展的内在需求，是现代公民意识的重要组成部分[②]，由规则认知、规则情感和规则意向三因素构成。[③]从学生来看，学生往往在对规则不了解时，认知上有偏差时，情感上不认同时，行为上有僭越意向时，就会自然地出现违纪行为，而教师纠正学生的违纪行为时最容易发生师生冲突。学生的自我意识是指学生对自己与周围世界的关系的认识，学生根据这种认识来调控自己的行为，从而使自己与环境保持动态平衡。当前，学生自我意识的不断增强，主要表现在个性张扬，行为特立独行，这些行为表现往往又折射出对教师的不尊重，对教师正常管理的不服从，对规则的漠视，而这些行为恰恰是引发师生冲突的重要因素。简言之，学生的规则意识与自我意识是影响师生冲突的决定性因素。

### （一）学生的规则意识对师生冲突的影响

#### 1. 学生的规则认知对师生冲突的影响

规则意识的培养，首先基于学生对规则意义的理解，学生缺乏规则意识，其中一个突出表现就是对规则知识了解不多，意义理解不深刻。调查显

---

① 郑三元.规则的意义与儿童规则教育新思维[J].湖南师范大学教育科学学报，2006（5）：45-47.

② 梁志娟.规则意识是当代大学生法治教育的基石[J].山西师大学报（社会科学版），2015，42（S1）：195-196.

③ 辛志勇，顾冰，陈明果.青少年关系规则意识发展特点与教育建议[J].教育理论与实践，2017，37（20）：11-14.

示，84.01%的学生对校规校纪了解得不多、不细。①每一个看似细小的规则中其实往往蕴含着丰富的道德要素。比如对于"参加升旗仪式要佩戴红领巾"这一规则，很多学生只是因为学校有要求，不佩戴要被扣分，而没有真正领会到"红领巾是五星红旗的一角，是少先队的标志，佩戴红领巾就是一种对祖国的热爱，佩戴很光荣"这一意义所在。又如学生认为打饭排队的规则限制了学生的自由，然而学生类似的认知否定了这一规则的公共性和合理性。学生在知识、生活经验缺乏的情况下，对规则的意义认识肤浅，对规则文化的内涵、价值和意义理解难免失之偏颇，从而导致他们对规则缺乏自觉遵守的意愿。②这潜在地增加了学生违反班规校纪的概率，甚至当学生违反纪律时以不知道或不了解为由，推脱自己的责任或继续违反规则，这也就增加了师生冲突发生的可能性。

**2. 学生的规则情感对师生冲突的影响**

学生的规则情感主要由学生对规则的认同而决定。认同属于一种心理选择态度，若学生没有完全认可规则，将导致他们缺乏遵守规则的主动性，往往会出现僭越规则的行为，不能成为自觉维护规则的主体。学校的校规是学校的领导和教师制定的，与学生无关；班规是班主任或者是个别班干部制定的，与绝大部分学生也无关；社会上几乎所有的规则都不是由学生制定的，更与学生无关。而且这些班规校纪往往是站在成人思维的角度制定的，缺乏对学生的充分考虑。比如在图书馆一般要遵守"保持安静"的规则，很多学生由于缺乏应有的规则认同感，往往会漠视这些规则。学校是一个有规则的组织系统，作为这个系统里的一分子，任何一个人都不可以随意摆脱规则，因此教师定当保证学生在规则的约束之下，此时学生对规则的不认同或反对遇上教师的控制时，师生冲突就可能发生。

**3. 学生的规则意向对师生冲突的影响**

规则的内在要求就是"遵守"，具体表现就是"行为"。僭越规则的行为，是不遵守规则要求的最直接表现。由于学生对规则知识的不了解和对

---

① 刘志辉，高瑞果，张树哲.关于高职学生规则意识现状的调查报告[J].河北师范大学学报（教育科学版），2011，13（3）：87-90.

② 汪洋.小学生规则意识培育路径探析[J].上海教育科研，2018（5）：53-56.

规则认同感的不强烈，再加上学生自制力差、意志薄弱，学生自然会产生僭越规则的意向，进而出现一系列无组织、无纪律的"违规行为"，甚至这些成了中小学生随处可见的一些"日常行为"。比如便后不冲水、墙上乱涂乱画、垃圾不分类、无故旷课、上课迟到早退、考试作弊、公共场所大声喧哗等，甚至还鄙视那些严格遵守学校规则的同学。这些表现说明，学校规则未内化为学生自己的道德信念，也未外显为他们的行为习惯。可见，学生较强的僭越规则的意向催生了违纪行为，进而导致师生冲突的发生。

### （二）学生的自我意识对师生冲突的影响

当代中小学生一个非常显著的特征就是具有强烈的自我意识，这种自我意识是决定青少年在学习、生活中态度和行为的重要因素。所谓自我意识，是指个体对自己与周围世界的关系的认识，根据这种认识来调控自己的行为，使个体与环境保持动态平衡。这种自我意识能力表现在认识上，就是认识自己、评价自己；表现在情感上，就是自尊、自信、自豪感、责任感和义务感；表现在意志上是自我监督、自我调节与控制。自我意识从内容上来说就是内化了的社会意识，是人在参与社会生活的同时认识自己、发展自己和完善自己。当下中小学生的自我意识进一步觉醒，并表现出了具有时代深刻印记的自我意识特征：第一，人生目标上注重自我，即关心自我发展、热衷自我完善、崇尚自我奋斗、追求自我实现；第二，发展上注重独立，即希望与成人平起平坐，希望得到成人的尊重，渴望参与成人社会的活动，享有成人的权利；第三，生活上注重自立，即不迷信权威，喜欢独立思考，经济上的自立意识逐渐增强；第四，学习上注重自主，即自己的命运自己来掌握，自己的事情自己负责，学习上靠自己去努力；第五，人格上注重自尊，即知识经济和国际化背景下，知识和人才逐渐得到尊重，青少年也特别期待获得社会尊重；第六，活动上注重自强，即市场经济激发了青少年的竞争意识和自强意识，他们乐于参加竞争性强的活动，在活动中不甘落后，在交往中乐于表现自己的才智，普遍主张靠本事和奋斗取得成功，渴望成为学习、生活、事业的强者；第七，精神上注重自信，即市场经济要求每一位竞争者有较强的实力和自信。

学生自我意识的增强必然会让学生形成独立的个性，致使中小学生个性更加突出，更加强烈地希望彰显个性和表达自我。故他们既崇尚"我走我的路，别人怎能管，只手打天下，一身都是胆"，一心想要"做自己"，①同时也希望通过各种手段发出声音、显示力量、争取地位、赢得尊重。"他们喜欢独立地观察、认识和思考问题，独立判断的能力越来越强，评判事物的标准更多元，尊重利益多样化，反对不加思考接受强加的说教，渴望话语权平等。"②如一位学生对教师怒吼道："我就这样，你是教师又怎样？大家都是人，你能把我怎样？"另一方面，由于急切渴望受到关注，在部分中小学生中间也出现了一些具有"叛逆""非主流"色彩的非理性行为。如一些特别渴望张扬个性的中小学生会把个性行为看作是显示自己独特价值和社会形象的机会，这无疑是他们在行为选择中不成熟的表现。具体说来，他们张扬的个性表现与教师价值观相左，行为相逆，教师自会干涉，但教师干涉则易引发师生冲突。

简言之，传统的以社会或群体为绝对本位的价值取向逐渐被打破，个人本位的价值取向受到了应有的重视，个体的利益和合理需求获得了应有的地位，个体的价值取得了应有的肯定，个体的自主意识和主体精神得到了彰显。这在客观上也导致了青少年在个人与社会关系的处理上从社会本位向个人本位的偏移，严重者则会陷入极端个人主义的深渊，以自我为中心、自私自利，损坏、侵扰与教师的关系。

## » 第三节　基于学生的新移民情境下师生冲突的根源探究

从学生来看，其伦理观念、学校适应水平、规则意识和自我意识以及地方感会引发自身的认知错位、情绪消极与行为失范，进而引发师生冲突，即

---

① 叶丹. "90后"驾到　互联网平台拼新潮玩法[N]. 南方日报，2016-07-07（B02）.
② 于家明. "90后"青年群体特点及教育对策探析[J].中国青年研究，2010（1）：56-58，116.

学生认知分歧、情绪消极与行为干扰才是师生冲突发生的根源，其中学生认知错位是师生冲突的内隐性根源，学生情绪消极是师生冲突的中间性根源，学生行为失范则是师生冲突的外显性根源。

## 一、学生认知错位——师生冲突的内隐性根源

学生伦理观念隐退是学生对自身角色和对教师角色认知错位的主要原因。错位一般指事物偏离原来的或应有的位置。学生认知错位主要指学生对自己角色的认识离开了应有的位置，甚至可以说是学生对自己角色的认识错误。"角色"这个词原本是戏剧中的名词，意指演员扮演的剧中人物。在社会学理论中，主要是指彼此间的行为是否符合对方的行为期待，它决定着社会角色间互动关系的好坏。用社会学的视角来审视课堂教学，我们可以把它看成是一个小型社会组织活动，其中的社会成员是教师和学生。学生扮演的是被管理者的角色，是受教育者，是接受知识和教育的客体；教师是成人的代表，是管理者的角色，不但扮演着教书育人的角色，而且还要扮演班级行政者、心理医生、家长代言人的角色。由此可知，学生和教师扮演着不同属性的社会角色，必然对彼此都有所期望，学生对自己的角色认识错位时便易做出不符合教师期望的行为，教师介入并纠正，学生坚持或反抗，师生冲突可能随之发生；学生对教师的角色认识错位时，便会误解教师或过分要求教师，然而教师却做不出符合学生过高期望的行为，学生产生心理落差，对教师不满，师生冲突也可能随之发生。简言之，学生对自身角色和对教师角色认知错位时，都会引发师生冲突。

### （一）对自身角色的认知错位

要了解中小学生角色认知错位，首先要弄清楚中小学生应该是什么样子的，然后以此为参照或标准观照中小学生对自己角色的认识。《中小学生守则》（以下简称《守则》）为中小学生所扮演的角色提供了标准，这往往也是教师对中小学生的共同期望与要求：①爱党爱国爱人民；②好学多问肯钻研；③勤劳笃行乐奉献；④明礼守法讲美德；⑤孝亲尊师善待人；⑥诚实守信有担当；⑦自强自律健身心；⑧珍爱生命保安全；⑨勤俭节约护家园。然

而，从现实来看，中小学生对《守则》中所规定内容的认识往往是相异或认识不足的，这就是中小学生对自身角色的认知错位现象。那么，在师生交往实践中，到底学生哪些角色认知错位会引发师生冲突呢？

首先，作为学生，本分理应是学习，即《守则》中要求的"好学多问肯钻研"。因为学生是受教育的对象，无论如何强调学生学习活动中的自主性、自觉性与主动性，也无法否认教育者与受教育者之间展开的是以受教育者为指向的对象性活动这一事实。但是一部分中学生不能树立远大理想，也不将刻苦努力、勤奋上进作为自己的本分，他们认为学习应使人愉悦，应紧紧贴近甚至简单复制世俗，不追求什么意义，怎么学、学得好与坏是自己的事情，与教师无关。当教师进行说教时，他们感到不快，产生抵触心理，甚至产生逆反心理。其次，作为学生理应遵守学校规章制度，讲美德，即《守则》中要求的明礼、守法、讲美德。很多学生则以人身自由为挡箭牌，甚至以自由与权利为自己不上进、不努力的武器，自由放任、我行我素，挑战教师权威，任意违反校规校纪。最后，作为学生理应尊敬师长，即《守则》中所要求的尊师，但对部分学生而言，于师不再心生敬意、尊敬爱戴。可见，很多学生对自己的角色认识产生了错位，实际的角色行为与教师的期望有着较大的落差，而这往往导致师生间的冲突。

### （二）对教师角色的认知错位

学生对教师角色的认知将直接影响师生关系。其大致存在三种情况：其一，教师是知识的化身，是智慧的灵泉，是道德的典范，是人格的楷模，担负着传递文化、施行教化、培养人才的责任，是"园丁""红烛"和"人类灵魂的工程师"。过分抬高教师的身份意味着对教师的过高要求，一旦教师不符合学生心目中的形象、不满足学生的这种角色期望，学生心中自然会产生心理落差而对教师不满。如学生期望教师在学习上能照顾到每个学生，期望教师在生活上能关爱每个学生。然而，在班级授课制度下，一个教师要在一个课堂上同时教授很多的学生，为了尽可能地顾及大多数学生的需要，教师在教学内容的选择和教学进度上往往会考虑班级的平均水平。这时，处于顶端和末端的同学可能会有"吸收不够"和"吸收不了"的问题。前者可以自学或者选做有难度的题目来巩固知识，而处于末端的学生，由于认知发展水平低，往往学习起来吃力得多，如果得不到教师及时、足够的指导，其认知需要就得不到满足，学习就会跟不上，因而有些成绩不好的学生就会自暴自弃，甚至干扰其他同学的学习，影响正常的教学秩序，引发师生冲突。或者是学生对教师无比尊敬，教师对学生而言是高高在上和神圣不可侵犯的，学生只能谨遵教师的教诲而亦步亦趋，这时的师生关系多表现为顺从、严肃和疏离。其二，教师在学生的眼里是一个先学的普通人，是可错的，则学生倾向于与教师之间形成良师益友的民主型师生关系，在教学过程中能够自由地表达己见并与教师相互探讨，但一旦教师以支配者的角色出现时，学生就会反感、抵触或不满。[1]其三，如果教师在学生的眼里是一个平庸之辈或是具有某种人格缺陷的人或者教师的某些特质或行为令学生极不喜欢，学生通常对教师的轻视多于尊敬，往往会做出一些或公开的或隐蔽的反抗行为，抑或是公然与教师对抗。可见，学生对教师角色的认识是否正确关乎着学生与教师的关系。

## 二、学生情绪消极——师生冲突的中间性根源

学校不适应和地方感低对学生的学业情绪有重要的影响。在学校，学生情绪体现为学业情绪，学业情绪是在教学或学习过程中，与学生学业活动相关的各种情绪体验，包括在课堂学习活动中和完成作业过程中以及考试期间的情绪体验。[2]学业情绪强调学生对整个学习情境的情绪，包含主要的希望、高兴等积极情绪，也包括焦虑、厌学等消极情绪。可以说，良好的学业情绪与和谐的师生关系是相辅相成的。研究表明，师生关系与积极学业情绪呈正相关，与消极学业情绪呈负相关，[3]即学生学业情绪若是消极的，师生间则是冲突的。因为消极的情绪情感可导致其自制力降低、感情脆弱，经常性的情

① 刘慧琴，赵敏.新移民文化背景下的师生冲突及其调适研究[J].教学与管理，2018（19）：1-4.
② 俞国良，董妍.学业情绪研究及其对学生发展的意义[J].教育研究，2005（10）：39-43.
③ 严鹏展，程思傲，孙芳萍.初中生学业情绪的现状、问题及对策研究[J].宁波大学学报（教育科学版），2011，33（2）：78-82.

绪障碍还会使人出现焦虑、抑郁、躁狂等心理疾患，影响人际关系。

学生的消极情绪引发与教师冲突的路径不外乎两条：其一，学生的消极情绪直接表达，通过情绪感染引发教师的消极情绪，教师与学生对彼此释放怨气而引发师生冲突。因为在人际交往互动过程中，存在一个行为对等原则，你以什么样的态度和行为方式对待别人，别人也会以同样的态度和行为方式回应你，即镜子效应。这是因为情绪可以相互感染，也就是情绪诱发者的感官情绪信息被觉察者感知并自动化、无意识地加工成与诱发者相同的情绪状态的心理现象。[①]其二，学生的消极情绪内隐性地表达，影响到自己的学业成绩，引起教师的注意并干涉，师生冲突发生。一般来说，学业情绪分为四类。积极的高唤醒情绪：高兴、希望、骄傲；积极的低唤醒情绪：放松、平静、满足；消极的高唤醒情绪：焦虑、生气、羞愧；消极的低唤醒情绪：无助、疲乏、厌倦、沮丧、心烦。[②]在师生交往中，普遍存在于学生之间的且易引发师生冲突的学生消极学业情绪为厌倦、沮丧、焦虑和愤怒。这里的厌倦、焦虑、沮丧和愤怒是学生因学习直接或间接造成的，而非其他原因。

## （一）厌倦

厌倦是因对某事物失去了兴趣而形成的一种消极怠惰的情绪或工作态度。简单地说，厌倦指倦怠和厌烦。在学校中，学生常有厌学情绪。厌学意味着生理和认知上的非唤醒，一旦产生就会对学习对象和学习过程产生逆反心理，这会导致减少注意和更多狭窄的、肤浅的信息加工。[③]学生厌学程度由弱到强表现为学习动机低下，学习兴趣低落，注意力分散，学习行为懒散，学习态度不端正，畏难逃避甚至放弃学习。学生厌倦学习与师生冲突的关系密切。

第一，从厌学原因来看，部分教师的从教热情不高、教育理念不正确、教学的方式方法没有满足学生的要求、对教学评价的价值取向不合理、对学生心理需求缺乏基本的认知、在教学过程中没有遵循学生心理发展的规律、

① 张奇勇，卢家楣.情绪感染的概念与发生机制[J].心理科学进展，2013，21（9）：1596-1604.
② 董妍，俞国良.青少年学业情绪问卷的编制及应用[J].心理学报，2007（5）：852-860.
③ 俞国良，董妍.学业情绪研究及其对学生发展的意义[J].教育研究，2005（10）：39-43.

缺乏对弱势群体学生的心理辅导和转化、教育学和心理学知识不够等是学生厌学的重要原因。[①]可见，教师可使学生出现厌学情绪或行为，这也意味着学生对教师的不满、反感和讨厌，同时也意味着学生与教师之间存在着心理冲突。

第二，从学生厌学的行为来看。首先，学生会因为厌学而课上学习态度不端正，注意力不集中，随之会产生一系列干扰课堂教学秩序的行为，也就是上面所说的违纪行为，教师定会干涉，学生也会反抗，师生冲突随之发生。然后，学生会因为厌学而课下不完成作业，这也会引发师生冲突。最后，学生会因为厌学而逃学，甚至辍学。当学生逃学或准备辍学时，教师会劝说或干涉，学生则更容易抵触，进而引发师生冲突。

### （二）沮丧

沮丧指由于严重失败，丧失信心或受到严厉责备而产生的一种消极的、无力的情绪状态。[②]在学习中，学生难免会因遇到难题而产生沮丧的消极情绪，尤其对于学困生来说，沮丧更是如影随形。有调查显示，有33.4%的青少年有时感到沮丧，有2.8%的青少年总是感到沮丧。[③]处于沮丧情绪中的学生一般表现为对学习没有信心，甚至对学习已经失望。一般来说，他们普遍具有以下心理特点：第一，自尊心强且很敏感，即便教师对其提出普通的学习建议，也会面红耳赤，委屈流泪；第二，自信心弱，其面对学习困难时常常退缩或回避，质疑自己的学习能力，自信心受打击；第三，其没有上进的动力和毅力，喜欢安于现状，不愿思考问题，缺乏主动探究的动力，学习懒惰的现象非常突出，对于稍微需要开动脑筋的学习活动，都易表现出抵触情绪；第三，自制力差，在课堂上注意力容易不集中，产生违纪行为；第四，容易急躁且行为过激，因为沮丧已经给其带来了消极的情绪体验，使其产生了"破罐子破摔"的心态，其对于教师的行为干涉异常反感，易与教师对着干，就如"烈日下的干柴，一点就着"。由此，处于沮丧中的学生，往往会

---

① 罗贤平.农村初中生"厌学"现象的教师归因及对策[J].宁波教育学院学报，2008（4）：42-45.

② 彭克宏.社会科学大词典[Z].北京：中国国际广播出版社，1989：10.

③ 常峰.我国青少年群体心理健康状况问题研究[D].长春：吉林大学，2018.

因为敏感的心理、"破罐子破摔"的心态、急躁的心情而产生过激的行为，进而与教师发生冲突。

## （三）焦虑

学习焦虑是学生在学习过程中产生的最为普遍的消极情绪反应，是学生在发展过程中一种常见的心理现象。据中科院心理研究所提供的资料，中学生中有36.7%的人存在着学习压力上的心理问题，学习焦虑是造成中学生心理问题的主要原因。[①]学习焦虑的表现大致包括惧怕家长或教师的否定评价，对考试的担心、不安与恐惧，课堂上害怕提问，趋向回避、退缩以及由植物性神经系统唤起的症状，如失眠、做噩梦等。[②]焦虑心理是不良学习心理的突出表现，焦虑有害学生身心健康，如令学生产生头痛、心慌、胸闷现象，严重时出现精神恍惚、失眠、头晕等症状；焦虑使学生产生自卑心理与恐惧情绪，总担心教师瞧不起自己，从而远离教师，甚至不能正确处理与教师的关系，这就是焦虑造成的孤独倾向；焦虑使学生神经紧张，对教师或对外界事物过于敏感，这是焦虑引发的敏感倾向；焦虑使学生表现得更冲动和急躁，经不起挫折，狭隘猜疑，胆小怕事，这是焦虑造成的冲动倾向。[③]总之，学习焦虑有害学生的身体健康，易引发学生的孤独、敏感与冲动行为倾向，主动远离教师并对教师表现出攻击性。

## （四）愤怒

愤怒指极度不满、非常气愤，情绪激动的状态，其外部表现相当明显，如眼、嘴张大，毛发竖起，甚至胸部挺起、紧握双拳。[④]学生为高愤怒群体，

① 化得元.论学习焦虑：心理学视野中的学习心理健康问题[J].西北师大学报（社会科学版），2003（5）：34-37.

② 乔建中，朱晓红，孙煜明.学习焦虑水平与成败归因倾向关系的研究[J].南京师大学报（社会科学版），1997（1）：77-80.

③ 孙宏碧.学习焦虑心理对学习和成长的影响与防治[J].现代中小学教育，2004（1）：54-56.

④ 彭克宏.社会科学大词典[Z].北京：中国国际广播出版社，1989：10.

尤其是初中生，16.5%的初中生体验愤怒的频率大于每周1次。①学生的愤怒与教师的愤怒有不同的特点，学生毕竟依附于教师而存在且受教师管教，因此不会轻易忤逆教师。由此，相对于教师对学生的愤怒来说，学生对教师的愤怒程度要偏弱一些，频率要偏少一些。愤怒是和冲突关系最为密切的情绪，即学生的愤怒情绪易导致师生冲突。第一，从愤怒本身来看，愤怒是一种不加克制的表达方式，会让别人更为愤怒，即师生双方向对方表达愤怒则会使愤怒升级，进而引发师生冲突；第二，从学生的自身特点来看，由于学生不成熟的人格因素和相对不足的情绪控制能力，青少年容易受到愤怒情绪的不良影响，进而干扰正常的学习生活和师生关系；②第三，从愤怒的产生原因来看，动机性理论认为情绪具有动机的作用，可以扩大需求的强度，从而增强动机，在个体利益受到侵害或遇到挫折时，出于保护的目的，个体会表现出愤怒的情绪，这是一种适应社会的行为。③对于学生而言，教师的言语和行为不符合社会规范、守则，被教师误解以及学生自我价值受到威胁时容易产生愤怒，④并向教师表达与发泄，进而引发师生冲突。第四，从愤怒的表达形式来看，在言语上学生表现为威胁、叫嚷、讽刺、大声反对等；在行为上表现为肢体冲突、摔东西以及伤害自己等；在表情上表现为怒目而视、皱眉和冷若冰霜等；在身体上表现为翻白眼或双臂交叉等。在师生交往中，学生以这些方式向教师表达愤怒时，要么师生冲突已发生，要么会继续引起师生冲突的升级。

① 刘惠军，朱丽雯.青少年愤怒情绪的发生及表达特点分析[J].中国学校卫生，2010，31（11）：1288-1290.

② 谭海宁，杨阳，张红静.初中生的愤怒情绪现况调查[J].中国心理卫生杂志，2014，28（5）：361-366.

③ BENJAMIN M W, MICHAEL D R. The cognitive basis of trait anger and reactive aggression: an integrative analysis[J]. Pers soc psychol rev, 2008, 12（1）: 3-21.

④ 刘惠军，朱丽雯.青少年愤怒情绪的发生及表达特点分析[J].中国学校卫生，2010，31（11）：1288-1290.

## 三、学生行为失范——师生冲突的外显性根源

学生行为失范指师生交往中教师行为的不恰当、不适宜，而正是这些不恰当和不适宜的行为引起了师生冲突。学校制定了一系列的规章制度，以让学生有规可循，学校还有一批规训工作者，从校长到年级主任再到各班教师对学生实行严密的层级管理。对学生而言，学校在物理空间上已经成为一个巨大的"鸟笼"，在"鸟笼"内部又有种种的枷锁和束缚，学生在学校内无处可逃。由此，学校对教师而言是"兼具规范性与功利性的组织"，对学生而言是"规范性与强制性兼而有之的组织"。①学校规范着学生的语言、行为甚至是心理，学生被规定只要是学校组织中的一员，就必须按照学校的规范行事。但学生作为主体性的个体，再加上心智上有待成熟，所以在学校出现违纪行为非常普遍，当学生违纪行为出现时，教师会作为学校规则制度与自己权威的代言人介入到学生的违纪行为之中，而若学生有消极的反抗行为，教师会视学生在挑战权威或无视制度，甚至在伤及教师的面子，进而教师会极力维护制度和权威，若双方互不退让，教师与学生之间的冲突便产生了。有调查表明，教师因处理学生的违纪行为而引发的师生冲突是师生冲突最为常见的形式。②

### （一）学生频发的违纪行为

顾名思义，违纪行为是指学生违反学校各项规章制度，影响教学秩序或教学效果的行为。学生的违纪行为有很多种，根据涉及主体的多少，可分为个体水平和集体水平的违纪行为；根据违纪行为的影响程度可分为轻度、中度和重度违纪行为；③根据违纪行为的性质可分为显性违纪行为和隐性违纪行为；④根据违纪行为的指向可分为指向自身的违纪行为和指向同伴的违纪行

---

① 吴康宁.教育社会学[M].北京：人民教育出版社，1998：252.
② 徐红光.高中师生冲突现象调查与管理对策研究[D].上海：华东师范大学，2008.
③ 王桂平，史晓燕，郭瑞芳，等.国外关于课堂纪律问题的研究述评[J].外国教育研究，2005（6）：77-80.
④ 鲍涵.初中生地理课堂问题行为及对策研究[D].桂林：广西师范大学，2016.

为。①下面仅介绍指向自身和指向同伴的违纪行为。

### 1. 指向自身的违纪行为

中小学违纪行为最多的是表现在指向自身的违纪行为上，其明显的特点是注意力涣散、冲动行为频发以及抗拒学习。第一，注意力涣散主要有两种表现形式；一种是个体由于主观方面（意志或毅力）的原因导致注意力无法长时间地集中在某一事物上，常常表现为心不在焉；另一种是由于个体受到外在刺激物的影响，将注意力从教学活动中转向外在刺激物上，导致注意力分散。第二，冲动行为本身是一种在自身意愿支配下所发出的行动，学生在课堂学习过程中对所偏好的与课堂学习无关的事或者物有强烈渴求，这种渴求来自内部感受而非外部影响。一旦学生对某种事物的欲望或渴求超越了对课堂学习的需求，就会产生各种冲动行为，这种习惯一旦形成就具有了一定的稳定性。第三，抗拒学习是指学生在主客观因素的影响下产生的抵抗情绪，拒绝、不接纳周围环境，包括对周围环境置之不理的行为。学生由于自身的某种原因，出现不愿意、不喜欢甚至是厌恶参与学习活动的行为，这些都是学生对学习抗拒的表现形式。

具体来说，指向自身的违纪行为包括注意力涣散行为、草率行为、抗拒行为、打扰行为以及借助它物消遣行为。注意力涣散行为包括凝神发呆、胡思乱想、心不在焉和做白日梦等；草率行为包括胡写乱涂和抄袭作业等；抗拒行为包括不写作业、逃学和旷课等；打扰行为包括迟到和早退等；借助它物消遣行为包括看与授课无关的书籍、听音乐、玩笔、玩手机等。②

### 2. 指向同伴的违纪行为

指向同伴的违纪行为主要是指课堂上由于学生自身或者其他某些原因，出现干扰同桌或相邻同伴书写和听课的行为。可见，指向同伴的违纪行为涉及的学生范围比较广，从学生自身延伸到学生与同伴、同伴与同伴之间的行为，而且这种行为已经从个体行为演变成群体行为。指向同伴的违纪行为具有亲昵性和侵犯性两个特点：第一，亲昵性特点。指向同伴的违纪行为揭示

---

① 李德显.课堂秩序论[M].桂林：广西师范大学出版社，2000：98.
② 黄蓉.小学生课堂违纪行为及预防与处置研究[D].长沙：湖南师范大学，2017.

的是多个行为者（至少是两个以上）的行为。事实上，学生一般会在充分考虑自己的行为是否被允许的基础上，才会选择做出某种行为。当个体意识到自身的行为不符合当前的情境且行为是被禁止的，学生就会选择一种隐蔽的方式，如用降低说话的声音、无声地传递信息等方式来调节自己的行为，行为双方都会自觉遵守这种原则，以便不被教师发现。同伴行为的亲昵性主要表现为同伴之间经常性的互动，相互比较了解且亲昵性行为多发生在同性之间。第二，侵犯性特点。侵犯性行为指的是个体在互动过程中因微不足道的原因或事件而引发的言语或者肢体上伤害同伴的一种行为。同伴间的侵犯性行为是一个完整的过程，事情以个体中的一方针对另一方为开始，在行为发展的过程中，会出现不同程度的反抗，最后以双方态度和行为方式发生变化为结束。

具体来看，指向他人的违纪行为包括侵犯他人的行为、与同学的冲突纷争行为、过度亲昵行为、故意惹人注意行为、盲目反抗权威行为等。侵犯他人的行为包括打骂、推撞、讪笑等；与同学的冲突纷争行为包括恶意指责、互相攻击、彼此争吵、打架斗殴等；过度亲昵行为包括交头接耳、窃窃私语、擅换座位、传递纸条等；故意惹人注意行为包括高声谈笑、口出怪音、敲打作响、做滑稽表情和怪异动作等；盲目反抗权威行为包括故意不遵守纪律、不服从指挥和反对班干部等。① 可见，中小学指向同伴的违纪行为已经严重地干扰了教学秩序，影响了教学效果，教师必定会严正交涉，若学生不顺从或抵抗时，师生冲突便发生了。

### （二）学生消极的反抗行为

如果说学生的违纪行为不一定引发师生冲突，那么，学生违纪后教师进行纠正和干涉时，若学生消极反抗则会极大地增加师生冲突发生的概率。因为师生冲突的根源往往是学生反抗和教师控制欲之间的矛盾。值得注意的是虽然学生的消极反抗行为的表现形式也属于违纪行为，但这里更倾向于指学生对教师所做出的消极反抗行为，而非学生的违纪行为。一般来说，学生的

---

① 宋文静.初中生课堂违纪行为研究[D].大连：辽宁师范大学，2010.

消极反抗行为可分为显性消极反抗行为和隐性消极反抗行为。

### 1. 学生的显性消极反抗行为

显性消极反抗行为是指学生通过语言和肢体行为对教师的纠正与干涉做出的令教师不满意的行为。由此，学生的显性消极反抗行为分为语言反抗和肢体反抗行为。

第一，学生的语言反抗行为。面对教师的纠正与干涉行为，学生一般采取顶嘴、见缝插针和不理睬的方式予以反抗。[①]其一，顶嘴在课堂中随处可见，它是学生在语言上的最为常见的消极反抗行为，这也是学生对教师话语的最直接的回击。顶嘴表达了学生对教师话语的不满，同时传递出学生对教师的不顺从，甚至是挑战教师的权威。教师为达到自己的目的，维护权威，会加大干涉行为的力度，此时学生则更为反抗。由此，师生冲突便发生了。其二，如果说顶嘴是学生与教师的正面交锋，那么见缝插针则是学生的迂回进攻。见缝插针表现为学生在教师的讲话过程中，选择时机打断或者参与教师的讲话内容，以此干扰教师对整个课堂的话语掌控。学生在教师讲课过程中的插话，表面上表现为活跃课堂气氛，实则学生争夺话语权来缓解内心的压力。在课堂中学生经常不放过任何得以讲话的机会，在教师讲课或者提问的过程中主动地争夺话语权。学生见缝插针的做法本质上属于起哄，起哄其实会对课堂造成一定的干扰，也使教师失去了课堂的话语权与掌控权，使教师陷入尴尬的境地，从而被惹怒，引发师生冲突。其三，学生的不理睬或避而不语是对教师的无声反抗。如学生面对教师的提问有时会采取"避而不语"的方式，无论教师采取什么样的方式，学生都会选择"沉默到底"来回应。对于教师的提问，学生不知道答案时，也不会告诉教师"我不会"，而是用沉默无声来代替回答"我不会"。"避而不语"所显示的反抗力量并不比"顶嘴"和"见缝插针"逊色，沉默并不代表学生就没有任何"怨言"，相反沉默是另一种声音，而且充满力量。沉默不是寂静无声，沉默是一种实实在在的声音，而且是一种有分量的声音，学生主动把教师搁置起来，不配

---

① 姜良娜.学生的武器[D].南京：南京师范大学，2013.

合教师的教学，用无声的行动走向教学的反面①。此时，教师难免会生气，师生之间则难免发生矛盾与冲突。

第二，学生的肢体反抗行为。行为与意识是难以分离的，行为直接反映学生内心的想法，虽然学生外显的行为有可能是修饰过的行为，但是研究者仍能从学生的行为中观察到学生的反抗。学生的肢体反抗行为一般表现为拒不执行、暴力抗法和逃跑。其一，学生拒不执行。在学校中教师的指令便是学生行动的依据，学生的学习和日常活动必须在学校的规定与教师的指令下进行。在班级活动中，教师经常采取命令的方式让学生去执行相关指令，但是学生是一个能动性的个体，对事件有着自己独立的想法，面对教师的指令，学生有时不仅不会执行，反而拒不执行，而且有时还有点执拗，似乎有种要和教师抗衡到底的感觉，这种反抗意味着学生对教师的公然挑衅，教师继续执行指令，学生继续反抗，师生冲突便发生了。其二，学生暴力抗法。学生很少采取直接与教师发生肢体对抗的反抗方式，因为学生如果对教师"出手"，便会使自己完全处于劣势地位，会受到学校和教师的严厉惩罚。所以，学生都会尽力避免此种情况的发生。但是在很多时候，学生使用暴力反抗教师的执法也是较为常见的，学生使用暴力意味着师生冲突已然发生。其三，学生逃跑。学生对于学校与教师的控制有时会采取一种极端的反抗方式，那便是逃离学校这个场域。学生逃跑虽然不是普遍的现象，但是这种反抗方式还是存在的。如学生以生病为由故意请假、学生故意逃学……学生的逃避多半是因为不喜欢待在学校，但更多的可能是由于不喜欢教师，那么这与师生冲突直接相关。

### 2. 学生的隐性消极反抗行为

隐性消极反抗行为指那些未被教师直接感知的学生消极反抗行为。在这些反抗中，学生成为自己的主人，成为暂时独立自主的个体。如果说显性反抗是一种直接可观察的反抗，那么隐性反抗就是一种间接的、隐秘的反抗。隐性反抗可存在于个人、小群体甚至整个班级中，它只属于学生群体内，用

---

① 李冲锋.课堂里的声音：基于教育社会学视角的分析[J].全球教育展望，2004，33（3）：39-42，11.

学生自己的语言和行动发出自己的声音。隐性反抗也是可以观察的，只不过是一种控制在学生群体之间而不会被学校和教师直接感知的反抗。它一般分为学生故意走神、调侃和暗中行动。

第一，故意走神。这里的走神特指学生因为对教师不满或对教师教学内容不感兴趣而故意不听课或把注意力集中在其他事物上的行为。在课堂里我们常常可以看见学生正襟危坐的身体姿态下，隐藏着的是一颗正神游的心。教师让学生看黑板，总有些学生看向窗外或者低着头看书；教师让学生看一下课本内容，总有些学生托着腮不知道在想些什么。第二，调侃。学生在学校场域内，面对教师存在着一种虚假遵从的行为，这一行为背后实际上隐藏的是反抗。学生在面对教师时表现出一种行为与态度，在教师不在场的情形下又会是另一番景象。在学校场域内，教师不在场的情境中，学生对教师的不满也通过对教师的调侃展现出来，如给教师取绰号，这种仅限于学生之间的暗语是学生对教师的"软反抗"。学生不会在教师面前使用教师的绰号，相互之间也默契地为同学的"杰作"保密。第三，暗中行动。如学生利用自由讨论时间闲聊，在教师的车上贴东西，故意损害学校公物。学生以这种故意走神、调侃和暗中行动的方式表达对教师的不满，这本身就是一种师生隐性冲突。

# 新移民情境下师生冲突的调控策略

　　事物有始必有终，冲突发生后也终将走向消亡。新移民情境下师生冲突的调控策略应以增强师生地方感为依托，从师生冲突的发生过程着手，在冲突前、冲突中和冲突后各个环节用力，并且以教师为主导，学生为主体，学校、家庭与社会齐心协力，方可奏效。需要注意的是，此处的调控策略主要是针对破坏性师生冲突，而非建设性师生冲突而言。具体来说，在师生冲突发生前，教师、学生、学校、家庭、社会需协同共治以充分预防师生冲突的发生；在冲突发生时，师生应采取协商为主的方式予以合理应对；在师生冲突发生后，师生双方则要主动走向彼此，宽恕与关爱彼此，甚至互相致歉以修复冲突可能造成的师生心理罅隙。这样一来，师生必将和谐共处，师生关系必将重回正轨，师生之间也必将被爱与温暖环绕，被尊重与感恩充盈，师生之间便不会有紧张、较量、对抗和争斗，便不再有监视、训斥与惩罚，真正亲密和谐的师生关系才能得以形成。

## ⊗ 第一节 充分预防：教师、学生、学校、家庭 与社会协同共治

凡事预则立，不预则废。师生冲突也重在预防，教师、学生、学校、家庭与社会需要同心协力，严阵以待，随时准备"迎接"师生冲突的到来，并转化或消除它。充分预防也正是从诱发师生冲突的各方主体身上进行改善，进而达成消解师生冲突的目的，实现师生关系的和谐发展。

### 一、教师——防范师生冲突的第一主角

新移民情境下教师能主导师生冲突的强度与方向，教师需要更强的地方感，也需要在师生冲突没有到来的时间间隙里修炼武艺，以备不时之需。具体来说，教师需加强自身与地方的联系，扎根于学校，扎根于地方；与时俱进更新教育观念，提高职业认知，增加职业情感以端正职业态度；有良好的角色体验，保持良好的教学心态以掌控情绪；依法教学，杜绝权威的滥用，坚持民主、平等的价值导向，坚持终身学习，涵养品德以重塑教师传统、知识与魅力权威；修炼教学机智以掌控师生冲突，保持有效对话以遏止师生冲突；对学生的消极心理进行有效的干预，指导学生自我诊断与心理调节以防止师生冲突。

#### （一）加强自身与地方的联系，培育教师地方感

地方感包含了人们对地方价值功能的一种情感上的认可和欲望上的依附，它所体现的是人在情感上与地方之间的一种深切的联结。[①]增加教师地方

---

[①] 朱竑, 刘博.地方感、地方依恋与地方认同等概念的辨析及研究启示[J].华南师范大学学报（自然科学版），2011（1）：1-8.

感将直接加强教师与地方的关系，即地缘关系，也就间接地增加了人情，即师生之间的感情。

第一，传承优秀地方性文化，增强移民教师的地方性知识。首先，本地的教育行政管理部门和中小学校可定期邀请本地历史学、民俗学、民族教育学等领域的专家学者或地方名人，开展地方性知识主题讲座，亦可举办地方性历史展会等，加强移民教师对本地知识的了解程度和认可度，使教师在聆听和游览中感受到本地文化的魅力。其次，教育行政管理部门可以通过组织汇编地方志，或者组织教研员将相关的专题讲座内容进行汇编，开发形成系列的地方性知识教材，内容应涵盖乡土历史、乡土地理等本土知识模块；中小学校亦可根据自身特色开发涵盖地方性知识的校本教材，把具有浓郁乡土气息的地方性知识教材作为显性课程，通过教师运用任务型教学模式、交互模式和合作学习模式等，促使师生达成情感态度与价值观目标。这是教师掌握地方性知识、提升对本地认同感的重要手段。最后，要引导移民教师将本土地方性历史知识与传统文化融入日常教学中，引导本地教师和移民教师合作讲授乡土校本课程，强化移民教师对本土文化知识的了解，以增强移民教师对本土文化的认同感，为促进移民教师良好发展奠定地缘基础。同时，教师要积极主动地了解地方历史文化，如参观地方的博物馆、游览当地历史名胜古迹或其他自然景观、参与地方文化活动、学习当地的历史等。

第二，完善移民教师激励政策，提升教师地方依赖度。首先，要为新移民教师提供随迁子女优待政策。要完善当地的移民教师激励政策，解决新移民教师子女的教育问题，满足新移民教师子女的教育需求，从而提升教师地方依赖度。为新移民教师的子女提供幼儿园至初中义务教育阶段的学习保障，准许其子女就读教师所任职学校或所任职学校的对口学校，保障新移民教师子女在随其父母移居另一城市后可以继续接受义务教育，从而激励移民教师为当地教育事业作贡献。其次，强化移民教师生活条件方面的优待政策，提高教师待遇。在休假、旅游、住房保障等方面对移民教师给予政策优待与激励，解决移民教师在生活上的后顾之忧，从而更加专注于提升教师教学质量。要完善移民教师工资、福利联动增长机制，即对于教学绩效显著的教师，可采取适当倾斜性、奖励性教学绩效工资补助和激励性津贴补助；针对教学质量水平不同的教师，建立梯度等级福利制度，给予差异化的生活、旅游、休假福利奖励，从而提升教师的地方依赖度。

第三，建设和谐幸福城市，提升教师地方依恋度。首先，优化人居环境，创造便利的工作条件。要完善城市基础设施，为移民教师提供安全感和舒适感。其次，营造悦人的工作氛围，打造幸福校园。悦人的工作氛围对提高教师的工作积极性起着不可忽视的作用。学校管理者要践行人本管理理念，营造健康的工作和人际氛围，为教师提供必要的心理支持，消除教师因地域差别带来的孤独感。中小学校应通过定期举办教职工运动会、文艺演出、茶话会、师徒联谊会等活动，有效增进移民教师与本地教师间的感情，从而提升移民教师的职业幸福感。学校还可结合本地的民俗风情特色，组织教师年会活动，使教师感受到本校乃至当地特有的亲切感，消除因文化身份与群体身份认同缺失引发的边缘感，增强教师对当地的认同感。最后，要搭建专业发展平台，促进教师专业成长。教师真正的幸福和职业态度的端正源于对教育事业的热爱。因此，学校管理者要通过多种形式搭建教师专业成长平台，如可以通过教师团队自省的形式，助力教师的专业发展。要组织当地教龄长、资历深、责任感强的骨干教师参与教师传帮带活动，由骨干教师结合自身专长，在教育教学、班级管理、课题研究等方面引领和指导移民教师。总之，要使移民教师浸润于浓郁的支持性氛围中，在引领移民教师获得地方认同、地方依恋、地方幸福感的同时，增强教师职业认知、加快教师职业成长步伐、提升教师职业技能，以便移民教师更加积极地投身于当地教育事业建设中。①

### （二）更新观念，端正职业态度

观念是行为的先导，态度是行为倾向的反映。教师合理认识冲突、学生和学与教将有利于消除师生间的认知分歧，当师生冲突发生时就能够选择合理的方式予以应对。作为一名教师，其态度主要体现为职业态度，教师的职业态度关乎其对学生的态度，对学生的爱，进而影响着与学生的关系。

---

① 赵敏，林晓琦，刘旭，等.地方感影响教师职业态度的内在机理研究：基于粤渝等地中小学教师的调查[J].教育与教学研究，2020，34（8）：30-44.

### 1. 教师应更新冲突观与学生观

第一，教师要改变"去冲突化"的教学观，勇于承认、接纳与转换师生冲突。师生冲突是无法避免的，"去冲突化"的教学是逃避冲突的不恰当行为，教师宜勇于承认、接纳与转换师生冲突。[①]

首先，对教师而言，承认师生冲突就是承认师生冲突不是教学事故，并认识到其存在有一定的合理性、必然性与必要性。承认冲突是帮助教师接近真理的重要方式之一，也就是承认教学中应该杜绝压迫、规训与灌输，每个人自由地思考与表达的权利是不可让渡、不能被剥夺的，"纵使被迫缄默的意见是一个错误，它也可能，而且通常总是含有部分真理；而另一方面，任何题目上的普遍意见，亦即得失意见，也难得是或者从不是全部真理；既然如此，所以只有借敌对意见的冲突才能使所遗真理有机会得到补足。"[②]承认师生冲突的存在，实际上就是承认学生的存在，承认学生的主体性与个性，承认学生在教学场域内的地位和尊严，承认学生的话语权；承认师生冲突的存在，就是承认自身的有限性，承认自己并非全知全能，承认自己并非教学场域的唯一主宰，承认教学不可能按照自己的想象和预设而进行，承认倾听的重要性。总之，承认师生冲突就是承认学生，就是承认教师与学生之间的主体间性关系。从而"承认"由认识论和价值论层面转至存在论层面，它使主体能存在于积极的交往关系当中，反映"我-你"关系。法兰克福学派第三代核心人物霍耐特认为，"承认反映了一个社会的交往结构和人的存在状态，承认是自我在他者中的存在，假如我不承认我的互动伙伴也是具体的个人，那么他相应的反应也就让我感觉到我自己也同样没有被当作具体的个人来承认，因为我恰恰否认了他所具有的可以让我自己得到自我确认的个性和能力。"[③]承认是个体存在的方式，承认揭示了个体之间"共生共在"的多元平等关系。因此，教师承认师生冲突，从根本上而言就是承认真正的自我。

其次，要想使教学成为一种善的活动，我们就必须从心理上完全地接纳教学冲突。"我们将看到，当我们开始把冲突、多元化和阻力看作是积极的、对

---

① 王爱菊.走向主体间性的生存：教学冲突研究[D].济南：山东师范大学，2010.

② 密尔.论自由[M].程崇华，译.北京：商务印书馆，1996：56.

③ 李和佳.霍耐特承认理论研究[D].南京：南京师范大学，2008.

成功来说是绝对必不可少的因素的时候，各种突破性的进步就要产生了。"①
只有从心理上完全接纳教学冲突，我们才会不再将注意力集中于教学冲突对自己所造成的心理和精神的压力上，而是迅速地思考如何将教学冲突作为一种教学的资源来促进学生的成长，从而才有可能真正地拥抱教学冲突并超越教学冲突，走向教学和谐。正如迈克尔·富兰所指出的，要想合理有效地解决问题，必须首先把问题当作我们的朋友。他说："说问题是我们的朋友似乎有点不合常理，但只有我们积极地寻求和面对那些实际上难以解决的真正问题，我们才有可能对复杂的情况做出有效地反映。问题是我们的朋友，因为我们只有深入到问题之中，才能够提出创造性的解决方法。问题是通向更加深入的变革和达到更为满意的途径。在这个意义上，有效率的组织机构'抓住问题'而不是回避问题。"②应该说，迈克尔·富兰的这番阐述是十分深刻的。如果我们不想简单粗暴地把问题解决掉，而是怀着一种"化腐朽为神奇"的理想和愿望，那么仅仅承认问题的存在显然是不够的，我们必须首先从心理上接纳这个问题，把它当成我们的朋友。当然，这种接纳既不是无条件的接受，也不是盲目的肯定，而是在充分了解问题的起因、实质、影响因素和可能的发展方向的基础上，做出的一种综合性的积极评价，相信自己完全能够通过积极的作为有效地解决问题，并从问题解决中获益。这种接纳是建立在理性分析和认识的基础上的一种情感和价值的倾向，决然不是纯粹的情感偏向或者盲目的、从众式的接受，更不是被动的、无所作为的忍耐和承受。在接纳一个问题的同时，我们已经做好了面对这个问题的过程中将要遭遇的种种困难的心理准备，具有最终顺利解决问题的决心和自信。

最后，承认和接纳教学冲突是转化教学冲突的基础，转化教学冲突，就是促进教学冲突向积极的方向转化，使冲突的过程成为意见分享与精神交流的过程，使冲突双方成为分享者和相互促进者，最终走向教学和谐。教学冲突只有顺利转化为教学和谐，才能避免和克服破坏性的消极功能，发挥建设性的积极功能，才能真正成为促进教学和师生发展的力量。"转化"并不

---

① 富兰. 变革的力量：透视教育变革（续集）[M].北京：教育科学出版社，2004：前言.

② 帕尔默.教学勇气：漫步教师心灵[M] 吴国珍，译.上海：华东师范大学出版社，2005：38-
39.

特指某一种具体的行为样式，往往需要一系列前后相继的行为序列才能完成这一任务。教学冲突是一种即时的、具有一定危机性的教学事件，要想将其成功转化，教师必须积极地、全方位地调动其所具有的专业知识、能力与经验，必须在短时间内迅速地做出决策，以进行合理而有效地应对。这无疑是对教师教学智慧的激发、动员和历练。而且无论最后的结局如何，当一次教学冲突过去以后，通常还会刺激教师的自我反思，既包括对自己的教学冲突应对方式的反思，也包括对作为自己应对教学冲突的支持系统的教学观念的反思，从而总结经验，吸取教训，修正或更新教学观念。当教学冲突再次发生的时候，教师就能以更加沉着和成熟的方式来应对，促使其顺利转化为教学和谐。真正的智慧型教师，不仅乐于面对和接受教学冲突，而且会想方设法主动挑起教学冲突，利用冲突所带来的张力活跃课堂，启迪学生，历练自我，锻造智慧，在相互撞击中体验创造的幸福和教学相长的快乐。

第二，教师应树立正确的学生观，把学生当作一个完整的、发展的和有独特个性的人。总的来说，教师应当平等地对待每一个学生，不以自我的好恶判断，给学生贴标签，尊重学生，允许学生犯错误，正确指导其改正错误。

首先，把学生看作是完整的人。这是指生命的整体性，即学生作为有生命的人，是多层次、多方面的整体，这个生命有各方面的需要，生理的、心理的、物质的、精神的、行为的、认知的、价值的、信仰的，学生尤其需要得到教师的充分尊重。然后，把学生看作是不断发展变化中的人。发展变化是学生时代的重要特点。作为一个发展中的人，学生还是处于不成熟、正在成长的阶段。学生的可塑性极大，对学生个体的塑造、对学生成长的推动离不开教育，更离不开教师的指导和帮助。承认学生是发展中的人，就应该允许和理解学生在发展过程中所出现的各种矛盾甚至是错误，就不应该用看待成人的眼光看待学生，更不应该对学生求全责备。正如苏霍姆林斯基所告诫教师的：时刻不要忘记，你曾经也是个孩子。教育的最高目标是培养生动活泼、有创造精神的全面发展的人，教师应相信每一个学生都具有巨大的发展潜力，坚信每一个学生都是有发展前途的。教师应对学生予以积极的期待，对教育好每一个学生充满信心。最后，学生是具有独特个性的人，是学习的真正主人。一个学生就是一个独立的世界，有其自身独特的个性和存在价值。承认学生的独特性，就是要尊重每个学生的个性，因势利导，使学生真正成为自己而不是别人。以学生的发展为核心是现代教育的一个重要特点，学生应是学习过程中认识活动的主体、实践的主体和发展的主体。承认学生的主体性，就不应该把学生看作是被动接受知识灌输的客体，而应该引导学生用自己的脑子思考、用自己的眼睛观察、用自己的耳朵倾听、用自己的嘴表达、用自己的手操作，即用自己的身体去亲身经历、用自己的心灵去亲自感悟。

### 2. 提高职业认知，增加职业情感

教师职业认知与职业情感关乎着教师的职业态度。为此，教师应自觉提高对职业的认知，增进对职业的感情，以消解在教学中的消极情绪（情感），减少师生冲突发生的可能。

第一，教师应提高职业认知水平，充分认识教师职业的重要性，尽职尽责教学与育人。教师职业认知主要是对教师所进行工作的评价和认识，它是教师职业态度端正与否的基础因素，对教师在工作中的责任感及情感投入，对其职业行为和职业态度的产生都有很大的影响。教师的职业认知分为教师职业特征认知与教师职业价值认知。教师职业特征的认知内容表现为外部环境与内部能力两个方面。外部环境认知是指教师对教师职业社会因素的认识，包括职业稳定性、人际关系、工作环境、工作量、生活待遇、职业发展、社会声望、经济回报等要素；内部能力认知是指教师对从事教师职业需具备的基本能力要求的认识，包括学科知识技能、学科教学能力、育人威信等因素。[1]提高教师职业特征认知关键是教师对其有理性的认识，充分了解、接受和悦纳教师的实际生活。如教师工作量大，中小学教师每周工作时间约为53小时，平均每个工作日工作10.6小时。[2]尽管很多中小学教师苦不堪言，但总的来说教师职业稳定性好，经济回报相对可观，社会声望也极高，所以中小学教师只有辩证地、全面地、理性地认识教师职业，才能在工作中收获快乐与幸福。教师职业价值认知，是指"教师（主体）在其职业（客体）的

---

① 白晓云，尹国杰.发展职业认知，促进师德养成[J].兰州教育学院学报，2015，31（10）：70-72.

② 黄明亮，赵敏，孙河川.OECD国家中小学教师工作时间的比较研究与启示：基于《教育概览2016：OECD指标》[J].新教师，2019（4）：5-7.

属性和功能对其（主体）需求满足程度的基础上，对其职业（客体）的一种主观评价"，即教师对于教师职业意义、作用的认识和评价，是对于从事教师职业是否能够满足自己需要的态度。由于"职业价值观是人们职业选择上的体现，是个人评级和职业选择的内心标尺……它决定了教师在职业中看重什么"。①因此，职业价值认知关系着教师是否能在教育工作中感受到成就与满足，更关系着教师的从教选择和意志程度。价值关乎着存在是否有意义，教师职业价值的认知需要教师充分认识到，从事教师职业不要过分地、一味地追求经济价值，要更多地看到自己的付出换回了学生的成人成才，甚至成就了一个家庭的幸福，保证了一个国家的未来。

第二，教师应增加职业情感，尤其是增进对学生的爱。对于教师来说，对学生的爱，是教师最宝贵的职业情感，是一切优秀教师最为珍贵的一笔财富。但人是爱的动物，无论多奢华的物质享受都无法抵消爱的贫乏给人带来的伤害。②没有爱就没有人，没有爱也就没有教育。教师对学生的爱具有类似母爱的性质，或者说教育爱是一种"类母爱"。教师爱学生要做到以下四点。

首先，教师要做到与母亲一样，无条件地爱学生。作为教师，只要是自己的学生，无论其家庭是富贵还是贫贱，是聪慧还是笨拙，是淳朴还是顽劣，都要去爱。③其次，教师要接受对学生的爱是单向的这个事实。与友情和爱情的双向性不同，教师虽然也需要学生的爱，但教师爱学生不是为了让学生爱自己，是为爱学生而爱学生。作为母亲，能够爱自己的孩子，那就是最大的快乐；作为教师，能够爱自己的学生，那也是最大的满足。再次，教师对学生的爱要低调。母亲爱自己的孩子，那是天经地义的事。如果一个母亲大肆宣扬对自己孩子的爱，那这份母爱就让人生疑，让人觉得她并非真爱孩子。同样，教师爱自己的学生，也是理所当然的事，不需要张扬，否则就令人怀疑是否真正有爱。教师的爱是教师生命活力的付出，是对学生的关心、

① 王海建，崔海英.免费师范生教师职业价值观调查分析[J].当代教师教育，2011，4（4）：78-81.

② 高德胜.论爱与教育爱[J].教育研究与实验，2009（3）：1-6.

③ 赵敏.师德建设的伦理学困境与出路[J].教育研究与实验，2013（2）：39-43.

响应、尊重和理解，不是一种口头标榜。最后，教师对学生的爱与母爱一样，一开始就应朝着自己的隐退努力。母亲爱孩子不是让孩子依赖自己，而是为了让孩子独立，成为他自己。教师爱学生，同样也不是为了让学生成为自己的附庸，而是让学生脱离这种爱，能够自立于世。

### （三）转变角色，掌控消极情绪

师生交往中，教师对自己角色的认知以及自己所扮演的角色，将直接决定师生之间的地位，关乎着师生之间是否会产生角色认知分歧，进而影响师生关系；教师的情绪同样影响着师生关系。由此，教师需转变传统角色，控制自己的消极情绪，促进师生和谐相处。

#### 1. 教师要形成良好的角色体验，积极转变角色

"角色体验"指教师在教育教学活动中受到社会及家长、学校学生和教师的评价和期待时所产生的情绪体验。良好的角色体验可以使教师在教育工作中避免"自我牵连"或"殃及无辜"。教师的劳动是富有创造性的，这就要求教师不断摆脱旧经验、老方法的束缚，从不断变化与生成的教育情境和活生生的教育对象发展需要出发，把社会及家长的评价和期待当作工作的动力，不断地对教育行为进行调整和改进，创造性地开展工作，以最大限度地满足学生发展的需要。这就要求教师始终以积极的心态置身于教育教学情境中，以审视的眼光分析教育实践中的各种问题，以研究者的精神对出现的问题进行探究，对积累的经验进行总结，创造性地寻求解决问题的方法，从而逐渐形成对教师角色的良好体验。

在传统教育中，社会对师生赋予的期望、要求和权力，使教师与学生在角色地位上处在了对立的两极，如教育与受教育、领导与被领导、管理与被管理、控制与被控制、统治与被统治等。这样的师生角色关系在当今急剧变革的新形势下已不能适应社会的要求，也不能满足学生全面发展的需要，这成为当前师生冲突的重要成因。因此，全面审视师生冲突，在后现代社会和新的教育教学情境下，教师必须拓展角色内涵，转变角色行为，构建新型的师生关系。一是在师生间社会关系上，教师应由控制者和管理者转变为学生合作者。传统的教育将教师定位于教育教学活动的控制者、管理者，教师对学生管束太多、束缚太严、捆绑太紧，学生的言行举止、思维方式都得按照

教师的要求实行严格、统一的管理。对此，要彻底摒弃这种传统的专制式师生关系，教师应由控制者和管理者角色转变为学生的合作者，把学生作为主体，一切以学生为中心，充分尊重学生，关心学生成长，从而建立起一种科学、民主、平等的新型师生关系，创设一个宽松与生动活泼的教育环境。二是在师生间教学关系上，教师应由知识的传授者转变为知识学习的促进者、引导者。"传道、授业、解惑"长期以来是教师角色的集中体现。但教育在今天，教师不能仍只停留在完成传递文化、知识、技能上，停留在让学生只知学与继承，不思也不会创造的水平上。将学生生命中的探索欲望燃烧起来，创造潜能开发出来，让学生能拥有一个充满信心、勇于开拓发展的积极人生。教育者的职责已经越来越少地传递知识，而是越来越多地激励思考。其将越来越多地成为一位顾问，一位交换意见的参与者，一位帮助发现矛盾观点而不是拿出现成真理的人。其必须集中更多的时间和精力去从事那些有效果的和有创造性的活动，如讨论、激励、了解与鼓舞……。[1]三是在师生间人际关系上，教师要转变为学生年长的朋友和知己。虽然教师与学生在教学活动中的位置不同，并且"闻道有先后"，但是师生间在人格上并没有高低贵贱之分。教师不能高高地凌驾于学生之上，要放下"架子"，与学生平等交流、沟通，以发自内心的真诚与学生交友，成为学生信得过的朋友，成为学生无话不谈的知己。苏霍姆林斯基曾指出，教师应当成为孩子们的朋友，深入到他们的兴趣中去，与他们同欢乐、共忧伤，忘记自己是教师。这样，孩子们才能向教师敞开自己的心扉。四是在师生间心理关系上，教师应成为学生心灵的培育者。教师要向学生敞开心扉，也要主动地走进学生的内心，深入体察学生的内心世界，与之同感受、同思考，以自己的人格去影响学生的人格发展。

### 2. 教师要保持良好的教学心态，把消极情绪丢在教室外

教学心态是教师特有的一种微弱的、平静而持续时间较长的情绪状态。它在教学过程中具有重要意义。积极、良好的教学心态能使教师精神振奋，乐观豁达地对待教学过程中的困难和挫折，最大限度地发挥教学艺术之魅

---

① 赵敏，梁耀文.从教师个体反思到教师团队自省[J].教育发展研究，2012，32（22）：36-41.

力；消极、不良的教学心态则使教师精神萎靡、意志消沉，影响教学艺术的发挥。艺术家斯坦尼斯拉夫斯基说过：当一个人回到家里的时候，他得把鞋套脱下来留在室外的过道里；当演员来到剧场里，他整个人是属于艺术的。这里可引申为：教师进入课堂的时候，也应该把个人的不快和痛苦留在课堂之外。因为在课堂上，教师是属于学生的，是属于教学艺术的。美国的瑞安斯设计了一个专门的教师特征评价量表，发现成功的教师是友善的、理解的、温暖的、敏感的、系统的、有想象力的和热情的，而情绪上的成熟性应是成功教师所必须具备的另一种品质，这意味着教师不仅要做到以上那些所倡导的行为，也要避免与学生个人或学生群体发生冲突，也就是说不要让各种学生的行为干扰了自己的情绪，即使这些行为确实对教师造成了干扰，要做到这一点，其实是比较难的。教师在与学生交往时，那些没有多少工作经验或在维持秩序方面比较欠缺的教师，经常的表现是只考虑自己而不为对方考虑，而现在的学生，也不一定都能设身处地地为教师着想。所以，师生之间易产生冲突，如果教师的情绪被学生的行为所干扰，那么，情况可能会变得更糟，所以教师要善于控制自己的情绪，这种情绪上的安全感是与心理学上所说的自我力量相连的。自我力量是高度自尊与自信的结合，它也包含着镇静的内容，保障人们平静和客观地处理问题。对教师来说，这种品质不仅有助于其处理日常教学的问题，也有利于其处理职业生活中许多其他方面的挑战。更重要的是，自我力量可以使教师超越失败和失意，它们与成功和成就一样，都是其教育生涯中不可避免的。它使教师从失败中吸取教训，不因失败而产生罪恶感甚至惩罚自己，同时也使他们体验到成功的乐趣，但不会因此而沾沾自喜从而丧失正确判断事物重要性的能力。

### （四）依法教学，重塑教师权威

教师的权威不可滥用为一种威权或霸权，也不能任其消解为一种摆设，对学生放任自流。师生之间追求理解与沟通的过程，也是一个不断克服阻力的过程，而要达到这一境界，还要求教师放下权威的架子，把真实的自我展现在学生面前。不可否认，教育的部分力量来自教师的权威，从教育过程来看，教师权威也的确有它独具的价值，因为教师权威的树立，不仅有助于教育活动的顺利开展，使教育成为一个有序的系统并具有较高的效率，而且能增强对学生的影响，促进教育影响的内化和教育目的的实现，因此教师的权威是需要适当维护的。然而，任何事物都有一个"度"，在课堂教学中，如果教师的权威被绝对化，往往会使部分教师迷恋于高压控制，会造成学生敬而远之，甚至出现双重人格或逆反心理，同时，也会加重学生对学校生活的否定情绪，使学校这片令人神往的乐土，失去其应有的魅力。简言之，教师需依法教学并约束自己的权威，更新重塑权威以凸显权威的魅力。

### 1. 教师需依法教学以防止权威的滥用

知法、懂法，不剥夺教育法所赋予学生的权利，依法执教本应是教师必须做到的。而令人遗憾的是，许多师生冲突的典型案例都是教师以自己的违法行为来处理课堂上学生的违纪行为所致，并由此酿成师生对抗性冲突或悲剧，甚至引发一系列的社会问题与法律问题。因此，教师必须自觉学习有关法律、法规，使自己的权力不超出法律范围。由此，应加强教育法治建设，通过明晰的可操作化的教师义务立法，以法的精神规范教师的强制行为，使教师面对复杂的冲突情境时具有专业伦理敏感性，察觉自身的情绪行为对学生的侵犯与伤害，克制自身压制学生的本能倾向，以避免冲突恶化。

第一，教师在课堂上也要坚守法治原则。结合我国国情，法治应该作为一条基本原则，使人们之间的行为限定在法治的框架之内，按法律办事。我国在《中华人民共和国宪法》这一根本大法的基础上针对教师和学生有专门的法律，如《中华人民共和国教育法》《中华人民共和国教师法》《中华人民共和国义务教育法》《中华人民共和国未成年人保护法》等。师生冲突可以寻求法律的途径解决，避免因冲突升级而导致严重后果。第二，教师要用道德权利制衡法律权利。[①]要实现师生冲突的缓解，必须以道德权利来制衡法律权利，实现师生权利关系的真正和谐发展。法律规约的强制性特质有时候会让人们在相互关系中产生一种惰性，忽视自己对他人的积极义务，而仅依赖冷硬的法律条文来维持与他人的关系。因此，要实现在权利尊重基础上的权利平等，更多的是对双方权利主体的一种道德义务要求及其对道德权利

---

① 朱飞.学校师生关系冲突的伦理解析：兼论伦理视域下师生权利关系的拓展[J].伦理学研究，2013（1）：133-136.

的实现。师生间权利的平衡机制，实质上就是一种道德权利对法律权利的制衡。道德权利对法律权利的主导，法律权利对道德权利的支撑，构成了师生权利关系的基本结构。师生关系冲突的激化是社会发展到今天的必然产物，在人的主体意识和权利意识还处于缺失状态时，这种矛盾冲突也许还未被激化，然而随着社会文明的不断进步，随着人的归位和人文精神的发展，个体的价值逐渐突显，学生作为个体的权利和地位逐渐得到释放，师生关系中就生发出新的利益主张和牵制力量，师生关系结构就多了一股张力，而不同张力的不均衡发展就会导致冲突。正是因为个体价值和权利的解放，成为激活师生关系冲突的根本原因。在法律权利越来越趋向完善，而师生权利关系冲突却越来越尖锐的今天，道德权利的内在价值使得它成为现代师生关系发展的重要一维。以道德权利的发展来化解法律权利的发展所带来的师生关系中的冲突，实现两种属性的权利的均衡发展是师生关系发展的现实路径。毕竟道德权利中所蕴含的善的价值能够引导人们学会忍让、学会正确看待与合理处理他人与自我之间的利益关系。这对于建立一种和谐的人际关系具有重要价值。我们常将法律和道德比作车之两轮、鸟之双翼，法律权利与道德权利也是构成师生权利关系合理结构的两个支撑点，缺少任何一个都会导致师生权利关系结构的倾斜乃至坍塌。

### 2. 教师需重塑权威以凸显权威的魅力

第一，以民主和平等为价值导向，重振教师传统权威，重构师生社会关系。[①]在教学实践中，重振教师传统权威，构建新型师生社会关系平衡可从以下三方面着手：一是尊重每一位学生。尊重是指对自己或他人的尊敬与重视，特别是尊重他人，这是交往主体间的基础性道德理念，能为正常和谐的交往带来理解和宽容。教师理应以尊重原则为底线来对待学生，尊重和保护学生的尊严，谨记不论他人的种族、性别、年龄、肤色、语言、宗教或社会背景等有何种不同，都拥有不可让渡、不可侵犯的尊严。教师当然需要威信，但教师的威信建立在对学生充分尊重的前提之下。尊重学生对教师来说

---

① 黄明亮，赵敏.全媒体时代师生关系的解构与重构：基于教师权威的视角[J].中小学德育，
2019（5）：20-23.

意味着应当平等地对待每一个学生，不因学生的学习成绩差而歧视学生，不因学生有某种过错而不原谅学生。被教师尊重，使学生感觉到一种责任感和独立感，尤其是对成绩较差的学生而言，给予其充分的尊重，不仅能培养其自信心，还能激发其热爱学习的积极性，不用担心因为成绩差而被教师看不起。二是民主平等意识。民主平等已是主流的价值观，它主张承认每个人的平等地位，即要建立自己是人，他人是人，人人平等的伦理共识，要求教师给予学生民主的权利，且平等地对待每个学生。三是关爱每一位学生。《荀子·儒效》言："有师法者，人之大宝也；无师无法者，人之大殃也。"荀子认为"国之兴必尊师"，他的主张强化了中国历史中教师传统权威的神圣性，而传统权威的神圣性是以教师"爱生如子"为基础。因此，应传承"尊师爱生"的传统，以无私的关爱重建教师传统权威的神圣性。在传统权威神圣性的感召下，让学生对教师充满敬畏与期待。通过师生亲近交往，分享和悦纳彼此的思想与情绪，达成人与人主体间的亲密和谐交流，重构民主平等的师生关系。

第二，以知识教学为核心，提升教师合法权威，增强师生教学工作关系。师生关系以教学工作关系为基础，而教师的知识权威对师生教学工作关系的维系至关重要。思想深刻，见解独到，具有真知灼见的教师永远具有无比的魅力。反之，文化知识面狭窄、文化底蕴浅显、专业知识不深、教学知识不足的教师难以给学生以智慧上的启迪、思想上的引领、人格上的感召、精神上的熏陶、视野上的开阔、学习上的服务，难以激起学生的信任与敬慕。由此，教师应从以下三个方面来提高自己的知识素养，提升自己的传统权威。一是从时间维度来看，教师必须是一位终身学习者。如今学生的知识面因易获得而被不断拓展，这就要求教师在知识方面要跟上学生的脚步才能成为他们的引领者。要想达此目的，教师只有通过终身学习才能把学习的步子迈在学生的前面，从而不断地丰富学识与提升能力。二是从对象维度看，教师需要向学生学习。随着信息化时代的到来，学生在某些方面的知识超越教师已经成为普遍现象。教师向学生学习的关键在于教师承认"生不必不如师"的事实，并"俯下身子，放下架子"。三是从内容维度看，教师应让知识的教学更有"温度"。教师可以让所教的知识变得更有温度，让教学变为有温度的教学。有温度的教学灌注了教师的生命和情感，它是教师生命意义的自然流淌，它涌动着生命的激情，充溢着人生的智慧，追寻着人类的精神家园，或疾风骤雨，或涓涓琼浆，激荡和滋润着学生的心田。

第三，以人格魅力为关键，重现教师魅力权威，促进师生自然人际关系。就教师的工作性质而言，一位教师不但应该具备专业权威，而且在人格上也必须具备某种程度的感召力，如此才能赢得学生的信赖和敬仰。人格是一个多因素的复合体，表现在对人、对事、对己等各个方面。诸如教师的组织能力、行为上的果敢、作风上的刚毅等。实践表明，具有高度人格魅力的教师易对学生产生正面影响，成为学生追随的榜样，不易与学生发生冲突。教师的人格魅力来源于多个方面，如勤学、乐学；善于移情和换位思考，觉察体验学生的学习困难，宽恕学生的无知和错误；高超的教育教学能力和管理技能；等等。由此，教师要不断提升道德素养，升华思想境界，以自己的德行树立自己的权威。这就需要教师完善真的品格、善的心灵、美的情怀，培养自己良好的个性，塑造自己高尚的道德品质。

### （五）修炼教学机智，保持有效对话

师生冲突的功能是相对的、可塑的，一个冲突既可能给学生带来伤害，也可能成为极好的教育时机和教育资源。而师生冲突的功能是正向还是负向的，在很大程度上是教师教学机智与师生有效对话的结果。

#### 1. 教师要修炼教学机智，学会制造与掌控师生冲突

师生冲突发生伊始一般都不是对抗性的，这就需要教师运用高超的教育艺术来把握住课堂变化的脉搏和发展趋势，及时采取灵活有效的应变策略，使其向良性方向发展。教育机智并不在于能预见到课堂的具体细节，而在于根据当时的具体情况，在学生不知不觉中巧妙地做出相应的变动。

首先，教师要学会制造冲突，适时引爆冲突。一个人的欲望和需求若得到了满足，就会失去前进的动力，唯有不满足才会有动力。一味追求一团和气的课堂，有可能使师生都产生自我满足的心态，从而安于现状，由此所带来的教育教学效果自然是不完善和不全面的，甚至成为制约学生成长进步的瓶颈。因此，教师不仅不能回避冲突，有时还需要努力制造冲突。同样，教师也应将教学目标落在学生的"最近发展区"内，让学生经过一定的努力就能达到，这样学生就会始终以一种饱满的热情去学习。同时，教师还要善

于在可控制的范围内引爆冲突，早发现、早处理，使冲突在一种理性的氛围中得以缓解，转化成积极的态势，形成"协调—冲突—协调"的良性循环机制。①

其次，教师要学会掌握冲突处理中的等待艺术。这里的"等待"包括两层含义。一是对于一些突如其来的暴力性冲突或其他危害性较大的冲突，教师若缺乏心理准备，而且一时又没有良好的处理方法，可以先稳住事端，待到双方都心平气和后再进行处理，切不可因一时冲动，草率行事，酿成不可挽回的后果。二是课堂冲突（尤其是激烈的对抗性冲突）可能会给师生双方带来不适甚至痛苦，同时也会给彼此的心灵带来强烈的震撼，激起彼此对自己的思想或行为进行深刻持久的反思。此时教师若学会等待，注重把握教育的最佳时机，就会使冲突产生强大的教育力，促使学生深刻悔悟，痛改前非。

最后，教师要学会根据冲突的性质和对象因材施教。冲突产生的情境不同，原因和性质不同，所采取的处理方式自然也不同。即使对待同样的冲突，也要因教育对象的不同而方法各异。教师切不可千篇一律，采取公式化、套路化的方式来处理冲突，而是要在常规教学中了解学生、分析学生，在冲突发生后善于找准教育学生的最佳时间点和突破口，因人而异，因材施教。只有这样，才有可能使冲突双方"化干戈为玉帛"，取得事半功倍的教育教学效果。

### 2. 教师要与学生保持有效的对话

师生关系必须走出独白，走向师生对话，对话是人际交流的情感通道，是人际交流的核心形式。米德强调，真正的交流应该是一种对话，参与对话的双方是地位平等的。如此，通过对话才能消除隔阂、增进理解，才能彼此借鉴、促进提高，才能获得认可、体现价值。由此，教师与学生之间需要保持一种有效的对话，尤其是在冲突情境之中，更需要两者进行对话，而不是相互干涉与牵制。这就要求教师注意以下两点：

一是教师要从自我立场向他人立场转移。教师在与学生的交往中，如果

---

① 曾双武.课堂教学呼唤有效冲突[J].中国教师，2009（1）：37-38.

总站在自己的立场与学生对话，让学生觉得与教师没有什么好说的，对教师产生失望感、不信任感，不愿意与教师多沟通，那么学生就会觉得教师判断和处理问题完全从自己的主观想象出发，不能真正理解、关心自己，随之会对教师产生失望感，对教师的信任度降低，最终不愿与教师沟通、交流，甚至远离教师。教师不能真正走进学生心中，不能很好地理解学生，易对学生提出无益的指责或批评，致使部分学生在自我保护的心理作用下，与教师的沟通时产生对立情绪。所以，教师要改变以自我为中心的交往方式，多从学生的角度看问题，多从学生的角度去思考，进行换位思考，这样，教师与学生的距离就会更进一步，彼此的沟通会加强，学生就会畅所欲言，说出自己的心里话，把老师看作自己的朋友，时间长了，教师工作起来就会得心应手，师生之间的冲突就会减少。二是教师要善于倾听，与学生平等对话。[①]在"我-他"师生关系中，学生成为纯粹的教学对象和客体，学生是被言说的对象。教学中充斥着教师独白式的言说，课堂成为教师独白的舞台，学生被剥夺了话语权而从现实中的在场蜕变为实际中的缺场，师生都成为教师独白的受害者。师生对话不仅仅是一种言说的表达，更是师生间的精神交流和碰撞，此时的学生即使沉默也是一种真正的在场。对话使师生共同成为教学生活的主体并实现知识共享，用情感的交流和观念的碰撞消解师生间负面的冲突，使冲突升华为一种教学艺术和教学智慧。如以下两种师生交流：

甲方式：强制的交流

师：你怎么了，又迟到了？

生：（低头沉默）

师：哑巴了，说话呀！

生：没搭上原来那班公交车，等下一班车就晚了。

师：公交车晚了？是自己晚了还怪公交车，罚站去。

乙方式：平等的对话

师：你怎么迟到了？

---

① 付春新，赵敏.权变理论视角下的中学师生冲突化解之道[J].教学与管理，2019（18）：72-74.

生：（低头沉默）

师：起晚了吗？还是由于其他原因？

生：没搭上平常那班公交车，等下一班公交车就晚了。

师：下一次请算准时间，不过安全第一，别慌慌张张。

### （六）对学生消极心理的有效干预，指导学生自我诊断与心理调节

近年来，学生的心理健康存在很大的问题，尤其是消极心理明显，教师有义务对学生消极心理进行有效的干预，指导学生进行自我诊断与心理调节。

第一，对学生消极心理的有效干预。经常发生冲突行为的学生心理都存在一定的困惑或障碍。因此，对学生的消极心理进行诊断并进行心理干预和自我心理调节应成为化解矛盾冲突的重要举措。对学生实施心理干预的第一步是正确诊断学生易发冲突的原因，即要从心理上弄清楚某种问题行为表现的心理机制，以便对症下药，实现消除学生心理困扰的目标。一是教师要主动承担心理干预的重任，尤其是班主任和科任教师，认识冲突心理成因，应用心理干预技术，化解学生心理矛盾，以免心理矛盾和冲突激化。二是要加强学生群体意识教育。平时应注重指导学生形成与他人合作的精神，保持整个群体的正面互动和发展。在师生共存的这个群体中，让学生意识到形成良好的态度、关怀别人、尊重别人的重要性，有利于形成师生合作的氛围，减少冲突发生的概率。

第二，指导学生进行自我诊断与心理调节。教师要善于指导学生进行自我心理调节，控制情绪激化，避免师生冲突发生。首先，指导学生学会自我宣泄。心理压力是由情绪紧张波动造成的，而适当地宣泄可以缓解精神压力。这时可引导学生向父母、师长、知心朋友倾诉，甚至当场痛哭；或者把苦恼、愤恨统统写在纸上，装入信封，置于箱底或撕碎扔掉，以减轻内心的痛苦。要引导学生以乐观的态度面对现实，接受现实，勇敢面对生活的挑战。然后，引导学生转移注意力，可有效地避免心理困扰。利用郊游、办墙报、演讲会等转移、冲淡烦恼。其次，指导学生正确认识自我。要让学生看到自己的长处和优势，也要正视自己的缺点和不足，使学生能较好地调节和控制情绪，保持健康的心理状态以增强心理承受能力，同时要引导学生树立正确的人生观，培养乐观、积极向上的人生态度，用开阔的心态对待心理困

扰。最后，通过学校心理辅导教师或社会心理咨询机构的临床训练或技术治疗，消除各类常见情绪过敏性消极人格，诊断并以技术干预易引发冲突倾向的学生行为。学校和班级要通过定期召开师生座谈会，增强师生之间的相互理解和情感沟通，通过召开家长座谈会，了解学生对学校和教师的要求，弄清楚学生对教育教学不满的原因，从源头化解学生心理矛盾与冲突。

第三，对学生的行为进行矫正和强化。行为矫正是依据强化学习理论来处理行为，从而引起行为改变的一套客观而系统的有效方法。常用的有代币券法、签约法、反应代价法等。所谓"代币券"是一种泛化了的强化物，可以由小卡片或特制硬币制成。学生可用这些特制的代币券换取各种奖品或者特权以及自由活动时间。教师要明确告诉学生，如果做到了教师事先提出的要求，表现出了这些行为，就给他们相应的代币券。任务越难完成或者越复杂，所给的代币券就越多。使用这种方法的时候，教师要事先列出众多的解决人际冲突的方法，或者思考在面临冲突时应该怎样理智地处理，并在班级形成一个监控系统，这样在学生出现相应的正确行为时，就可以及时地强化，以保证正确行为的形成和保持。"签约"是一种通过学生与教师签订协议的方式而改进行为的方法。在签协议时一定要考虑什么是要改进的目标行为，这一行为的规定应当是具体的，一旦学生做到了这些行为，就要按事先的约定对学生进行奖励，如果学生没有按协议履行承诺，就要按照事先规定的内容进行惩罚。在使用这种方法时，一定要在学生自愿的基础上进行，并且教师一定要"言必信，行必果"，让学生感觉在冲突处理行为的改变上没有商量的余地，以保证行为强化的有效实施。所谓"反应代价"是指通过正强化物的撤销来达到改变行为的作用。在实际实施时，当学生在处理冲突时表现出不合理或者极端的行为时，进行代币券的撤销或没收，也可以是自由活动时间或特权或是对其某一爱好的剥夺等。这种方法适应于冲突多发的学生或者仅仅靠代币券制、签约等正强化的方法很难使其学习行为和社会行为改变的学生。

第四，个别辅导。在进行个别辅导时，教师要本着真诚、理解、尊重的原则，耐心、细心地聆听学生在人际关系方面的问题和困扰，帮助学生分析人际冲突发生的原因，引导和帮助学生掌握正确的人际交往策略和正确面对及解决冲突的方法。在具体辅导中，教师要注意以下事项：注意倾听，不要急于评判。真正的辅导应该以"倾听"为基本特征。在面对学生的人际关系问题或者是人际冲突时，教师最容易充当评判的角色，不问事情的来龙去脉，仅仅根据自己的经验来评判学生的对与错，会使学生有一种受审的感觉，从而产生抵触和不满情绪，不利于学生讲出自己的真实感受和对人际交往的困惑，从而不利于问题的解决。教师要认真聆听学生的诉说和内心的真正想法，让学生感到教师对自己的关注和理解，从而建立起良好的师生关系，以便使教师对学生的教导和分析能取得好的效果。注意引导，不要教诲指令。个别辅导重在"导"，也难在"导"。一般在谈话开始时要少用引导，只有在良好关系建立之后，方可使用引导技术。教师要结合实际冲突情况，引导学生对自己的非理性信念或错误的人际观及错误的冲突解决策略加以驳斥，学习做出理性的解决冲突的方法并建立正确的人际观。可见，教师进行个别辅导时，一定要以发展当事人的独立思考与决策能力并达到自我完善为根本目标，而不能如日常教育过程中的谈话那样，基本上采用规劝或说教方式，并总是以帮助学生解决当前问题为直接目标。总之，辅导主要应该是非指示性的，即便是必需的暗示、忠告、说服等。指示性手段，也只能被最低限度地使用，力求"随风潜入夜，润物细无声"。

## 二、学生——防范师生冲突的第二主角

学生是师生冲突的行为主体之一，在预防师生冲突中，学生理应承担起主角的责任，做好自己，减少与教师不必要的冲突。

### （一）增强学生的地方依恋，引导学生主动适应学校生活

第一，在增强学生地方依恋方面。一方面，学校要设计开展一系列关于地方人文地理、历史和风俗文化等方面的课程教学，也可以在历史和地理教学中融入地方性知识，开设地方性知识专题教学，使学生能在学校学习到关于地方的各种知识；学校也要组织多样化的研学旅行活动，让学生在生活中体验地方的魅力，特别是组织学生参观当地具有标志性的地方，如广州的中小学生可去参观中山纪念堂、黄埔军校和广州起义烈士陵园等。另一方面，学生自身也应积极地了解与认识地方的历史文化与自然景观，并积极地去学

习关于地方的历史文化知识，以增加自己的地方性知识。然后，学生应积极地了解与自己生活相关的各项地方设施，如出行设施（公交、地铁、火车和飞机等）、娱乐设施（游乐场、游泳馆和体育馆等）、医疗设施，以确证地方能满足自己的生活与娱乐需要，进而增强自己的地方依赖。最后，学生要认识到地方对自己生活的重要性，主动地、有意识地去认同、热爱和保护自己所生活的地方。

第二，在学校适应方面。首先，学生应主动增强自己的个体适应能力，增进自己与同学、老师的关系，以更好地认识与接纳自己，并建立起自信。如与教师保持沟通与交流，与同学一起玩耍，从容面对自身遇到的问题，并学会寻求帮助。然后，学生要积极提高自己的活动适应能力。这就要求学生应尽力完成各项学校任务，如课堂作业和课堂提问等；也要求学生积极参加课余活动，如运动会、春游和早操等。最后，学生要积极地了解与熟悉学校物质环境与学校人文文化，以增强自己的环境适应能力，尤其是要求学生要主动去熟悉与了解学校的规则、校训与校歌等。

### （二）尊敬师长，好学多问

《中小学生守则》明确要求学生应尊师好学，这是作为学生的本分，而恰恰很多中小学生对教师不尊重，学习懈怠。教师出于义务而施加干涉，但正因为教师干涉学生的行为，师生冲突就容易发生。试想每一位学生都尊敬师长，好学多问，师生冲突定会大大地减少。由此，学生应成为真正的"学生"，即尊敬师长，好学多问。

第一，在尊敬师长方面，学生尊敬教师是良好师生关系的基础。从根本上说，尊重教师就是尊重人，而尊重人是一种显见的德性和义务。孔子说"己所不欲，勿施于人"，"夫仁者，己欲立而立人，己欲达而达人"。孔子的这些话含有尊重人，即尊重自己和他人的重要思想。"尊重人"也是人类道德进步的重要标尺，1993年9月，有德国前总理施密特、新加坡前总理李光耀等全球著名政治家和学者参加的一次国际性会议，经过长期讨论和反复修改，通过了《走向全球伦理宣言》（以下简称《宣言》）。《宣言》指出："没有新的全球伦理，便没有新的全球秩序。"整个《宣言》特别强调"尊重人""敬重人"的重要性。"我们承诺敬重生命与尊严、敬重独特性与多样性，以使每一个人都得到符合人性的对待，毫无例外。"[1]学生尊敬教师主要包括对教师道德人格、教学成果、教育民主和自由权利和生命安全的尊敬。首先，尊重教师的道德人格是指尊重教师作为职业劳动群体和职业劳动个体的名誉、尊严、威信等。教师的名誉、尊严和威信是教师的智慧、才能和贡献的结晶，既是教师顺利开展教育劳动的健康道德心理基础，又是取得良好教学和教育劳动效果的重要条件。然后，尊重教师的教学成果指学生要尊重教师在教学过程中所有形式的成果，如新的教学方法、新的作业形式和新的教学理念等。其次，尊重教师的教育民主和自由权利是指学生应当充分尊重教师在教育职业活动中个人所享有的民主管理权，监督评议权以及在遵循宪法、法律和教育规律基础上的教育理念、教学方式的自由选择权，更要尊重教师对学生管教的权力。最后，像社会的其他成员一样，教师个人的生命神圣不可侵犯。尊重并保护教师的生命安全，既是文明社会的基本法律要求，也是教育伦理的基本道德要求。

第二，在好学多问方面，好学多问是学生的本分，也是教师期待学生要做到的基本行为。学生要做到好学多问需满足以下几点：一是端正学习态度。学生要克服懒惰的思想与行为，主动学习，把学习作为自己的义务；重视学习，根除读书无用的思想；努力学习，把学得好作为自己的重要追求。二是完成教师提出的各项教学要求。学生课上要完成教师的课堂教学要求，课下更要完成课后作业，切勿拒交作业、抄袭作业或少做作业。三是积极与教师沟通，解决自己在生活与学习上的困惑，要把教师作为自己学习与生活上的知心人，主动向教师请教。

### （三）正确认识教师的角色，体面接受教师的惩罚

在学校中，学生需要对教师角色有一个正确认识，且当自己犯错时，切勿把教师的惩罚当体罚，并以此作为拒绝承认错误的借口，作为攻击教师的利剑，而是要大方、体面地接受教师的惩罚，以改正错误，完善自我。

第一，学生要认识到教师不是"全能者"，更不是"无能者"，他们只

---

[1]　王正平.尊重教师：教育伦理的一项重要原则[J].道德与文明，2015（4）：17-22.

是教师。教师不是神，不是"全能者"，不会飞天，也不会遁地，不能帮助学生解决与处理所有的事情，教师时间与精力的有限使其无法在生活与学业上照顾到每一位学生，这时学生应该多多理解教师，或者主动向教师表达自己被需要的诉求，而不是心生怨气或责怪教师。若你不说，我不语，长此以往，学生便会与教师心生罅隙，师生冲突便有机可乘了。此外，学生若视教师为"全能者"，对教师角色要求过高，如若教师很多行为不符合学生心中期待，这时学生的心理落差便产生了，对教师就会心存不满。教师传道、授业与解惑，然而很多学生怀疑教师知识不正确、道德败坏、人品有问题，甚至一无是处……这些对教师角色的错误认知会引起学生的不正当行为，进而引发师生冲突。简言之，学生要正确认识教师的角色，对教师要有合理的心理期望，不高看，不贬低，不过分苛求，也不过分期待。

第二，学生要学会辨别体罚与惩罚，悉心接受教师的惩罚。惩罚不等于体罚。惩罚是一种常规的教育手段，是对学生问题行为的一种强制性纠正行为，是在学生身心完全能够承受的前提下采取的教育措施，对学生能够起到教育警示的作用；体罚是个别教育者对违反纪律的学生所实施的身心上的严重伤害，有悖于伦理道德。惩罚可以使学生懂规矩、明是非，可以让学生更加主动地了解行为界限，明确是非及权利和义务的关系。国家明令禁止体罚学生，但禁止体罚并不等于教师不能批评和惩罚学生，惩罚和体罚在理论和实践上都存在着明显的区别。因此学生要正确看待教师的批评教育，体面地接受惩罚。教育不能没有惩罚，没有批评和惩罚的教育是不完整的教育。一个人在年轻的时候如果不曾受到批评，那他将来很难面对挫折和失败。而且一个人要勇于为自己做过的事情承担责任，要诚实、守信，如果是因为自己的过错而接受惩罚，那并不是一件有失体面的事，相反，说明你是一个敢于负责、勇于担当的人。当然行使惩戒的一方，也要做到公平、合法，既要把握好惩戒的尺度，不至于"量刑过当"，又要保证不伤害到被罚者的人格和尊严。所以，学生在学校有了缺点和错误，就要正确地面对，接受学校和教师的处罚和教育，从思想深处认识到自己的缺点和错误，进行反思，以便今后避免再犯类似的错误。这是一个人一生中宝贵的财富，是不可替代的，也是学不来的，只能通过积累获得。

### （四）树立良好的规则意识，学会掌控与发泄消极情绪

学生树立良好的规则意识有利于学生更好地遵守班规校纪，能大幅度地减少师生冲突发生的概率。同样，作为心智未成熟的中小学生，若能学会掌控与发泄自己的消极情绪，同样有利于减少师生冲突的发生。

第一，中小学生要树立良好的规则意识。中小学生良好规则意识的形成关键是学生自己要主动去了解学校的班规校纪，要尊重规则并自觉遵守规则。此外，学校和教师可从以下四方面来协助中小学生养成良好的规则意识。一是要让学生理解规则，认同规则。一项规则如何才能更好地被遵守？"理解"是一条重要通道。正如古人所讲："知是行之始，行是知之成。"所谓"知"就是理解。培育学生的规则意识，其内涵包括培育学生对规则的理解意识和理解能力。学校教育应当提供条件，创设情境，激发学生参与讨论，加强对规则的认识和理解，不断提高学生的规则理解水平。事实上，培育规则意识，不应该是一种静态的知识传播或教学，而是要让学生置身于规则的理解情境中，激发他们对规则的积极情感和正确态度。二是引导学生参与制订规则。规则从诞生开始，就具有一定的稳定性和强制性。对于很多人来说，面对规则的合理行为选择就是"遵守"。但从教育的角度来说，培育学生的规则意识，则有必要借助"参与制订规则"的活动来达到这一目的。如果说"理解规则"只是学生被动亲近规则的话，那么"制订规则"则是学生主动融入规则的一条重要路径。在教育教学活动中，学生参与制订规则的途径是很多的，比如班级规则的制订等。学校教育要充分利用一切有利条件，设置"规则制订"活动。"参与制订规则"本质上只是一种教育的游戏活动，主体是学生。学生借助这样的活动载体，可以加深对规则的理解，进而辐射到对其他规则的理解上。三是利用规则惩罚违反规则的学生。惩罚是完整教育的需要，教育家马卡连柯指出："凡是需要惩罚的地方，教师就没有权利不惩罚。在必须惩罚的情况下，惩罚不仅是一种权利，而且是一种义务。"[①]学校教育不应该刻意回避惩罚，关键是应当如何惩罚学生。惩罚

---

① 吴式颖.马卡连柯教育文集（下卷）[M].北京：人民教育出版社，1985：88-90.

也是一种教育资源，对于违反规则的学生，教师要勇于并善于运用规则来惩罚。这种教育行为，除了达到教育学生改错的目的，还可以借机让学生在违反规则的真实情境中，体验到规则的价值和意义，并积极反思自己的违规行为，从而在认识上理解规则的重要性，并帮助其树立必要的规则意识。四是教师应以身作则遵守规则。孔子说："其身正，不令而行；其身不正，虽令不从。"教师的职业特点，要求教师要更加注重以身作则，更加注重严格自律。教师要求学生做到的，自己必须首先做到。在规则意识的培育过程中，教师必须以身作则，坚持做遵守规则的模范。这一认识的基本原理在于学校教育活动不只是单纯的书本教学活动，教师自身的行为、习惯、兴趣、态度、人格、品行、道德等，也是一本鲜活的"教科书"。学生在接受教师的书本教学之时，也受教师人格的影响。在规则面前，如果教师自己不遵守，则意味着规则是可以被破坏的，至少是有差别对待的，教师违反规则的行为，则会演变为一种负面的教学资源，这不但有损教师自身形象，也不利于培育学生的规则意识。①

第二，中小学生要学会掌控与发泄自己的消极情绪。中小学生，尤其是中学生情感丰富，情绪容易激动，遇事不够冷静，往往会因为教师的一两句批评就对教师产生敌对情绪。因此作为学生必须首先学会在课堂上克制自身情绪上的起伏，一旦产生不良的情绪，要选择恰当方式及时进行纾解，例如听听音乐、找好朋友来倾诉等，而不是伤及他人，更不能对教师刻意挑衅。另外，要在教师的指导下培养乐观、自信及坚毅的品格，遇事冷静，处乱不惊。在双方的协商合作中减少破坏性的冲突，千万不能把消极的、不良的情绪带到师生关系中来，否则就会引发师生矛盾，恶化师生关系。所以，对学生而言，增强自我约束力、避免问题行为是预防师生冲突的有效方法。此外，中小学生还要增强自律能力。"无规矩不成方圆"，学生在日常生活中要严格要求自己，在学校遵守学校的纪律和规章制度，不迟到、不旷课；不打架斗殴、不损坏公物等。

---

① 何晋中.学生规则意识的现状及培育路径[J].教学与管理，2017（7）：29-31.

# 三、学校、家庭与社会——防范师生冲突的配角

## （一）学校要积极疏导师生消极情绪，建立协调冲突的平衡机制

在师生冲突中，学校的关键角色是帮助教师与学生提高冲突管理能力，消除他们的消极情绪，且在师生间建立"安全阀"制度，形成"协调—冲突"平衡机制。

第一，帮助学生消除消极情绪。一是学校要对学生进行冲突教育，甚至课程化冲突教育。冲突观教育是冲突教育的第一步，其主要是通过对冲突进行全面分析，帮助学生认识冲突，形成关于冲突的正确的观念和看法；帮助学生辩证地看待冲突，认识到冲突可能带来的积极影响，如可以带来思考问题的新视角，激发创造力，为人际关系注入新的活力，使他们认识到冲突的结果是有益还是有害，在很大程度上取决于冲突双方的态度和处理方式，从而帮助学生形成积极对待冲突的态度，为建设性地应对冲突奠定观念上的基础。然后，冲突解决策略教育是冲突教育的第二步。冲突策略教育是冲突教育的最核心的内容。它可分为理论分析和技能训练两部分。理论分析主要是分析各种应对冲突的策略，帮助学生把握控制、回避、迁就、妥协、合作等冲突处理策略的优劣及其使用情境，最终使学生能够根据冲突情境的不同选择恰当的处理策略。技能训练主要是通过训练解决冲突需要的技能行为来提高学生解决冲突的能力，如谈判训练、合作训练、同伴调解训练等，帮助学生掌握各种有利于建设性地解决及预防冲突的技巧和能力，如换位思考能力、有效的沟通技巧、寻求并达成合作的技巧和能力、以中立的第三方调解同伴冲突的技巧和能力等。

二是在心理健康教育课程中展开针对性训练，如情绪管理训练与移情训练。情绪是激发个体心理活动和行为的动机，人们对冲突的态度和行为常常被即时性的情绪所支配。自我情绪管理教育主要是通过理论指导和实际训练，使学生能够合理管理自己的情绪。一方面，帮助学生掌握一些情绪控制技能，使学生在面对冲突时能够有效地控制情绪的波动，避免因盲目冲动而造成冲突升级恶化；另一方面，教给学生一些情绪疏导的技能，使学生能够及时而合理地疏导冲突带来的焦虑、抑郁、自卑、苦闷等不愉快的情绪情感体验，优化冲突影响，促进身心健康。移情训练（角色扮演）是一种旨在提

高学生善于体察他人的情绪、理解他人的情感的能力，从而与之产生共鸣的训练方法。移情训练可以帮助学生感知和理解他人的情感，培养学生对待他人的积极情感，提高学生社会交往的技能，可以帮助学生形成分享、合作、助人、安慰等亲社会行为，从而改善人际关系，减少冲突，帮助学生更好地认识自己、接纳自己。这是学生建立良好人际关系的重要前提。移情训练主要是通过角色扮演实现的，角色扮演是使人暂时置身于他人的社会位置，并按照这一位置所要求的方式和态度行事，以增进人们对他人社会角色及自身原有角色的理解，从而让人能够有效地履行自己角色的心理学技术。角色扮演使人能够亲身体验他人的角色，从而可以更好地理解他人的处境，体验他人在各种不同情境下的内心情感。心理专家证实，只有一个人内心世界之中有了与他人类似的体验时，他才知道在与别人发生相互联系时该怎样行动，以及采取怎样的态度。因此，角色扮演在发展人们的社会理解力和改善人际关系方面有着尤其重要的作用。

第二，学校要建立利于师生交往的常规性制度，形成"协调—冲突"平衡机制。在现实的教育管理工作中，由于受多种因素的影响，一些教师对于学生不符合自己期望的行为习惯就采取短期处理方式，即用"堵"的方式来处理。如制订严厉的惩罚措施以控制学生的越轨行为。"堵"的方式，是一种被动的、消极的、短期的行为。它虽然在一定条件下能够暂时减少学生犯各种错误的可能，但仅仅靠堵是不行的。过多地运用堵的方式，我们看到表面上无事，实际上可能引发的问题不少。其主要有两点不利：一是容易使学生成为工作的对立面，增加教育阻力；二是从长远看，不利于学生增强自我管理能力和社会适应能力。因此，"堵"必须与"导"结合，以积极的引导为前提，通过建立长效冲突防御机制，正面、积极地引导学生行为才是预防师生冲突的有效办法。明智的做法是学校要为教师和学生建立一套"安全阀"制度。这里的"安全阀"制度是指为教师和学生提供排泄不满情绪和进攻性情绪的制度，它是师生有效地反映与解决问题的途径。如设置校长意见箱、教师意见箱，定期举行领导、普通教师、班主任接待日，举行自由座谈会、辩论会等。这犹如为被堵塞的河流提供了一条河道，保证教师和学生的不满情绪能通过这些制度理性地被释放出来，能解决的问题及时解决，不能解决的问题但求一个合理的解释，尽量让大家理解。总之，最终形成一种

"协调—冲突"的平衡机制，使师生关系处于良性互动状态，将对抗性冲突防患于未然。更重要的是通过这些制度和交流，使师生双方走到一起来，面对面地把分歧讲出来，辨明是非，找出分歧的原因，提出办法，最终选择一个双方都满意的解决方案。

### （二）家长要优化家庭环境，合理处理师生冲突

不仅学生的相貌与父母相似，学生的行为方式也和父母相似。由此，家长要为孩子营造一个和谐的家庭环境，且在师生冲突发生时要做一名"救火员"，而不是孩子的"保护伞"。

第一，在家庭环境方面主要是家庭关系要融洽，父母对孩子的教育要爱而有度，严而有格，且家长也要以身作则。首先，家庭关系融洽、夫妻和睦、亲子间互相尊重、民主谦让、家长品行端正，这些不仅是我国公民应有的自我要求，也是父母成功教育子女所必需的条件。然后，父母对孩子的教育要爱而有度。爱孩子是父母的天性，但随着孩子年龄的增长，就需要父母以理智的爱去教育孩子。其次，父母对孩子的教育要严而有格。爱和严是家庭教育的孪生姐妹，越是在学校有问题行为的学生越要严格要求。最后，家长要以身作则，要率先垂范，特别是要给孩子做好示范，尤其在如何处理人际关系，如何尊师重教方面。

第二，家长要合理处理师生冲突，其关键是家长要有教育合力观，学会充当师生冲突调停人物，而不是不问青红皂白，就给孩子当"保护伞"，攻击教师。教育学应该成为一门所有人都懂得的科学，无论教师还是家长都应当学习它。苏霍姆林斯基认为教育的效果取决于学校和家庭的教育影响的一致性。如果没有这种一致性，那么学校的教学和教育过程就会像纸做的房子那样很轻易就倒塌下来。教育学的知识，就像法制知识一样，是所有的社会成员都必须知晓的。作为家长，首先，要认识到家庭和学校、家庭和教师的正确关系，并认识到大家的目标是一致的，都是为了孩子的成长。因此不要把家庭和教师放在对立面上来考虑，不能碰到孩子和教师有什么纠纷，就想着自己孩子的权利是不是被侵犯了，而马上就去找学校、找教师麻烦，起推波助澜的作用。其次，当对学校班主任、科任教师不满意时，家长要考虑的是怎样做对孩子最好，而不是当着孩子的面对教师评头论足。如对教师有

不满，也要通过比较合理的渠道来反映自己的看法，与班主任、科任教师积极沟通，促成问题的解决，有效化解师生冲突。再次，家长对教师要加强理解，要认识到教师作为一个成年人，有着职业压力、家庭压力、社会压力，教师不是完人，也会有常人都有的一些缺点，也会犯错误。因此，对教师不要太过于求全责备。一个鄙视教师职业的家长很难鼓励子女接受教师的指导，能体会教师的辛劳的学生，其家长起到的作用不可低估。

若当师生冲突不可避免地发生以后，对家长而言应该注意两个方面的问题。一是对一般性师生冲突，家长不要过多地介入，充当孩子的"保护伞"，强化学生的问题行为，以免恶化师生关系造成对抗性冲突。教师的工作免不了有些失误，家长不应该在孩子面前埋怨教师、发牢骚，尤其是对教师及教师职业的一些不公正的评价，更不能干涉教师对学生的管理。二是发生对抗性冲突，对学生的身心造成严重伤害时，要有法律意识，以正确的方式去解决。

第三，家长要掌握减压技巧，适时减轻孩子的负担。"望子成龙，盼女成凤"，每个家长对自己的孩子都充满了期待和希望。现在的中学生身上承担着太重的精神负担，有来自社会的、来自家庭的、来自学校的，特别是对于面临中考或高考的学生，周有周考，月有月考，每天生活在"为了每一分"的日子里，他们的神经已非常紧张。如果回到家以后，家长还喋喋不休地谈分数、指责孩子没有尽力等，就会造成孩子的焦虑、叛逆，甚至出现丧失信心、自暴自弃等异常心理行为。有的家长尽管不会对孩子说过重的话，但如果对孩子生活关心过度，甚至放弃自己的工作来照顾孩子，这也会造成孩子过重的精神压力，让人有一种"宝都押在你身上了"的感觉。一旦压力太重，又无法排解，学生必然要进行发泄。其中的一种发泄方式就是跟教师莫名地顶撞。所以明智的家长应以平常心对待孩子学习上的起伏，客观地帮助其分析原因，看到孩子的真实发展空间，不要对孩子提他达不到的要求，适当减轻孩子的心理负荷，保证其身心的健康发展，也有利于改善师生关系。

### （三）社会要为师生交往营造一个风清气正的环境

我们知道，师生冲突是师生关系的冲突，而师生之间并非只有教学关系和人际关系。师生之间实际上存在三重关系，即社会关系，教与学的工作关系，以及自然的人际关系。可见，师生关系是多重的，当我们把师生关系看作是一种社会关系，师生冲突其实就是一种社会冲突。那么，要避免师生冲突就必须跳出相对狭窄的学校小环境，转而从社会这个大环境来挖掘预防和有效解决中学师生冲突的途径和方法。如果社会各界齐心协力净化社会文化环境，预防学生问题行为的发生；消除对教师不良的道德舆论风气，形成尊师重教的社会风尚，那么，师生关系就会和谐得多。具体需注意以下三点：

第一，针对学生方面。首先，要加强信息管理，控制不良信息的传播渠道。坚决依法取缔黄色书刊、暴力倾向的录像以及带有封建迷信色彩和伪科学性质的书刊和音像制品，从源头上遏制这些信息对中学生的毒害。然后，要加强环境管理。对那些既不利于中学生健康成长，又对他们具有巨大诱惑力的场所，如电子游戏厅、网吧及录像厅等，文化、公安、工商行政管理等部门要加强管理、严格监督，坚决禁止未成年人入内。最后，新闻宣传、文化、广播影视和出版等部门，要大力弘扬爱国主义、集体主义和社会主义主旋律，特别要推出一批满足中小学生需要的优秀作品，引导中小学生追求高尚的道德情操和健康向上的审美情趣，倡导正确的消费方式和生活方式，树立科学的人生观和价值观，以科学的理论武装人，以正确的舆论引导人，以高尚的情操塑造人，以优秀的作品鼓舞人。

第二，弱化过分功利的价值追求，把培养真正的人作为教育的最高追求。不可否认，在很多地区，追求分数已经异化为教育目的。人们不是因为素质发展的需要，而是因为考试的需要，才选择学习某种内容，学生和教师只关心要考的内容，只关心能得分的内容，不管它是否重要。学校生活越来越失去其吸引力，学生对自己的学校生活感到厌烦、觉得没有实质价值。其实考上名牌大学对学生来说并不一定是最好的出路。有的名牌大学毕业生由于交际能力、协调能力太差而不被用人单位录用；有的则因为自视过高而总是心理失衡；有的由于学的并不是自己感兴趣的专业而失去发展的可持续性，最后也沦为平庸……我们看到有更多的人开始觉悟，他们看到每位学生的发展空间，能主动根据社会对人才的要求而对学生的长远发展进行筹谋。如果社会的用人标准、大学的录取标准能够和中学的培养标准一致起来，那么，我们的教育者可能会更有耐心、更细致，更能为每一个孩子的真正发展着想，校园生活也更具魅力，师生关系也会因此更为和谐。

第三，加强正确的社会舆论导向，形成尊师爱生的社会风尚。[①]从广义上说，社会舆论是社会控制的一种机制，每个人都不可能摆脱无形的舆论环境的包围与制约，当一种社会舆论形成以后，便成为一种外在的社会价值力量并形成一定的社会风尚，对人们的思想、观念产生影响，制约人们行为的方向，从而使社会大众形成相应的价值观并由此决定其行为选择。因此，社会舆论具有调整不同个体、群体和社会组织间相互关系的功能，对于中小学教师与学生而言，社会舆论具有调整师生之间的关系、调适师生冲突的功能。当然，社会舆论并非都是正确而合理、深刻而理性的。社会舆论常常良莠不齐，有正确的也有错误的，有进步的也有落后的，有积极的也有消极的。只有正确的社会舆论导向，才能起到平衡师生矛盾、协调师生冲突的作用；反之，舆论导向出现偏差，则会导致师生思想的混乱，形成或加剧师生间的冲突。

对此，国家以及各级政府必须坚持正确的社会舆论导向，充分发挥社会舆论力量，创造促进师生和谐关系的社会人文环境，在全社会倡导尊师重教、尊师爱生的风气，充分利用网络、电视、电影、广播、报刊等媒体的传播力和引导力，大力宣扬尊重教师、爱护学生、师生平等、相互理解、和谐相处的基本师生关系道德规范，努力提高公众对和谐师生关系的认知，通过营造良好的社会氛围，调节中小学师生冲突。首先，要大力弘扬尊重教师的良好风尚。习近平总书记在第二十九个教师节致全国广大教师的慰问信中指出"教师是立教之本、兴教之源"，并要求"全社会要大力弘扬尊师重教的良好风尚，使教师成为最受社会尊重的职业"。其次，要大力宣扬热爱学生的职业品质。热爱学生是教师职业道德的核心，是教师热爱教育事业的重要体现。没有对学生真正的爱，就不会有真正的教育。对此，社会、政府要积极弘扬"爱生如子"的传统美德，大力宣传尊重学生、关爱学生的时代新风，使教师认识到师爱是教育的血液，师爱是教育的灵魂，师爱是教育的旋律，从而使教师产生对学生最本质的情感。然后，要表彰先进，榜样示范。榜样的力量是无穷的。要大力表彰尊师爱生的先进人物，大力宣传教师热爱

---

① 郝朝晖.社会转型期高校师生冲突及调适研究[D].武汉：华中师范大学，2013.

学生、学生尊重教师等体现和谐师生关系的事迹，以此引发中小学师生的心灵感触，引起他们的共鸣，激励师生努力、主动地向先进典型学习，并将模范的行为方式作为自己的行动指南。最后，要大力加强正面舆论的引导。报刊、广播、电视、网络等新闻媒体要充分进行正面的舆论引导，弘扬主旋律，最大限度地强化正面舆论的影响，抑制和抵消负面舆论对师生关系健康发展产生的消极影响。大力宣传学校尊师爱生、和谐相处、共同发展的新型师生关系，对反面典型予以批评。另外要注意防止对中小学发生的师生冲突事件进行大肆渲染，歪曲中小学教师崇高职业形象和学生道德素质的主流，要积极利用舆论的力量，严格控制错误舆论的蔓延。

## 》 第二节　合理应对：教师与学生正确选择冲突应对方式

　　一旦发生了师生冲突，教师与学生又该如何积极有效地应对呢？总的来说：首先，师生双方要冷静、克制，控制好自己的情绪，不要轻易采取过激的应对方式，避免冲突加剧，防止造成不堪设想的后果。对教师来说，这就要求教师平时加强自己的师德修养，提高自己的心理素质，控制自己的情绪。尤其不要当众与学生争执不下，更不能以势压人，强迫学生服从自己，甚至在情急之中打骂学生，这样不仅无济于事，反而会越发降低自己的威信，甚至会迫使冲突中的学生走极端，导致严重后果发生。对学生来说，更要注意自己的言行，考虑事情的后果，切勿莽撞、冲动。然后，双方要深刻反省自己的言行，找出冲突的真正原因，积极寻找对策，主动采取有效措施，妥善处理冲突，避免冲突再次发生。对教师来说，应积极总结与吸取经验教训，并改善自己不足的地方；对学生来说更要检视自己的言行。最后，处理冲突要坚持原则，掌握分寸，以理服人，并能够积极争取学校领导、同事的理解和支持，帮助自己妥善解决好师生冲突。具体来说，教师与学生要有艺术地、合理地运用协商、不卷入与武力这三类冲突应对方式。

## 一、协商——师生冲突应对的最优方式

冲突升级往往会达到冲突僵局的临界点，此时，冲突一方或双方都发现，若进一步使用残酷的争斗之术，是没有作用或者不太明智的。为了解决问题，冲突双方必然要协商。协商是师生冲突的"灭火器"，是解决师生冲突的最优应对方式，它原意是指共同商量以便取得一致意见。当作为一种冲突的应对方式时，协商是指冲突双方共同商量以便取得解决冲突的一致意见的行为。协商是在具备高度的合作精神而又在坚持自己立场的情况下采取的应对方法。它的典型特征是冲突双方尽可能满足对方的愿望，以达到双赢的结果。一般来说，冲突双方协商有三个基本条件：首先，冲突双方要认识到冲突是可调和的，且相信冲突是一种客观、有益的现象，有建设性功能；其次，冲突双方要相信协商是有价值的，并愿意坐下来沟通与对话；最后，冲突双方协商要遵守平等、尊重和信任，并正视每个人的合理性诉求的原则。同时，协商中的冲突双方有三种选择：一是双方各自让步而选取妥协的应对方式；二是冲突一方主动让步而选取退让的应对方式；三是冲突双方难以直接面对彼此，而寻求第三方的调解。

### （一）妥协

妥协是冲突双方都愿意各自让步以追求自己合理诉求而采取的应对方式，它的思想基础是"有得必有失"。妥协只求部分满足自己的合理诉求，这是一种最实际、最容易达成的冲突解决方案，因为双方的基本立场仍然是协商，它有利于维持双方关系的良性循环。长久以来，在对待师生冲突问题上，教师不太能接受妥协的解决方案。因为在传统观念中，人们认为妥协在一定程度上就意味着放弃自己的部分原则，甚至意味着教师放弃尊严，意味着教师无能，所以教师不愿意主动选择妥协来解决师生冲突。实际上，妥协是现代社会必需的心理、精神条件，因为妥协要求人们尊重冲突各方的权利，妥协的达成有赖于各方的积极参与、平等协商、相互对话。正是在冲突各方不断妥协的过程中，民主得以实现，民主制度得以完善，民主政治才具有可操作性。妥协是民主程序的核心，民主国家的公民须乐于以妥协的方式解决他们的分歧，这在民主的所有条件中是最重要的，因为没有妥协就没有

民主。①由此看来，当代教师需大胆运用妥协的应对方式处理师生冲突，这也是教育民主的要求。

实际上，许多师生冲突都是以妥协而结束的。在下列情况中，教师或学生可运用妥协的应对方式解决师生冲突：冲突中的师生愿望还不够强烈；迫于时间压力，难以着手寻找新的选择；意识到过分坚持造成的损失更大；专制不能有效解决问题；问题比较复杂，无法完全满足任何一方的要求等。

## （二）退让

退让代表一种具有合作精神且武断程度很低的应对方法。采取退让策略的人倾向用合作、和谐的手段来解决问题，不注重自己的诉求，甚至牺牲自己的合理诉求以满足对方的合理诉求。人们可能是主动愿意退让的，也可能是被迫那样做的。所以对于采取退让方式的人而言，各自怀揣的心情可能大不相同，一是欣然地抚平心中的不乐意，二是由于对事情发展无能为力而愤愤不平地妥协。在师生互动中，由于教师多是主导者和权威者，所以在师生冲突中，学生往往会选择退让的方式来解决冲突；而由于教师心智成熟且有阅历，往往会从长远目标或利益出发而选择退让的方式。退让策略最受对方欢迎，但自己给对方的感觉是软弱、屈服，所以退让有利有弊：当发现自己错了的时候，最理智的方式是做出退让，因为如此可降低伤害程度，有利于维护人际关系。但是习惯性地退让会让人觉得你过于善良，而更容易招致冲突，它还会抑制一个人的创造力并巩固你无权的地位。所以，在师生互动中，师生不可无底线地退让，而应做到退让得当。

在下列情况中，教师或学生可选取退让的应对方式解决师生冲突：教师或学生发现自己有错误时；希望倾听、学习一个更好的观点时；认识到和谐与安定对双方、对班级更重要时；当该问题对别人比对自己更重要，为了建立社会信用时；当融洽与稳定至关重要时；当教师允许学生从错误中总结教训而成长时；当有意主动降低损失时；当从长远的目标或利益考虑，暂时放弃眼前输赢时；等等。

---

① 科恩.论民主[M].聂崇信，朱秀贤，译.北京：商务印书馆，1988：121.

### （三）第三方调解

第三方一般指与冲突无直接关系，但力图帮助各方结束冲突的人，第三方调解指在第三方的协助下使冲突双方进行对话，以帮助冲突双方自愿达成协定的行为。在师生冲突中，班主任和学生家长是师生冲突调解的重要第三方。第三方调解可以分为契约调解①和紧急调解②，师生冲突中的第三方调解往往属于紧急调解。一般来说，第三方的出现会使升级中的冲突暂时偏离破坏路径，但只有冲突双方都需要第三方介入时，介入的效果才可能最佳。在紧急调解中，往往找不到合适的中立方，而冲突一方可能希望调解者与另一方有瓜葛，以便对另一方有效地施加压力。我们常常看见的情况是某科任教师与学生发生冲突时，会向班主任或学生家长寻求帮助以解决冲突，但这时的学生往往是拒绝让班主任或家长介入冲突的，这种"强加的"第三方调解往往使对冲突的解决适得其反。

在下列情况中，教师或学生可选取第三方调解的应对方式解决师生冲突：第一，教师和学生都想走出冲突。这是因为他们也许处于一种僵持的状态中或者当前的冲突战术已经没有什么效果，又或者是要付出的代价太大了。第二，教师和学生认为他们的冲突是可调和的，对方并非不可理喻，并且第三方具有良好的声望，双方都信任这个第三方。第三，教师和学生对依靠自己的力量解决冲突失去了信心。

## 二、不卷入——师生冲突应对的备用方式

卷入的本义指被某种力量裹挟而进入。在冲突螺旋发展过程之中，不断

---

① 契约调解由冲突管理专家（如专业调解员或法官）按照已有的正规程序实施，调解者与冲突或冲突的解决不存在私人利益的联系。
② 紧急调解由非专业人士实施，调解者的程序往往是非正式的，因为并未按照某种预定的计划实施。

升级的冲突会催生各种自我延续的冲突动力。①然而在一定条件下，冲突一方和双方则可能采取一种行为方式从而主动挣脱这股力量的牵引以逃离冲突，这种行为方式被称为"不卷入"。不卷入只会减缓和抑制冲突的升级，即不卷入的方式能使师生冲突"速冻"，但它不会使冲突彻底消解，由此，教师与学生应该把它作为一种解决师生冲突的备用方式，而非主要方式。它在师生冲突中表现为回避、等待和转移话题三种形式。

### （一）回避

回避指一种采取既不武断又不合作的方式应对冲突的方法。冲突双方往往将自己置身于冲突之外，以忽视、沉默、拖延等办法回避冲突。这种选择意味着冲突双方对自己的诉求和他人的诉求均不感兴趣，或是无能为力，采取逃避或否认的态度以避免直接面对紧张、挫折的局面。冲突中的回避呈现出"双循环模式"，一是回避导致更多的回避；二是回避导致冲突升级。②假如处于冲突中的你觉得和冲突另一方讨论某一问题很尴尬，你越是回避，公开面对某一问题的可能性就越小。事情搁置越久，能讨论它们的机会就越少。问题未明了、未加讨论、未得以解决，循环就会产生更多的回避。当然，回避策略并不意味着息事宁人、敷衍了事，巧妙运用回避策略不但为解决冲突争取时间，还可以让教师在突发的、棘手的冲突面前，暂时缓和气氛，冷却事态，使双方以理智的、平和的心态处理冲突。由此，逃避的、拖延的、回避矛盾的做法是不足取的，师生双方可偶尔利用这种方式逃避冲突，忽略不同意见或保持中立，但经常用这种方法来解决师生冲突的话，容易给对方留下软弱的印象，尤其是教师，而且未解决的冲突发酵成影响管理目标的实现时，回避方式会对班集体管理产生负面影响。简言之，回避策略可以避免问题的扩大化，有利于暂时缓和矛盾，但并没有真正解决问题，长期使用效果不佳，会导致冲突一方或双方出现更多的回避，进而可能进一步加深冲突。

① 威尔莫特，霍克.人际冲突：构成和解决[M].曾敏昊，刘宇耘，译.7版.上海：上海社会科学院出版社，2011：25.

② 同上书，143.

一般来说，下列情况采取回避策略是比较有效的：当你感到对方不喜欢这样，或者关系很脆弱，一旦提到这个话题，你和他的关系就破裂了；你感到自己没有权利或无权力干涉对方；你感觉自己缺乏解决当前冲突的能力或技巧；引发冲突的问题微不足道，有更重要的事情需要解决；双方达到自己愿望的机会微乎其微；目的在于避免对方干涉和影响自己；教师或学生并不想花精力为解决冲突而去适应对方；先使双方冷静下来，需要重新分析问题；掌握的资料、信息不全面，有待进一步了解；冲突以外的其他人有更有效的办法；处理这个冲突会引发更大的问题等。然而，对教师来说，如今普遍认为学生越来越难以管教，且教师管教的权力越来越小，界限也越来越模糊不清，故教师总采取回避的冲突应对方式。对学生来说，教师是他们生活中的长者，是引路人，学生普遍很在乎教师对自己的看法，也愿意听从教师的管教。所以，当学生与教师发生隐性心理冲突或一般性冲突时，绝大部分学生选择回避的方式应对与教师的冲突也是情有可原的。

## （二）等待

等待是既不武断也不合作的应对冲突的方法，指等到期望的事物或情况出现时再采取行动。等待作为一种冲突应对方式，可使冲突的面目更加清晰。等待是一种主动或被动的推迟方式，有助于冲突中的一方或双方冷静下来，从而使冲突升级得到阻碍，甚至使冲突减弱，但等待不能彻底消解冲突。在师生冲突中，冲突一旦发生，教师和学生选用等待作为应对方式的时候不多，这是因为师生冲突是以低强度为主的，高强度的冲突较少，而等待则多出现在高强度冲突之中，还因为冲突中的教师与学生等待对方让步的情况比较少，一般来说要么是教师主动让步，要么是学生主动让步。

教师或学生面对师生冲突时，下列情况采取等待策略是比较有效的：冲突的强度比较高，双方需要时间冷静，如对抗性冲突；冲突的强度过低，冲突一方不能确定冲突的具体情况，甚至不能确定是否已经与对方产生了冲突，如隐性心理冲突；冲突本身的情况不明朗，冲突一方或双方暂未想到解决方法；冲突一方或双方在等待对方的让步，以最大化地实现己方的合理诉求；教师或学生很忙而无暇顾及；即刻处理会引出更严重的问题；等等。

### （三）转移话题

转移话题作为冲突的一种应对方式，是指冲突的一方或双方主动改变所讨论问题方向的行为方式。转移话题在师生冲突中比较常见，尤其是教师经常采用。我们经常见到的形式就是教师在学生完全阐明观点前，插话打断未完成的讨论，或待学生完全阐明观点后，教师不予正面回答，而是重新寻找一个讨论的话题。如教师常说的："我们现在不是讨论该问题的时候，我们回到今天所讲的内容上来。"转移话题主要是通过转移冲突中的教师或学生的注意力，把他们的注意力从冲突螺旋发展过程中抽离出来，减少他们对冲突的投入力度，以遏制冲突升级，甚至减弱冲突，但它依然不能使冲突消解，即冲突依然存在。

下列情况采取等待策略是比较有效的：冲突刚刚开始，冲突双方对冲突的投入精力少；冲突强度低，如隐性心理冲突或轻微的言语冲突；引发冲突的问题不是很严重；冲突双方对转移后的话题感兴趣；等等。

## 三、武力——师生冲突应对的禁用方式

武力是指高度武断且不合作的应对冲突的方法，常常是师生冲突的引爆器，故在师生交往或师生冲突时教师与学生都要禁用此种方式。对于冲突中的任何一方来说，武力策略带来的结果要么是输，要么是赢，冲突双方都是为了自己的诉求，牺牲对方的诉求。因为只考虑自己，忽视对方的需要，武力的冲突应对方式对对方伤害比较大。武力是改变冲突螺旋升级的战术，它能轻易地使冲突升级。师生交往中，教师拥有的权力和地位强于学生，使很多教师习惯于运用武力解决师生冲突，很少顾及学生的感受，造成了对学生诉求的压制与忽视。但是，在一定的条件下使用武力解决师生冲突也能起到恰到好处的功效。武力的应对方式包括威胁、讽刺和身体攻击三种形式。

### （一）威胁

威胁是指冲突一方宣称如果另一方不遵从己方的愿望，那么就会伤害另一方。它分为条件性威胁和非条件性威胁。条件性威胁指冲突一方能控制

另一方是否会遭受伤害，非条件性威胁指难以控制或不能控制的灾难，如地震、洪水和核战争等。师生冲突中的威胁大多属于条件性威胁。[①]威胁是师生互动的一部分，师生互动中处处充满着威胁，如教师对学生说"再说话就出去"，学生对教师说"你再说我，我就告你"……有效的威胁根本不会给威胁方带来任何损失，因为威胁之所以会产生效果，是因为被威胁方想逃避遭受违抗所引发的代价，而不是受到代价本身的影响。威胁常常是有效的，特别是在教师与学生之间，因为教师比学生更有权力，更容易实施威胁。但是威胁往往是冲突一方所发出的伤害另一方的信号，也因为该方要求另一方遵从，却又未给予另一方任何回报。这意味着另一方将失去自由，却不能得到补偿。这些知觉会使受威胁方产生反感，进而导致他对抗威胁而非遵从。故教师一般不要运用威胁，若非要运用威胁的方式，则需要注意以下五个要点：第一，将威胁与承诺相结合——使用"胡萝卜加大棒"的方法；第二，实施的威胁要有依据，即最好是依据规则所提出的；第三，多采用威胁性威胁，而非强制性威胁；第四，威胁所带来的惩罚要适当，学生既害怕，又不过重；第五，保证自己要令人信服，即要使冲突另一方相信自己有能力按照威胁的方式实施。

### （二）讽刺

讽刺是语言暴力的一种，原意指用夸张、比喻、反语、双关等方法，对不良或愚蠢的行为进行批评揭露或讥笑嘲弄。讽刺是引发对方羞耻感的行为，这种羞耻感令人痛苦，它的特征是全面自责。[②]为了达到效果，讽刺通常会将另一方的缺陷或者过失公开化。如果这种讽刺是不公正的污蔑，那么就很容易使冲突一方"引火烧身"。在师生冲突中，这实际上是一种"污名化"行为。这种行为极易引起教师或学生以愤怒和攻击行为来予以回应，甚

---

① 普鲁特，金盛熙.社会冲突：升级、僵局及解决[M].王凡妹，译.3版.北京：人民邮电出版社，2013：85-88.

② SMITH R H，WEBSTER J M，PARROTT W G，et al. The role of public exposure in moral and nonmoral shame and guilt [J]. Journal of personality and social psychology, 2002, 83（1）：138-159.

至会破坏师生之间的社会纽带，①即师生关系的破裂。在教学实践中，教师一般使用嘲笑性语言和轻蔑的眼神对学生进行讽刺。讽刺的显著特点是教师的语调并不激烈、高昂，往往是用看似"轻描淡写"的语气和看似"开玩笑"的言辞对学生进行心理羞辱。如"你没有病吧""还从××学校来的呢，怎么这么笨""你要是能考上大学，太阳从西边出来了"等。当然，学生也会讽刺教师，但这种情况相对少一些。

在师生互动中，建议师生不要采用讽刺的冲突应对方式，即使偶尔运用，最好采用布雷斯韦特所称的"重新整合的讽刺"，即加上一些更加缓和、更易让人接受的方式和讽刺一起运用，正如俗话说"打一个巴掌，给一个甜枣"，尤其是要注意不伤及对方的自尊或人格。

### （三）身体攻击

身体攻击指冲突一方或双方运用身体（如手和脚）伤害他人身体或破坏他人所珍视的事物的行为。如教师的身体攻击有抢夺学生的东西，撕坏学生的书或把作业本扔到窗外去，用力拉扯学生，用书敲学生头，把学生赶出教室以及教师打学生等。身体攻击有工具性和目的性两种形式，工具性身体攻击是一种达到目的的手段，旨在强化冲突一方与另一方发生冲突的理由；目的性身体攻击中伤害另一方本身就是目的，而非手段。由此，身体攻击行为有四种类型：第一，工具性的身体攻击；第二，工具性的事物破坏；第三，目的性的身体攻击；第四，目的性的事物破坏。在教学实践中，工具性的身体攻击较多，目的性的身体攻击较少。对教师来说，工具性身体攻击和工具性事物破坏较为普遍，因为在冲突中的教师比学生理性，情绪掌控能力强一些，控制冲突强度的意识也比较强；对学生来说，目的性身体攻击和目的性事物破坏较多，因为学生不够成熟，缺乏理性，情绪掌控能力差一些，冲突控制能力相对较弱。身体攻击一般发生在对抗性师生冲突中，故出现的情况不多。身体攻击因具有一定的镇压和威慑的作用而能防止冲突的升级，但它

---

① 普鲁特，金盛熙.社会冲突：升级、僵局及解决[M].王凡妹，译.3版.北京：人民邮电出版社，2013：85-86.

却更容易导致冲突升级，尤其是情感性身体攻击或情感性事物破坏。所以，冲突中的师生需慎用，或者禁止使用身体攻击这一应对方式。

以下情况可酌情采用身体攻击的应对方式：面对紧急事件，必须采取快速的、决定性的行动；教师确信自己是正确的，考虑到多数学生的利益；冲突的影响很大，为减少损失、降低成本；冲突伤及自身人身安全，可适当自卫；等等。

## ❂ 第三节 修复裂痕：教师与学生应主动走向彼此

冲突消解后，很多时候师生之间看似很和谐了，但事实并非那样。很多时候教师可能对这位学生产生了不听话、爱胡闹的固定印象，学生也可能对教师有了固执、呆板的错误理解，正因为双方这样的固定印象或错误认识，为下一次冲突埋下了种子。由此，师生冲突发生后，并非教师与学生都无事可做了，双方要主动地以宽恕、关爱和道歉的方式，弥合师生间的罅隙，让阳光重新照耀进师生心里，赶走师生冲突可能给双方造成的阴影，消除在师生关系间可能筑就的障壁，抚平可能引起的心理创伤。

### 一、宽恕——修复师生关系的心理倾向

宽恕涉及两个人，一个人在心理、情感、身体或道德方面受到另一个人深度而持久的伤害，宽恕是使被冒犯者从愤怒、憎恨和恐惧中解脱出来，并不再渴望报复冒犯者的内部过程。[1]宽恕是一种亲社会倾向，在实际社会生活中，宽恕与其他的亲社会（pro-social）现象是基本一致的。一些学者用同感（empathy）对此加以解释，他们提出我们对他人的关心通常是因为我们能够体验他人的同感，并能够借助同感去处理与他人的冲突。在人际关系心理学

---

① 罗春明，黄希庭.宽恕的心理学研究[J].心理科学进展，2004（6）：908-915.

中，这种亲社会心理现象包括了适应性调节以及愿意做出自我牺牲的行为。后者是指个体能够超越直接的个人需要并倾向考虑他人利益和看重或保全人际关系的价值。宽恕、同感倾向、适应性调节以及自我牺牲意愿，它们的共同特征是个体在行动中可能需要做出一定的付出并且这种付出会对建立或恢复与他人的良好关系有益。因此，宽恕对于促进人际关系和谐具有积极作用。①在师生冲突中，宽恕对我们的启示主要有以下两点。

### （一）寻求宽恕：教师有错要改正

教师寻求学生的宽恕，是指教师主动检视自己的言行，并努力争取得到学生的理解、认同或原谅。它需要教师承认自身存在的问题，并就问题与学生进行交流沟通或解释说明，从而使教师与学生冰释前嫌，消除师生的对立情绪。教师为什么要积极寻求学生的宽恕？寻求宽恕时应当注意哪些问题？以下作一些简要分析。

客观来看，师生冲突的发生并不能完全归因于学生，教师在某些时候也负有不可推卸的责任。尽管每一次师生冲突都可能伴随着一次导火索事件，而事件也多表现为学生对教师的反抗与冒犯，但是我们必须客观清醒地认识到，冲突事件只是矛盾的集中爆发，它很少瞬时就形成。在师生矛盾的形成过程中，不可排除这样一种可能性：由于教师的某些原因，导致了师生之间最初在心理上的对立，继而开始了矛盾的积累，最终以冲突事件的形式暴露出来。倘若某次师生冲突是教师的原因所导致，那么教师应当主动寻求学生的宽恕与原谅，而不应当回避问题，推诿过错。从教师的角度看，教师寻求学生宽恕，是对一切以教师为主导的传统型师生关系理念的颠覆，它体现出教师把学生看作平等的主体，给予了学生作为"学"的主体应有的尊严与权利。这也符合时代发展的要求，反映出教师在新的教育理念下必须转变教育思路，拓展自身素质，从而敦促教师注重提高教育管理技巧，不断寻找建立和谐师生关系的新门径。从学生的角度看，教师寻求宽恕的举动将有助于拉近师生之间的心理距离，增加教师在他们心目中的亲和性，也揭示出学生在

① 傅宏.宽恕心理学：理论蕴涵与发展前瞻[J].南京师大学报（社会科学版），2003（6）：92-97.

平等对话的教育氛围中享有了对等的主体地位，从而激励他们真正以主人翁的精神对待生活和学习，在师生冲突事件中反省和鞭策自己。

教师寻求学生的宽恕不能流于形式，实践起来并不容易。师生冲突中的寻求宽恕不应当仅仅是"忏悔"式的，而应当是"知行合一"式的，即从思想上的忏悔达到行为上的改观。据此而言，寻求宽恕最需要注意的是"诚心致意"。诚心是对思想上的要求，严格来说，它是应当在做出寻求宽恕决定之前就已经完成的心理过程。这一过程至少包括认识错误、理解他人、做出决定三个状态。例如，在教师寻求学生宽恕的过程中，首先要认识到自己在师生冲突中有哪些考虑不周或行为不当之处，它们给学生带来了怎样的伤害，造成了什么样的后果。然后考虑为什么会发生冲突，学生用什么样的方式应对冲突，并对学生在冲突中的言行态度给予理解。在此基础之上，教师才可能真心实意地去求得学生的谅解。致意是对行为上的要求，它说明寻求宽恕不只局限于态度，而是以实际行动来证明这个态度。从承认错误到表明立场，再到改变行为，教师需要把握住每一个细节。例如，怎样选择合适的机会向学生承认错误、表达歉意；如何表明自己的立场，取得学生的认同而不是反对或怀疑；能否兑现自己的诺言，坚持改正过去的不足之处；等等。诚心致意之余，教师在寻求学生的宽恕时，不能把它看成是自己单方面的事，而应当将其理解为师生互动关系下的一种心理交流模式。唯有如此，寻求宽恕才有可能听见回音，师生冲突才能够得到有效化解。否则，"一厢情愿"地寻求宽恕终究不过是一个人的事情，并不能实质性地解开师生之间的心结。

### （二）宽恕学生：学生有错需谅解

教师对学生的宽恕，是教师作为宽恕主体，对学生的冒犯行为予以谅解，以包容心对待学生过去所犯下的错误，以平等和尊重的态度面对学生未来的教育。那么，宽恕学生为什么能够化解师生冲突？教师在宽恕学生中应该注意哪些问题呢？

宽恕并不等于忘记事实，它只是帮助人们消除痛苦。宽恕学生并不等于认为学生没有过错，而只是帮助教师消除不良情绪。我们仍记得发生的事，但我们不再感到由它引起的强烈的愤怒、害怕、痛苦、不满，以及蒙受的损害……也不再需要依赖惩罚或报复而获得可怜的心理平衡。这也揭示出宽恕学生首先具有改变心理状态、增强心理健康的功效。教师在师生冲突后对学生所做出的宽恕，最初是对其自身不满情绪的化解，是个人在突发事件后的精神解脱，进而使教师能够以平和的心态感悟师生关系的处理之道，促使教师在宽恕能力、抗压能力以及处理事件的能力上获得逐步提升。其次，宽恕学生具有改善师生关系的功效。教师对学生过错的及时谅解和对学生的尊重与关爱，最易取得学生的心理认同。学生一旦与教师形成认同感的联结，便能够打破彼此之间的隔阂，这不但有利于学生清醒认识与检省自己的错误，而且有益于重新建立起友好的师生关系。同时，个体间关系的改善，也会影响群体。教师的宽恕行为将有助于提高教师在学生群体心目中的形象与地位，于无形中改善教师个体与学生群体间的关系状态。

教师在对和自己发生冲突的学生做出宽恕决定的时候，首先应当检视宽恕学生的初衷，端正宽恕动机。不良的宽恕动机，不仅不利于解决问题，反而容易制造问题。如有的教师将宽恕视为施与学生的恩泽，以此而产生道德优越感，这看似是对学生的冒犯给予宽恕，实际上却给学生带来不平等的感受。学生的心结没有解开，师生冲突便没有得到真正化解，师生矛盾可能只是暂时潜藏了起来。动机问题还牵涉宽恕的限度与效果问题。在限度方面，动机的偏差可能会导致"假性宽恕"的出现，即表面情绪平静、人际和谐，但内部负面情绪并没有真正减少。在面和心不和的状态下，师生之间的心理压抑感依然存在，成为良好师生关系的隐患。在效果方面，通常是消极的动机带来消极的结果，常见的情况是负面强化导致循环怪圈，即教师对学生的一味宽恕不仅没有得到学生的认可，反而一次次强化了学生的冒犯行为，增加了师生冲突再次发生的可能性。要防止师生走进"一冲突就宽恕，再冲突再宽恕"的怪圈，就应当秉持"有限宽恕"[①]原则，并避免假性宽恕，防范负面强化。毕竟宽恕不是一味地容忍，若是不经考量地包容一切，就等于抹杀了在冲突中教育学生的意义。有限宽恕可以通过在时间和空间上的策略编排，适当地处理冲突问题。例如，考虑在什么样的时机下宽恕学生更有成

---

① 谌涛.班级管理中"有限宽恕制"的实践与探索[J].教学与管理，2006（31）：22-23.

效，在什么样的情境下宽恕学生更能取得认同，等等。这样有限度、有分寸的宽恕教育，既给予学生足够的尊重与理解，又给教师处理问题留有灵活应对的空间。

## 二、关爱——修复师生关系的情感通道

社会的每一个角落，都存在着关怀的因子。人本质上是社会关系的总和，关爱是维系这种社会关系最稳固的纽带。[①]师生关系属于一种社会关系，则关爱同样是维系师生关系最稳固的纽带。关爱指的是作为主体的个人对客体的关照和喜爱或关心和爱护，即主体对客体的存在和价值的认可、尊重、欣赏、赞美以及主体为维护客体的价值和存在而做的种种努力。从心理层次上分析，关爱是认知、情感和行为的统一：认知方面，认识到客体的存在并对其价值做出判断；情感方面，表现为对客体的存在和价值的喜爱、赞美以及对受到破坏的价值的怜悯、同情；行为方面，做出维护客体存在和价值的种种努力。[②]简单地说，关爱指关心与爱护，它分为自然关爱和伦理关爱两类。自然关爱（natural caring）是由对被关爱者的深情所驱动的，而伦理关爱（ethical caring）是由关爱者试图增强自己的道德理想所驱动，伦理关爱要求自己努力成为一个有道德的人。[③]师生之间既有自然关爱也有伦理关爱。关爱是打开师生心灵的钥匙，是修复师生关系的情感通道，因为关爱存在于人与人之间的关系中，是人与人之间交往和对话的桥梁。通过关爱，师生可以进行情感交流，进而融化师生之间因冲突形成的"冰墙"，从而使师生关系得以修复。

### （一）教师关爱学生：教师的天职

教育事业是爱的事业，学校是培养人的场所，育人是教师的职责，关爱学生是教师的天职。正如斯霞老师所说：工人爱机器，农民爱土地，解放军

---

① 孙玉红.关爱教育研究综述[J].兰州学刊，2009（S1）：203-205.
② 李敏.对品德心理研究中关爱主题的新思考[J].四川教育学院学报，2005（5）：36-38.
③ 孙炳海，申继亮.教师的教学关爱：涵义及其作用[J].中国教师，2008（15）：49-52.

爱武器，那么教师就应该爱学生。"关"的内涵有关怀、关心、关注、关照、关切，即关怀学生身心和谐，关心学生学业发展，关注学生成长过程，关照学生人生困惑，关切开展"五生"德育； "爱"的内涵有慈爱、博爱、抚爱、护爱、怜爱，即教师对每个学生倾注父母般自然的慈爱，对全体学生公正而无偏私的博爱，对学生学习、生活体贴而悉心的抚爱，对学生成长中的不足包容而有尊严的护爱，对学生身心发育真挚而尊重的怜爱。[①]关于教育关爱的实践路径，在诺丁斯看来，主要有四种方法：以身作则、对话、实践、认可。[②]对于教师而言，这意味着一是教师要主动关爱学生，以身作则，尤其是师生冲突过后，教师不能心生怨恨而抛弃了自己的责任；二是要在师生冲突过程中，或者冲突发生后保持对话，而不能与学生冷战或者拒绝交流与沟通；三是在冲突实践中要保持敏感性，时刻洞察学生的需要，并满足学生以及时解决师生冲突；四是要时刻认同学生的正确行为或价值，减少师生认知分歧，避免师生认知冲突。

### （二）学生关爱教师：学生的本分

关爱不是单向度地施舍和给予，而是"教育情境中的一种关系性品质，是教育关系中的一方做出力所能及的努力，以合理满足另一方的需要并得到其回应的过程"[③]。它强调互动、合作、理解、包容，这种关系建立在平等的主体之间，只有平等，才能形成有效的师生间的对话。故关爱"不是一种居高临下的施与，关爱者也有自己的需要，而被关爱者也要尽自己的责任"[④]，即教师关爱学生是教师的天职，学生关爱教师更是学生的本分。具体来说，学生应注意以下三点：一是转变教师无需被关爱的传统观念，主动关爱教师，即很多学生认为自己理应受到教师的关爱，而自己是否关爱教师无关紧

① 孙炳海，申继亮.教师的教学关爱：涵义及其作用[J].中国教师，2008（15）：49-52.

② NODDINGS N.The challenge to care in schools[M]. New York：Teachers College Press，1992：25.

③ 侯晶晶.教育关怀：优质全纳教育的内核[J].华中师范大学学报（人文社会科学版），2007（4）：130-134.

④ 何艺，檀传宝.诺丁斯的关怀伦理学与关怀教育思想[J].伦理学研究，2004（1）：81-84.

要，这显然是不对的，因为关爱是相互的。二是切身体验关爱。关爱一般都开始于教师的关爱行为，完成于学生的被关爱的感受。由此，学生应在真实的情感中感受、体验被关爱，并从情感上激发自身对教师的感激之情、敬爱之情与关爱之情。三是真诚地践行关爱。关爱不是由教师或者父母教会的，而是学生自己在实践中学会的，学生应在与教师的交往中时常给予教师情感上的认同与赞扬，甚至在教师节这种特别的节日里，为教师写一段温情的话语或亲手为教师制作一个小礼物，等等。

## 三、道歉——修复师生关系的切实行动

古汉语字典中，"道"意为道路、途径，"歉"意为年岁歉收、收成不好。从法律上来看，"道歉"是指侵权人通过向受害人公开承认错误、表达歉意、请求原谅的方式来弥补受害人精神创伤的一种民事责任承担方式；[①]从人际交往来看，道歉是指当冒犯者意识到自己的冒犯行为后，为重建与被冒犯者的关系，向被冒犯者承认错误、承担责任、表达懊悔并请求原谅的一种关系补救行为。[②]如果说宽恕是人们从心理上原谅了对方的过错，消除了冲突对自己造成的消极影响，那么道歉则是在人们对自己的问题审思与检视之后，在行为上向对方认错、寻求原谅的过程。虽然冲突中的道歉可能会阻碍对方的表达，但人际冲突发生后终需一方认错与道歉，方能让关系重回高位。因为道歉平复了受害人的愤恨情绪，并在最大程度上修补了受害人的精神创伤；使侵权人在内心获得了平静，亦在最大程度上修复了其因侵权行为而受损的道德评价；还可修复冲突双方的信任，促成双方的宽恕，达成和解。由此，道歉不仅可消除正在发生的冲突，也可解除可能要有的新冲突。在师生交往实践中，师生道歉需要秉持正确的道歉原则并采取有效的道歉策略。

---

① 黄忠.认真对待"赔礼道歉"[J].法律科学（西北政法大学学报），2008（5）：73-80.
② 吴海艳，王玲，喻承甫，等.道歉：对冒犯事件的关系补救行为[J].心理科学进展，2015，23（4）：711-720.

### （一）秉持正确的道歉原则

师生道歉行为的实现要受一些原则的制约。一般来说，道歉最终要通过话语形式实现，而致歉话语往往受一些原则制约。第一，关联性原则。关联理论认为，言语交际之所以能够进行，是因为人类有一个共同的认知心理，就是通过相关的知识来认识事物。在言语交际行为中最重要的关联就是话语形式与交际意图的关联。如果话语形式不与交际意图相关联，话语形式就失去了交际价值。在致歉言语行为中，致歉意图与话语建立关联的形式有的直接，有的不直接。采用显性道歉语就可看作是直接关联，否则就是间接关联。第二，非冲突性原则。致歉言语行为要求致歉话语形式不能与致歉言语行为中的各种因素相冲突。第三，一致性原则。致歉言语行为依赖于冒犯行为而存在，应交际主体的需要而产生。在不同的情境之下，交际主体的需要是不同的，致歉行为提供的弥补内容要与主体的需要类型相一致。当被冒犯者的需要是精神方面的时候，致歉就要选择指向被冒犯者精神需要的内容；当被冒犯者的需要是财物方面的时候，致歉就要选择指向被冒犯者财物需要的内容。第四，平衡原则。平衡指致歉言语行为的弥补力要与交际主体所流失的能量相当。致歉言语行为是一种弥补性行为，它通过能量的传递使交际双方关系恢复平衡。这样，致歉者所选择的致歉内容的弥补力就要与交际主体流失的能量相当，不能多，也不能少。无论多了还是少了都会导致交际失败。致歉行为的弥补力主要由致歉策略携带，不同的致歉策略弥补力不同。致歉中的多个致歉策略同时使用，弥补力就得以累加。

### （二）选择有效的道歉策略

师生道歉是否有效主要取决于道歉者的态度是否真诚、时机是否准确、用语是否诚恳、方式是否得当。第一，坦诚认错的道歉态度。当面道歉也许是一件很失面子的事，但是如果能胸怀坦诚知过改过，就会赢得好的口碑，因为坦诚意味着愿意对自己的过错负责。在现实生活中，许多人一边道歉一边还在为自己辩解，这就冲淡了道歉的味道，这样的道歉还有什么意义呢？只有勇敢而坦率地对自己的行为负责，才会取得对方的谅解。第二，恰到好处的道歉时机。据研究焦虑情绪的学者分析，道歉既不可延误时间，亦不可操之过急。他们的研究统计结果表明，最好在失言后的十分钟至两天内向对方承认错误。与对方发生冲突后，当对方还在气头上时，不宜马上道歉。因为这样做，往往使对方怀疑你道歉的诚意。感到对方气消了以后，你就应当主动道歉，此时道歉会让对方觉得你是经过思考后确实认识到自己的错误才来道歉的。道歉的时间不能拖得太久，因为越耽搁就越难以启齿，而且为一件很久之前的事情道歉，实在是没什么意义，说不定对方已经忘了，而你却旧事重提。第三，发自肺腑的道歉用语。道歉自然要借助语言来沟通，可有些人说了不少道歉的话，效果却不理想。究其原因，是那些道歉的话水分太多，诚意不足，少有肺腑之言，自然难以赢得对方的谅解。只有发自肺腑的道歉用语，才不会让人感到虚情假意，才能打动人，达到道歉的目的。道歉时语气一定要诚恳，态度一定要真挚，道歉前一定要深刻思考自己做错的地方，找准矛盾冲突的重点，有针对性地进行道歉。有愧于别人的地方，应该说"深感愧疚""非常惭愧"；渴望别人的原谅，可以说"多多包涵""请您原谅"……当然，还有万能的"对不起""很抱歉""失礼了"。道歉时，一定要围绕自己所犯的错误进行深入的剖析，并向对方表达自己和解的愿望，只要心够诚，正确使用道歉用语，就一定能赢得对方的谅解。第四，合理选择道歉方式。道歉不是只有当面口头道歉这一种方式。有些人脸皮薄，道歉的话不好意思当面讲出来，可以选择给对方写一封道歉信，发一条道歉短信，打一个道歉电话等形式以表达自己由衷的歉意。

# 附录1：新移民情境下师生冲突研究调查问卷（教师卷）

尊敬的老师，您好！

感谢您在百忙中抽出时间来回答本问卷。本问卷仅限于国家课题研究之用，不署名，请您不必有任何顾虑。您的回答对于我们得出正确的结论很重要，希望能得到您的配合和支持，谢谢！

华南师大国家课题组<br>2019年6月

## 一、基本信息（请在下列题项中用"√"画出符合您情况的选项，或正确填写空格）

1. 性别：　　　　　A. 男　　　　B. 女

2. 所在学校类型：　A. 公办学校　B. 民办学校

3. 是否为班主任：　A. 是　　　　B. 否

4. 所教年级：_____。

5. 所教科目：_____。

6. 教龄：_____。

7. 职称：　　　　　A. 初级　　　B. 中级　　　C. 高级

8. 您的老家是：　　A. 本区（县）　B. 本市其他区（县）
　　　　　　　　　C. 本省其他市　D. 外省　E. 境外

## 二、地方感部分

| 题项 | 完全<br>不符合 | 比较<br>不符合 | 一般<br>符合 | 比较<br>符合 | 完全<br>符合 |
|---|---|---|---|---|---|
| 1. 您了解这座城市的自然景观（如旅游景点等） | 1 | 2 | 3 | 4 | 5 |
| 2. 您了解这座城市的历史文化（如节庆、城市发展故事等） | 1 | 2 | 3 | 4 | 5 |
| 3. 这座城市可以满足您物质生活和精神生活的需求 | 1 | 2 | 3 | 4 | 5 |
| 4. 您能熟练地运用这座城市的公共设施 | 1 | 2 | 3 | 4 | 5 |
| 5. 您为自己生活在这座城市而感到自豪 | 1 | 2 | 3 | 4 | 5 |
| 6. 您愿意出一份力使这座城市变得更好 | 1 | 2 | 3 | 4 | 5 |
| 7. 您愿意留在这座城市一直生活下去，不想离开 | 1 | 2 | 3 | 4 | 5 |
| 8. 在这座城市生活，您感到舒适和安全 | 1 | 2 | 3 | 4 | 5 |
| 9. 您觉得自己是这座城市中的一员 | 1 | 2 | 3 | 4 | 5 |

注：请您仔细阅读每一题，根据您的真实情况在给出的选择项上画"√"。

## 三、教师职业态度部分

| 题项 | 完全<br>不符合 | 比较<br>不符合 | 一般<br>符合 | 比较<br>符合 | 完全<br>符合 |
|---|---|---|---|---|---|
| 1. 您认为教师在社会发展中的作用与贡献大 | 1 | 2 | 3 | 4 | 5 |
| 2. 您认为教师在社会中的地位高 | 1 | 2 | 3 | 4 | 5 |
| 3. 您的职业受人尊敬 | 1 | 2 | 3 | 4 | 5 |
| 4. 您认为教师的发展前景好 | 1 | 2 | 3 | 4 | 5 |
| 5. 您认为教书是一件有意义的事情 | 1 | 2 | 3 | 4 | 5 |
| 6. 从事教师工作让您有成就感 | 1 | 2 | 3 | 4 | 5 |
| 7. 您认为教师对学生的成长很重要 | 1 | 2 | 3 | 4 | 5 |
| 8. 您喜欢教师这一社会群体形象 | 1 | 2 | 3 | 4 | 5 |

（续表）

| 题项 | 完全<br>不符合 | 比较<br>不符合 | 一般<br>符合 | 比较<br>符合 | 完全<br>符合 |
|---|---|---|---|---|---|
| 9. 您喜欢教师这个职业 | 1 | 2 | 3 | 4 | 5 |
| 10. 您认为自己的兴趣爱好和性格适合做一名教师 | 1 | 2 | 3 | 4 | 5 |
| 11. 听见别人说教师的坏话时，您心里不会有什么反应 | 1 | 2 | 3 | 4 | 5 |
| 12. 您对您的教学条件感到满意 | 1 | 2 | 3 | 4 | 5 |
| 13. 您喜欢学校的人际氛围 | 1 | 2 | 3 | 4 | 5 |
| 14. 您喜欢和学生待在一起 | 1 | 2 | 3 | 4 | 5 |
| 15. 您准备敬业乐教，为教育事业奉献终身 | 1 | 2 | 3 | 4 | 5 |
| 16. 您愿意学习和尝试国内外先进的教育思想与方法 | 1 | 2 | 3 | 4 | 5 |
| 17. 您渴望学习新知识，并愿意继续进修或深造 | 1 | 2 | 3 | 4 | 5 |
| 18. 您没有因为成为一名教师而后悔过 | 1 | 2 | 3 | 4 | 5 |
| 19. 如果有再次选择的机会，您仍然会选择教师职业 | 1 | 2 | 3 | 4 | 5 |

注：请您仔细阅读每一题，根据您的真实想法在给出的选择项上画"√"。

# 四、师生关系部分

| 题项 | 完全<br>不符合 | 比较<br>不符合 | 一般<br>符合 | 比较<br>符合 | 完全<br>符合 |
|---|---|---|---|---|---|
| （一）与学生的关系 | | | | | |
| 1. 您和学生的关系亲切而温暖 | 1 | 2 | 3 | 4 | 5 |
| 2. 您喜欢和关心您的学生 | 1 | 2 | 3 | 4 | 5 |
| 3. 如果您生气了，学生会安慰您 | 1 | 2 | 3 | 4 | 5 |
| 4. 学生会向您倾诉他们的心声 | 1 | 2 | 3 | 4 | 5 |
| 5. 您和学生之间的关系平淡 | 1 | 2 | 3 | 4 | 5 |

（续表）

| 题项 | 完全不符合 | 比较不符合 | 一般符合 | 比较符合 | 完全符合 |
|---|---|---|---|---|---|
| 6. 您与学生保持着严格的身份界限 | 1 | 2 | 3 | 4 | 5 |
| 7. 您与学生只有课上的交流，而无课下的交流 | 1 | 2 | 3 | 4 | 5 |
| 8. 您不会和学生聊与学习无关的话题 | 1 | 2 | 3 | 4 | 5 |
| 9. 您会和学生谈一些关于他们生活的事情 | 1 | 2 | 3 | 4 | 5 |
| 10. 您因学生课上违纪而上课热情不高，心情不畅 | 1 | 2 | 3 | 4 | 5 |
| 11. 您因学生而情绪有所波动 | 1 | 2 | 3 | 4 | 5 |
| 12. 您对学生存在心理上的抵触 | 1 | 2 | 3 | 4 | 5 |
| 13. 您与学生发生过轻微的语言冲突（如学生和您顶嘴等） | 1 | 2 | 3 | 4 | 5 |
| 14. 您与学生发生过轻微的肢体冲突（如把学生推出教室等） | 1 | 2 | 3 | 4 | 5 |
| 15. 您与学生发生过激烈的争吵（如学生和您吵架等） | 1 | 2 | 3 | 4 | 5 |
| 16. 您与学生发生过激烈的肢体冲突（如拉扯或攻击等） | 1 | 2 | 3 | 4 | 5 |
| （二）和学生发生矛盾后，对您的影响 | | | | | |
| 1. 您对学生更了解了，和学生的关系更亲近了 | 1 | 2 | 3 | 4 | 5 |
| 2. 您的压力和不满释放了，心情舒畅了 | 1 | 2 | 3 | 4 | 5 |
| 3. 您更加重视学生的意见了 | 1 | 2 | 3 | 4 | 5 |
| 4. 您会进行自我反思 | 1 | 2 | 3 | 4 | 5 |
| 5. 您和学生的关系更疏远了 | 1 | 2 | 3 | 4 | 5 |
| 6. 您情绪低落、身体不舒服（如食欲差、失眠或焦虑等） | 1 | 2 | 3 | 4 | 5 |
| 7. 您放任学生，不再想去管学生了 | 1 | 2 | 3 | 4 | 5 |
| 8. 您更倾向于运用您的权威对学生进行严格管理了 | 1 | 2 | 3 | 4 | 5 |

（续表）

| 题项 | 完全<br>不符合 | 比较<br>不符合 | 一般<br>符合 | 比较<br>符合 | 完全<br>符合 |
|---|---|---|---|---|---|
| 9.您的教学质量降低了 | 1 | 2 | 3 | 4 | 5 |
| （三）和学生发生矛盾时，您如何应对 | | | | | |
| 1. 您和学生共同协商解决矛盾 | 1 | 2 | 3 | 4 | 5 |
| 2. 您会尊重和参考学生的意见 | 1 | 2 | 3 | 4 | 5 |
| 3. 您主动让步，尽量满足学生要求 | 1 | 2 | 3 | 4 | 5 |
| 4. 您找班主任或家长来调解 | 1 | 2 | 3 | 4 | 5 |
| 5. 您会因学生惹您生气而对学生说一些挖苦的话 | 1 | 2 | 3 | 4 | 5 |
| 6. 您要求学生遵从您解决矛盾的办法 | 1 | 2 | 3 | 4 | 5 |
| 7. 您情不自禁责罚学生 | 1 | 2 | 3 | 4 | 5 |
| 8. 您不发表意见 | 1 | 2 | 3 | 4 | 5 |
| 9. 您主动回避，防止冲突升级 | 1 | 2 | 3 | 4 | 5 |
| 10. 您转移话题 | 1 | 2 | 3 | 4 | 5 |

注：请您仔细阅读每一题，根据您的真实想法在给出的选择项上画"√"。

# 附录2：新移民情境下师生冲突研究调查问卷（学生卷）

亲爱的同学，您好！

  本调查旨在了解学生对学校学习和生活适应的情况，对现居城市的感受和师生关系的现状，以帮助学生更好地融入城市和学校生活，构建和谐的师生关系。本调查属于国家社科基金课题研究之一，调查仅供研究使用，无对错之分。谢谢您！祝身体健康，学业有成！

华南师大国家课题组

2019年6月

## 一、基本信息（请在下列题项中用"√"画出符合您情况的选项）

1. 我的性别是：　　　A. 男　　　　B. 女

2. 我所在的学校是：　　A. 公办学校　B. 民办学校

3. 我是班干部：　　　A. 是　　　　B. 否

4. 我现在读的年级是：

$A_1$. 小学四年级　　$A_2$. 小学五年级　　$A_3$. 小学六年级

$B_1$. 初一　　　　　$B_2$. 初二　　　　　$B_3$. 初三

$C_1$. 高一　　　　　$C_2$. 高二　　　　　$C_3$. 高三

5. 我的老家（指父母的出生地）是：

A. 本区（县）　B. 本市其他区（县）　C. 本省其他市　D. 外省

E. 境外

6. 我何时来到现居城市：

A. 在此地出生　B. 幼儿园期间　C. 小学期间　D. 初中期间

E. 高中期间

## 二、学校适应部分

| 题项 | 完全不符合 | 比较不符合 | 一般符合 | 比较符合 | 完全符合 |
|---|---|---|---|---|---|
| 1. 我适应老师的教学方法和风格 | 1 | 2 | 3 | 4 | 5 |
| 2. 我适应老师的管理 | 1 | 2 | 3 | 4 | 5 |
| 3. 我和同学能聊到一起 | 1 | 2 | 3 | 4 | 5 |
| 4. 我适应同学的行为习惯 | 1 | 2 | 3 | 4 | 5 |
| 5. 我和同学相处起来很愉快 | 1 | 2 | 3 | 4 | 5 |
| 6. 我清楚地知道自己的优点 | 1 | 2 | 3 | 4 | 5 |
| 7. 我相信自己能做成自己想做的事 | 1 | 2 | 3 | 4 | 5 |
| 8. 我缺乏自信，在学校学习没有信心 | 1 | 2 | 3 | 4 | 5 |
| 9. 我会积极参加学校的各项活动（运动会、兴趣小组和秋游等） | 1 | 2 | 3 | 4 | 5 |
| 10. 我能完成学校和班级的工作任务（如大扫除等） | 1 | 2 | 3 | 4 | 5 |
| 11. 我能顺利地完成各项学习任务 | 1 | 2 | 3 | 4 | 5 |
| 12. 我喜欢学校的课程内容 | 1 | 2 | 3 | 4 | 5 |
| 13. 我适应学校饮食等生活条件 | 1 | 2 | 3 | 4 | 5 |
| 14. 我熟悉并能运用学校的器材设备 | 1 | 2 | 3 | 4 | 5 |
| 15. 我适应学校的校规校纪 | 1 | 2 | 3 | 4 | 5 |
| 16. 我适应班级的规章制度 | 1 | 2 | 3 | 4 | 5 |
| 17. 我喜欢学校的绿化环境和建筑风格 | 1 | 2 | 3 | 4 | 5 |
| 18. 我喜欢学校的校服校歌 | 1 | 2 | 3 | 4 | 5 |
| 19. 我认同并践行学校的校风校训 | 1 | 2 | 3 | 4 | 5 |

注：请您仔细阅读每一题，根据您的真实情况在给出的选择项上画"√"。

## 三、师生关系部分

| 题项 | 完全<br>不符合 | 比较<br>不符合 | 一般<br>符合 | 比较<br>符合 | 完全<br>符合 |
|---|---|---|---|---|---|
| （一）我和老师的关系 | | | | | |
| 1. 我喜欢和关心我的老师 | 1 | 2 | 3 | 4 | 5 |
| 2. 遇到困难我会主动向老师求助 | 1 | 2 | 3 | 4 | 5 |
| 3. 我不愿与老师接触 | 1 | 2 | 3 | 4 | 5 |
| 4. 课外遇到老师时我会主动避开 | 1 | 2 | 3 | 4 | 5 |
| （二）矛盾的强度 | | | | | |
| 1. 我对老师心存不满 | 1 | 2 | 3 | 4 | 5 |
| 2. 老师批评我时，我心生抵触 | 1 | 2 | 3 | 4 | 5 |
| 3. 我与老师发生过轻微的争吵 | 1 | 2 | 3 | 4 | 5 |
| 4. 我与老师发生过轻微的肢体冲突 | 1 | 2 | 3 | 4 | 5 |
| 5. 我与老师发生过激烈的争吵 | 1 | 2 | 3 | 4 | 5 |
| 6. 我与老师发生过激烈的肢体冲突（如相互拉扯等） | 1 | 2 | 3 | 4 | 5 |
| （三）与老师的矛盾对我的影响 | | | | | |
| 1. 和老师发生矛盾后，我和老师的关系更亲近了 | 1 | 2 | 3 | 4 | 5 |
| 2. 和老师发生矛盾后，我觉得压力变小了 | 1 | 2 | 3 | 4 | 5 |
| 3. 和老师发生矛盾后，我开始养成良好的行为习惯 | 1 | 2 | 3 | 4 | 5 |
| 4. 和老师发生矛盾后，我情绪低落了 | 1 | 2 | 3 | 4 | 5 |
| 5. 和老师发生矛盾后，我和老师疏远了 | 1 | 2 | 3 | 4 | 5 |
| 6. 和老师发生矛盾后，我学习成绩下降了 | 1 | 2 | 3 | 4 | 5 |
| （四）我如何应对与老师的矛盾 | | | | | |
| 1. 和老师发生矛盾后，我和老师协商，共同解决矛盾 | 1 | 2 | 3 | 4 | 5 |

（续表）

| 题项 | 完全不符合 | 比较不符合 | 一般符合 | 比较符合 | 完全符合 |
|---|---|---|---|---|---|
| 2. 和老师发生矛盾后，我讲道理、摆事实，说服老师 | 1 | 2 | 3 | 4 | 5 |
| 3. 和老师发生矛盾后，我情不自禁与老师发生肢体冲突 | 1 | 2 | 3 | 4 | 5 |
| 4. 和老师发生矛盾后，我讽刺、威胁老师 | 1 | 2 | 3 | 4 | 5 |
| 5. 和老师发生矛盾后，我不发表意见 | 1 | 2 | 3 | 4 | 5 |
| 6. 和老师发生矛盾后，我主动回避 | 1 | 2 | 3 | 4 | 5 |

注：请您仔细阅读每一题，根据您的真实情况在给出的选择项上画"√"。

## 四、地方感部分

| 题项 | 完全不符合 | 比较不符合 | 一般符合 | 比较符合 | 完全符合 |
|---|---|---|---|---|---|
| 1. 我了解这座城市的自然景观（如旅游景点等） | 1 | 2 | 3 | 4 | 5 |
| 2. 我了解这座城市的历史文化（如节庆、城市发展故事等） | 1 | 2 | 3 | 4 | 5 |
| 3. 这座城市可以满足我对学习和娱乐的需求 | 1 | 2 | 3 | 4 | 5 |
| 4. 我能熟练地运用这座城市的公共设施 | 1 | 2 | 3 | 4 | 5 |
| 5. 我为自己生活在这座城市而感到自豪 | 1 | 2 | 3 | 4 | 5 |
| 6. 在这座城市生活，我没有归属感 | 1 | 2 | 3 | 4 | 5 |
| 7. 我愿意出一份力使这座城市变得更好 | 1 | 2 | 3 | 4 | 5 |
| 8. 我愿意一直留在这座城市生活下去，不想离开 | 1 | 2 | 3 | 4 | 5 |
| 9. 在这座城市生活，我感到舒适和安全 | 1 | 2 | 3 | 4 | 5 |
| 10. 我觉得自己是这座城市中的一员 | 1 | 2 | 3 | 4 | 5 |

注：请您仔细阅读每一题，根据您的真实情况在给出的选择项上画"√"。